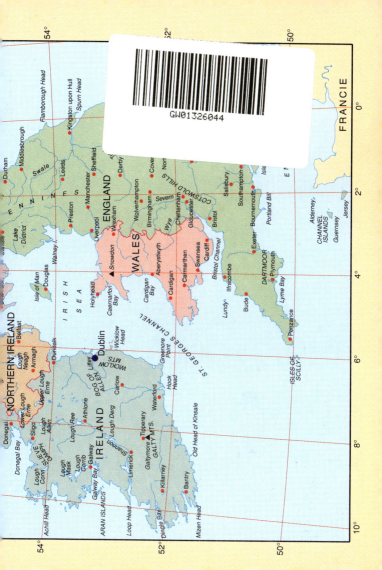

ANGLIČTINA

Czech - English Phrase Book & Dictionary

KONVERZACE • TURISTICKÝ PRŮVODCE • GRAMATIKA • SLOVNÍK

Martina Sobotíková

INFOA

Vydala © INFOA, Nová 141, 789 72 Dubicko,
1. vydání, 2000

Zhotovila MTZ – Tiskárna Olomouc, a. s.,
Studentská 5, 771 64 Olomouc

ISBN 80-7240-140-8

OBSAH

KONVERZACE	*Phrase Book*	8
VÝSLOVNOST	*PRONUNCIATION*	8
VŠEOBECNÉ VÝRAZY	*GENERAL EXPRESSIONS*	
pozdravy a oslovení	*greetings and forms of address*	9
představování	*introduction*	10
loučení	*parting*	11
dorozumění	*understanding*	12
děkování	*thanks*	13
omluvy	*apologies*	13
souhlas	*agreement*	14
nesouhlas	*disagreement*	15
spokojenost	*satisfaction*	16
nespokojenost a rozčilení	*dissatisfaction and anger*	16
obavy	*anxieties*	17
překvapení	*surprise*	17
lítost	*regret*	18
ujištění	*assurance*	18
omyly	*mistakes*	19
váhání	*hesitation*	19
rady	*advice*	20
prosba	*requests*	20
pozvání	*invitation*	21
zásah do rozhovoru	*interruption of a conversation*	22
obrana	*defence*	22
NÁVŠTĚVA	*VISIT*	23
RODINA	*FAMILY*	25
osobní údaje	*personal details*	27
bydlení	*living*	28
DŮLEŽITÉ VÝRAZY	*IMPORTANT EXPRESSIONS*	
otázky	*questions*	29
CESTOVÁNÍ AUTEM	*TRAVELLING BY CAR*	33
pokyny při jízdě	*driving instructions*	33

dotazy na cestu	*asking and giving directions*	34
u čerpací stanice	*at the petrol station*	36
parkování	*parking*	37
půjčovna aut	*a car hire company*	37
poruchy	*breakdowns*	37
v autoopravně	*at the service station*	38
dopravní nehoda	*a car accident*	40
dopravní přestupek	*a traffic offence*	41
taxi	*taxi*	42
autostop	*hitch-hiking*	43
dopravní značky	*road signs*	44
CESTOVÁNÍ VLAKEM	*TRAVELLING BY TRAIN*	45
informace	*inquiry office*	45
jízdenky	*tickets*	47
na nástupišti	*on the platform*	49
ve vlaku	*on the train*	49
kontrola jízdenek	*ticket inspection*	51
úschovna zavazadel	*left luggage / baggage storage*	51
informační nápisy a výstrahy	*information and warning signs*	53
CESTOVÁNÍ LETADLEM	*TRAVELLING BY PLANE*	54
informace o letu	*flight information*	54
rezervace letenek	*booking air-tickets*	55
odbavení	*check in*	56
v letadle	*on the plane*	56
po příletu	*after arrival*	57
informační nápisy	*information signs*	57
CESTOVÁNÍ LODÍ	*TRAVELLING BY SHIP*	58
na lodi	*on the boat*	59
CESTOVÁNÍ MĚSTSKOU DOPRAVOU	*TRAVELLING BY LOCAL TRANSPORT*	60
CESTOVNÍ KANCELÁŘ	*TRAVELL AGENCY*	
okružní jízdy	*tours*	62
výlety	*trips*	62

hraniční přechod	*border crossing*	63
celnice	*customs*	
HOTEL	*HOTEL*	64
rezervace	*reservation*	65
na recepci	*at the reception desk*	66
vyplňování formuláře	*filling in a form*	67
ubytování	*accommodation*	68
služby	*services*	69
vzkazy	*messages*	71
stravování	*cattering*	71
stížnosti, závady, a reklamace	*complains, defects, claims*	72
odchod z hotelu	*check out*	73
RESTAURACE	*RESTAURANT*	74
u stolu	*at the table*	75
snídaně	*breakfast*	77
oběd, večeře	*lunch, supper*	78
nápoje	*beverages*	79
předkrmy	*starters*	79
polévky	*soups*	81
ryby a plody moře	*fish and seafood*	81
maso	*meat*	82
drůbež	*poultry*	84
přílohy	*side dishes*	84
zelenina	*vegetables*	85
saláty	*salads*	86
ovoce	*fruit*	87
bylinky a koření	*herbs and spices*	88
zákusky	*desserts*	89
nápoje alkoholické	*alcoholic drinks*	89
nápoje nealkoholické	*nonalcoholic drinks*	91
speciální strava	*special food*	92
účet	*bill*	93
stížnosti	*complains*	94
jídelní lístek	*menu*	95
BANKA	*BANK*	97
POŠTA	*POST OFFICE*	100
TELEFON	*TELEPHONE*	103
NAKUPOVÁNÍ	*SHOPPING*	106

v obchodě	in a shop	108
lékárna	chemist's / pharmacy	110
drogerie	drugstore	111
fotopotřeby	photographic and cinema articles	112
oděvy	clothing store	113
obuv	shoes	116
opravna obuvi	shoe repair's	117
knihkupectví, papírnictví	bookshop, stationer's	117
sportovní potřeby	sports equipment	118
elektropotřeby	electrical appliances	119
potraviny	grocer's	120
NÁPISY	SIGNS	122
HLEDÁM PRÁCI	I'M LOOKING FOR A JOB	124
ZDRAVÍ	HEALTH	
u lékaře	at the doctor's	129
u zubaře	at the dentist	134
u očního lékaře	at the oculist	135
první pomoc	first aid	136
KULTURA	CULTURE	138
hudba	music	139
výtvarné a užité umění	visual and applied arts	140
kino	cinema	140
radio a televize	radio and television	141
knihy	books	143
noviny a časopisy	newspapers and magazines	145
prohlížení pamětihodností	sightseeing	145
SPORT A HRY	SPORTS AND GAMES	148
cyklistika	cycling	148
fotbal	football	148
tenis	tennis	149
vodní sporty	aquatic sports	150
odbíjená	volleyball	150
zimní sporty	winter sports	150
ČAS	TIME	152
dny v týdnu, měsíce, roky	days of the week, months, years	154
roční období	the seasons of the year	155

POČASÍ	*WEATHER*	156
ČÍSLOVKY	*NUMERALS*	
násobné	*multiple numerals*	158
zlomek, mocnina, ...	*fraction, power, root*	158
znaménka	*marks*	158
užití číslovek	*usage of numerals*	159
VÁHY A MÍRY	*WEIGHTS AND MEASURES*	159
délkové jednotky	*units of length*	159
váha	*units of weight*	160
objemové míry	*units of capacity*	160

TURISTICKÝ PRŮVODCE — *Tourist Guide* — **161**

TURISTICKÝ PRŮVODCE ANGLIÍ — 161
  základní údaje o zemi
  jižní a západní Anglie — 165
  Londýn — 168
  střední Anglie — 172
  severní Anglie — 175
  Wales — 177
  Skotsko — 178
  Severní Irsko — 182
TURISTICKÝ PRŮVODCE KANADOU — 184
  základní údaje o zemi
TURISTICKÝ PRŮVODCE USA — 185
  základní údaje o zemi
TURISTICKÝ PRŮVODCE AUSTRÁLIÍ — 187
  základní údaje o zemi
TURISTICKÝ PRŮVODCE NOVÝM ZÉLANDEM — 188
  základní údaje o zemi
TURISTICKÝ PRŮVODCE JIŽNÍ AFRIKOU — 189
  základní údaje o zemi
TURISTICKÝ PRŮVODCE IRSKEM — 191
  základní údaje o zemi

GRAMATIKA — *Grammar* — **193**

PŘEHLEDNÁ GRAMATIKA - seznam tabulek — 193

SLOVNÍK — *Dictionary* — **225**

ANGLICKO-ČESKÝ SLOVNÍK — 225
ČESKO-ANGLICKÝ SLOVNÍK — 289

VÝSLOVNOST
PRONUNCIATION

Píše se	Čte se	Příklady
e, a	æ	bed *[bæd]*, rack *[ræk]*
a, e, i, o	∂	answer *['a:ns∂]*, idea *[ai'di∂]*
th, the	θ	thank *[θæŋk]*
th, the	δ	this *[δis]*, that *[δæt]*
ng	ŋ	gong *[goŋ]*, meeting *[mi:tiŋ]*
ph	f	photo *[foutou]*
ch	č	child *[čaild]*
c (před samohláskou)	k	car *[ka:]*, culture *[kalč∂]*
c (před samohl. e, i)	s	city *[siti]*, cement *[si'ment]*
dg	dž	budget *[badžit]*
j	dž	John *[Džon]*
qu	kw	question *[kwesčn]*
que	k	queue *[kju:]*
kn	n	knock *[nok]*
sh	š	shame *[šeim]*
wr	r	wrong *[roŋ]*
y (před samohláskami)	j	yes *[jes]*
tz	ts	blitz *[blits]*
r (vyslovuje se, jen když následuje samohláska)		
: písmeno či fonetický znak před tímto znakem čteme dlouze		small *[smo:l]*
cc (před e, i, y)	ks	accident *[æksid∂nt]*
g (před e, i, y)	dž	age *[eidž]*
gn	ŋ	foreign *[foriŋ]*
gue	g	Prague *[Pra:g]*
s, ss	s	bus *[bas]*, loss *[los]*
s, ss (po samohlásce u sloves)	z	loose *[lu:z]*

pozor: britská výslovnost se v některých případech liší od americké.

      angl.*[a:]* = am.*[æ:]*   př. chance, plant,..

      angl.*[t]* = am.*[d]*   př. city, water,...

VŠEOBECNÉ VÝRAZY
GENERAL EXPRESSIONS

POZDRAVY A OSLOVENÍ
GREETINGS AND FORMS OF ADDRESS

Dobré jitro!	**Good morning!**	[gud mo:niŋ]
Dobré odpoledne!	**Good afternoon!**	[gud a:ftə'nu:n]
Dobrý večer!	**Good evening!**	[gud i:vniŋ]
Dobrou noc!	**Good night!**	[gud nait]
Dobré ráno, pane Green!	**Good morning Mr Green!**	[gud mo:niŋ mistə gri:n]
Jak se máte?	**How are you?**	[hau a: ju:]
Děkuji, velmi dobře.	**I am very well, thank you.**	[ai æm veri wel θæŋk ju:]
A vy?	**And what about you?**	[ænd wot ə'baut ju:]
Dobře, díky.	**I am fine, thanks.**	[ai æm fain θæŋks]
Není to špatné. A vy?	**Not too bad. And you?**	[not tu: bæd ænd ju:]
Dnes mi není dobře.	**I don't feel well today.**	[ai dəunt fi:l wel tə'dei]
Jak se vede?	**How are things?**	[hau a: θiŋs]
	How are you doing?	[hau a: ju: duiŋ]
Neviděl jsem tě věky.	**I haven't seen you for ages.**	[ai hævnt si:n ju: fo: eidžiz]
Co pořád děláš?	**What have you been up to recently?**	[wot hæv ju: bi:n ap tu ri:sentli]
Všechno je v pořádku.	**Everything is all right.**	['evriθiŋ iz o:l rait]
Nazdar.	**Hi.**	[hai]
Ahoj.	**Hello.**	[hə'ləu]
Ahoj všichni!	**Hi there!**	[hai ðeə]
Dovolte / Promiňte prosím.	**Excuse me.**	[ik'skju:z mi:]
Pardon!	**Sorry!**	['sori]
Jsem rád, že Vás potkávám.	**I'm pleased to meet you.**	[aim pli:zd to mi:t ju:]
Ráda Tě vidím.	**I'm glad to see you.**	[aim glæd tu si: ju:]
Na shledanou.	**See you (later).**	[si: ju: leitə]
Sbohem.	**Good-bye.**	[,gud'bai]
Ahoj.	**Bye. Cheerio.**	[bai čiðri'ðu]
Ahoj zítra.	**See you tomorrow.**	[si: ju: tə'morəu]
Dávej na sebe pozor!	**Take care.**	[teik keə]
Pane!	**Sir!**	[sə:]
Slečno / paní!	**Madam!**	['mædəm]
Pane Power!	**Mr Power!**	[mistə pauə]
Paní Powerová!	**Mrs Power!**	[misiz pauə]
Slečno Powerová!	**Miss Power!**	[mis pauə]
Dámy a pánové!	**Ladies and gentlemen!**	[leidiz ænd džentlmen]
Vážení přátelé!	**Dear friends!**	[diə frends]

PŘEDSTAVOVÁNÍ
INTRODUCTIONS

Dovolte mi představit pana Blacka.	Allow me to introduce Mr Black.	[ðlau mi: tu intrəˈdju:s mistə blæk]
Tohle je pan Vlk.	This is Mr Vlk.	[ðis iz mistə vlk]
Těší mne.	How do you do?	[hau du: ju du:]
Rád vás poznávám.	Pleased to meet you.	[pli:zd tu mi:t ju:]
Jak pěkné, že jste přišel.	How nice of you to come.	[hau nais ov ju: tu kam]
Dovolte, abych se představila. Jmenuji se ...	Let me introduce myself. My name is ...	[let mi: intrəˈdju:z maiˈself] [mai neim iz]
Ráda bych Vám představila paní Whitovou.	I'd like to introduce Mrs White to you.	[aid laik tu intrəˈdju:z misiz wait tu ju:]
Mám to potěšení mluvit se slečnou Greyovou?	Have I the pleasure of speaking to Miss Grey?	[hæv ai ð ˈpleʒə ov spi:kiŋ tu mis grei]
Rád bych, aby ses seznámil s panem Novým.	I'd like you to meet Mr Novy.	[aid laik ju: tu mi:t mistə novi:]
Pane Nový, smím Vám představit pana Greena?	Mr Novy, may I introduce Mr Green to you?	[mistə novi: mei ai intrəˈdju:z mistə gri:n tu ju:]
Kdo je ten pán, prosím?	Who is the man, please?	[hu: iz ðə mæn pli:z]
Představte mě, prosím, tomu pánovi/té dámě.	Could you introduce me to the man / woman?	[kud ju: intrəˈdju:s mi: tu: ðə mæn / ˈwumən]
Ráda bych se s ním seznámila.	I'd like to meet him.	[aid laik tu mi:t him]
Je to můj kolega / přítel / přítelkyně.	He is my colleague / boyfrend / gəːl frend.	[hi: iz mai koli:g / boifrend / gəːl frend]
Seznam se s mým přítelem Johnem.	Meet my friend John.	[mi:t mai frend džon]
Rád vás poznávám.	Nice to meet you.	[nais tu mi:t ju:]
Znáte se vy dva? - Ne. - Tak promiňte, Tome, tohle je Jack. Jacku - Tom.	Have you two met? - No. - Oh, sorry. Tom, this is Jack. Jack, this is Tom.	[hæv ju: tu: met nəu əu sori tom ðis iz džæk džæk ðis iz tom]
Myslím, že jsme se už někde potkali.	I think we have met before.	[ai θiŋk wi: hæv met biˈfo:]
Známe se od vidění.	We know each other by sight.	[wi: nəu i:č əðə bai sait]
Bohužel si nevzpomínám.	I am afraid, I cannot remember.	[ai æm əˈfreid ai kænot riˈmembə]
Nejsem si jistá.	I am not sure about it.	[ai æm not šuə əˈbaut it]
Jak se daří Vaší rodině?	How is your family?	[hau iz jo: ˈfæməli]
Všichni jsou v pořádku.	Everybody is all right.	[ˈevri,bodi iz o:l rait]
Jak jste tady dlouho?	How long have you been here?	[hau loŋ hæv ju: bi:n hiə]
My jsme tady už týden.	We have been here for one week already.	[wi: hæv bi:n hiə fo: wan wi:k oˈlˈredi]
Je to vaše první návštěva?	Is it your first visit?	[iz it jo: fə:st vizit]
Ne, my jsme tady byli vloni.	No, we were here last year.	[nəu wi: wə: hiə laːst jiə]

Líbí se vám tady?	Do you like this place?	[du: ju: laik ðis pleis]
Ano, nám se tady moc líbí.	Yes, we like this place very much.	[jes wi: laik ðis pleis veri mač]
Odkud jste?	Where are you from?	[weə a: ju: from]
Já jsem z ...	I am from ...	[ai æm from]
Jaké jste národnosti?	What is your nationality?	[wot iz jo: næšďnælďti]
Jsem Čech / Angličan.	I am Czech / English.	[ai æm ček / ingliš]
Jste tady sám?	Are you here alone?	[a: ju: hiə ð'ləun]
Já jsem tady se svou ženou / přítelkyní / rodinou / svým manželem / přítelem	I'm here with my wife / girlfriend / family husband / boyfriend.	[aim hiə wið mai waif / gə:lfrend / fæmďli hasbənd / boifrend]
Jste ženatý (vdaná) / svobodný (svobodná)?	Are you married / single?	[a: ju: mærid / singl]
Máte děti?	Have you got any children?	[hæv ju: got eni čildrən]
Kde pracujete?	What's your job?	[wots jo: džob]
Já jsem student(ka).	I'm a student.	[aim ð stju:dənt]
Co studujete?	What do you study?	[wot du: ju: stadi]
Já jsem tady služebně.	I'm here on my business.	[aim hiə on mai biznis]
Cestujete hodně?	Do you travel a lot?	[du: ju: trævl ə lot]

LOUČENÍ
PARTING

Ráda bych se rozloučila.	I'd like to say goodbye.	[aid laik tu sei gud'bai]
Musím se už rozloučit.	I must say goodbye now.	[ai mast sei gud'bai nau]
Promiň, už musím jít.	Sorry, I must be off now.	[sori ai mast bi: of nau]
To už opravdu odcházíš?	Are you really going?	[a: ju: 'riəli gəuiŋ]
Teď už je na čase odejít.	It's time to leave now.	[its taim tu li:v nau]
Děkuji za krásný / příjemný večer.	Thank you for a beautiful / pleasant evening.	[θæŋk ju: fo: ð bju:təfl / 'plezənt i:vniŋ]
Nebudu Vás zdržovat, vím, že spěcháte.	I won't keep you any longer, I know you are in a hurry.	[ai wont ki:p ju: eni 'loŋgə ai nəu ju: a: in ð hari]
Pozdravujte doma.	Say hello to your family.	[sei helou tu jo: fæmďli]
Bylo velmi milé, že jsem tě po tak dlouhé době zase viděl.	It was very nice to see you again after such a long time.	[it wɔz veri nais tu si: ju: ð'gein a:ftð sač ð loŋ taim]
Měj se pěkně.	Have a good time.	[hæv ð gud taim]
Kdy tě zase uvidím?	When can I see you again?	[wen kæn ai si: ju: ð'gein]
Doufám, že se uvidíme co nejdříve.	I hope to see you again as soon as possible.	[ai həup tu si: ju: ð'gein ðs su:n ðs 'posəbl]
Doprovodím tě domů.	I'll walk you home.	[ail wo:k ju: həum]
Zavezu tě domů.	I'll give you a lift home.	[ail giv ju: ð lift həum]
Uvidíme se zítra / později.	See you tomorrow / later.	[si: ju: tð'morðu / leitð]

DOROZUMĚNÍ
UNDERSTANDING

Mluvíte anglicky?	Do you speak English?	[du: ju: spi:k ingliš]
Ano, ale jen trochu.	Yes, I do, but only a little.	[jes ai du: bat ∂unli ∂ litl]
Mluvím jen česky.	I speak only Czech.	[ai spi:k ∂unliček]
Začínám se teprve učit anglicky.	I'm only beginning to learn English.	[aim ∂unli bi'giniŋ tu l∂:n ingliš]
Raději bych mluvil anglicky.	I'd rather speak English.	[aid ra:ð∂ spi:k ingliš]
Rozumím německy.	I understand German.	[ai and∂stænd dž∂:m∂n]
Mluvím také francouzsky.	I speak French too.	[ai spi:k frenč tu:]

Mluvím anglicky	I speak English	[ai spi:k ingliš]
- bulharsky	- Bulgarian	[bal'geðri∂n]
- česky	- Czech	[ček]
- dánsky	- Danish	[deiniš]
- francouzsky	- French	[frenč]
- holandsky	- Dutch	[dač]
- italsky	- Italian	[itælj∂n]
- maďarsky	- Hungarian	[haŋ'geðri∂n]
- německy	- German	[dž∂:'m∂n]
- čínsky	- Chinese	[čai'ni:z]
- polsky	- Polish	[p∂uliš]
- portugalsky	- Portuguese	[po:tju'gi:z]
- rumunsky	- Rumanian	[ru'meinj∂n]
- rusky	- Russian	[rašn]
- řecky	- Greek	[gri:k]
- slovensky	- Slovak	[sl∂uvæk]
- arabsky	- Arabic	[ærðbik]
- španělsky	- Spanish	[spæniš]
- švédsky	- Swedish	[swi:diš]
- turecky	- Turkish	[t∂:kiš]

Rozumíte mi?	Do you understand me?	[du: ju: and∂'stænd mi:]
Nerozumím.	I don't understand.	[ai d∂unt and∂'stænd]
Nerozuměla jsem dobře.	I didn't understand well.	[ai didnt and∂'stænd wel]
Promiňte, vůbec jsem nerozuměl, co jste říkala.	Sorry, I didn't understand what you said at all.	[sori ai didnt and∂'stænd wot ju: sed ∂t o:l]
Nerozuměl jsem nic / všemu.	I didn't understand anything / everything.	[ai didnt and∂'stænd eniθiŋ / evriθiŋ]
Rozumím téměř všemu.	I can understand almost everything.	[ai kæn and∂'stænd 'o:lm∂ust evriθiŋ]
Rozumím, jen když mluvíte pomalu.	I can follow you only if you speak slowly.	[ai kæn fol∂u ju: ∂unli if ju: spi:k sl∂uli]
Co jste říkal?	What did you say?	[wot did ju: sei]
Prosím, nemluvte tak rychle.	Don't speak so quickly, please.	[d∂unt spi:k s∂u kwikli pli:z]
Neslyšel jsem dobře.	I didn't hear very well.	[ai didnt hi∂ veri wel]

Můžete to zopakovat?	Can you repeat it?	[kæn ju: ripi:t it]
	Can you say it again?	[kæn ju: sei it ə'gein]
Řekl byste to ještě jednou, prosím?	Would you say it once more, please?	[wud ju: sei it wans mo: pli:z]
Jak, prosím?	Pardon?	[pa:dn]
Přeslechl jsem vaše jméno.	I didn't catch your name.	[ai didnt keč jo: neim]
Co to slovo znamená?	What does this word mean, please?	[wot daz ðis wə:d mi:n pli:z]
Špatně jsem se vyjádřil.	I expressed myself badly.	[ai ik'spresd mai'self bædli]
Jak se to píše?	How do you spell it?	[hau du: ju: spel it]
Můžete mi to vysvětlit?	Can you explain it to me?	[kæn ju: iksplein it tu mi:]
Jak se to řekne anglicky?	How do you say it in English?	[hau du: ju: sei it in iŋgliš]
Je to srozumitelné?	Is it clear?	[is it kliə]

DĚKOVÁNÍ
THANKS

Děkuji.	Thank you. Thanks.	[θæŋk ju: θæŋks]
Děkuji pěkně (mnohokrát).	Thank you very much.	[θæŋk ju: veri mač]
Mockrát Vám děkuji.	Thanks a lot. Many thanks.	[θæŋks ə lot meni θæŋks]
Děkujeme Vám předem.	Thank you in advance.	[θæŋk ju: in ə'dva:ns]
Jsem Vám velmi vděčný.	I am very grateful to you.	[ai æm veri greitful tu ju:]
Jste velmi laskav.	That's very kind of you.	[ðæts veri kaind ov ju:]
Jsem vám velmi zavázán.	I am very obliged to you.	[ai æm veri ə'blaidžd tu ju:]
Velice vám děkuji za vaši pomoc.	Thank you very much for your help.	[θæŋk ju: veri mač fo: jo: help]
Děkuji vám za vše, co jste pro mne udělal.	Thank you for everything you have done for me.	[θæŋk ju: fo: evriθiŋ ju: hæv dan fo: mi:]
To je od vás velice milé.	It's very nice of you.	[its veri nais of ju:]
Jsem vaším velkým dlužníkem.	I'm greatly indebted to you.	[aim greitli in'detid tu ju:]
Děkuji vám za vaše přání.	I thank you for your wish.	[ai θæŋk ju: fo: jo: wiš]
Prokázali jste mi velkou službu.	You have done me a great favour.	[ju: hæv dan mi: ə greit feivə]
Není zač.	That's all right.	[ðæts o:l'rait]
To je maličkost.	It's the least I could do.	[its ðə li:st ai kud du:]
To nestojí za řeč.	Not at all. That's all right.	[not ət o:l ðæts o:l'rait]
	Don't mention it.	[dəunt menšən it]
Rádo se stalo.	It was a pleasure.	[it woz ə pležə]

OMLUVY
APOLOGIES

Promiňte, prosím!	Excuse me, please.	[ik'skju:z mi: pli:z]
	I'm sorry. Sorry.	[aim sori sori]
Prosím za prominutí.	I beg your pardon.	[ai beg jo: pa:dn]
Moc se omlouvám.	I'm terribly sorry.	[aim 'terəbli sori]

Promiňte, že jdu pozdě.	Excuse my coming late.	[ikˈskjuːz mai kamiŋ leit]
	I'm sorry to be late.	[aim sori tu biː leit]
Promiňte, že jsem Vás nechal čekat.	I'm sorry to have kept you waiting.	[aim sori tu hæv kept juː weitiŋ]
Promiňte, ale dřív to nešlo.	Sorry, but I couldn't come earlier.	[sori bat ai kudnt kam ˈəːliə]
Omluvte mě, prosím, na okamžik?	Will you excuse me for a moment, please?	[wil juː ikˈskjuːs miː fɔː ə məumənt pliːz]
Musím se omluvit za ...	I have to apologize for ...	[ai hæv tu əˈpɔlədžais fɔː]
Nezlobte se, není to moje vina.	Don't be angry, I'm not to blame for it.	[dəunt biː æŋgri aim not tu bleim fɔː it]
Odpusťte, že Vás obtěžuji.	Excuse me for bothering you.	[ikˈskjuːs miː fɔː bɔðəriŋ juː]
Promiň, že tě obtěžuji.	I'm sorry to trouble you.	[aim sori tu trabl juː]
Nevyrušuji?	Do I interrupt?	[do ai ˌintəˈrapt]
Je mi to velmi nepříjemné.	It is very unpleasant.	[it iz veri anˈpleznt]
Promiňte, úplně jsem na to zapomněl.	I forgot all about it, I am sorry.	[ai fəgot ɔːl əˈbaut it ai æm sori]
Nemyslel jsem to tak.	I didn't mean it like that.	[ai didnt miːn it laik ðæt]
Doufám, že se proto na mě nebudete zlobit.	I hope you won't blame me.	[ai həup juː wəunt bleim miː]
Nechtěl jsem se vás dotknout.	I didn't mean to offend you.	[ai didnt miːn tu əˈfend juː]
Promiň, byla to má chyba.	It was my fault, I'm sorry.	[it wɔz mai fɔːlt aim sori]
Prosím tě, odpusť mi.	Please, forgive me.	[pliːz fəˈgiv miː]
To nevadí.	Never mind.	[nevə maind]
Nic se nestalo.	It doesn't matter.	[it daznt mætə]
Nic si z toho nedělejte.	Make nothing out of it.	[meik naθiŋ aut ov it]
Už o tom nemluvte.	Don't talk about it any more.	[dəunt tɔːk əˈbaut it eni mɔː]
Nemusíte se omlouvat.	You needn't apologize.	[juː niːdnt əˈpɔlədžaiz]
To je v pořádku.	It's all right.	[its ɔːl rait]
Nedělejte si starosti.	Don't worry about it. There is nothing to be worried about.	[dəunt wari əˈbaut it] [ðeə iz naθiŋ tu biː warid əˈbaut]

SOUHLAS
AGREEMENT

Ano.	Yes.	[jes]
Jistě, zajisté.	Certainly. Sure.	[səːtnli šuə]
Dobře.	All right. Good. O.K. Fine.	[ɔːl rait gud ou kei fain]
Samozřejmě.	By all means. Of course.	[bai ɔːl miːns ov kɔːs]
Ano, rád(a).	Yes, I'd love to.	[jes aid lav tu]
Ale ano, ovšem.	Oh yes, of course.	[əu jes ov kɔːs]
Myslím, že ano.	I think so.	[ai θiŋk səu]
Doufám, že ano.	I hope/ expect so.	[ai həup / ikspekt səu]
Věřím, že ano.	I believe so.	[ai biliːv səu]

Snad.	Perhaps.	[pə'hæps]
Souhlasím.	I agree.	[ai ə'gri:]
Úplně souhlasím.	I absolutely agree.	[ai æ'bsəlu:tli ə'gri:]
	I can't agree more.	[ai ka:nt ə'gri: mo:]
Platí.	Agreed.	[ə'gri:d]
Výborně.	Excellent.	['eksələnt]
Rozumím, chápu.	I understand. I see.	[ai ˌandə'stænd ai si:]
Zcela tak.	Quite right.	[kwait rait]
Máte pravdu.	You are right.	[ju: a: rait]
To je pravda.	That's true.	[ðets tru:]
Beze všeho.	By all means.	[bai o:l mi:ns]
S radostí.	With pleasure.	[wið pleʒə]
To se rozumí samo sebou.	It makes sense.	[it meiks sens]
Líbí se mi to.	I like it.	[ai laik it]
Opravdu.	Yes indeed.	[jes in'di:d]
No právě.	Well, that's the point.	[wel ðets ðə point]
To je dobrý nápad.	It's a good idea.	[its ə gud ai'diə]
Bezpochyby.	Without any doubt.	[wi'ðaut eni daut]
	Undoubtedly.	[an'dautidli]
To je samozřejmé.	It's obvious.	[its 'obviəs]
To jsem právě chtěl říci.	I was just going to say that.	[ai woz džast gəuiŋ tu sei ðet]
Rozumí se samo sebou.	That goes without saying.	[ðet gəuz wi'ðaut seiiŋ]
To je ono.	That's it.	[ðets it]
Jsem pro.	I'm all for it.	[aim o:l fo: it]
To není žádný problém.	I can see no problem there.	[ai kæn si: nəu problǝm ðeə]
Bez problémů.	No problem.	[nəu problǝm]

NESOUHLAS
DISAGREEMENT

Ne.	No.	[nəu]
Určitě ne.	Certainly not.	[sə:tnli not]
Vůbec ne.	Not at all.	[not ət o:l]
Raději ne.	Rather not.	[ra:ðə not]
Bohužel ne.	I'm afraid not.	[aim ə'freid not]
V žádném případě.	By no means.	[bai nəu mi:ns]
Rozhodně ne.	Decidedly not.	[disaidədli not]
Nesouhlasím s tebou.	I disagree with you.	[ai disə'gri: wið ju:]
Myslím, že ne.	I don't think so.	[ai dǝunt θiŋk sǝu]
Doufám, že ne.	I don't expect so.	[ai dǝunt ikspekt sǝu]
	I hope not.	[ai hǝup not]
Ne, naopak.	No, on the contrary.	[nəu on ðə kontrəri]
Ani nápad.	Far from it.	[fa: from it]
Za žádnou cenu.	On no account.	[on nəu ə'kaunt]
Ještě ne.	Not yet.	[not jet]
Nikdy.	Never. Never more.	[nevə nevə mo:]

Nechci.	I don't want to.	[ai dənt wont tu]
Nemohu.	I can't.	[ai ka:nt]
Jsem proti tomu.	I'm against it.	[aim ə'geinst it]
Odmítám to.	I refuse it.	[ai ri'fju:z it]
Určitě se mýlíte.	You must be wrong.	[ju: mast bi: roŋ]
To není pravda.	That's not true.	[ðets not tru:]
To je lež.	It's a lie.	[its ə lai]
Ne, právě naopak.	No, it's just the other way around.	[nəu its džast ði: aðð wei ə'raund]
To nepřipadá v úvahu.	It's out of the question.	[its aut ov ðð kwesčðn]
To nestojí za to.	It's not worth it.	[its not wðθ it]
To nemůžeme připustit.	We can't admit this.	[wi: ka:nt əd'mit ðis]
Nesmysl.	Nonsense.	['nonsðns]
To nemá smysl.	It's no use.	[its nðu ju:s]

SPOKOJENOST
SATISFACTION

Jsem s tím naprosto spokojen.	I am absolutely / entirely satisfied with it.	[ai æm 'æbsðlu:tli / in'taiðli 'sætisfaid wið it]
Výborně.	Very good. Oh good.	[veri gud] [ðu gud]
To je prima.	That's fine. That's great.	[ðets fain ðets greit]
Jsem rád.	I'm glad to hear that.	[aim glæd tu hið ðet]
To mě opravdu těší.	I'm very pleased.	[aim veri pli:zd]
To je báječné.	That's marvellous.	[ðets ma:vðlðs]
To je senzační.	That's fantastic / superb.	[ðets fæn'tæstik / su:'pð:b]
Vynikající.	Excellent. Well done.	[eksðlðnt wel dan]
To máte štěstí.	You are lucky.	[ju: a: laki]
Udělal jste mi opravdu velkou radost.	I'm very pleased indeed.	[aim veri pli:zd in'di:d]
To je štěstí!	It's a piece of luck.	[its ð pi:s ov lak]
Vyhovuje mi to.	I'm happy about that.	[aim hæpi ð'baut ðet]

NESPOKOJENOST A ROZČILENÍ
DISSATISFACTION AND ANGER

Jsem silně nespokojen.	I feel a strong dissatisfaction.	[ai fi:l ð stroŋ 'dis,sætis'fækšn]
Jsem velmi zklamán.	I am very disappointed.	[ai æm veri ,disð'pointid]
Jsem v rozpacích.	I feel very embarrassed.	[ai fi:l veri im'bærðsd]
Jsem hluboce zarmoucen.	I'm greatly depressed.	[aim greitli di'presd]
To se mi nelíbí.	I don't like it.	[ai dðunt laik it]
Vůbec mi to nevyhovuje.	I'm not happy about that at all.	[aim not hæpi ð'baut ðet ðt o:l]
Vadí mi to.	I do mind it.	[ai du: maind it]
Musím proti tomu protestovat.	I must protest against it.	[ai mast prðutest ð'geinst it]

To si nenechám líbit.	I am not going to put up with it.	[ai æm not gǝuiŋ tu put ap wiδ it]
Už toho mám dost.	I've had enough!	[aiv hæd i'naf]
	I am fed up with it.	[ai æm fed ap wiδ it]
Zlobím se na tebe.	I am really angry with you.	[ai æm riǝli 'æŋgri wiδ ju:]
Mám smůlu.	I am out of luck.	[ai æm aut ov lak]
To přestává všechno!	That's the limit!	[δæts δǝ limit]
Nechte toho.	Stop it.	[stop it]
Dejte mi pokoj.	Leave me alone.	[li:v mi: ǝ'lǝun]
To je ostuda.	What a shame!	[wot ǝ šeim]
To je drzost.	How arrogant / rude.	[hau ærǝgǝnt / ru:d]
To je hloupé.	That's ridiculous / silly.	[δæts ri'dikjulǝs / sili]
Za koho mě máte?	Who do you think I am?	[hu: du: ju: θiŋk ai æm]
K čertu!	To hell with it! Oh hell!	[tu: hel wiδ it δu hel]
Sakra!	Damn!	[dæm]
No dovolte!	Pardon me!	[pa:dn mi:]
Co si to vlastně dovolujete!	How dare you?	[hau deǝ ju:]
Očekávám vysvětlení.	I'm waiting for an explanation.	[aim weitiŋ fo: ǝn ekspla'neišǝn]
Ven!	Get out of here! Get out!	[get aut ov hiǝ get aut]
Ty ses snad zbláznil!	You must be crazy!	[ju: mast bi: kreizi]
To je od vás nehoráznost.	That's annoying.	[δæts ǝ'noiŋ]
Chovej se slušně!	Behave yourself.	[bi'heiv jo:self]

OBAVY
ANXIETIES

Mám strach.	I'm frightened / scared.	[aim fraitnǝd / skeǝd]
Mám o tebe strach.	I'm anxious about you.	[aim 'æŋkšǝs ǝ'baut ju:]
Bojím se tam jít.	I'm anxious to go there.	[aim 'æŋkšǝs tu gǝu δeǝ]
Jsem trochu nervózní.	I feel a bit nervous.	[ai fi:l ǝ bit nǝ:vǝs]
Bojím se tmy.	I'm afraid of darkness.	[aim ǝ'freid ov da:knis]
Nemůže se s tím vyrovnat.	He can't deal with it.	[hi: ka:nt di:l wiδ it]
Mám mnoho starostí.	I've got a lot of worries.	[aiv got ǝ lot ov woris]
Neměj strach.	Don't be scared.	[dǝunt bi: skeǝd]
Nemáš se čeho obávat.	There's nothing to be afraid of.	[δeǝs naθiŋ tu bi: ǝ'freid ov]
Nedělej si starosti.	Don't worry.	[dǝunt 'wari]

PŘEKVAPENÍ
SURPRISE

To je milé překvapení!	What a nice surprise!	[wot ǝ nais sǝ'praiz]
Ty jsi mě ale překvapil!	You've taken me by surprise.	[ju:v teikn mi: bai sǝ'praiz]
To je překvapující.	That's surprising.	[δæts sǝ'praiziŋ]
To je neuvěřitelné.	That's incredible.	[δæts in'kredǝbl]

Cože?	What?	[wot]
Jak to?	How come?	[hau kam]
Myslíte?	Do you think so?	[du: ju: θiŋk sǝu]
Vážně?	Really? Indeed?	[riǝli] [in'di:d]
Děláte si legraci?	Are you kidding?	[a: ju: kidiŋ]
Určitě?	Are you sure?	[a: ju: ʃuǝ]
Tomu nevěřím.	I don't believe it.	[ai dǝunt bi'li:v it]
Přeháníte.	You are exaggerating.	[ju: a: ig'zædžǝreitiŋ]
To nemyslíte vážně, že?	You don't mean it, do you?	[ju: dǝunt mi:n it du: ju:]
No ne!	Oh, dear me!	[ǝu diǝ mi:]
Kdo by to byl řekl.	Who'd have said that?	[hu:d hæv sed ðæt]
Proboha!	Good heavens!	[gud hevns]
O tom pochybuji.	I doubt it.	[ai daut it]
Tomu nevěřím.	I don't believe it.	[ai dǝunt bi'li:v it]

LÍTOST
REGRET

To mě mrzí.	I am sorry about that.	[ai æm sori ǝ'baut ðæt]
Velice ji lituji.	I am terribly sorry for her.	[ai æm terǝbli sori fo: hǝ:]
Lituji, že jsem to řekl.	I regret that I've said it.	[ai ri'gret ðæt aiv sed it]
	I regret saying it.	[ai ri'gret seiiŋ it]
Lituji, že vám musím oznámit, že ...	I regret to inform you that ...	[ai ri'gret tu info:m ju: ðæt]
To je škoda.	It's a pity. It's a shame.	[its ǝ piti its ǝ ʃeim]
To je smůla.	That's bad luck.	[ðæts bæd lak]
Bohužel ne.	I am afraid not.	[aim ǝ'freid not]
Lituji, ale nedá se nic dělat.	I am sorry, but there is nothing I can do about it.	[ai æm sori bat ðeǝ is naθiŋ ai kæn du: ǝ'baut it]
Je mi líto, ale nemohu.	I am sorry, but I can't.	[ai æm sori bat ai ka:nt]
Nic si z toho nedělejte.	Don't worry about that.	[dǝunt wari ǝ'baut ðæt]
Chudák!	Poor man!	[puǝ mæn]

UJIŠTĚNÍ
ASSURANCE

Jistě.	Sure. Certainly. Of course.	[ʃuǝ sǝ:tnli ǝv'ko:s]
Jsem si tím celkem jist.	I'm quite sure about it.	[aim kwait ʃuǝ ǝ'baut it]
Slibuji.	I promise.	[ai promis]
Dávám vám čestné slovo že nezapomenu.	I give you my word of honour I won't forget.	[ai giv ju: mai wǝ:d ov onǝ ai wǝunt fǝ'get]
Dodržím slovo.	I'll keep my word.	[ail ki:p mai wǝ:d]
Já se o to postarám.	I will take care of it.	[ai wil teik keǝ of it]
Učiním vše, co budu moci.	I'll do everything I can.	[ail du: evriθiŋ ai kæn]
Buďte klidný.	Take it easy.	[teik it i:zi]
Můžete se na mne spolehnout.	You can be sure I will do that.	[ju: kæn bi: ʃuǝ ai wil du: ðæt]
Viděl jsem to na vlastní oči.	I saw it with my own eyes.	[ai so: it wið mai ǝun ais]

OMYLY
MISTAKES

To je velký omyl.	That's a big mistake.	[ðæts ə big mi'steik]
Zmýlil jsem se.	I've made a mistake.	[aiv meid ə mi'steik]
To byla moje chyba.	It was my fault.	[it wɔz mai fo:lt]
Mýlíte se.	You are mistaken.	[ju: a: mi'steikən]
Promiňte, spletl jsem si vás s mým přítelem.	Sorry, I mistook you for my friend.	[sori ai mi'stu:k ju: fo: mai frend]
Udělal jsem to omylem.	I did it by mistake.	[ai did it bai mi'steik]
Omylem jsem předpokládal, že přijde.	I had mistakenly assumed that she would be coming.	[ai hæd mi'steikənli ə'sju:md ðæt ši: wud bi: kamiŋ]

VÁHÁNÍ
HESITATION

Bez váhání.	Without hesitation.	[wiðˈaut heziˈteišn]
Ani chvíli bych neváhal.	I wouldn't hesitate to accept it.	[ai wudnt heziˈteit tu əkˈsept it]
Snad.	Perhaps.	[pəˈhæps]
Možná.	Maybe.	[meibi:]
To je jedno.	It makes no difference.	[it meiks nəu difrəns]
Je mi to jedno.	I don't care.	[ai dəunt keə]
Nejsem si jist.	I'm not sure.	[aim not šuə]
Váhám to udělat.	I hesitate to do it.	[ai ˈheziteit tu du: it]
Pravděpodobně.	Probably. Presumably.	[probəbli priˈzju:məbli]
Uvidíme.	We will see.	[wi: wil si:]
Pochybuji o tom.	I doubt it.	[ai daut it]
Jak chcete.	If you like.	[if ju: laik]
Jak myslíte.	If you think.	[if ju: θiŋk]
Přijde na to.	It depends.	[it diˈpends]
Nemohu se rozhodnout.	I can't make up my mind.	[ai ka:nt meik ap mai maind]
Nevím.	I don't know.	[ai dəunt nəu]
Rozmyslím si to.	I'll think it over.	[ail θiŋk it əuvə]
Kdoví.	Who knows.	[hu: nəus]
Možná, že se mýlím.	I may be wrong. I may be mistaken.	[ai mei bi: roŋ] [ai mei bi: mi'steikən]
Snad, může být.	Perhaps, it may be.	[pəˈhæps it mei bi:]
Člověk nikdy neví.	One never knows.	[wan nevə nəus]
To není možné.	That is impossible.	[ðæt iz imˈposəbl]
To bych neřekl.	I shouldn't say so.	[ai šudnt sei səu]
Podle mého názoru.	In my opinion.	[in mai əˈpinjən]
Opravdu? Skutečně?	Really? Indeed?	[riəli inˈdi:d]
Je to tak?	Is that so?	[is ðæt səu]
Sotva tomu mohu věřit.	I can hardly believe it.	[ai kæn ha:dly biˈli:v it]

RADY
ADVICE

Můžeš mi poradit, co mám dělat?	Could you give me some advice about what to do?	[kud ju: giv mi: sam əd'vais ə'baut wot tu du:]
Poradil bys mi, co mám udělat?	Would you tell me what to do?	[wud ju: tel mi: wot tu du:]
Co byste dělal na mém místě?	What would you do if you were me?	[wot wud ju: du: if ju: weə mi:]
Kdybych byl na tvém místě, nikdy bych tam nešel.	I would never go there if I were you.	[ai wud 'nevə gəu ðeə if ai weə ju:]
Podle mého názoru ...	In my opinion ...	[in mai ə'pinjən]
Pokud se týče mne, udělal bych to.	As far as I am concerned, I would do it.	[əs fa: əs ai æm kən'sə:nd ai wud du: it]
Poradil bych ti, abys ...	I'd advise you to ...	[aid əd'vais ju: tu]
Doporučuji Vám, abyste se pro radu obrátil na pana Blacka.	I advise you to turn to Mr Black for advice.	[ai əd'vais ju: tu tə:n tu mistə blæk fo: əd'vais]

PROSBY
REQUESTS

Prosím vás, mohl byste mi podat ten šálek?	Excuse me, could you pass me the cup?	[ik'skju:z mi: kud ju: pa:s mi: ðə kap]
Řekl byste mi ...	Would you tell me, please, ...	[wud ju: tel mi: pli:z]
Promiňte, že vás obtěžuji, ale ...	I'm sorry to trouble you, but ...	[aim sori tu 'trabl ju: bat]
Bude vám vadit, když ...	Would you mind if ...	[wud ju: maind if]
Ukázal byste nám ...	Would you show us ...	[wud ju: šəu as]
Promiňte, prosím, byl byste tak laskav a ...	Excuse me, please, would you be so kind and ...	[ik'skju:z mi: pli:z wud ju: bi: səu kaind ænd]
Rád bych se vás na něco zeptal.	I would like to ask you about something.	[ai wud laik tu a:sk ju: ə'baut 'samθiŋ]
Mám k vám prosbu.	I've got something to ask you for.	[aiv got samθiŋ tu a:sk ju: fo:]
Můžete mi, prosím, udělat laskavost?	Could you do me a favour, please?	[kud ju: du: mi: ə 'feivə pli:z]
Rád bych věděl, jestli byste pro mě něco udělal.	I wonder if you would do anything for me.	[ai wandə if ju: wud du: 'eniθiŋ fo: mi:]
Vrátil byste mi laskavě ...	Would you kindly give me back....	[wud ju: kaindli giv mi: bæk]
S dovolením.	If you don't mind.	[if ju: dəunt maind]
Počkejte.	Please wait.	[pli:z weit]
	Wait a minute, please.	[weit ə minit pli:z]
Okamžik.	Just a moment, please.	[džast ə 'məumənt pli:z]

POZVÁNÍ
INVITATION

Co děláte dnes večer?	What's your programme for tonight?	[wots jo: prǝugræm fo: tǝˈnait]
Co máte dnes na programu?	What have you got on today?	[wot hæv ju: got on tǝˈdei]
Budeš mít zítra hodně práce?	Are you going to be busy tomorrow?	[a: ju: gǝuiŋ tu bi: bizi tǝˈmorǝu]
Prokázal byste mi tu čest a dnes se mnou povečeřel?	May I have the honour of your company at dinner tonight?	[mei ai hæv ði: ˈonǝ ov jo: ˈkampǝni ǝt dinǝ tǝˈnait]
Mohl bych Vás pozvat dnes na večeři?	May I invite you to dinner tonight?	[mei ai inˈvait ju: tu dinǝ tǝˈnait]
Rád bych věděl, jestli byste se mnou dnes šla na oběd?	I was wondering if you would join me for lunch today?	[ai wɔ: ˈwandǝriŋ if ju: wud dʒoin mi: fo: lanč tǝˈdei]
Moc byste mě potěšili, kdybyste přišli na oběd.	I'd be greatly delighted to see you for lunch.	[aid bi: greitli diˈlaitid tu si: ju: fo: lanč]
Děkuji za pozvání.	Thank you for your invitation.	[θæŋk ju: fo: jo: inviˈteišǝn]
S potěšením.	It would be my pleasure.	[it wud bi: mai pležǝ]
Velmi rád.	I am delighted.	[ai æm diˈlaitid]
Velmi rád přijdu.	I shall be pleased to come.	[ai šel bi: pli:zd tu kam]
S potěšením vaše pozvání přijímám.	I accept your invitation with pleasure.	[ai ǝkˈsept jo: inviˈteišǝn wið pležǝ]
Děkuji za pozvání, ale snad příště.	Thank you for asking but maybe next time.	[θæŋk ju: fo: a:skiŋ bat meibi: nekst taim]
Bohužel, dnes nemohu.	I'm afraid I can't come.	[aim ǝˈfreid ai ka:nt kam]
Bohužel, musím odmítnout.	I'm afraid I have to refuse.	[aim ǝˈfreid ai hæv tu riˈfju:z]
Ráda bych, ale ...	I'd love to, but ...	[aid lav tu bat]
Kéž bych mohla, ale mám návštěvu.	I wish I could, but I have some people around.	[ai wiš ai kud bat ai hæv sam pi:pl ǝˈraund]
Chtěla bys jít do kina?	Would you like to go to the cinema?	[wud ju: laik tu gǝu tu ðǝ sinimǝ]
A co takhle jít večer na koncert?	And what about going to a concert tonight?	[ænd wot ǝˈbaut gǝuiŋ tu ǝ konsǝt tǝˈnait]
To zní skvěle / fantasticky / úžasně.	That sounds great / fantastic / wonderful.	[ðæt saunds greit / fænˈtæstik / ˈwandǝful]
Ano, přijdu.	Yes, I will come.	[jes ai wil kam]
Určitě přijdu.	I'll come without fail.	[ail kam wiðˈaut feil]
Platí.	Very good. Great.	[veri gud greit]
Přijdu určitě.	I'll come for sure.	[ail kam fo: šuǝ]
To se mi nehodí.	It's a problem.	[its ǝ problǝm]
Už mám něco jiného.	I've something on already.	[aiv ˈsamθiŋ on o:lˈredi]
Bohužel nemůžu.	I'm afraid, I can't.	[aim ǝˈfreid ai ka:nt]
Nemám čas.	I'm very busy.	[aim veri bizi]

To je dobrý nápad, ale ...	It's a good idea but ...	[its ∂ gud ai'di∂ bat]
Děkuji, nechci.	Thanks. I don't want to.	[θeŋks ai d∂unt wont tu]
Nemám zájem.	I'm not interested.	[aim not 'intristid]
A zítra?	And what about tomorrow?	[ænd wot ∂'baut tə'mor∂u]
Přijďte někdy k nám.	Drop in and see us sometimes.	[drop in ænd si: as 'samtaims]
Až budu moci, přijdu.	When I am able to, I'll come.	[wen ai æm eibl tu ail kam]

ZÁSAH DO ROZHOVORU
INTERRUPTION OF A CONVERSATION

Promiňte, že Vás přerušuji, ale neodpovídáte na otázku.	I'm sorry to interrupt, but you are not really answering the question.	[aim sori tu ,int∂' rapt bat ju: a: not ri∂li 'a:ns∂riŋ ðə 'kwesč∂n]
Promiňte, že Vás přerušuji.	I'm sorry to break you off.	[aim sori tu breik ju: of]
Promiň, že ti skáču do řeči, ale ...	Excuse me for barging in, but ...	[ik'skju:z mi: fo: ba:giŋ in bat]
Uvidíme, jestli ...	We'll see, if ...	[wi:l si: if]
Musím Vám říci, že ...	I have to tell you, that ...	[ai hæv tu: tel ju: ðæt]
V každém případě.	In any case.	[in eni keis]
Pokud vím ...	As I know ...	[æs ai n∂u]
Předpokládám, že ...	I suppose, that ...	[ai s∂'p∂uz ðæt]
Chtěl bych říci pár slov.	I wanted to say something.	[ai wontid tu sei 'samθiŋ]
Ovšem.	Sure.	[šu∂]
Máte pravdu, ale ...	You are right, but ...	[ju: a: rait bat]
Ano, ale ...	Yes, but ...	[jes bat]
Moment!	Wait a minute!	[weit ∂ minit]
Okamžik!	One moment!	[wan m∂um∂nt]

OBRANA
DEFENCE

Pomoc!	Help!	[help]
Hoří!	Fire!	[fai∂]
Zloděj!	Thief!	[θi:f]
Chyťte ho!	Catch him!	[kæč him]
Pozor!	Look out!	[luk aut]
Zavolejte policii!	Call the police!	[ko:l ð∂ p∂'li:s]
Mlč!	Be quiet!	[bi: kwai∂t]
Dejte mi pokoj!	Leave me alone!	[li:v mi: ∂'l∂un]
Běžte pryč!	Go away!	[g∂u ∂'wei]
Jděte pryč!	Clear out!	[kli∂ aut]
Vypadni!	Get out!	[get aut]
Dejte s tím pokoj!	Stop it! Drop it!	[stop it drop it]

NÁVŠTĚVA
VISIT

To je milé překvapení.	What a pleasant surprise!	[wot ə pleznt səˈpraiz]
Prosím, pojďte dál.	Come in, please.	[kam in pliːz]
Srdečně vás vítám!	Welcome!	[welkəm]
Vítejte u nás!	Welcome to our house!	[welkəm tu auð haus]
Odložte si.	Take off your coat.	[teik ov joː kəut]
Doufám, že se vám u nás bude líbit.	I hope you will like it in our house.	[ai həup juː wil laik it in auð haus]
Přišli jsme jen na chvilku.	We've just come for a short visit.	[wiːv džast kam foː ə šoːt vizit]
Půjdu napřed.	I'll go ahead.	[ail gəu əˈhed]
Zde je malý dárek.	Here is a small present.	[hiə iz ə smoːl ˈpreznt]
Je to od vás velice hezké.	It's very nice of you.	[its veri nais ov juː]
To nemuselo být.	You shouldn't have done that.	[juː šudnt hæv dan ðæt]
Posaďte se, prosím.	Have a seat. Take a seat.	[hæv ə siːt teik ə siːt]
Mohu vám nabídnout něco k jídlu / pití?	Can I offer you anything to eat / drink?	[kæn ai ˈofə juː ˈeniθiŋ tu iːt / driŋk]
Co vám mohu nabídnout?	What can I offer you?	[wot kæn ai ofə juː]
Pivo, džus nebo limonádu?	Beer, juice or lemonade?	[biə džuːs oː leməˈneid]
Mohu vám teď přinést kávu nebo čaj?	Can I bring you a cup of coffee or tea?	[kæn ai briŋ juː ə kap ov kofi oː tiː]
Já bych chtěl kávu.	I'd like a cup of coffee.	[aid laik ə kap ov ˈkofi]
Máte jistě hlad.	You must be hungry.	[juː mast biː haŋgri]
Tak tady jsou chlebíčky a zákusky.	Here are sandwiches and cakes.	[hiə aː ˈsændwičiːz ænd keiks]
Tento zákusek vypadá fantasticky.	The cake looks fantastic.	[ðə keik luks fænˈtæstik]
To je vynikající.	It's delicious.	[its dəˈlišəs]
Mohu si vzít ještě kousek?	May I have another piece?	[mei ai hæv əˈnaðə piːs]
Ovšem, jen si poslužte.	Of course, help yourself.	[ov koːs help joːself]
Poslužte si, prosím!	Help yourself, please.	[help joːself pliːz]
Jste vynikající kuchařka.	You are an excellent cook.	[juː aː ən ˈeksələnt kuk]
Vezměte si ještě další.	Have another one, please.	[hæv əˈnaðə wan pliːz]
Mohu vám ještě nalít?	Can I give you a little more?	[kæn ai giv juː ə litl moː]
Prosím ano.	Yes, please.	[jes pliːz]
Děkuji, nechci.	No, thank you.	[nəu θeŋk juː]
Mohu si zapálit?	May I smoke here?	[mei ai sməuk hiə]
Prosím.	Please do.	[pliːz duː]
Bude vám vadit, když si zapálím?	Would you mind if I smoke here?	[wud juː maind if ai sməuk hiə]
Kouříte?	Do you smoke?	[du juː sməuk]

Ne děkuji, nekouřím.	No, thanks, I don't smoke.	[nəu θæŋks ai dəunt sməuk]
Já kouřím doutníky / dýmku.	I smoke cigars / a pipe.	[ai sməuk siˈgɑːs / ə paip]
Několikrát jsem se snažil odnaučit kouřit.	I tried to stop smoking several times.	[ai traid tu stop sməukiŋ ˈsevrəl taims]
Přestat kouřit je však velmi těžké.	However, it is very difficult to give up smoking.	[hauˈevə it iz veri difikəlt tu giv ap sməukiŋ]
Nevadí vám kouř?	Do you mind the smoke?	[duː juː maind ðə sməuk]
Vůbec ne.	Not at all.	[not ət oːl]
Zapálíte mi, prosím?	May I have a light please?	[mei ai hæv ə lait pliːz]
cigareta	cigarette	[sigəˈret]
popelník	ash-tray	[æʃtrei]
dým, kouř	smoke	[sməuk]
dýmka	pipe	[paip]
zapalovač	lighter	[laitə]
zápalka	match	[mæč]
zapálit si	to light up	[tu lait ap]
zhasit	to extinguish / put out	[tu ikˈstiŋgwiš / put aut]
Lituji, ale už musíme jít.	I'm sorry, we've got to go.	[aim sori wiːv got tu gəu]
Je nejvyšší čas jít.	It's high time to go.	[its hai taim tu gəu]
Měla bych už jít.	I should be off now.	[ai šud biː of nau]
Měla bych raději odejít.	I should rather go.	[ai šud ˈrɑːðə gəu]
Děkujeme za krásný večer.	Thank you for the pleasant evening.	[θæŋk juː foː ðə pleznt iːvniŋ]
Děkuji za pohoštění.	Thank you for your hospitality.	[θæŋk juː foː jo: hospiˈtæliti]
Děkuji za milé přijetí.	Thank you for the kind reception.	[θæŋk juː foː ðə kaind riˈsepšn]
Nyní je řada na vás.	It's your turn now.	[its joː təːn nau]
Těšíme se, že vás zase uvidíme.	We are looking forward to seeing you again.	[wiː aː lukiŋ foːwəd tu siːiŋ juː əˈgein]
Jste kdykoliv vítán.	You are welcome every time.	[juː aː welkəm evri taim]
Přijď zase brzy.	Come soon again.	[kam suːn əˈgein]
Těšilo nás.	It was our pleasure.	[it wəz auə ˈpležə]
Doprovodím Vás.	I'll see you home.	[ail siː juː həum]
Šťastnou cestu domů!	Happy journey home.	[hæpi džəːni həum]
Promiňte, že vás obtěžuji.	I am sorry to bother you.	[ai æm sori tu boðə juː]
Jmenuji se ..., a na recepci mi doporučili, abych se obrátil na vás.	My name is ... and I was referred to you by a member of staff at reception.	[mai neim iz ... ænd ai wəz riˈfəːd tu juː bai ə membə ov joː staːf ət riˈsepšn]
Jsem rád, že vás poznávám.	I'm glad to meet you.	[aim glæd tu miːt juː]
Co pro vás mohu udělat?	What can I do for you?	[wot kæn ai duː foː juː]
Mohl byste mi poradit?	Could you give me an advice?	[kud juː giv miː ən əˈdvais]
Jsem vám velmi zavázán.	I am deeply indebted to you.	[ai æm diːpli inˈdetid tu juː]
To nestojí za řeč.	It's not worth mentioning.	[its not wəːθ menšniŋ]

RODINA
FAMILY

manžel	husband	[ˈhazbənd]
manželka	wife	[waif]
dcera	daughter	[doːtə]
syn	son	[san]
matka	mother	[maðə]
otec	father	[faːðə]
bratr	brother	[braðə]
sestra	sister	[sistə]
babička	grandmother	[grænd'maðə]
dědeček	grandfather	[grændˈfaːðə]
bratranec	cousin	[kazn]
sestřenice	cousin	[kazn]
prababička	great-grandmother	[greit-grændˈmaðə]
pradědeček	great-grandfather	[greit-grændˈfaːðə]
vnučka	granddaughter	[grændˈdoːtə]
vnuk	grandson	[grændsan]
teta	aunt	[aːnt]
strýc	uncle	[ˈaŋkl]
neteř	niece	[niːs]
synovec	nephew	[ˈnevjuː]
tchyně	mother-in-law	[maðəinloː]
tchán	father-in-law	[faːðəinloː]
snacha	daughter-in-law	[doːtəinloː]
zeť	son-in-law	[saninloː]
bývalý manžel	ex-husband	[eksˈhazbənd]
bývalá manželka	ex-wife	[eksˈwaif]
nevlastní rodiče	stepparents	[stepˈpeðrənts]
nevlastní matka / otec	stepmother / stepfather	[ˈstep,maðə / ˈstep,faːðə]
nevlastní dítě	stepchild	[ˈstepčaild]
nevlastní dcera / syn	stepdaughter / stepson	[ˈstep,doːtə / ˈstep,san]
nevlastní sestra / bratr	stepsister / stepbrother	[ˈstep,sistə / ˈstep,braðə]

Máte rodinu?	Do you have a family?	[duː juː hæv ə fæmǝli]
Jsem ženatý (vdaná)	I am married.	[aj ðm ˈmærid]
- zasnoubený/á	- engaged	[inˈgeidžd]
- svobodný/á	- single	[siŋgl]
- rozvedený/á	- divorced	[diˈvoːsd]
- vdovec / vdova	- a widower / a widow	[ə widǝuə / ə widǝu]
Chodíme spolu.	We go out together.	[wiː gǝu aut tǝˈgeðə]
Jsme novomanželé.	We are newly-weds / newly married couple.	[wiː aː njuːli weds / njuːli ˈmærid kapl]

Kolik máte dětí?	How many children do you have?	[hau meni čildrən du: ju: hæv]
Z předchozího manželství mám syna.	I've got one son from my former marriage.	[aiv got wan san from mai fo:mə 'mæridž]
Mám dvě děti, jednu dívku a jednoho kluka.	I have got two children, one girl and one boy.	[ai hæv got tu: čildrən wan gə:l ænd wan boi]
Kolik je vaší dceři?	How old is your daughter?	[hau əuld iz jo: do:tə]
Moje dcera je ještě miminko.	My daughter is still a baby.	[iz stil ə 'beibi]
Je novorozenec.	She is a new-born baby.	[ši: iz ə nju bo:n 'beibi]
Mému synovi jsou čtyři.	My son is four.	[mai san iz fo:]
Je to batole.	He is a toddler.	[hi: iz ə 'todlə]
Máš nějaké sourozence?	Do you have any brothers or sisters?	[du: ju: hæv eni braðəs o: sistəs]
Ne, jsem jedináček.	No, I am an only child.	[nəu ai æm ən əunli čaild]
Ano, mám jednoho bratra.	Yes, I've got one brother.	[jes aiv got wan braðə]
Jak s ním vycházíš?	How do you get on with him?	[hau du: ju: get on wið him]
Vycházíme spolu dobře.	We get on very well.	[wi: get on veri wel]
To je tvoje sestra?	Is she your sister?	[iz ši: jo: sistə]
Znám vašeho bratrance.	I know your cousin.	[ai nəu jo: kazn]
Jak se jmenuje tvůj manžel / tvoje žena?	What's your husband's name / wife's name?	[wots jo: 'hazbənds neim / waifs neim]
Moje žena se jmenuje Jana.	My wife's name is Jane.	[mai waifs neim iz džein]
Chceme ji adoptovat.	We want to adopt her as a daughter.	[wi: wont tu ə'dopt hə: əs ə do:tə]
Je to moje nevlastní matka.	She is my stepmother.	[ši: iz mai step'maðə]
Jsou to moji nevlastní rodiče.	They are my stepparents.	[ðei a: mai step'peərənts]
Jsou to dvojčata / trojčata.	They are twins / triplets.	[ðei a: twins / tripls]
Je to můj blízký / vzdálený příbuzný.	He is a close / a distant relation of mine.	[hi: iz ə kləuz/ə distənt ri'leišən of main]
Jsou to moji ...	They are my ...	[ðei a: mai ...]
- pokrevní příbuzní	- blood-relations.	[blad ri'leišəns]
- nepokrevní příbuzní	- my relations by marriage	[mai ri'leišəns bai mæridž]
- příbuzní	- my in-laws	[mai inlo:s]
- příbuzní	- my relations / relatives	[ma ri'leišəns / relətivs]
Kdy se budeš vdávat?	When are you going to get married?	[wen a: ju: gəuiŋ tu get mærid]
Loni jsem se oženil (vdala).	I got married last year.	[ai got mærid la:st jiə]
Ještě se nechce vdávat (ženit).	She (he) doesn't want to get married yet.	[ši: (hi:) daznt wont tu get mærid jet]
Jana je vdaná za Toma.	Jane is married to Tom.	[džein iz mærid tu tom]
Já se rozvedu.	I'll get a divorce.	[ail get ə di'vo:s]
Rozvedla jsem se před týdnem.	I got divorced one week ago.	[ai got di'vo:sd wan wi:k ə'gəu]
Je to sirotek.	She (he) is an orphan.	[ši: (hi:) iz ən o:fn]
Je to starý mládenec.	He's a bachelor.	[hi:s ə bæčələ]
Je to stará panna.	She's a spinster.	[ši:s ə spinstə]

OSOBNÍ ÚDAJE
PERSONAL DETAILS

Jak se jmenujete?	What is your name?	[wot iz jo: neim]
Jmenuji se ...	My name is ...	[mai neim iz ...]
Jaké je vaše křestní jméno?	What's your first name?	[wots jo: fə:st neim]
Jaké je vaše příjmení?	What's your surname / family name / last name?	[wots jo: 'sə:neim / 'fæməli neim / la:st neim]
Jaký máte titul?	What's your title?	[wots jo: 'taitl]
Jaká je adresa trvalého bydliště?	What's your permanent address?	[wots jo: 'pə:mənənt ə'dres]
Jaké je vaše telefonní číslo?	What's your telephone number?	[wots jo: 'telifəun 'nambə]
Pohlaví: ženské / mužské	Sex: female / male	[sex fi:meil / meil]
Kolik je vám let?	How old are you?	[hau əuld a: ju:]
Je mi dvacet let.	I am twenty (years old).	[ai æm 'twenti (jiəs əuld)]
Kdy jste se narodil?	When were you born?	[wen weə ju: bo:n]
Narodil jsem se 1. ledna 1988.	I was born on 1st January 1988.	[ai wəz bo:n on ðə fə:st 'dženjuəri nainti:n eiti eit]
Kde jste se narodil?	Where were you born?	[weə wə ju: bo:n]
Narodil jsem se v Praze.	I was born in Prague.	[ai wəz bo:n in prag]
Jaké je vaše rodné číslo?	What's your personal number?	[wots jo: 'pə:snl nambə]
Jaké máte číslo pasu?	What's your passport number?	[wots jo: 'pa:spo:t nambə]
Jaká je vaše národnost?	What is your nationality?	[wots jo: ˌnæšə'næliti]
Jsem Čech.	I am Czech.	[ai æm ček]
Jaký je váš stav?	What's your marital status?	[wots jo: 'mæritl 'steitəs]
Jsem svobodný(á)	I am single	[aim singl]
- ženatý/vdaná	- married	['mærid]
- rozvedený(á)	- divorced	[di'vo:sd]
- ovdovělý(á)	- widowed	['widəud]
Kdy jste se oženil?	When did you get married?	[wen did ju: get 'mærid]
Oženil jse se v roce 1997.	I got married in 1997.	[ai got 'mærid in nainti:n nainti sevn]
Máte děti?	Have you got any children?	[hæv ju: got eni 'čildrən]
Ne, nemám.	No, I haven't.	[nəu ai hævnt]
Ano, mám dceru.	Yes, I've got one daughter.	[jes aiv got wan do:tə]
Jaké máte povolání?	What's your occupation / job?	[wots jo: ˌokju'peišn / džob]
Pracuji jako číšník.	I work as a waiter.	[ai wə:k əz ə weitə]
Jaké máte vzdělání?	What's your education?	[wots jo: ˌedju'keišn]
Kde jste chodil do školy?	Where did you go to school?	[weə did ju: gəu tu sku:l]
Studoval jsem na gymnáziu v Brně.	I studied at grammar / high school in Brno.	[ai stadid ət 'græmə / hai sku:l in brno]

BYDLENÍ
LIVING

Bydlíme v ...	We live in ...	[wi: liv in ...]
- samostatném domě	- a detached house	[ə di'tæčd haus]
- dvojdomku	- a semi-detached house	[ə semidi'tæčd haus]
- řadovém domě	- a terraced house	[ə 'terəsd haus]
- vile	- a villa	[ə 'vilə]
Ten živý plot v přední zahradě vypadá velmi hezky.	The hedge in your front garden looks wonderful.	[ðə hedž in jo: front ga:dən luks 'wandəful]
Náš dům je celkem malý.	Our house is quite small.	[auə haus iz kwait smo:l]
Rád bych vám ukázal náš dům.	I'd like to show you around our house.	[aid laik tu šǝu ju: ə'raund auə haus]
Na prvním patře je obývací pokoj, jídelna a kuchyň.	There is a living room, a dining room and a kitchen on the ground floor / downstairs.	[ðeə iz ə liviŋ ru:m ə dainiŋ ru:m ænd ə kičin on ðə graund flo: / daun'stɛəs]
Váš obývací pokoj vypadá velmi velký.	Your living room looks very large.	[jo: liviŋ ru:m luks veri la:dž]
Je tu mnoho místa.	There is a lot of room here.	[ðeə iz ə lot ov ru:m hiə]
To křeslo je velmi pohodlné.	The armchair is very comfortable.	[ði: ,a:m'čeə iz veri kamfətəbl]
Kuchyň je vybavena moderními přístroji.	The kitchen is equipped with modern appliances.	[ðə 'kičin iz i'kwipd wið 'modən ə'plaiənsiz]
Za kuchyní je toaleta.	There is a toilet behind the kitchen.	[ðeə iz ə 'toilət bi'haind ðə kičin]
Líbí se mi ten velký dřevěný stůl v jídelně.	I like the big wooden table in the dining room.	[ai laik ðə big wudən teibl in ðə dainiŋ ru:m]
Pojďme nahoru.	Let's go upstairs.	[lets gəu ,ʌp'stɛəs]
Na tomto patře je dětský pokoj, koupelna a ložnice.	There is a children's room, a bathroom, and a bedroom on this floor.	[ðeə iz ə čildrəns ru:m ə ba:θrum ænd ə bedru:m on ðis flo:]
Tyto dveře vedou do studovny.	The door leads to the study.	[ðə do: li:ds tu ðə stady]
Dům má ústřední topení na plyn.	We have gas central heating in the house.	[wi: hæv gæs 'sentrəl hi:tiŋ in ðə haus]
Váš dům je velmi vkusně vybaven nábytkem.	Your house is furnished in very good taste.	[jo: haus iz fə:nišd in veri gud teist]
Tady je takové ticho!	It's so quiet here!	[its səu 'kwaiət hiə]
Sousedé nás vůbec neruší.	We are not disturbed by our neighbours at all.	[wi: a: not dis'tə:bd bai auə 'neibəs ət o:l]
Ten dům máte pronajatý?	Have you rented the house?	[hæv ju: rentid ðə haus]
Váš dům je opravdu nádherný.	Your house is really beautiful.	[jo: haus iz 'riəli 'bju:təful]
Viděli jste už naši zahradu za domem?	Have you seen our garden behind the house yet?	[hæv ju: si:n auə 'ga:dn bi'haind ðə haus jet]
Můj dům - můj hrad.	My house - my castle.	[mai haus mai ka:sl]

DŮLEŽITÉ VÝRAZY
IMPORTANT EXPRESSIONS

OTÁZKY
QUESTIONS

Co?	What?	[wot]
Co je?	What's the matter?	[wots ðə mætə]
Co je to?	What is that?	[wot iz ðæt]
Co je to tam?	What is over there?	[wot iz əuvə ðeə]
Co je na plánku?	What is in the plan?	[wot iz in ðə plæn]
Co se děje?	What is happening?	[wot iz hæpəniŋ]
Co se stalo?	What has happened?	[wot hæz hæpənd]
Co to znamená?	What does it mean?	[wot daz it mi:n]
O co se zajímáte?	What are you interested in?	[wot a: ju: 'intristid in]
Co je ti?	What is the matter with you?	[wot iz ðə mætə wið ju:]
Co hledáte?	What are you looking for?	[wot a: ju: lukiŋ fo:]
Co se vám líbí?	What do you like?	[wot du: ju: laik]
Co bys rád?	What would you like?	[wot wud ju: laik]
Co chceš?	What do you want?	[wot du: ju: wont]
Co je nového?	What's the news?	[wots ðə nju:z]
Co si o tom myslíte?	What's your opinion?	[wots jo: ə'pinjən]
Jak se jmenujete?	What's your name?	[wots jo: neim]
Co mám dělat?	What shall I do?	[wot šel ai du:]
O čem mluví?	What is he talking about?	[wot iz hi: to:kiŋ ə'baut]
Nač myslíte?	What are you thinking about?	[wot a: ju: θiŋkiŋ ə'baut]
Kolikátého je dnes?	What is the date today?	[wot iz ðə deit tə'dei]
Kolik je hodin?	What is the time?	[wot iz ðə taim]
V kolik hodin?	At what time?	[ət wot taim]
Kdy otevírají / zavírají?	What time do they open / close?	[wot taim du: ðei 'əupn / kləus]
Jaké je počasí?	What is the weather like?	[wot iz ðə 'weðə laik]
Do kolika hodin?	Till what time?	[til wot taim]
Kdo?	Who?	[hu:]
Kdo je to?	Who is it?	[hu: iz it]
Kdo přišel?	Who has come?	[hu: hæz kam]
Kdo jste?	Who are you?	[hu: a: ju:]
Kdo vám pomůže?	Who will help you?	[hu: wil help ju:]
Kdo na vás čeká?	Who is waiting for you?	[hu: iz weitiŋ fo: ju:]
S kým chcete mluvit?	Who(m) do you want to talk to?	[hu:(m) du: ju: wont tu to:k tu]

Od koho to je?	Who is it from?	[hu: iz it from]
Na koho čekáte?	Who are you waiting for?	[hu: a: ju: weitiŋ fo:]
Kdo ti volal?	Who phoned you?	[hu: fəund ju:]
Komu jsi volal?	Who did you phone?	[hu: did ju: fəun]
Čí je ta kniha?	Whose book is it?	[hu:s buk iz it]
Koho znáte?	Who(m) do you know?	[hu:(m) du: ju: nəu]
Kde?	Where?	[weə]
Kde je / jsou ...?	Where is / are ...?	[weə iz / a:]
Kde bydlíte?	Where do you live?	[weə du: ju: liv]
Kdy jste se narodil?	Where were you born?	[weə wə: ju: bo:n]
Kde je nádraží?	Where is the station?	[weə iz ðə steišn]
Kam vede tato cesta?	Where does this road lead to?	[weə daz ðis rəud li:d tu]
Odkud jste?	Where are you from?	[weə a: ju: from]
Kdy?	When?	[wen]
Kdy budeme v Londýně?	When are we going to be in London?	[wen a: wi: gəuiŋ tu bi: in landn]
Do kdy zde chcete zůstat?	Till when do you want to stay here?	[til wen du: ju: wont tu stei hiə]
Od kolika je otevřeno?	From what time is it open?	[from wot taim iz it ǝupen]
Proč?	Why?	[wai]
Proč jsi to udělal?	Why did you do that?	[wai did ju: du: ðæt]
Jak?	How?	[hau]
Jak se máte?	How are you?	[hau a: ju:]
Jak se daří?	How are you doing?	[hau a: ju: du:iŋ]
Jak je to daleko?	How far is it?	[hau fa: iz it]
Jak dlouho zde zůstanete?	How long are you going to stay here?	[hau loŋ a: ju: gəuiŋ tu stei hiə]
Odkdy jste v Anglii?	How long have you been in England?	[hau loŋ hæv ju: bi:n in iŋglənd]
Kolik?	How much? How many?	[hau mač hau meni]
Kolik to stojí?	How much is it?	[hau mač iz it]
Kolik mu je let?	How old is he?	[hau əuld iz hi:]
Kudy se jde ...?	How can I get ...?	[hau kæn ai get]
Jak najdu ...?	How can I find ...?	[hau kæn ai faind]
Jak se to píše?	How do you spell that?	[hau du: ju: spel ðæt]
Jak se to vyslovuje?	How do you pronounce it?	[hau du: ju: prə'nauns it]
Jak je to možné?	How is it possible?	[hau iz it posəbl]
Jak se to stalo?	How did it happen?	[hau did it 'hæpən]
Jak se vám líbí Česká republika?	How do you like the Czech Republic?	[hau du: ju: laik ðə ček ri'pablik]
Který?	Which?	[wič]
Který z vás to ví?	Which of you knows it?	[wič ov ju: nəus it]
Kterého z nich znáš?	Which of them do you know?	[wič ov ðem du: ju: nəu]
Který suvenýr jste koupil?	Which souvenir did you buy?	[wič su:vǝniǝ did ju: bai]
Kterými jazyky hovoříte - italsky nebo anglicky?	Which languages do you speak- Italian or English?	[wič læŋgvidžiz du: ju: spi:k i'tæljən o: iŋgliš]

Mohl/a byste mi dát ...?	**Could you give me...?**	[kud ju: giv mi:]
Mohl/a bych dostat ...?	**Could I get ...?**	[kud ai get]
Mohl/a byste mi přinést ...?	**Could you bring me ...?**	[kud ju: briŋ mi:]
Mohl/a byste mi ukázat ...?	**Could you show me ...?**	[kud ju: šðu mi:]
Mohl/a byste mi říct ...?	**Could you tell me ...?**	[kud ju: tel mi:]
Pomoh(a) byste mi, prosím?	**Would you help me, please?**	[kud ju: help mi: pli:z]
Mohu vám pomoci?	**Can I help you?**	[kæn ai help ju:]
Hledáte něco?	**Are you looking for anything?**	[a: ju: lukiŋ fo: eniθiŋ]
Potřebujete něco?	**Do you need anything?**	[du ju: ni:d eniθiŋ]
Máte hlad?	**Are you hungry?**	[a: ju: haŋgri]
Máte žízeň?	**Are you thirsty?**	[a: ju: θð:sti]
Jsi unavený/á?	**Are you tired?**	[a: ju: taiðd]
Ztratil/a jste se?	**Did you get lost?**	[did ju: get lost]
Je to důležité?	**Is it important?**	[iz it im'po:tðnt]
Spěcháte?	**Are you in a hurry?**	[a: ju: in ð hari]
Je to ...?	**Is it ...?**	[iz it]
Je to tam?	**Is it there?**	[iz it ðeð]
Jsou tady?	**Are they here?**	[a: ðei hið]
Je tam / Jsou tam ...?	**Is there / Are there ...?**	[iz ðeð / a: ðeð]

To je ...	**It is ...**	[it iz ...]
staré / mladé	old / young	[ðuld / jaŋ]
staré / nové	old / new	[ðuld / nju:]
krásné / ošklivé	beautiful / ugly	['bju:tðful / agli]
dobré / špatné	good / bad	[gud / bæd]
lepší / horší	better / worse	[betð / wð:s]
laciné / drahé	expensive / cheap	[ik'spensiv / či:p]
brzo / pozdě	early / late	['ð:li / leit]
velké / malé	big / small	[big / smo:l]
vysoké / nízké	high / low	[hai / lðu]
úzké / široké	narrow / wide	['nærðu / waid]
tvrdé / měkké	hard / soft	[ha:d / soft]
blízko / daleko	near / far	[nið / fa:]
horké / studené	hot / cold	[hot / kðuld]
čerstvé / staré	fresh / stale	[freš / steil]
tady / tam	here / there	[hið / ðeð]
jednoduché / složité	easy / difficult	[i:zi / 'difikðlt]
první / poslední	first / last	[fð:st / la:st]
otevřené / zavřené	open / closed	[ðupðn / klðuzd]
správné / špatné	right / wrong	[rait / roŋ]
rychlé / pomalé	fast / slow	[fa:st / slðu]
těžké / lehké	heavy / light	[hevi / lait]
plné / prázdné	full / empty	[ful / empti]
čisté / špinavé	clean / dirty	[kli:n / dð:ti]
hlasité / tiché	loud / quiet	[laud / kwaiðt]

DOPRAVNÍ PŘEDPISY
TRAFFIC REGULATIONS

ANGLIE - IRSKO
ENGLAND - IRELAND

ANGLIE, IRSKO - řízení vlevo

Nejvyšší povolená rychlost:	v obci	48 - 64 km/h	(30 - 40 m/h)
	mino obec	96 km/h	(60 m/h)
	dálnice	112 km/h	(70 m/h)

Užití bezpečnostních pásů: povinné

Nejvyšší přípustná hladina alkoholu v krvi: 80 mg /100 ml

TÍSŇOVÁ VOLÁNÍ - policie, hasiči, záchranná služba (tel.): 999

Vzdálenost větších měst od Londýna:	Birmingham	175 km (110 m)
	Manchester	320 km (200 m)
	Edinburgh	640 km (400 m)
Vzdálenost větších měst od Dublinu:	Cork	260 km (160 m)
	Galway	220 km (135 m)
	Belfast	160 km (100 m)

SPOJENÉ STÁTY AMERICKÉ
UNITED STATES OF AMERICA

USA - řízení vpravo

Nejvyšší povolená rychlost:	v obci	40 - 48 km/h	(20 - 30 m/h)
	mino obec	88 - 120 km/h	(55 - 75 m/h)

Užití bezpečnostních pásů: povinné

Nejvyšší přípustná hladina alkoholu v krvi: 0 ‰

TÍSŇOVÁ VOLÁNÍ - policie, hasiči, záchranná služba (tel.): 911
0 - spojovatelka

CESTOVÁNÍ AUTEM
TRAVELLING BY CAR

Máte auto?	Have you got a car?	[hæv juː got ∂ kaː]
Jakou značku auta máte?	What kind of car have you got?	[wot kaind ov kaː hæv juː got]
Mám Rolls Royce.	I've got a Rolls-Royce.	[aiv got ∂ rǝulz rǝ̀ɪs]
Je to dobrý vůz?	Is it a good car?	[iz it ∂ gud kaː]
Jsi s ním spokojen?	Are you satisfied with it?	[aː juː sætisfaid wi∂ it]
Je to velmi pohodlné, spolehlivé a bezpečné auto.	It's a very comfortable, reliable and safe car.	[its veri 'kamfǝtǝbl ri'laiǝbl ænd seif kaː]
Jakou má spotřebu?	How many miles does it make to the gallon?	[hau meni mails daz it meik tu ∂ǝ 'gælǝn]
Jak dlouho už ho máte?	How long have you got this car?	[hau loŋ hæv juː got ∂is kaː]
Umíte řídit?	Can you drive?	[kæn juː draiv]
Jsem teprve začátečník.	I am only a beginner.	[ai æm ∂unli ∂ biginǝ]
Jezdím asi měsíc.	I've been driving for about one month.	[aiv biːn draiviŋ foː ∂'baut wan manθ]
Řídím velmi opatrně.	I am a very careful driver.	[ai æm ∂ veri keǝful draivǝ]

POKYNY PŘI JÍZDĚ
DRIVING INSTRUCTIONS

Vycouvej z garáže.	Back out of the garage.	[bæk aut ov ∂ǝ gæraːž]
Proč jedete tak rychle?	Why are you driving so fast?	[wai aː juː draiviŋ sǝu faːst]
Nejezděte tak rychle!	Do not go so fast!	[du not gǝu sǝu faːst]
Uberte plyn!	Take your foot off the gas.	[teik joː fut of ∂ǝ gæs]
Jeďte pomaleji / rychleji.	Go more slowly.	[gǝu moː slǝuli]
Zrychli.	Go faster.	[gǝu faːstǝ]
Trochu zpomal.	Slow down a bit.	[slǝu daun ∂ bit]
Dejte pozor!	Be careful!	[biː 'keǝful]
Dávej pozor na cyklisty.	Watch out for cyclists.	[woč aut foː 'saiklists]
Brzdi!	Put the brake on!	[put ∂ǝ breik on]
Pozor!	Look out! Watch out!	[luk aut woč aut]
Nepředjíždějte!	Don't overtake! Don't pass!	[dǝunt ǝuvǝ'teik] [dǝunt paːs]
Teď můžete předjíždět.	Now you can overtake / pass.	[nau juː kæn ∂uv∂'teik / paːs]
Odbočte doleva / doprava.	Turn left / right.	[tǝːn left / rait]
Rozsviťte světla.	Put / Switch the lights on.	[put / swič ∂ǝ laits on]
Ztlumte světla.	Dim / Dip the headlights.	[dim / dip ∂ǝ hedlaits]
Zhasni světla.	Put / Switch the lights off.	[put / swič ∂ǝ laits of]

Jeďte rovně.	Keep straight.	[ki:p streit]
Zastavte.	Stop!	[stop]
Couvni.	Back your car.	[bæk jo: ka:]
Nemluv a soustřeď se jen na řízení.	Don't talk; just concentrate on your driving.	[dəunt to:k džast 'konsəntreit on jo: draiviŋ]
Otevřel / zavřel bys, prosím, okno?	Would you open / close the window, please.	[wud ju: 'əupen / kləuz ðə windəu pli:z]
Odbočte z dálnice.	Take the exit from the motorway / freeway.	[teik ði: eksit from ðə 'məutəwei / fri:wei]
Jeďte na dálnici.	Go to the motorway.	[gəu tu ðə 'məutəwei]

DOTAZY NA CESTU
ASKING AND GIVING DIRECTIONS

Nevyznám se tu.	I am a stranger here.	[ai æm ə streindžə hiə]
Zabloudil jsem.	I have lost my way.	[ai hæv lost mai wei]
Mám slabý orientační smysl a vždycky se ztratím.	I have a poor sense of direction and I always get lost.	[ai hæv ə puə sens ov di'rekšn ænd ai o:lweiz get lost]
Promiňte, pane, řekl byste mi, jestli jedu správně do Londýna?	Excuse me, sir, would you tell me if this is the right way to London?	[ik'skju:z mi: sə: wud ju: tel mi: if ðis iz ðə rait wei tu landn]
Jedu správně do Londýna?	Am I right for London?	[æm ai rait fo: landn]
Promiňte, že obtěžuji.	I'm sorry to trouble you.	[aim sori tu trabl ju:]
Jak se dostaneme na nádraží?	Excuse me, how can we get to the station?	[ik'skju:z mi: hau kæn wi: get tu ðə 'steišn]
Myslím, že to je někde tady.	I think it is somewhere around here.	[ai θiŋ it iz samweð ə'raund hiə]
Je mi líto, ale nevím.	Sorry, I don't know.	[sori ai dəunt nəu]
Bohužel jedete špatně.	I am afraid, you are going in the wrong direction.	[ai æm ə'freid ju: a: gəuiŋ in ðə roŋ di'rekšn]
Budete se muset vrátit zpátky na náměstí.	You'll have to go back to the square.	[ju:l hæv tu gəu bæk tu ðə sqweð]
Raději se zeptejte někoho jiného.	You should better ask someone else.	[ju: šud 'betə a:sk 'samwan els]
Jeďte po této silnici, dokud nepřijedete ke křižovatce.	Go along this road till you reach a crossroads / an intersection.	[gəu ə'loŋ ðis rəud til ju: ri:č ə 'krosrəuds / ən ˌintə'sekšn]
- křižovatce ve tvaru „T"	- a T- junction	[ə ti: 'džaŋkšn]
- křižovatce ve tvaru „Y"	- a fork	[ə fo:k]
- semaforům	- lights	[laits]
- kruhovému objezdu	- a roundabout	[ə raundəbaut]
Mám někde odbočit?	Shall I turn somewhere?	[šel ai tə:n samweð]
Na křižovatce odbočte vlevo.	Bear left at the junction.	[beð left ət ðə 'džaŋkšn]
Z objezdu vyjeďte druhým výjezdem.	Take the third exit at the roundabout.	[teik ðə θə:d eksit ət ðə 'raundəbaut]
Na druhém kruhovém objezdu jeďte rovně.	You go straight on at the second roundabout.	[ju: gəu streit on ət ðə sekənd 'raundəbaut]

CESTOVÁNÍ AUTEM — Travelling by car

Následujte ukazatele na dálnici M 25.	Follow the signs for M 25.	[ˈfoldu ðə sains fo: em twenti faiv]
Sledujte ukazatel do Brightonu.	Watch out for the sign for Brighton.	[woč aut fo: ðə sain fo: braitn]
Jeďte po nábřeží.	Go along the waterfront.	[gəu əˈloŋ ðə ˈwo:təfrant]
Pojedete dolů touto ulicí, minete banku a potom zahnete do druhé ulice po pravé straně.	You'll go down the street, pass the bank and then take the first street on your right hand side.	[ju:l gəu daun ðə stri:t pa:s ðə bænk ænd ðen teik ðə fə:st stri:t on jo: rait hænd said]
Za semafory zahněte doprava.	Turn right after the traffic lights.	[tə:n rait a:ftə ðə træfik laits]
Budete se muset otočit, tohle je slepá ulice.	You'll have to take a U - turn; this is a dead end street.	[ju:l hæv tu teik ə ju: tə:n ðis iz ə ded end stri:t]
Můžete mi ukázat cestu na mapě?	Can you show me the route on the map?	[kæn ju: šəu mi: ðə ru:t on ðə mæp]
Mohl byste mi nakreslit cestu na kousek papíru?	Could you draw the route on a slip of paper?	[kud ju: dro: ðə ru:t on ə slip ov peipə]
Je to blízko?	Is it near?	[iz it niə]
Je to právě na rohu / za rohem.	It's just on the corner / round the corner.	[its džast on ðə ko:nə / raund ðə ko:nə]
Je to ještě trochu dál.	It is a little further on.	[it iz ə litl fə:ðə on]
Kolik je to kilometrů do ...?	How many kilometres is it to ...?	[hau meni ˈkiləu,mi:təs iz it tu]
Asi 40 km.	About forty kilometers.	[əˈbaut fo:ti ˈkiləu,mi:təs]
Jak je to daleko do ...?	How far is it to ...?	[hau fa: iz it tu]
Je to deset minut jízdy.	It's a ten minute drive.	[its ə ten minit draiv]
Za jak dlouho se dostaneme autem do Londýna?	How long does it take to get to London by car?	[hau loŋ daz it teik tu get tu landn bai ka:]
Trvá to více než čtyři hodiny.	It takes more than four hours.	[it teiks mo: ðen fo: auəs]
Je tam dálnice?	Is there a motorway?	[iz ðeə ə ˈməutəwei]
Kde je nájezd na dálnici?	Where is the access ramp to the motorway?	[weə iz ði: æˈkses ræmp tu ðə ˈməutəwei]
Kde jsme teď?	Where are we now?	[weə a: wi: nau]
Jak se jmenuje tato ulice?	What's the name of this street?	[wots ðə neim ov ðis stri:t]
Kam vede tato ulice?	Where does this street lead?	[weə daz ðis stri:t li:d]
Tato ulice vede přímo na nádraží.	This street goes directly to the station.	[ðis stri:t gəus direktli tu ðə steišn]
Tudy se dostanete do centra města.	This is the way to get downtown.	[ðis iz ðə wei tu get ˌdaunˈtaun]
Na Kingstonském mostě probíhají opravy, a tak tam můžete očekávat dlouhé zdržení.	There are roadworks on the Kingston Bridge, so you can expect long delays there.	[ðeə a: ˈrəudwə:ks on ðə kiŋstən bridž səu ju: kæn ikspekt loŋ dileis ðeə]
Je tam dlouhá a složitá objížďka.	There is a long and complicated diversion / detour.	[ðeə iz ə loŋ ænd ˈkomplikeitid daiˈvə:šn / di:ˌtuə]

U ČERPACÍ STANICE
AT THE PETROL STATION

Mám už málo benzínu.	I've got only a little petrol. I'm short of petrol / gas.	[aiv got ɘunli ɘ litl petrɘl] [aim šo:t ov petrɘl / gæs]
Dochází mi benzín.	I am running out of petrol.	[ai æm raniŋ aut ov petrɘl]
Potřebuji natankovat.	I need to refill.	[ai ni:d tu ri:fil]
	I need to fill up the tank.	[ai ni:d tu fil ap ðɘ tæŋk]
Kde je nejbližší benzínová stanice?	Where is the nearest petrol station?	[weɘ iz ðɘ niɘrist petrɘl steišɘn]
Nejbližší benzínová stanice je odtud vzdálená asi 30 mil.	The nearest petrol station is situated about thirty miles from here.	[ðɘ niɘrist petrɘl steišɘn iz 'sitjueitid ɘ'baut θɘ:ti mails from hiɘ]
Kde mohu natankovat?	Where can I get petrol?	[weɘ kæn ai get petrɘl]
Čerpací stanice je za rohem.	There is a petrol station round the corner.	[ðeɘ iz ɘ petrɘl steišɘn raund ðɘ ko:nɘ]
Kdy jsou benzínové pumpy otevřené?	When are the petrol stations open?	[wen a: ðɘ petrɘl steišɘns ɘupɘn]
Prosím, plnou nádrž.	Full tank, please.	[ful tæŋk pli:z]
Dejte mi 10 litrů ...	Give me 10 litres of ...	[giv mi: ten li:tɘs ɘv ...]
- superu	- super / four star petrol	[su:pɘ / fo: sta: petrɘl]
- normálu	- normal / two star petrol	[no:ml / tu: sta: petrɘl]
- bezolovnatého benzínu	- unleaded petrol / five star petrol	[anledid petrɘl / faiv sta: petrɘl]
- nafty	- diesel	[di:zɘl]
Kolik stojí litr / galon superu?	How much is one litre / gallon of four star petrol?	[hau mač iz wan li:tɘ / 'gælɘn ov fo: sta: petrɘl]
Zkontrolujte, prosím, ...	Check the ..., please.	[ček ðɘ ... pli:z]
- baterii	- battery	[bæteri]
- brzdovou tekutinu	- brake fluid	[breik fluid]
- olej / vodu	- oil / water	[oil / wo:tɘ]
Mám už málo oleje.	I am low on oil.	[ai æm lɘu on oil]
Nemám dost oleje.	I don't have enough oil.	[ai dɘunt hæv i'naf oil]
Dolejte mi, prosím, olej.	Fill oil up, please.	[fil oil ap pli:z]
Ještě nějaké přání?	Some other wishes?	[sam aðɘ wišiz]
Mohl/a byste zkontrolovat tlak pneumatik?	Could you check the air pressure in the tyres?	[kud ju: ček ði: eɘ prešɘ in ðɘ taiɘs]
U výjezdu si můžete napumpovat pneumatiky.	At the exit you can inflate your tyres.	[ɘt ði: eksit ju: kæn infleit jo: taiɘs]
Zkontrolujte, prosím, i náhradní pneumatiku.	Check the spare tyre as well, please.	[ček ðɘ speɘ taiɘ ɘs wel pli:z]
Máte ... ?	Have you got ... ?	[hæv ju: got ...]
- žárovky	- bulbs	[balbs]
- zapalovací svíčky	- sparking plugs	[spa:kiŋ plags]
- stěrače	- windscreen-wipers	[windskri:n waipɘs]
Můžete mi, prosím, půjčit matkový klíč č. 6?	Can you lend me nut wrench No. 6, please?	[kæn ju: lend mi: nat renč nambɘ siks pli:s]

PARKOVÁNÍ
PARKING

Kde můžu zaparkovat?	Where can I park?	[weðˀ kæn ai pa:k]
Je tu někde blízko parkoviště?	Is there a car park nearby?	[iz ðeðˀ ðˀ ka: pa:k niðbai]
Můžu tady parkovat?	May I park here?	[mei ai pa:k hiðˀ]
Tady je parkování zakázáno.	Parking is not allowed here.	[pa:kiŋ iz not ðˀlaud hiðˀ]
Mohu si tu nechat auto?	May I leave the car here?	[mei ai li:v ðˀ ka: hiðˀ]
Jak dlouho tu můžu parkovat?	How long can I park here?	[hau loŋ kæn ai pa:k hiðˀ]
Jdu si jen něco koupit, hned jsem zpátky.	I am just going to buy something, I will be right back.	[ai æm džast gðuiŋ tu bai samθiŋ ai wil bi: rait bæk]
Přes noc.	Overnight.	[ðuvðˀnait]
Celý den.	All day.	[o:l dei]
Kolik se platí za hodinu?	What's the charge per hour?	[wots ðˀ ča:dž pðˀ: auðˀ]
Platí se hned nebo až potom?	Do I pay now or later?	[du: ai pei nau o: leitðˀ]
Musíte vhodit mince do parkovacích hodin.	You have to put the coins into the parking meter.	[ju: hæv tu put ðˀ koins intu ðˀ pa:kiŋ mi:tðˀ]
Parkování je tu bezplatné.	Parking is free here.	[pa:kiŋ iz fri: hiðˀ]

PŮJČOVNA AUT
A CAR HIRE COMPANY

Je tady někde půjčovna aut?	Is a car renting company around here?	[iz ðˀ ka: rentiŋ kampðˀni ðˀraund hiðˀ]
Chtěla bych si na dva dny půjčit auto.	I'd like to rent a car for two days.	[aid laik tu rent ðˀ ka: fo tu: deis]
Kolik stojí pronájem auta na jeden týden?	How much is a car rental for one week?	[hau mač iz ðˀ ka: rentðl fo: wan wi:k]
Pronájem tohoto auta na týden stojí 300 liber.	The car rental is £300 per week.	[ðˀ ka: rentðl iz θri: 'handrðd paunds pðˀ: wi:k]

PORUCHY
BREAKDOWNS

Co se stalo?	What has happened?	[wot hæs hæpðnd]
Mohu vám pomoci?	Can I help you?	[kæn ai help ju:]
Co pro vás mohu udělat?	What can I do for you?	[wot kæn ai du: fo: ju:]
Mně se pokazilo auto.	My car has broken down.	[mai ka: hæs brðukn daun]
Mám nehodu.	I've had an accident.	[ai hæd ðn æksidðnt]
Nemohu nastartovat.	I cannot start the car.	[ai kænot sta:t ðˀ ka:]
Nestartuje mi motor.	The engine won't start.	[ði: endžin wðunt sta:t]

Mohl byste mě roztlačit?	Could you give me a push, please?	[kud ju: giv mi: ə puš pli:z]
Mohl byste mě odtáhnout na opravu. do nejbližšího servisu?	Could you give me a tow to the nearest garage for repair?	[kud ju: giv mi: ə tǝu tu ðǝ niǝrist gæra:ž fo: ripeǝ]
Došel mi benzín.	I have run out of petrol.	[ai hæv ran aut ov petrǝl]
Mohl byste mi, prosím, prodat několik litrů?	Could you sell me a few litres of petrol?	[kud ju: sel mi: ə fju: li:tǝs of petrǝl]
Píchl(a) jsem zadní kolo.	I have got a puncture in my back tyre.	[ai hæv got ə 'paŋkčǝ in mai bæk taiǝ]
Určitě jsem píchl o to rozbité sklo dole na cestě.	I must have punctured my tyre on that broken glass down the road.	[ai mast hæv 'paŋkčǝd mai taiǝ on ðæt brǝukn glas daun ðǝ rǝud]
Porouchalo se mi auto v ...	I've had a breakdown at ...	[aiv hæd ə breikdaun ǝt]
Můžete sem poslat mechanika?	Could you send here a car mechanic?	[kud ju: send hiǝ ə ka: mi'kænik]
Kde jste teď?	Where are you now?	[weǝ a: ju: nau]
Dobře, hned tam někoho pošlu.	Well, I am sending somebody over.	[wel ai æm sendiŋ sambǝdi ǝuvǝ]

V AUTOOPRAVNĚ
AT THE SERVICE STATION

Můžete mi vyměnit pneumatiku?	Can you change the tyre for me?	[kæn ju: čeindž ðǝ taiǝ fo: mi:]
Jak dlouho to bude trvat?	How long will it take?	[hau loŋ wil it teik]
Můžete si na to počkat, bude to hned hotové.	You can wait for that, it'll be finished in a minute.	[ju: kæn weit fo: ðæt itl bi: finišd in ǝ minit]
Počkejte si v čekárně.	Wait in the waiting room.	[weit in ðǝ weitiŋ ru:m]
Kolik bude stát oprava?	How much will the repair cost?	[hau mač wil ðǝ ri'peǝ kost]
Zasuňte klíček do zapalování.	Insert the ignition key.	[insǝ:t ði: ig'nišǝn ki:]
Nastartujte motor.	Start up the engine.	[sta:t ap ði: endžin]
Pusťte spojku.	Leave the clutch.	[li:v ðǝ klač]
	Let in the clutch.	[let in ðǝ klač]
Sešlápněte spojku.	Press down the clutch.	[pres daun ðǝ klač]
Zařaďte jedničku.	Put the first gear / speed.	[put ðǝ fǝ:st giǝ / spi:d]
Přeřaďte rychlost.	Change the gear.	[čeindž ðǝ giǝ]
Sešlápněte plyn.	Step on the gas.	[step on ðǝ gæs]
Přidejte plyn.	Press on the gas.	[pres on ðǝ gæs]
Uberte plyn.	Take your foot off the gas.	[teik jo: fu:t of ðǝ gæs]
Nechte motor běžet naprázdno.	Leave the engine idling.	[li:v ði: endžin aidliŋ]
Hoďte zpátečku.	Put the car into reverse.	[put ðǝ ka: intu ri'vǝ:s]
Vypněte elektrický proud.	Switch off the power.	[swič of ðǝ pauǝ]
Uvolněte brzdy.	Release the brakes.	[ri'li:s ðǝ breiks]
Uvolněte ruční brzdu.	Let off the hand brake.	[let of ðǝ hænd breik]

Motor nefunguje.	The engine isn't working.	[ði: endžin iznt wə:kiŋ]
- vynechává	- misses	[misis]
- jde nepravidelně	- runs irregularly	[rans iregjuləli]
- jde na tři válce	- runs on three cylinders	[rans on θri: silindəs]
- se přehřívá	- overheats	[ðuvə'hi:ts]
- klepe	- is knocking	[iz nokiŋ]
Baterie je vybitá.	The battery has run down.	[ðə 'bætðri hæz ran daun]
Spojka prokluzuje.	The clutch is slipping.	[ðð klač iz slipiŋ]
Teče olej.	The oil is leaking.	[ði: oil iz li:kiŋ]
Je spálená pojistka.	The fuse has flown down.	[ðð fjuːz hæz flðun daun]
Nesvítí mi přední světla.	The headlights aren't working.	[ðð 'hedlaits a:nt wə:kiŋ]
Dveře nejdou zavřít.	The door won't close.	[ðə do: wðunt klðuz]
Brzdy jsou volné.	The breaks are loosen.	[ðə breiks a: lu:zn]
Ložisko se opotřebovalo.	The ball-bearing has run out.	[ðə 'bo:l,beðriŋ hæz ran aut]
Nárazník je promáčknutý.	There is a dent in the fender.	[ðeə iz ə dent in ðə fendə]
Můžete mi ...?	Can you ... ?	[kæn juː ...]
- zkontrolovat zapalování	- check the ignition	[ček ði: ig'nišðn]
- seřídit brzdy	- adjust the brakes	[ə'džast ðə breiks]
- vyčistit zanesené svíčky	- clean the sooted plugs	[kli:n ðə sutid plags]
- nabít baterii	- charge the battery	[ča:dž ðə bætðri]
- doplnit hladinu elektrolytu	- fill up the battery	[fil ap ðə bætðri]
- doplnit brzdovou kapalinu	- fill up brake fluid	[fil ap breik flu:(i)d]
- seřídit zadní světla	- align rear lights	[ə'lain riə laits]
- seřídit parkovací světla	- align parking lights	[ə'lain pa:kiŋ laits]
- seřídit přední světla	- align headlights	[ə'lain hedlaits]
- seřídit mlhová světla	- align fog headlamps	[ə'lain fog hedlæmps]
- seřídit sbíhavost	- align the wheels	[ə'lain ðə wi:ls]
- seřídit předstih	- adjust the pre-ignition	[ə'džast ðə pri'ignišðn]
- umýt a promazat vůz	- wash and grease the car	[woš ænd gri:s ðə ka:]
- vyměnit motorový olej	- change the engine oil	[čeindž ði: endžin oil]
- vyměnit filtr	- change the filter	[čeindž ðə filtð]
- vyčistit vnitřek vozu	- clean the interior of the car	[kli:n ði: in'tiðrið of ðə ka:]
- protektorovat pneumatiky	- retread the tyres	[ri:'tri:d ðə taiðs]
- spravit píchlou duši	- mend a puncture	[mend ə paŋkčð]
- vyvážit kola	- balance the wheels	[bælðns ðə wi:ls]
- utáhnout matice a šrouby	- tighten the nuts and bolts	[taitn ðə nats ænd bðults]
- podsunout zvedák	- instale a jack	[in'sto:l ə džæk]
- zvednout / zdvihnout	- jack up / hoist	[džæk ap / hoist]
- provést výbrus válců	- rebore cylinders	[ri:'bo: silindðs]
- vyklepat promáčknutí	- pound out a dent	[paund aut ə dent]
- namontovat řetězy	- fix snow chains	[fiks snðu čeins]
Vaše auto je v pořádku.	Your car is in order.	[jo: ka: iz in o:dð]

DOPRAVNÍ NEHODA
A CAR ACCIDENT

Co se stalo?	What happened?	[wot hæpənd]
Měli jsme nehodu.	We've had a car accident.	[wi:v hæd ə ka: 'æksidənt]
Pomozte mi.	Help me, please.	[help mi: pli:z]
Je někdo raněn?	Is anybody injured?	[iz 'enibədi indžəd]
Jste zraněna?	Are you injured?	[a: ju: indžəd]
Ne, jsem v pořádku.	No, I am all right.	[nəu ai æm o:l rait]
Je tam vážně zraněný muž.	Here is a seriously injured man.	[hiə iz ə siəriəsli indžəd mæn]
Zůstaňte klidně ležet.	Just lie quietly.	[džast lai kwaiətli]
Tato žena je v bezvědomí.	This woman is unconscious.	[ðis 'wumən iz an'konšəs]
Zavolám sanitku.	I'll call the ambulance.	[ail ko:l ði: æmbju:ləns]
- lékaře	- the doctor	[ðə doktə]
- policii	- the police	[ðə pə'li:s]
Je tu někde telefon?	Is there a telephone around here?	[iz ðeə ə 'telifəun ə'raund hiə]
Mám poruchu.	I have a car breakdown. My car broke down.	[ai hæv ə ka: breikdaun] [mai ka: brəuk daun]
Narazil jsem do auta.	I hit the car.	[ai hit ðə ka:]
Nějaký vůz do nás narazil.	A car hit us.	[ə ka: hit as]
Nemohla jsem už zabrzdit.	I was not able to brake.	[ai woz not eibl tu breik]
Chcete zavolat policii?	Do you want to call the police?	[du: ju: wont tu ko:l ðə pə'li:s]
Myslím, že bychom se měli dohodnout.	I think we should reach an agreement.	[ai θiŋk wi: šud ri:č ən ə'gri:mənt]
Vždyť je to jen malé poškození karosérie.	There is only a slight damage to the body.	[ðeə iz əunli ə slait demidž tu ðə body]
Dobře, dejte mi, prosím, Vaši adresu.	O.K. Give me your address, please.	[əu kei giv mi: jo: ə'dres pli:z]
Pojišťovny to vyřeší.	Our insurance companies will sort it out.	[auə in'šuərəns 'kampəni:s wil so:t it aut]
Policie to určitě vyjasní.	The police will certainly clear it up.	[ðə pə'li:s wil 'sə:tnli kli:r it ap]
Vaše papíry, prosím!	Your documents, please!	[jo: dokjumənts pli:z]
Tady je můj řidičský průkaz.	Here is my driving licence.	[hiə iz mai draiviŋ laisəns]
U jaké pojišťovny jste pojištěn?	What is your insurance company?	[wot iz jo: in'šuərəns 'kampəni]
Sepíšeme protokol z vyšetřování.	We will make a report about the investigation.	[wi: wil meik ə ri'po:t ə'baut ðə investi'geišən]
Provedeme dechovou zkoušku na obsah alkoholu.	We will breathalyze you.	[wi: wil 'breθəlaiz ju:]
Jste pojištěn?	Are you insured?	[a: ju: in'šuəd]
Bohužel ne.	I am afraid not.	[ai æm ə'freid not]

Ano, mám mezinárodní pojistku.	Yes, I have an international insurance.	[jes ai hæv ən intəˈnæšənl inˈšuərəns]
Kdy se to stalo?	When did it happen?	[wen did it ˈhæpən]
Jak se to stalo?	How did it happen?	[hau did it ˈhæpən]
Viděl někdo tu nehodu?	Did anybody see the accident?	[did ˈeni,bodi si: ðiː ˈæksidənt]
Jsou tu nějací svědkové?	Are here any witnesses?	[a: hiə eni witnisiz]
Dostal jsem smyk.	My car got into a skid. I skidded.	[mai ka: got intu ə skid] [ai skidid]
Jeho světla mě oslnila.	Its headlights dazzled me.	[tis hedlaits dæzld mi:]
Srazil jsem se s vozem, který jel v protisměru.	I came into collision with a car which was going in the opposite direction.	[ai keim intu kəˈližn wið ə ka: wič wɔz gəuiŋ in ðiː ˈopəzit diˈrekšn]
Vybočil ze svého pruhu, aby předjel nákladní auto, a čelně se srazil s protijedoucím vozidlem.	He pulled out to pass a lorry / truck and ran head on into an oncoming car.	[hi: puld aut tu pa:s ə lori / træk ænd ræn hed on intu ən ˈon,kamiŋ ka:]
Praskla mi pneumatika.	My tyre blew up. I have a puncture.	[mai ˈtaiə bluː ap] [ai hæv ə ˈpaŋkčə]
Selhaly mi brzdy.	My brakes failed.	[mai breiks feild]
To není moje vina.	It is not my fault.	[it iz not mai fɔ:lt]
Prosím vás, pomohl byste nám odtlačit vůz na kraj silnice?	Could you help us push the car to the shoulder of the road?	[kud ju: help as puš ðə ka: tu ðə šouldə ov ðə rəud]
Promiňte, neviděl jsem vás včas.	Excuse me, I didn't see you in time.	[ikˈskju:z mi: ai didnt si: ju: in taim]
Řidič je nevinen, jel po hlavní.	The driver is innocent, he had the right of the way.	[ðə draivə iz ˈinəsənt hi: hæd ðə rait ov ðə wei]
Porazila jsem člověka.	I have knocked a man down.	[ai hæv nokd ə mæn daun]
Srazilo mě auto.	I was knocked down by a car.	[ai wɔz nokd daun bai ə ka:]
Řidič ujel.	The driver drove away.	[ðə draivə drouv əˈwei]
Pamatujete si jeho poznávací značku?	Do you remember its registration number?	[du: ju: riˈmembə its ˌredžiˈstreišn nambə]
Ano, zapsal jsem si ji.	Yes, I've written it down.	[jes aiv ˈritn it daun]

DOPRAVNÍ PŘESTUPEK A TRAFFIC OFFENCE

Kontrola vozidla.	Car inspection.	[ka: inˈspekšən]
Můžete mi dát Váš cestovní pas a platný mezinárodní řidičský průkaz, prosím.	May I see your passport and valid international driving licence please.	[mei ai si: jo: pa:spo:t ænd vælid intəˈnæšənl draiviŋ laisəns pli:z]
Ukažte mi osvědčení o technickém průkazu.	Please, show me the technical certificate.	[pli:z šəu mi: ðə ˈteknikl səːtifikit]

Máte s sebou lékárničku?	Have you got a medicine chest with you?	[hæv ju: got ə 'medsin čest wiδ ju:]
Dopustil jsem se něčeho?	Did I do anything wrong?	[did ai du: eniθiη roη]
Jel jste nedovolenou rychlostí.	You went over the speed limit.	[ju: went 'əuvə δə spi:d limit]
Uháněl jste jako blázen.	You drove like a maniac.	[ju: drəuv laik ə məiniəк]
Jeďte pomaleji.	Go more slowly.	[gəu mo: sləuli]
Zde se nesmí předjíždět.	Overtaking / passing is not allowed here.	[əuvəteikiη / pa:siη iz not ə'laud hiə]
Předjížděl jste v nepřehledné zatáčce.	You overtook in the confused curve.	[ju: əuvətuk in δə kən'fju:zd kə:v]
Přehlédl jste značku "STOP" na křižovatce.	You did not obey the "Stop" sign at the crossing.	[ju: did not ə'bei δə stop sain ət δə krosiη]
Nezastavil jste.	You didn't stop.	[ju: didnt stop]
Nedal jste přednost.	You didn't give the way.	[ju: didnt giv δə wei]
Zde se nesmí parkovat.	Parking is not allowed here.	[pa:kiη iz not ə'laud hiə]
Na tomto úseku silnice je zákaz zastavení.	It is forbidden to stop on this section of the road.	[it iz fə'bidn tu stop on δis sekšən of δə rəud]
Vaše zadní světla nesvítí.	Your rear-lights are not working.	[jo: riə-laits a: not wə:kiη]
Nejde vám levá směrovka.	Left hand indicator isn't working.	[left hænd indikeitə iznt wə:kiη]
Pila jste něco?	Did you drink anything?	[did ju: driηk eniθiη]
Musíte zaplatit pokutu.	You have to pay a fine.	[ju: hæv tu pei ə fain]

TAXI
TAXI

Je tu někde blízko stanoviště taxi?	Is there a taxi rank nearby?	[iz δeə ə tæksi rænk niəbai]
Kde najdu taxi?	Where can I get a taxi?	[weə kæn ai get ə taksi]
Potřebuji si zavolat taxi.	I need to call for a taxi.	[ai ni:d tu ko:l fo: ə taksi]
Mohl byste mi zavolat taxi?	Could you get me a taxi?	[kud ju: get mi ə taksi]
Jste volný?	Are you free?	[a: ju: fri:]
Kolik by stála cesta na letiště?	How much would you charge for the ride to the airport?	[hau mač wud ju: ča:dž fo: δə raid tu δi: 'eəpo:t]
Zavezl byste mě ...?	Would you take me ...?	[wud ju: teik mi: ...]
- do centra	- to the centre	[tu δə sentə]
- k hotelu Hilton	- to the Hilton Hotel	[tu δə hiltən həutəl]
- na nádraží	- to the railway station	[tu δə reilwei steišən]
- na letiště	- to the airport	[tu δi: 'eəpo:t]
- na autobusové nádraží	- to the bus station	[tu δə bas steišn]
- na tuto adresu	- to this address	[tu δis ə'dres]
Je to daleko?	Is it far?	[iz it fa:]

Budeme tam za dvacet minut.	We will be there in twenty minutes.	[wi: wil bi: ðeə in twenti minits]
Jeďte nejkratší cestou.	Take the shortest way.	[teik ðə šo:tist wei]
Prosím Vás, jeďte rychle.	Go fast, please.	[gəu fa:st pli:z]
Spěchám.	I am in a hurry.	[ai æm in ə 'hari]
Zastavte, vystoupím tady.	Stop, please, I'll get off here.	[stop pli:z ail get of hiə]
Jeďte pomalu, chtěl bych vidět město.	Drive slowly, I would like to see the town.	[draiv sləuli ai wud laik tu si: ðə taun]
Počkejte na mne, prosím, za 10 minut jsem zpátky.	Wait for me, please, I'll be back in ten minutes.	[weit fo: mi: pli:z ail bi: bæk in ten minits]
Pomohl byste mi nést zavazadla?	Could you help me carry my luggage?	[kud ju: help mi: kæri mai 'lagidž]
Kolik jsem Vám dlužen?	How much is it? How much do I owe you?	[hau mač iz it hau mač du: ai ðu ju:]
Tu máte.	Here you are.	[hiə ju: a:]
Zbytek si nechte.	Keep the rest.	[ki:p ðə rest]

AUTOSTOP
HITCH-HIKING

Kam jedete?	Where are you going?	[weðə: ju: gəuiŋ]
Jedete do Edinburghu?	Are you going to Edinburgh?	[a: ju: gəuiŋ tu edinbə:g]
Jedete směrem na Edinburgh?	Are you going in the direction for Edinburgh?	[a: ju: gəuiŋ in ðə dairekšn fo: edinbə:g]
Vzal byste mě do ...?	Would you give me a lift to ...?	[wud ju: giv mi: ə lift tu]
Vzal byste mě s sebou do ...?	Could you take me to ... (with you)?	[kud ju: teik mi: tu ... wið ju:]
Prosím, nastupte si.	Get in, please. Hop in, please.	[get in pli:z] [hop in pli:z]
Sedněte si dozadu.	Take the rear seat / back seat.	[teik ðə riə si:t / bæk si:t]
Sedněte si vedle mne.	Sit next to me.	[sit nekst tu mi:]
Zavazadlo si položte vzadu na sedadlo.	Put the luggage on the rear seat / back seat.	[put ðə lagidž on ðə riə si:t / bæk si:t]
Kde vás mám vysadit?	Where shall I drop you off?	[weð šel ai drop you of]
Kde mám zastavit?	Where shall I stop?	[weð šel ai stop]
Vysaďte mě tam, kde cesta odbočuje do ...	Please, drop me off where the road to ... branches off.	[pli:z drop mi: of weð ðə rəud tu ... bra:nčis of]
Zastavte mi tu.	Pull up, I'll get out here.	[pul ap ail get aut hiə]
Zavezu vás domů.	I'll take you home.	[ail teik ju: həum]
Vezmu vás až do ...	I'll take you to ...	[ail teik ju: tu]
Zastavte. Vystoupím tady.	Stop, please, I'll get off here.	[stop pli:z ail get of hiə]
Děkuji za svezení.	Thank you for the lift.	[θeŋk ju: fo: ðə lift]
Šťastnou cestu.	Happy journey!	[hæpi dži:ni]

DOPRAVNÍ ZNAČKY
ROAD SIGNS

POZOR	ATTENTION	[ðtenšðn]
POZOR, DĚTI	ATTENTION, CHILDREN	[ðtenšðn čildrðn]
POZOR ZVĚŘ	BEWARE OF ANIMALS	[bi'veð ov æ'nimls]
TÁBOŘIŠTĚ	CAMPSITE	[kæmpsait]
SLEPÁ ULICE	DEAD END STREET	[ded end stri:t]
JÍZDA NA KOLE ZAKÁZÁNA	CYCLING PROHIBITED	['saikliŋ prð'hibitid]
NEBEZPEČÍ	DANGER	[deindžð]
NEBEZPEČNÁ ZATÁČKA	DANGEROUS BEND	['deindžðrðs bend]
NEBEZPEČNÉ STOUPÁNÍ	DANGEROUS RISE	['deindžðrðs raiz]
NEBEZPEČNÝ ÚSEK	DANGEROUS ROAD SECTION	['deindžðrðs rðud sekšðn]
OBJÍŽĎKA	DETOUR	[di:tuð]
VJEZD	ENTRANCE	[entrðns]
VÝJEZD	EXIT	[eksit]
PRVNÍ POMOC	FIRST AID	[fð:st eid]
NADJEZD, NADCHOD	FLYOVER / OVERPASS	[flaiðuvð / ðuvðpa:s]
DEJ PŘEDNOST V JÍZDĚ	GIVE WAY	[giv wei]
NÁLEDÍ	ICY ROAD	['aisi rðud]
JEĎTE VPRAVO / VLEVO	KEEP LEFT / RIGHT	[ki:p left / rait]
JÍZDNÍ PRUH	LANE	[lein]
DÁLNICE	MOTORWAY / FREEWAY	[mðutðwei / fri:wei]
ZÚŽENÁ VOZOVKA	NARROW ROAD	[nærðu rðud]
ZÁKAZ VJEZDU	NO ENTRY	[nðu entri]
	DO NOT ENTER	[du: not entð]
ZÁKAZ ODBOČENÍ VLEVO / VPRAVO	NO LEFT / RIGHT TURN	[nðu left / rait tð:n]
ZÁKAZ PŘEDJÍŽDĚNÍ	NO OVERTAKING / PASSING	[nðu ðuvðteikiŋ / pa:siŋ]
ZÁKAZ PARKOVÁNÍ	NO PARKING	[nðu pa:kiŋ]
ZÁKAZ ZASTAVENÍ	NO STOPPING	[nðu stopiŋ]
PRŮJEZD ZAKÁZÁN	NO THROUGHFARE	[nðu θru:feð]
JEDNOSMĚRNÝ PROVOZ	ONE-WAY TRAFFIC	[wanwei træfik]
ŽELEZNIČNÍ PŘEJEZD	RAILROAD CROSSING	[reilrðud krosiŋ]
CHRÁNĚNÝ /	WITH GATES /	wið geits /
NECHRÁNĚNÝ	WITHOUT GATES	wiðaut geits]
NA SILNICI SE PRACUJE	ROAD UNDER REPAIR	[rðud andð ri'peð]
ŠKOLA	SCHOOL	[sku:l]
NEBEZPEČÍ SMYKU	SKIDDING	[skidiŋ]
KLUZKÉ ZAMOKRA	SLIPPERY WHEN WET	[slipðri wen wet]
SNÍŽIT RYCHLOST	SLOW DOWN	[slðu daun]
OMEZENÁ RYCHLOST	SPEED LIMIT	[spi:d limit]
STŮJ	STOP	[stop]
PODCHOD	SUBWAY	[sabwei]
PŘECHOD PRO CHODCE	ZEBRA CROSSING	[zi:brð krosiŋ]

CESTOVÁNÍ VLAKEM
TRAVELLING BY TRAIN

Promiňte, kde je vlakové nádraží?	Excuse me, where is the railway station?	[ikˈskjuːz mi: weǝr iz ðǝ reilwei steišǝn]
Promiňte, jak se dostanu na nádraží?	Excuse me, how can I get to the railway station?	[ikˈskjuːz mi: hau kæn ai get tu ðǝ reilwei steišǝn]
Nádraží je na konci této ulice.	The railway station is at the end of this road.	[ðǝ reilwei steišǝn iz ǝt ði: end of ðis rǝud]
Je to 5 minut odtud.	It's a five minute walk from here.	[its ǝ faiv minit woːk from hiǝ]
Ze kterého nádraží jedou vlaky do Londýna?	Which railway station do trains to London depart from?	[wič reilwei steišǝn du: treins tu landǝn diˈpaːt from]
Kde je ...?	Where is ...?	[weǝr iz ...]
- výdejna jízdenek	- a booking office	[ǝ bukiŋ ofis]
- automat na lístky	- a ticket machine	[ǝ tikit mǝˈšiːn]
- směnárna	- an exchange office	[ǝn iksˈčeindž ofis]
- úschovna zavazadel	- a left luggage office	[ǝ left lagidž ofis]
- ztráty a nálezy	- a lost-property office	[ǝ lost propǝti ofis]
- skříňka na zavazadla	- a locker	[ǝ lokǝ]
- informace	- information	[ˌinfoˈmeišn]
- nástupiště	- a platform	[ǝ plætfoːm]
- pokladna pro reservaci	- a reserved seats office	[ǝ riˈzɔːvd siːts ofis]
- restaurace	- a restaurant	[ǝ restǝrɔ:ŋ]
- občerstvení	- some refreshments / buffet	[sam riˈfrešmǝnts / bufei]
- čekárna	- a waiting room	[ǝ weitiŋ ruːm]

INFORMACE
INQUIRY OFFICE

Kde jsou vlakové informace?	Where is the inquiry office?	[weǝr iz ði: inˈkwaiǝri ofis]
Kdy jede rychlík do Londýna?	What time does the express to London leave?	[wot taim daz ði: iksˈpres tu landǝn liːv]
Expres do Londýna odjíždí ve dvě hodiny odpoledne.	Departure of the London express is scheduled for two p.m.	[dipaːčǝ ov ðǝ landn iksˈpres iz ˈšedjuːld fo: tu: pi: em]
Kdy jede další vlak do Oxfordu?	When does the next train to Oxford depart?	[wen daz ðǝ nekst trein tu oksfǝd diˈpaːt]
Vlak odjíždí v 17,00 hod.	The train departs at five p.m.	[ðǝ trein dipaːts ǝt faiv pi: em]
Vlak do Oxfordu jezdí každých 30 minut.	The train to Oxford runs every thirty minutes.	[ðǝ trein tu oksfǝd rans ˈevri ˈθǝːti minits]

CESTOVÁNÍ VLAKEM / Travelling by train

Kdy jede první ranní vlak do Edinburghu?	When does the first train leave for Edinburgh?	[wen daz ðə fə:st trein li:v fo: 'edinbə:g]
Poznamenejte si odjezd a příjezd vlaku.	Write down departure and arrival of the train.	[rait daun di'pa:čə ænd ə'raivl ov ðə trein]
Kdy jede poslední vlak zpět do Glasgow?	When is the last train back to Glasgow?	[wen iz ðə la:st trein bæk tu gla:sgəu]
Je to rychlík nebo osobní vlak?	Is it express or passenger train?	[iz it ik'spres o: 'pæsindžə trein]
Je to přímý vlak?	Is it a direct train?	[iz it ə direkt trein]
Musím přestupovat?	Do I have to change?	[du: ai hæv tu čeindž]
Kde mám přestupovat?	Where shall I change?	[weə šel ai čeindž]
V Brightonu musíte přestoupit.	You have to change at Brighton.	[ju: hæv tu čeindž ət braitn]
Jak dlouho se tam musí čekat?	How long must we wait there?	[hau loŋ mast wi: weit ðeə]
Staví ten vlak v Richmondu?	Does the train stop in Richmond?	[daz ðə trein stop in ričmənd]
Má vlak jídelní vůz?	Is there a restaurant car on the train?	[iz ðeə ə 'restdro:ŋ ka: on ð trein]
Má vlak lehátkové / lůžkové vozy?	Are there couchette cars / sleeping cars on the train?	[a: ðeə ku:'šet ka:s / sli:piŋ ka:s on ðə trein]
Kdy má přijet vlak z Richmondu?	When does the train from Richmond arrive?	[wen daz ðə trein from ričmənd ə'raiv]
Kdy má odjet vlak do Kingstonu?	When does the train leave / depart for Kingston?	[wen daz ðə trein li:v / dipa:t fo: kiŋstən]
Kdy tento vlak přijíždí do Oxfordu?	What time does the train arrive in Oxford?	[wot taim daz ðə trein ə'raiv in oxfəd]
Z kterého nástupiště odjíždí vlak do Londýna?	Which platform does the train to London leave from?	[wič plætfo:m daz ðə trein tu landən li:v from]
Jak dlouho musíme čekat na přípoj do Bristolu?	How long do we have to wait for the Bristol connection?	[hau loŋ du: wi: hæv tu weit fo: ðə bristəl kə'nekšən]
Jede ten vlak na čas?	Is the train running on time?	[iz ðə trein raniŋ on taim]
Vlak z Londýna má zpoždění 10 minut.	The train from London is ten minutes delayed.	[ðə trein from London iz ten 'minits di'leid]
Má deset minut zpoždění.	It's running ten minutes late.	[its raniŋ ten 'minits leit]
Má tento vlak přípoj na IC-rychlík do Inverness?	Does this train connect with the express to Inverness?	[daz ðis trein kə'nekt wið ði: ik'spres tu ,invə'nes]
Ano, má přípoj do Inverness.	Yes, the train has a connection to Inverness.	[jes ðə trein hæs ə kə'nekšən tu ,invə'nes]
Ne, nemá přípoj.	No, the train hasn't got any connection.	[nəu ðə trein hæsnt got eni kə'nekšən]

Mám hned spojení do ...?	Have I got a connection right away to ...?	[hæv ai got ə kə'nekšn rait ə'wei tu]
Jaké je nejlepší spojení do Brightonu?	What's the best connection to Brighton?	[wots ðə best kə'nekšn tu braitn]
Kdy přijede vlak do Kingstonu?	When does the train to Kingston come in?	[wen daz ðə trein tu kiŋstən kam in]
Jak dlouho to trvá vlakem do Bristolu?	How long does it take to get to Bristol by train?	[hau loŋ daz it teik tu get tu bristl bai trein]
Cesta trvá kolem 40 minut.	The journey takes about forty minutes.	[ðə džə:ni teiks ə'baut fo:ti 'minits]
Jede vlak přes Manchester do Brightonu?	Does this train go through Manchester to Brighton?	[daz ðis trein gðu θru: mænšistə tu braitn]
Chtěla bych se podívat do jízdního řádu.	Excuse me, I'd like to have a look at the timetable.	[ik'skju:z mi; aid laik tu hæv ə luk ət ðə taim'teibl]
Podle nového jízdního řádu odjíždí vlak v osm hodin.	According to the new timetable the train departs at eight o'clock.	[ə'ko:diŋ tu ðə nju: taim'teibl ðə trein di'pa:ts ət eit ə klok]

JÍZDENKY
TICKETS

Kde se prodávají jízdenky?	Where can I get / buy tickets, please?	[weə kæn ai get / bai tikits pli:z]
Kde je výdejna jízdenek?	Where is the booking office, please?	[weə iz ðə bukiŋ ofis pli:z]
Pokladna je zavřena / otevřena.	The booking / ticket office is closed / open.	[ðə bukiŋ / tikit ofis iz klðusd / ðupðn]
Můžete použít automat na lístky.	You can use the ticket machine.	[ju: kæn ju:z ðə tikit mə'ši:n]
Chtěl(a) bych jízdenku do Brightonu.	I would like a single ticket to Brighton.	[ai wud laik ə siŋgl tikit tu braitn]
Prosím ... do Glasgowa.	I'd like ... to Glasgow.	[aid laik ... tu gla:zgðu]
- jednu jízdenku I. třídy	- a first class single ticket	[ə fə:st kla:s siŋgl tikit]
- dvě jízdenky II. třídy	- two second class single tickets	[tu: sekənd kla:s siŋgl tikits]
- dvě zpáteční jízdenky	- two return tickets	[tu: ri'tə:n tikits]
- jízdenku s místenkou do I. třídy	- a single ticket and seat reservation for the first class	[ə siŋgl tikit ənd si:t rezə'veišðn fo: ðə fə:st kla:s]
- jeden dětský lístek	- one children's ticket	[wan čildrəns tikit]
Kolik to stojí?	How much is it?	[hau mač iz it]
Chcete zpáteční jízdenku?	Do you want a return ticket?	[du: ju: wont ə ri'tə:n tikit]
Ne, chci jenom jednoduchou.	No. I'd like just single ticket.	[nðu aid laik džast siŋgl tikit]
Kolik stojí jízdenka do ...?	How much is a single ticket to...?	[hau mač iz ə siŋgl tikit tu]

CESTOVÁNÍ VLAKEM / Travelling by train

Je ten lístek i s místenkou?	Does this ticket include a seat reservation?	[daz ðis tikit inˈkluːd ə siːt rezəˈveišn]
Chtěl bych podat kufr jako spoluzavazadlo.	I would like to take the suitcase as registered / checked baggage.	[ai wud laik tu teik ðə sjuːtkeis əz ˈredžistəd čekd ˈbægidž]
Kdy chcete jet?	When would you like to go?	[wen wud ju: laik tu gəu]
- hned	- now	[nau]
- příštím vlakem	- by the next train	[bai ðə nekst trein]
- dopoledne	- in the morning	[in ðə moːniŋ]
- odpoledne	- in the afternoon	[in ði: aːftənuːn]
- večer	- in the evening	[in ði: iːvniŋ]
- v noci	- at night	[ət nait]
- zítra	- tomorrow	[təˈmorəu]
- rychlíkem č. 520	- with the express number 520	[wið ði: ikˈspres nambə faiv handrəd ænd twenti]
Chtěl bych si rezervovat ...	I would like to book ...	[ai wud laik tu buk ...]
- místo u dveří	- an aisle seat	[ən ail siːt]
- místo u okna	- a seat at the window	[ə siːt ət ðə windəu]
- místo ve směru jízdy	- a seat facing forward	[ə siːt feisiŋ foːwəd]
- místo v protisměru	- a seat facing backward	[ə siːt feisiŋ ˈbækwəd]
- místo v oddělení pro kuřáky	- a seat in a smoking compartment	[ə siːt in ə sməukiŋ kəmˈpaːtmənt]
- místo v oddělení pro nekuřáky	- a seat in a non-smoking compartment	[ə siːt in ə non sməukiŋ kəmˈpaːtmənt]
- místo v I. třídě	- a seat in the first class	[ə siːt in ðə fəːst klaːs]
- místo ve II. třídě	- a seat in the second class	[ə siːt in ðə sekənd klaːs]
- horní / dolní lůžko	- an upper / a lower berth	[ən apə / ə ləuə bəːθ]
- lehátko	- a couchette	[ə kuːˈšet]
Chtěl bych si rezervovat lístek na jméno ...	I would like to make a reservation for a ticket on the name of ...	[ai wud laik tu meik ə rezəˈveišn foː ə tikit on ðə neim ov]
Chtěl bych si rezervovat lístek na rychlík číslo 111 do ...	I would like to book a ticket for express number 111 to ...	[ai wud laik tu buk ə tikit foː ikˈspres ˈnambə ˈhandrəd ænd iˈlevn tu]
Do kterého vagónu mám místenku?	Which compartment have I the seat-reservation ticket for?	[wič kəmˈpaːtmənt hæv ai ðə siːt rezəˈveišn tikit foː]
Chtěl bych si rezervovat lehátko na příští pátek.	I'd like to book a couchette for next Friday.	[aid laik tu buk ə kuːˈšet foː nekst ˈfraidei]
Mám nárok na ... ?	Am I entitled to ... ?	[æm ai inˈtaitld tu ...]
- slevu	- a price reduction	[ə prais riˈdakšən]
- slevu jízdného pro skupinové cestování	- a fare reduction for group travel	[ə feə riˈdakšən foː gruːp trævl]
Je nějaká sleva pro děti / studenty?	Is there any discount for children / students?	[iz ðeə eni diskaunt foː čildrən / stjuːdənts]
Ano, je tu 50% sleva pro děti.	There is a fifty per cent discount for children.	[ðeə iz ə fifti pəː sent diskaunt foː čildrn]

NA NÁSTUPIŠTI
ON THE PLATFORM

Na které nástupiště přijede vlak z Birminghamu?	Which platform does the train from Birmingham arrive at?	[wič plætfo:m daz ðð trein from 'bð:miŋðm ð'raiv ðt]
Kdy přijíždí vlak z Londýna?	When does the train from London arrive?	[wen daz ðð trein from landðn ð'raiv]
Ze kterého nástupiště odjíždí vlak do Londýna?	Which platform does the train to London leave from?	[wič plætfo:m daz ðð trein tu landðn li:v from]
Vlak odjíždí ze 4. nástupiště.	The train leaves from the platform number four.	[ðð trein li:vs from ðð plætfo:m 'nambð fo:]
Ze které koleje odjíždí rychlík do Prahy?	Which rail does the Prague train leave from?	[wič reil daz ðð pra:g trein li:v from]
Je to vlak do Londýna?	Is this the right train to London?	[iz ðis ðð rait trein tu landðn]
Kde jsou přímé vozy do Oxfordu?	Where are the direct coaches to Oxford?	[weð a: ðð dai'rekt kðuči:s tu 'oksfðd]
- vpředu	- in the front	[in ðð frant]
- vzadu	- at the back (rear)	[ðt ðð bæk (rið)]
- uprostřed	- in the middle	[in ðð midl]
Vlak jede za 10 minut.	The train leaves in ten minutes.	[ðð trein li:vs in ten minits]
Zaneste mé kufry do vlaku na 3. nástupiště.	Please, take my luggage to the train on the platform number three.	[pli:z teik mai lagidž tu ðð trein on ðð plætfo:m nambð θri:]
- do úschovny	- to the left luggage office	[tu ðð left 'lagidž 'ofis]
- do vagonu č. 2	- to the coach number two	[tu ðð kðuč nambð tu:]
Kde jsou vozíky na zavazadla?	Where are the luggage trolleys?	[weð a: ðð 'lagidž trolis]
Vlak mi ujel.	I've missed the train.	[aiv misd ðð trein]
Kdy mi jede další vlak do Brightonu?	When is the next train to Brighton?	[wen iz ðð nekst trein tu braitn]
Za dvacet minut.	In twenty minutes.	[in twenti minits]
Jak dlouho tu vlak stojí?	How long does the train stop here?	[hau loŋ daz ðð trein stop hið]

VE VLAKU
ON THE TRAIN

Promiňte, můžu projít?	Excuse me, could I pass?	[iks'kju:z mi: kud ai pa:s]
Je to oddělení pro kuřáky.	Is this a smoking compartment?	[iz ðis ð smðukiŋ kðm'pa:tmðnt]
Ne, to je oddělení pro nekuřáky.	No, this is a non-smoking compartment.	[nðu, ðis iz ð non-smðukiŋ kðm'pa:tmðnt]

Cestování vlakem / Travelling by train

Je toto místo volné?	Excuse me, is this seat free?	[iks'kju:z mi: iz ðis si:t fri:]
Jsou tu ještě volná tři místa?	Are three seats free here?	[a: θri: si:ts fri: hiə]
Místo v rohu je volné.	The corner seat is free.	[ðə ko:nə si:t iz fri:]
Ne, všechna místa jsou obsazena.	No, all seats are taken.	[nəu o:l si:ts a: teikən]
Promiňte, je to místo u okna obsazeno?	Excuse me, is the seat at the window taken?	[iks'kju:z mi: iz ðə si:t ət ðə windəu teikən]
Bohužel je obsazené.	Unfortunately it is taken.	[an'fo:čnətli it iz teikən]
Toto je moje místo, mám místenku.	This is my seat. I have the reservation ticket.	[ðis iz mai si:t] [ai hæv ðə rezə'veišən tikit]
Nechcete si se mnou vyměnit místo?	Would you mind changing seats with me?	[wud ju: maind čeindžiŋ sits wið mi:]
Mohla byste mi podržet místo?	Would you be so kind and keep the seat for me?	[wud ju: bi: səu kaind ænd ki:p ðə si:t fo: mi:]
Prosím Vás, pomohl byste mi zvednout zavazadla nahoru?	Excuse me, could you help me lift up my luggage on the rack?	[iks'kju:z mi: kud ju: help mi: lift əp mai lagidž on ðə ræk]
Mohu dát váš kufr kousek dál?	May I put your suitcase aside a little bit?	[mei ai put jo: sju:tkeis ə'said ə litl bit]
Mohu si dát mou tašku na Váš kufr?	May I put my suitcase on top of yours?	[mei ai put mai sju:tkeis on top ov jo:s]
Byl byste tak laskav a pohlídal mi tašku?	Would you be so kind and keep an eye on my bag?	[wud ju: bi: səu kaind ænd ki:p ən ai on mai bæg]
Můžu ... ?	May I ... ?	[mei ai ...]
- otevřít / zavřít topení	- open / close the heating	[əupən / kləuz ðə hi:tiŋ]
- otevřít / zavřít okno	- open / close the window	[əupən / kləuz ðə windəu]
- rozsvítit / zhasnout světlo	- turn the light on / off	[tə:n ðə lait on / ov]
- pustit / zastavit větrák	- switch the ventilation on / off	[swič ðə venti'leišən on / ov]
- zatáhnout záclonku?	- draw the curtain	[dro: ðə kə:tn]
- na chvíli otevřít dveře?	- open the door for a while	[əupən ðə do: fo: ə wail]
Smím si půjčit vaše noviny?	May I borrow your newspaper for a while?	[mei ai borəu jo: 'nju:speipə fo: ə wail]
Kde je jídelní vůz?	Where is the restaurant car?	[weə iz ðə restəro:ŋ ka:]
Je to čtvrtý vagón dozadu.	It is the fourth coach towards the back.	[it iz ðə fo:θ kəuč təˈwo:dz ðə bæk]
Je to čtvrtý vagón dopředu.	It is the fourth coach towards the front.	[it iz ðə fo:θ kəuč təˈwo:dz ðə frant]
Podávají teď nějaké jídlo?	Do they serve any meal now?	[du: ðei sə:v eni mi:l nau]
V kolik hodin podávají oběd?	What time do they start to serve lunch?	[wot taim du: ðei sta:t tu sə:v lanč]
Oběd se podává od ... do ...	Dinner is being served from ... to ...	[dinə iz bi:iŋ sə:vd from ... tu ...]
Je možné servírovat v kupé.	The tray service is possible.	[ðə trei sə:vis iz 'posəbl]

KONTROLA JÍZDENEK
TICKET INSPECTION

Jízdenky, prosím!	Your tickets, please.	[jo: tikits pli:z]
Tady je moje jízdenka.	Here is my ticket.	[hiðr iz mai tikit]
Přistoupil někdo?	Did anybody get on?	[did enibody get on]
Kde jsme teď?	Where are we now?	[weðr a: wi: nau]
Jak se jmenuje tato stanice?	What station is this?	[wot steišn iz ðis]
Kdy budeme v ...?	When do we arrive in ...?	[wen du: wi: ðˈraiv in]
Stojí tento vlak v ...?	Does this train stop at ...?	[daz ðis trein stop ðt]
Jak dlouho tam stojí?	How long does the train stop there?	[hau loŋ daz ðð trein stop ðeð]
Pane průvodčí, je na tento vlak přípoj do Londýna?	Conductor, has the train a direct connection to London?	[kðnˈdaktð hæs ðð trein ð diˈrekt kðˈnekšðn tu landðn]
Máte určitě přípoj.	You have a connection for sure.	[ju: hæv ð kðˈnekšðn fo: šuð]
Musíte si při přestupování pospíšit, neboť vlak do Prahy hned odjíždí.	You must be in a hurry while you get off, because the Prague train departs immediately.	[ju: mast bi: in ð hari wail ju: get of biˈkoz ðð pra:g trein diˈpa:ts iˈmi:djðtli]
Pane průvodčí, kolik je ještě stanic do ...?	Conductor, how many stations are there to ...?	[kðnˈdaktð hau meni steišðns a: ðeð tu]
Kde mám přestoupit?	Where shall I change?	[weðr šæl ai čeindž]
Jak se jmenuje příští stanice?	What's the next station call?	[wots ðð nekst steišðn ko:l]
Jak se jmenuje poslední stanice před ...?	What's the name of the last station before ...?	[wots ðð neim ov ð la:st steišðn biˈfo:]
Je ještě daleko do ...?	Is it far to ...?	[iz it fa: tu]
Máme zpoždění?	Are we late?	[a: wi: leit]
Doženeme zpoždění?	Will we make up for the delay?	[wil wi: meik ap fo: ðð diˈlei]
Jedeme přesně?	Are we on time?	[a: wi: on taim]
Byl byste tak laskav a pomohl mi dát dolů ten velký kufr?	Would you be so kind and help me get the big suitcase down?	[wud ju: bi: sðu kaind ænd help mi: get ðð big sju:tkeis daun]

ÚSCHOVNA ZAVAZADEL
LEFT LUGGAGE OFFICE / BAGGAGE STORAGE

Kde je úschovna zavazadel?	Where is the left luggage office / baggage check?	[weðr iz ðð left ˈlagidž ˈofis / bægidž ček]
Chtěla bych si dát kufr do úschovny.	I would like to give this suitcase to the left luggage office.	[ai wud laik tu giv ðis sju:tkeis tu ðð left ˈlagidž ˈofis]

CESTOVÁNÍ VLAKEM / Travelling by train

Česky	English	Výslovnost
Rád bych si tu do zítřka nechal dva kufry.	I'd like to leave here two suitcases till tomorrow.	[aid laik tu li:v hiðr tu: sju:tkeisis til tðˈmorðu]
Kolik platím?	How much is it?	[hau mač iz it]
Platím teď nebo až při vyzvednutí?	Do I pay now or when I pick them up?	[du: ai pei nau o: wen ai pik ðem ap]
Budete platit při vyzvednutí.	You'll pay when you pick them up / check them out.	[ju:l pei wen ju: pik ðem ap / ček ðem aut]
Budete platit hned.	You'll pay now.	[ju:l pei nau]
To je číslo Vašeho zavazadla.	This is number of your luggage.	[ðis iz nambð ov jo: ˈlagidž]
Tady je Váš lístek.	Here is your receipt.	[hiðr iz jo: ri'si:t]
Zavazadlo smí vážit maximálně 15 kg.	The maximum weight of the luggage is fifteen kilograms.	[ðð ˈmæksimðm weit of ðð ˈlagidž iz fifˈti:n ˈkilðugræms]
To není můj kufr.	This isn't my suitcase.	[ðis iznt mai sju:tkeis]
Můj kufr je větší.	My suitcase is bigger.	[mai sju:tkeis iz bigð]
Můj kufr je menší.	My suitcase is smaller.	[mai sju:tkeis iz smo:lð]
Mám číslo ...	I have number ...	[ai hæv nambð]
Můj kufr je černý / hnědý.	My suitcase is black / brown.	[mai sju:tkeis iz blæk / braun]
Ztratil se mi kuffík.	I have lost my briefcase.	[ai hæv lost mai bri:fkeis]
Moje ... chybí.	My ... is missing	[mai ... iz misiŋ]
- aktovka	- briefcase	[bri:fkeis]
- cestovní taška	- bag	[bæg]
- kabelka	- handbag	[hændbæg]
- kufr	- suitcase	[sju:tkeis]
- zavazadlo	- luggage	[lagidž]
Jsou tu samoobslužné skříňky na zavazadla?	Are here some lockers?	[a: hið sam lokðs]
Skříňka na zavazadla.	Locker.	[lokð]
Otevřete dveře.	Open the door.	[ðupðn ðð do:]
Vložte zavazadlo.	Put your luggage in.	[put jo: lagidž in]
Zavřete dveře.	Close the door.	[klðuz ðð do:]
Vytáhněte klíč.	Take out the key.	[teik aut ðð ki:]
Je-li skříňka poškozena, stiskněte tlačítko.	If the box is damaged, press the button.	[if ðð boks iz dæmidžd pres ðð batn]
Otočte klíčem vpravo / vlevo.	Turn the key right / left.	[tð:n ðð ki: rait / left]
Nastavte svůj číselný kód a zapamatujte si ho.	Enter your code number and memorize it.	[entð jo: kðud nambð ænd memðraiz it]
Volte číslo.	Choose the number.	[ču:z ðð nambð]
Vhoďte peníze / minci do ...	Insert the coin into the slot.	[insð:t ðð koin intu ðð slot]
Mimo provoz.	Out of order.	[aut ov o:dð]
Jsou tu nějaké vozíky na zavazadla?	Are there any luggage trolleys here?	[a: ðeð eni lagidž trolis hið]

INFORMAČNÍ NÁPISY A VÝSTRAHY
INFORMATION AND WARNING SIGNS

Česky	English	Výslovnost
PŘÍJEZDY	ARRIVALS	[ə'raivəls]
JÍZDENKOVÁ POKLADNA	BOOKING OFFICE	[bukiŋ ofis]
ZÁCHRANNÁ BRZDA	COMMUNICATION CORD	[kəm,ju:ni'keišn ko:d]
ZAVŘETE DVEŘE!	CLOSE THE DOOR!	[kləuz ðə do:]
PŘECHOD PŘES KOLEJE ZAKÁZÁN	CROSSING THE RAILS IS FORBIDDEN	[krosiŋ ðə reils iz fə'bidən]
ODJEZDY	DEPARTURES	[di'pa:čə]
NEOPÍREJTE SE O DVEŘE!	DO NOT LEAN AGAINST THE DOOR!	[du: not li:n ə'geinst ðə do:]
NENAHÝBEJTE SE Z OKNA!	DO NOT LEAN OUT OF THE WINDOW!	[du: not li:n aut ov ðə windəu]
VCHOD	ENTRANCE	[entrəns]
VÝCHOD	EXIT	[eksit]
NASTUPTE!	GET IN!	[get in]
VYSTUPTE!	GET OUT!	[get aut]
INFORMACE	INFORMATION	[info:'meišən]
	INQUIRY OFFICE	[in'kwaiəri ofis]
DODRŽUJTE ČISTOTU!	KEEP CLEAN!	[ki:p kli:n]
	KEEP THE PLACE IN ORDER!	[ki:p ðə pleis in o:də]
ÚSCHOVNA ZAVAZADEL	LEFT-LUGGAGE OFFICE	[left lagidž ofis]
VÝDEJ - PŘÍJEM ZAVAZADEL	LUGGAGE REGISTRATION OFFICE	[lagidž ,redži'streišn ofis]
ODDĚLENÍ PRO NEKUŘÁKY	NON-SMOKING COMPARTMENT	[non sməukiŋ kəm'pa:tmənt]
ZNEUŽITÍ SE TRESTÁ	PENALTY FOR IMPROPER USE	['penlti fo: im'propə ju:s]
NÁSTUPIŠTĚ	PLATFORM	[plætfo:m]
V PŘÍPADĚ NEBEZPEČÍ ZATÁHNĚTE	PULL IN CASE OF EMERGENCY	[pul in keis ov i'mə:džənsi]
KOLEJ	RAIL / TRACK	[reil / trak]
NÁDRAŽÍ	RAILWAY / TRAIN STATION	['reilwei / trein steišn]
MÍSTENKOVÁ POKLADNA	RESERVED SEATS OFFICE	[rizə:'vd si:ts ofis]
RESTAURACE	RESTAURANT	[restəro:ŋ]
MÍSTENKY	SEAT-RESERVATION TICKETS	[si:t rezə'veišən tikits]
ODDĚLENÍ PRO KUŘÁKY	SMOKING COMPARTMENT	[sməukiŋ kəm'pa:tmənt]
PODCHOD	SUBWAY	[sabwei]
JÍZDENKY	TICKETS	[tikits]
KONEČNÁ STANICE	TERMINUS	[tə:minəs]
POUŽIJTE PODCHODU	USE THE SUBWAY	[ju:s ðə sabwei]
ČEKÁRNA	WAITING ROOM	[weitiŋ ru:m]

CESTOVÁNÍ LETADLEM
TRAVELLING BY PLANE

Promiňte, prosím, jak se dostanu na letiště?	Excuse me, can you tell me the way to the airport?	[iks'kju:z mi: kæn ju: tel mi: ðə wei tu ði: 'eəpɔ:t]
Promiňte, prosím, jak se dostanu do odletové haly?	How do I get to the departure hall?	[hau du: ai get tu ðə di'pa:čə ho:l]
Jděte přímo.	Go straight.	[gəu streit]
Jděte doleva / doprava.	Turn left / right.	[tə:n left / rait]
Jděte po této značce.	Follow this sign.	[folðu ðis sain]

INFORMACE O LETU
FLIGHT INFORMATION

V kolik hodin letí letadlo do Londýna?	What time does the plane to London take off?	[wot taim daz ðə plein tu landən teik of]
Je možné letět do Glasgowa?	Is there a flight to Glasgow?	[iz ðeə ə flait tu gla:zgəu]
Jaké je číslo letu?	What's the flight number?	[wots ðə flait nambə]
V kolik hodin létají letadla v neděli do Prahy?	What time are the flights to Prague on Sundays?	[wot taim a: ðə flaits tu pra:g on sandis]
Které dny létá letadlo do Prahy?	What days does the plane to Prague fly?	[wot deis daz ðə plein tu pra:g flai]
Které dny létají Britské aerolinie do ...?	What days do the British Airlines operate services to ...?	[wot deis du ðə britiš 'eəlains 'opəreit 'sə:visis tu]
Které dny mohu letět s Britskými aeroliniemi a které s Českými aeroliniemi?	What days can I fly with the British Airlines and what days with the Czech Airlines?	[wot deis kæn ai flai wið ðə britiš 'eəlains ænd wot deis wið ðə ček 'eəlains]
Je to přímý let?	Is it a nonstop flight? Is it a direct flight?	[iz it ə non'stop flait] [iz it ə direkt flait]
Je to s mezipřistáním?	Is there any stopover?	[iz ðeə eni stop'əuvə]
Kde je mezipřistání?	Where is the stopover?	[weə iz ðə stop'əuvə]
Jak dlouho trvá let do ...	How long does the flight to ... take?	[hau loŋ daz ðə flait tu teik]
Kdy letadlo přiletí do Londýna?	What time does the plane arrive in London?	[wot taim daz ðə plein ə'raiv in landən]
V deset hodin místního času.	At ten o'clock of the local time.	[ət ten ə'klok ov ðə 'ləu'kl taim]
Je letecké spojení s ...?	Does the flight connect with the flight to ...?	[daz ðə flait kə'nekt wið ðə flait tu]
Let číslo ... do ... bude z důvodu špatného počasí o dvě hodiny opožděn.	Flight number ... to ... will be delayed for two hours due to bad weather.	[flait nambə ... tu ... wil bi: di'leid fo: tu: auəs dju: tu bæd weðə]

REZERVACE LETENEK
BOOKING AIR-TICKETS

Chtěl bych si rezervovat 2 místa v letadle do Prahy	I would like to book two seats on the Prague plane	[ai wud laik tu buk tu: si:ts on ðə pra:g plein]
- na příští pondělí	- for next Monday	[fo: nekst mandei]
- na čtvrtek v 6 hodin ráno	- for Thursday morning at six.	[fo: 'θə:zdei mo:niŋ ət siks]
Chtěla bych si zároveň rezervovat i letenku zpět.	I'd like to book my return ticket at once.	[aid laik tu buk mai ri'tə:n tikit ət wans]
Mohla bych si rezervovat dvě místa na sobotu 23. 6. v letadle do Prahy?	Could I make a reservation for two seats on Saturday, June 23, on the plane to Prague?	[kud ai meik ə rezə'veišən fo: tu: si:ts on sætədi džu:n twenti θri: on ðə plein tu pra:g]
Zítra přijdu zaplatit a vyzvednout letenky.	I'll come tomorrow and pay for the tickets and pick them up.	[ail cam tə'morəu ænd pei fo: ðə tikits ænd pik ðem ap]
Kolik stojí letenka ...?	How much is ... ticket?	[hau mač iz ... tikit]
- turistickou třídou	- a tourist class	[ə tuərist kla:s]
-	- an economy class	[ən i'konəmi kla:s]
- třídou pro obchodníky	- a business class	[ə 'biznis kla:s]
- první třídy	- a first class	[ə fə:st kla:s]
Prosím jeden lístek turistické třídy do Londýna.	I would like one economy class ticket to London.	[ai wud laik wan i'konəmi kla:s tikit tu landən]
Lituji, ale let do ... je plně obsazen.	I'm sorry, but the flight to ... is fully booked.	[aim sori, bat ðə flait tu ... iz fuli bukd]
Přijďte se zeptat zítra, zda se něco uvolnilo.	Come tomorrow to see if there is any cancellation.	[kam tə'morəu tu: si: if ðeə iz eni kænsə'leišən]
Nebylo by volné místo na jindy?	Would there be a seat on another flight?	[wud ðeə bi: ə si:t on ə'naðə flait]
Máte ještě volná místa na dnešek?	Have you still got a seat on today's flight?	[həv ju: stil got ə si:t on tə'deis flait]
Je lépe si obstarat letenku předem.	It is better to reserve the air ticket in advance.	[it iz betə tu ri'zə:v ðə eə tikit in əd'va:ns]
Můžete mi potvrdit let do Sydney?	Can you confirm the flight to Sydney for me?	[kæn ju: kən'fə:m ðə flait tu sidni fo: mi:]
Můžete zrušit / přeložit / potvrdit moji rezervaci?	Can you cancel / change / confirm my reservation?	[kæn ju: kænsəl / čeindž / kən'fə:m mai rezə'veišən]
Jaká je Vaše adresa?	What's your address?	[wots jo: ə'dres]
Jaké je Vaše telefonní číslo?	What's your telephone number?	[wots jo: telifəun nambə]
Jak vysoký je poplatek za zrušení letu?	How much is the cancellation charge?	[hau mač iz ðə kænsə'leišən ča:dž]
V kolik hodin musím být na letišti?	(At) what time should I be at the airport?	[(ət) wot taim šud ai bi: ət ði: eəpo:t]
Hodinu před odletem.	One hour before departure.	[wan 'auə bifo: dipa:čə]

CESTOVÁNÍ LETADLEM

ODBAVENÍ
CHECK IN

Odbavovací přepážka.	Check-in counter.	[čekin kauntə]
Máte zavazadla?	Have you got any luggage?	[hæv ju: got eni lagidž]
Mám jen tento kufr.	I've got only this suitcase.	[aiv got ðunli ðis sju:tkeis]
Jaká je povolená váha zavazadla?	What's the allowed weight for luggage?	[wots ði: ð'laud weit fo: lagidž]
Kolik se platí za nadváhu?	What's the charge for excess weight?	[wots ðə ča:dž fo: ik'ses weit]
Za každý kilogram nadváhy se platí 5 liber.	You'll have to pay £5 for each extra kilogram.	[ju:l hæv tu pei faiv paunds fo: i:č ekstrə kilðugræm]
Kolik to váží?	What is the weight?	[wot iz ðə weit]
Máte pět kilo nadváhy.	You have five kilograms overweight.	[ju: hæv faiv kilðugræms ðuvð'weit]
Musíte si připlatit.	You have to pay an excess charge.	[ju: hæv tu pei ðn ik'ses ča:dž]
Máte nějaké příruční zavazadlo?	Do you have any hand baggage?	[du: ju: hæv eni hænd bægidž]
Tady máte přívěsky na zavazadla a Vaši palubní vstupenku.	Here are your luggage bags and boarding card / boarding pass.	[hiə a: jo: lagidž bægs ænd bo:diŋ ka:d / bo:diŋ pa:s]

V LETADLE
ON THE PLANE

Dobré ráno, dámy a pánové, na palubě letadla vás jménem Britských aerolinií vítá kapitán Black s posádkou.	Good morning, ladies and gentlemen, captain Black and his crew welcome you on board of the plane on behalf of the British Airways.	[gud mo:niŋ leidis ænd 'džentlmen 'kæptin blæk ænd his kru: 'welcəm ju: on bo:d ov ðə plein on biha:f ov ðə britiš eðweis]
Žádáme cestující, aby přestali kouřit a připoutali se.	Passengers are requested to stop smoking and fasten seat belts.	[pæsindžðs a: ri'kwestid tu stop smðukiŋ ænd 'fa:stn si:t belts]
Nyní se můžete odpoutat a pokud chcete, můžete kouřit.	You may now unfasten your belts and you may smoke if you wish.	[ju: mei nau ən'fa:stn jo: belts ænd ju: mei smðuk if ju: wiš]
Není mi dobře.	I don't feel well.	[ai dðunt fi:l wel]
V jaké výšce letíme?	What altitude are we flying at?	[wot 'æltitju:d a: wi: flaiiŋ ət]
Za deset minut přistáváme. Připoutejte se, prosím.	We'll land in ten minutes. Fasten your seat belts, please.	[wi:l lænd in ten 'minits] [fa:stn jo: si:t belts pli:z]
Zůstaňte, prosím, sedět, dokud se neotevřou dveře.	Keep your seats, please, until the doors open.	[ki:p jo: si:ts pli:z ən'til ðð do:s ðupn]

Travelling by plane

PO PŘÍLETU
AFTER ARRIVAL

Jak dlouho musíme čekat na další let?	How long must we wait for the next flight?	*[hau loŋ mast wi: weit fo: ðə nekst flait]*
Kdy letí další letadlo?	When is the next flight?	*[wen iz ðə nekst flait]*
Další let je zítra ráno.	The next flight is tomorrow morning.	*[ðə nekst flait iz tə'morðu mo:niŋ]*
Jak dlouho musíme čekat na spojení do Prahy?	How long do we have to wait for the Prague plane?	*[hau loŋ du: wi: hæv tu weit fo: ðə pra:g plein]*
Letadlo do Prahy odletělo asi před hodinou.	The Prague plane took off about one hour ago.	*[ðə pra:g plein tuk of ə'baut wan auð ə'gðu]*
Mám předložit pas?	Should I show you my passport?	*[šud ai šðu ju: mai pa:spo:t]*
Kde je místnost pro cestující tranzitem?	Where is the lounge for transit passengers?	*[weð iz ðə laundž fo: trænsit 'pæsindžðs]*
Kde čekají autobusy aerolinií?	Where are the airline buses waiting?	*[weð a: ði: eðlain basiz weitiŋ]*

INFORMAČNÍ NÁPISY
INFORMATION SIGNS

CÍLOVÉ LETIŠTĚ	AIRPORT TERMINAL	*[eðpo:t 'tð:minl]*
	TERMINAL BUILDING	*['tð:minl bildiŋ]*
PŘÍLETY	ARRIVALS	*[ð'raivðls]*
PŘÍLETOVÁ HALA	ARRIVAL HALL	*[ð'raivðl ho:l]*
VÝDEJ ZAVAZADEL	BAGGAGE CHECK IN	*[bægidž ček in]*
ZRUŠEN	CANCELLED	*['kænsðld]*
ODBAVENÍ	CHECK IN	*[ček in]*
TŘÍDA	CLASS	*[kla:s]*
CELNICE	CUSTOMS	*[kastðms]*
DATUM LETU	DATE	*[deit]*
ZPOŽDĚN	DELAYED	*[di'leid]*
ODLETY	DEPARTURES	*[di'pa:čðs]*
ODLETOVÁ HALA	DEPARTURE HALL	*[di'pa:čð ho:l]*
PRO NEPŘÍZEŇ POČASÍ	DUE TO BAD WEATHER	*[dju: tu bæd weðð]*
VCHOD	ENTRANCE	*[entrðns]*
SMĚNÁRNA	EXCHANGE OFFICE	*[iks'čeindž ofis]*
VÝCHOD	EXIT	*[eksit]*
PŘEDPOKLÁDANÉ ČÍSLO LETU	EXPECTED	*[ik'spektid]*
	FLIGHT NUMBER	*[flait 'nambð]*
TABULE S LETECKÝM ŘÁDEM	FLIGHT INFORMATION BOARD	*[flait ,info:'meišðn bo:d]*
INFORMACE	INFORMATION	*[,info:'meišðn]*
PLÁNOVANÉ	SCHEDULED	*[šedju:ld]*
TRANZITNÍ HALA	TRANSIT HALL	*[trænsit ho:l]*

CESTOVÁNÍ LODÍ
TRAVELLING BY SHIP

Kde se kupují jízdenky?	Where can I get tickets?	[weðˈ kæn ai get tikits]
Na palubě.	On the deck.	[on ðə dek]
Na naloďovacím můstku.	At the landing stage.	[ðt ðə lændiŋ steidž]
V kolik hodin musím být na palubě?	What time do I have to be aboard?	[wot taim du: ai hæv tu bi: ðˈbo:d]
Jak dlouho platí lístek?	How long is the ticket valid for?	[hau loŋ iz ðə tikit vælid fo:]
Který den odplouvá loď do ...?	What day does the ship sail to ...?	[wot dei daz ðə šip seil tu:]
Jezdí tento trajekt každý den?	Does this ferry go every day?	[daz ðis feri gðu evri dei]
Trajekty jezdí ...	Ferries go ...	[feris gðu ...]
- dvakrát denně	- twice a day	[twais ð dei]
- každé ráno	- each morning	[i:č mo:niŋ]
- každé pondělí	- each Monday	[i:č mandei]
- každé čtyři hodiny.	- every four hours	[evri fo: auðs]
V kolik hodin pluje příští trajekt do Calais?	What time is the next ferry to Calais?	[wot taim iz ðə nekst feri tu kælei]
Kdy odplouvá další trajekt do Calais?	When does the next ferry to Calais leave?	[wen daz ðə nekst feri tu kælei li:v]
Další trajekt odplouvá v šest hodin večer.	The next ferry sails at six o'clock in the evening.	[ðə nekst feri seils ðt six ðˈklok in ði: i:vniŋ]
Pro nepřízeň počasí se další plavba ruší.	Due to bad weather any further passage is cancelled.	[dju: tu bæd weðð eni fð:ðə pæsidž iz kænsðld]
Ze kterého mola odplouvá loď do ...?	From which pier does the ship sail for ... ?	[from wič piðˈ daz ðə šip seil fo:]
Loď do ... kotví u mola číslo 3.	The ferry to ... is anchored at pier number three.	[ðə feri tu ... iz æŋkðd ðt piðˈ nambð θri:]
Rádi bychom jeli parníkem.	We'd like to go by a steamer.	[wi:d laik tu gðu bai ð sti:mð]
Zastavuje parník u každého přístaviště?	Does the steamer stop at each port?	[daz ð sti:mð stop ðt i:č po:t]
Mohu tam vystoupit?	Can I get off there?	[kæn ai get of ðeð]
Kolik stojí plavba do ...?	How much is the fare to ...?	[hau mač iz ðə feð tu]
Jak dlouho trvá plavba?	How long does the passage take?	[hau loŋ daz ðə pæsidž teik]
Plavba trvá asi 2 hodiny.	It takes about two hours.	[it teiks ðˈbaut tu: auðs]
V kolik hodin budeme na místě?	What time do we reach our destination?	[wot taim du: wi: ri:č auð destiˈneišðn]

Rezervovala byste nám dvě místa na tuto sobotu na lodi do ... odplouvající v 9,00 hodin?	We would like to make reservations for two on the ferry to ... which leaves this Saturday at nine o'clock.	[wi: wud laik tu meik rezə'veišən fo: tu: on ðə feri tu ... wič li:vs ðis 'sætədei ət nain ə'klok]
Kde se nalodíme?	Where is the embarkation point?	[weə is ði: im'ba:keišn point]
Ve kterých přístavech zastavujeme?	Which ports do we stop at?	[wič po:ts du: wi: stop ət]
Loď ...	A ship ...	[ə šip ...]
- přiráží ke břehu	- is reaching a shore	[iz ri:čiŋ ə šo:]
- kotví	- is at an anchor	[iz ət ən æŋkə]
- zdvihá kotvu	- weighs an anchor	[weis ən æŋkə]
- spouští kotvu	- drops an anchor	[drops ən æŋkə]
- vyplouvá na moře	- sets sail	[sets seil]
- brázdí vlny	- ploughs through waves	[plaus θru: weivs]

NA LODI
ON THE BOAT

Prosím Vás, kde je ...?	Excuse me, where is ...?	[ik'skju:z mi: weə iz ...]
- jídelna	- the dining room	[ðə dainiŋ ru:m]
- společenská místnost	- the lounge	[ðə laundž]
- místnost pro nemocné	- the sick bay	[ðə sik bei]
- lodní lékař	- a ship doctor	[ə šip doktə]
- kuřácký salonek	- smoking lounge	[sməukiŋ laundž]
- kajuta číslo 12	- cabin number twelve	[kæbin nambə twelv]
Nechcete se najíst?	Would you like anything to eat?	[wud ju: laik samθiŋ tu i:t]
Ne, děkuji. Nemám chuť na jídlo.	No, thank you. I don't feel like eating.	[nəu θæŋk ju: ai dəunt fi:l laik i:tiŋ]
Mám mořskou nemoc.	I am seasick.	[ai æm si:sik]
Zvedá se mi žaludek, budu zvracet.	I feel seasick. I will vomit / throw up.	[ai fi:l si:sik] [ai wil vomit / θrəu ap]
Kde najdu lodního lékaře?	Where can I find a ship doctor?	[weə kæn ai faind ə šip doktə]
Máte nějaký lék proti mořské nemoci?	Have you got any medicine for seasickness?	[hæv ju: got eni 'medsin fo: si:siknis]
Nenahýbejte se přes zábradlí.	Don't lean over the railing.	[dəunt li:n əuvə ðə reiliŋ]
Mohu si najmout lehátko na palubě E?	Can I rent a deckchair on the deck E?	[kæn ai rent ə dekčeə on ðə dek i:]
Moře je ...	The sea is ...	[ðə si: iz ...]
- klidné	- calm	[ka:m]
- rozbouřené	- stormy	[sto:mi]
Na moři jsou velké vlny.	There are big waves on the sea.	[ðeə a: big weivs on ðə si:]

CESTOVÁNÍ MĚSTSKOU DOPRAVOU
TRAVELLING BY LOCAL TRANSPORT

Je tu někde autobusová zastávka?	Is there a bus stop around here?	[iz ðeə ə bas stop ə'raund hiə]
Kde je nejbližší stanice autobusu / tramvaje / metra?	Where is the nearest bus / tramway / underground (tube / subway) station?	[weə iz ðə niərist bas / træmwei / andəgraund tju:b / sabwei steišən]
Kde staví autobus do ...?	Where does the bus to ... stop?	[weə daz ðə bas tu ... stop]
Který autobus jede do centra?	Which bus goes to the centre?	[wič bas gəuz tu ðə sentə]
Který autobus jede k Toweru?	Which bus do I take to the Tower?	[wič bas du: ai teik tu ðə 'tauə]
Jeďte autobusem č. 7.	Take a bus number 7.	[teik ə bas nambə sevn]
Nasedněte na autobus č. 7.	Get on a bus number 7.	[get on ə bas nambə sevn]
Musím přestupovat?	Do I have to change?	[du: ai hæv tu čeindž]
Pojedete až na konečnou stanici a pak autobusem číslo 22.	You will go as far as the terminus and then take a bus number 22.	[ju: wil gəu əs fa: əs ðə 'tə:minəs ænd ðen teik ə bas nambə twenti tu:]
Staví tu autobus č. 7?	Does the number 7 bus stop here?	[daz ðə nambə sevn bas stop hiə]
V kolik hodin odjíždí?	What time does it leave?	[wot taim daz it li:v]
Jede tato tramvaj k divadlu?	Does this tramway go to the theatre?	[daz ðis træmwei gəu tu ðə θiətə]
Musíte jet opačným směrem.	You have to go in the opposite direction.	[ju: hæv tu gəu in ði: opəzit di'rekšn]
Kdy jede další autobus do Londýna?	When is the next bus leaving for London?	[wen iz ðə nekst bas li:viŋ fo: landən]
Mohl(a) byste mi říci odjezdy?	Excuse me, could you tell us the departures?	[ik'skju:z mi; kud ju: tel as ðə di'pa:čəs]
Podívám se do jízdního řádu.	I'll have a look at the timetable.	[ail hæv ə luk ət ðə taim'teibl]
Kde si můžu koupit lístek?	Where can I buy a ticket?	[weə kæn ai bai ə tikit]
U řidiče.	By / At the driver.	[bai / æt ðə draivə]
V novinovém stánku.	At the newsagent's.	[ət ðə 'nju:z.eidžənts]
Chtěla bych celodenní jízdenku pro hromadnou dopravu v Londýně.	I'd like one day London travelcard.	[aid laik wan dei landən 'trævlka:d]
Kolik to stojí, prosím?	How much is it?	[hau mač iz it]
Kolik stojí jeden lístek?	How much is the ticket?	[hau mač iz ðə tikit]

CESTOVÁNÍ MĚSTSKOU DOPRAVOU / Travelling by local transport

Kolik stojí jízdné do ...?	How much is the fare to ...?	[hau mač iz ðə feə tu]
Lístek platí pro Londýnské autobusy, metro a vlaky.	The ticket is valid for London buses, tube / subway and trains.	[ðə tikit iz vælid fo: landən basis tju:b / sabwei ænd treins]
Co mám dělat s jízdenkou?	What shall I do with the ticket?	[wot šæl ai du: wið ðə tikit]
Musíte ji označit.	You must validate it.	[ju: mast vælideit it]
Prosím Vás, kolik je to zastávek na nádraží?	Excuse me, how many stops are there to the railway station?	[ik'skju:z mi: hau meni stops a: ðeə tu ðə reilwei steišən]
Vystoupíte na třetí zastávce.	You'll get off at the third stop.	[ju:l get of ət ðə θə:d stop]
Řekněte mi, kdy mám vystoupit?	Will you tell me when to get off?	[wil ju: tel mi: wen tu get of]
Příští stanici budete vystupovat.	You will get off at the next station.	[ju: wil get of ət ðə nekst steišn]
Vystupte si tady a přesedněte na autobus číslo 22.	Get off here and change for a bus number 22.	[get of hiə ænd čeindž fo: ə bas 'nambə twenti tu:]
Kde se dá přestoupit na autobus č. 4?	Where should I change for a bus number four?	[weə šud ai čeindž fo: ə bas 'nambə fo:]
Kde jsme teď?	Where are we now?	[weə a: wi: nau]
Jedu správně k Toweru?	Am I right for the Tower?	[æm ai rait fo: ðə tauə]
Ne, jste ve špatném autobusu.	No, you are on a wrong bus.	[nəu ju: a: on ə roŋ bas]
Vystupujete?	Do you want to get off now?	[du: ju: wont tu get of nau]
Já také vystupuji.	I am getting off, too.	[ai æm getiŋ of tu:]
Zmáčkněte tlačítko, abyste upozornil řidiče, že chcete vystoupit.	Press the button to signal the driver that you want to get off.	[pres ðə 'batn tu 'signl ðə draivə ðæt ju: wont tu get of]
Noční autobusy jezdí každých 30 minut.	Night buses run every thirty minutes.	[nait basiz ran evri θə:ti minits]
Prosím Vás, jak se dostanu metrem z vlakového nádraží Waterloo na Oxford Circus?	Excuse me, please, how can I get from Waterloo Railway Station to Oxford Circus by tube / subway?	[ikskju:z mi: pli:z hau kæn ai get from 'wo:tə̵lu: 'reilwei steišn tu 'oksfəd 'sə:kəs bai tju:b / sabwei]
Na Waterloo nasedněte na severní směr trasy Northern a vystupte na Tottenham Court Road, což je čtvrtá zastávka.	Get on the north bound Northern Line at Waterloo and get off at Tottenham Court Road which is the fourth stop.	[get on ðə no:θ baund no:ðən lain ət wo:tə̵lu: ænd get of ət ˌtatnəm kə:t 'rəud wič iz ðə fo:θ stop]
Přestupte na východní směr trasy Central a první zastávka je Oxford Circus.	Change for the east bound Central Line and Oxford Circus is the first stop.	[čeindž fo: ði i:st baund 'sentrə̵l lain ænd 'oksfəd 'sə:kəs iz ðə fə:st stop]
Které je nástupiště trasy Piccadily?	Which platform do I take for Piccadily line?	[wič 'plætfo:m du: ai teik fo: ˌpikə'dili lain]
Jděte podle těchto nápisů.	Follow this sign.	['foləu ðis sain]

CESTOVNÍ KANCELÁŘ
TRAVEL AGENCY

OKRUŽNÍ JÍZDY
TOURS

Můžeme si u Vás objednat okružní jízdu městem?	Can we book a guided coach tour round the town?	[kæn wi: buk ə gaidid kəuč tuə raund ðə taun]
Pořádáte také noční prohlídky města?	Do you also arrange evening tours of the town?	[du: ju: o:lsəu ə'reindž i:vniŋ tuəs əv ðə taun]
Tady máte prospekty, ze kterých si můžete vybrat.	Here are the tour folders / brochures to pick from.	[hiə a: ðə tuə fəuldəs / brəu'šuəs tu pik from]
Kolik stojí tento okruh?	How much do you charge for this tour?	[hau mač du: ju: ča:dž fo: ðis tuə]
Odkud vyjíždí autobus?	Where does the coach depart from?	[weə daz ðə kəuč di'pa:t from]
V kolik hodin vyjíždí autobus?	What time does the coach depart?	[wot taim daz ðə kəuč dipa:t]
Odjezd je denně v deset hodin ráno od cestovní kanceláře.	The coach departs from the travel agency at ten o'clock in the morning.	[ðə kəuč dipa:ts from ðə trævl eidžənsi ət ten ə'klok in ðə mo:niŋ]
V kolik hodin je návrat?	What time does the coach return?	[wot taim daz ðə kəuč ri'tə:n]
Prosím dvě místenky na zítřek.	I'd like to book two seats for tomorrow.	[aid laik tu buk tu: si:ts fo: tə'morəu]

VÝLETY
TRIPS

Mohu dostat prospekty s informacemi o Vašich výletech?	May I have some brochures with information about your trips?	[mei ai hæv sam 'brəušəs wið ,info:'meišn ə'baut jo: trips]
Pořádáte jednodenní výlety?	Do you run / organize one-day trips?	[du: ju: ran / 'o:gənaiz wan dei trips]
Pořádáte zájezdy s pevným programem?	Do you arrange package tours?	[du: ju: ə'reindž pækidž tuəs]
Pořádáte výlety do okolí?	Do you organize trips to the surroundings?	[du: ju: 'o:gənaiz trips tu ðə sə'raundiŋs]
Kolik stojí výlet do ... pro jednu osobu	How much is the trip to ... per person?	[hau mač iz ðə trip tu ... pə pə:sn]
Mohu dostat plán města?	Can I get a map of the town?	[kæn ai get ə mæp əv ðə taun]

HRANIČNÍ PŘECHOD
BORDER CROSSING

Kdy budeme na hranicích?	When are we going to be at the border?	[wen a: wi: gəuiŋ tu bi: ðt ðə bo:də]
Dobrý den, pasová kontrola.	Good morning, passport inspection.	[gud mo:niŋ pa:spo:t in'spekšən]
Mluvíte anglicky?	Do you speak English?	[du: ju: spi:k iŋgliš]
Ano, ale jenom trochu.	Yes, but only a little.	[jes bat unli ə litl]
Váš ... prosím.	May I see your ... please?	[mei ai si: jo: ... pli:z]
- doklady	- documents	[dokjumənts]
- cestovní pas	- passport	[pa:spo:t]
- řidičský průkaz	- driving licence	['draiviŋ ,laisns]
- vstupní vízum	- entry visa	[entri vi:zə]
- tranzitní vízum	- transit visa	[trænsit vi:zə]
- očkovací průkaz	- vaccination certificate	['væksineišn sə:tifikeit]
Máte prošlý pas.	Your passport has expired.	[jo: pa:spo:t hæs ik'spaiəd]
Váš pas je neplatný.	Your passport is not valid.	[jo: pa:spo:t iz not vælid]
Proč jste přijel do Velké Británie?	What's the purpose of your visit to Great Britain?	[wots ðə 'pə:pəs ov jo: vizit tu greit 'britn]
Přijíždím na dovolenou.	I'm coming for a holiday.	[aim kamiŋ fo: ə holədei]
Jsem tady na služební cestě.	I'm here on a business trip.	[aim hiə on ə biznis trip]
Byl jsem pozván na návštěvu k příteli.	I have been invited to visit my friend.	[ai hæv bi:n in'vaitid tu vizit mai frend]
Máte zvací dopis?	Have you got a letter of invitation?	[hæv ju: got ə letə ov invi'teišn]
Byl jste někdy ve Velké Británii?	Have you ever been to Great Britain?	[hæv ju: 'evə bi:n tu greit britn]
Ne, teď je to poprvé.	No, it's the first time.	[nəu its ðə fə:st taim]
Ano, před rokem.	Yes, one year ago.	[jes wan jiə ə'gəu]
Cestujete sám?	Are you travelling alone?	[a: ju: trævliŋ ə'ləun]
Ne, s manželkou.	No, with my wife.	[nəu wið mai waif]
Jak dlouho se zde zdržíte?	How long are you going to stay here?	[hau loŋ a: ju: gəuiŋ tu stei hiə]
Na jak dlouho tady jste?	How long are you here for?	[hau loŋ a: ju: hiə fo:]
Zdržím se pár dnů.	I'm going to stay for a couple of days.	[aim gəuiŋ tu stei fo: ə 'kapl ov deis]
Zůstanu tady do srpna.	I'm going to stay till August.	[aim gəuiŋ tu stei til o:gəst]
Asi osm měsíců.	About eight months.	[ə'baut eit manθs]
Musíte se zaregistrovat na cizinecké policii.	You have to make a registration at the immigration police.	[ju: hæv tu meik ə redžis'treišən ət ðə ,imi'greišn pə'li:s]
Potřebujete povolení k pobytu.	You need a residency permit.	[ju: ni:d ə rezidənsi pə:mit]

CESTOVNÍ KANCELÁŘ

Dostanete ho na ohlašovacím úřadě.	You will get it at a registration office.	[ju: wil get it ət ə ˌredži'streišn ofis]
Vaše povolení končí za měsíc.	Your permit expires in one month.	[jo: pə:mit ik'spaiəs in wan manθ]
Bylo vám uděleno cestovní / studentské vízum na šest měsíců.	You've been given the travel / student visa for six months.	[ju:v bi:n givn ðə 'trævl / 'stju:dnt vi:zə fo: siks manθs]
Jestli chcete zůstat déle, musíte požádat o prodloužení.	If you want to stay longer you have to apply for an extension.	[if ju: wont tu stei loŋgə ju: hæv tu ə'plai fo: ən ik'stenšn]
Váš pas je v pořádku.	Your passport is all right.	[jo: pa:spo:t iz o:l rait]
Přeji Vám pěkný pobyt ve Velké Británii.	Have a nice stay in Great Britain.	[hæv ə nais stei in ˌgreit 'britn]

CELNICE
CUSTOMS

Celní kontrola.	Customs examination / inspection.	[kastəms igˈzæmiˈneišn / inˈspekšn]
Máte něco k proclení?	Do you have anything to declare?	[do ju: hæv eniθiŋ tu di'kleə]
Nemám nic k proclení.	I've got nothing to declare.	[aiv got naθiŋ tu di'kleə]
Mám jen několik dárků.	I have just a few presents.	[ai hæv džast ə fju: prezents]
Mám jen věci osobní potřeby.	I've got only things for personal use.	[aiv got 'ðunli θiŋs fo: pə:snl ju:s]
Mám dvě lahve vína.	I have two bottles of wine.	[ai hæv tu: 'botls ov wain]
To je osvobozeno od cla.	It is duty - free.	[it iz dju:ti fri:]
Musíte zaplatit clo.	You have to pay duty.	[ju: hæv tu pei dju:ti]
Máte nějakou zahraniční měnu?	Have you got any foreign currency?	[hæv ju: got eni 'forən 'karənsi]
Ano, mám osmdesát liber.	Yes, I have eighty pounds.	[jes ai hæv eiti paunds]
Otevřete, prosím, zavazadlový prostor.	Please open the trunk of your car.	[pli:z ðupən ðə traŋk ov jo: ka:]
Čí je ten kufr?	Whose is this suitcase?	[hu:s iz ðis 'su:tkeis]
Otevřete ho, prosím.	Open it, please.	[ðupən it pli:z]
Co máte v té kabele?	What do you have in the bag?	[wot du: ju: hæv in ðə bæg]
Mám ji otevřít?	Shall I open it?	[šæl ai ðupən it]
Mohu ji zavřít?	May I close it?	[mei ai klǝuz it]
Máte ještě další zavazadla?	Have you got some other luggage?	[hæv ju: got sam 'aðə lagidž]
Ještě tuto kabelku.	Yes, I've got the handbag.	[jes aiv got ðə 'hændbæg]
To je podléhající clu.	This is dutiable article.	[ðis iz 'dju:tjəbl a:tikl]
To se nesmí dovážet/ vyvážet.	These things cannot be imported/ exported.	[ði:z θiŋs kænot bi: impo:'tid / 'ekspo:tid]
Děkuji, na shledanou.	Thank you, good bye.	[θæŋk ju: gud bai]
Šťastnou cestu!	Have a safe journey!	[hæv ə seif džə:ni]

HOTEL
HOTEL

Promiňte, prosím, můžete mi říct, jak se dostanu k hotelu Hilton?	Excuse me, please, can you tell me how I can get to the Hilton hotel?	[ik'skju:z mi: pli:z kæn ju: tel mi: hau kæn ai get tu ðə hiltən həutel]
Můžete nám doporučit nějaký dobrý hotel blízko pláže?	Could you recommend us a good hotel near the beach?	[kud ju: rekə'mend as ə gud həutel niə ðə bi:č]
Ano, je tam hotel pět minut cesty od pláže.	Yes, there is one just five minutes from the beach.	[jes ðeə iz wan džast faiv 'minits from ðə bi:č]

REZERVACE
RESERVATION

Je to rezervační kancelář hotelu Hilton?	Is this the booking office of the Hilton hotel?	[iz ðis ðə bukiŋ ofis ov ðə hiltən həutel]
Chtěl bych si zamluvit pokoj na jméno Vlk z České republiky na dvě noci od 6. do 8. srpna.	I would like to book a room in the name of Mr. Vlk from the Czech Republic for two nights from 6th August to 8th August.	[ai wud laik tu buk ə ru:m in ðə neim of mistə ov vlk from ðə ček ri'pablik fo: tu: naits from ð siksθ ov o:gəst tu ðə eitθ ov o:gəst]
Podívám se, jestli máme volný pokoj.	I'll have a look if we have a vacant room.	[ail hæv ə luk if wi: hæv ə 'veikənt ru:m]
Můžete, prosím, vyhláskovat vaše jméno?	Would you spell your name, please?	[wud ju: spel jo: neim pli:z]
Mohla byste mi poslat potvrzující dopis?	Could you send me a letter of confirmation?	[kud ju: send mi: ə letə ov ,konfə'meišn]
Lituji, máme všechno obsazeno.	I'm afraid, but we are fully booked.	[aim ə'freid bat wi: a: fuli bukd]
Telefonicky / poštou / faxem / osobně jsem si tu objednal jednolůžkový pokoj na jméno ...	I have made a reservation by phone / by post / by fax / in person for a single room in the name of ...	[ai hæv meid ə rezə'veišn bai fəun / bai pəust / bai fæks / in 'pə:sn fo: ə siŋgl ru:m in ðə neim ov]
Rezervovali jsme vám pokoj ve čtvrtém patře.	We have a reservation for you for a room on the fourth floor.	[wi: hæv ə rezə'veišn fo: ju: fo: ə ru:m on ðə fo:θ flo:]
Promiňte, není to tady zaznamenané.	I am sorry, but I haven't got any record of that.	[ai æm sori bat ai hævnt got eni riko:d ov ðæt]
Máte dopis potvrzující vaši rezervaci?	Have you got a letter confirming your booking?	[hæv ju: got ə letə kən'fə:miŋ jo: bukiŋ]
Ne, nemám.	No, I haven't.	[nəu ai hævnt]
Bohužel jsme plně obsazeni a nemůžeme vás ubytovat.	Unfortunately, we are fully booked and we cannot accommodate you.	[an'fo:čnətli wi: a: fuli bukd ænd wi: kænot ə'komədeit ju:]

NA RECEPCI
AT THE RECEPTION DESK

Máte volné pokoje?	Do you have any vacancies/ any rooms available?	[du: ju: hæv eni veikənsi:s / eni ru:ms ə'veilebl]
Hotel je plně obsazen.	The hotel si full/ fully booked.	[ðə həutəl iz ful/fuli bukd]
Volné pokoje nejsou (vývěska).	All rooms are taken. NO VACANCIES	[o:l ru:ms a: teikn] [nəu veikənsi:s]
Můžeme u vás dostat pokoj na dnešní noc?	Could we have a room for this night?	[kud wi: hæv ə ru:m fo: ðis nait]
Máte volný pokoj na dnešní noc?	Have you got a vacant room for this night?	[hæv ju: got ə veikənt ru:m fo: ðis nait]
Lituji, máme všechno obsazeno.	I'm afraid, every room is occupied.	[aim ə'freid evri ru:m iz 'okjupaid]
Jaký pokoj byste si přál?	What kind of room would you like?	[wot kaind ov ru:m wud ju: laik]
Chtěl bych ...	I'd like...	[aid laik ...]
- jednolůžkový pokoj	- a single room	[ə siŋgl ru:m]
- dvoulůžkový pokoj (manželská postel)	- a double room	[ə dabl ru:m]
- pokoj se dvěma oddělenými postelemi	- a twin-bedded room	[ə twin bedid ru:m]
- pokoj s přistýlkou	- a room with an extra bed	[ə ru:m wið ən ekstrə bed]
- pokoj s dětskou přistýlkou	- a room with a child's cot	[ə ru:m wið ə čaildz kot]
- levnější pokoj	- a cheaper room	[ə či:pə ru:m]
- větší pokoj	- a larger room	[ə la:džə ru:m]
- pokoj s koupelnou	- a room with a bath	[ə ru:m wið ə ba:θ]
- pokoj bez koupelny	- a room without a bath	[ə ru:m wiðaut ə ba:θ]
- pokoj se sprchou	- a room with a shower	[ə ru:m wið ə šauə]
- klidný pokoj	- a quiet room	[ə kwaiət ru:m]
- pokoj ve 2. poschodí	- a room on the second floor	[ə ru:m on ðə sekənd flo:]
- pokoj s balkonem	- a room with a balcony	[ə ru:m wið ə bælkəni]
- apartmá	- a suite	[ə sju:t]
- sousedící pokoje	- adjoining rooms	[ə'džoiniŋ ru:ms]
- propojené pokoje	- communicating rooms	[kə'mju:ni'keišiŋ ru:ms]
- pokoj s postelí s nebesy	- a four-poster-bed room	[ə fo: pəustə bed ru:m]
Jak dlouho zde zůstanete?	How long will you stay here?	[hau loŋ wil ju: stei hiə]
Na jak dlouho?	For how long?	[fo: hau loŋ]
- na dvě noci	- for two nights	[fo: tu: naits]
- do pátku	- till Friday	[til fraidei]
- do zítřka	- till tomorrow	[til tə'morəu]

Kolik stojí jednolůžkový pokoj na jednu noc?	How much is a single room per night?	[hau mač iz ə 'siŋgl ru:m pə: nait]
Kolik to stojí ...?	How much is it ...?	[hau mač iz it ...]
- na den	- for one day	[fo: wan dei]
- na týden	- for a week	[for ð wi:k]
- na noc se snídaní	- per night with breakfast	[pə: nait wið 'brekfəst]
- bez jídla	- excluding meals	[ik'sklu:diŋ mi:ls]
- se všemi jídly	- for full board	[fo: ful bo:d]
- s večeří a snídaní	- for half board	[fo: ha:f bo:d]
Zahrnuje cena ...?	Does the price include ...?	[daz ðð praiz in'klu:d ...]
- snídani	- breakfast	['brekfəst]
- služby	- service	[sə:vis]
- daň z přidané hodnoty	- value-added tax (V.A.T.)	['vælju: ædid tæks (vi: ei ti:)]
Kolik stojí nocleh se snídaní?	How much is bed and breakfast?	[hau mač iz bed ænd brekfəst]
Za jednu noc pro jednoho včetně snídaně je to 90 liber.	Ninety pounds per night per person including breakfast.	[nainti paunds pə: nait pə: ə:sn in'klu:diŋ brekfəst]
To je moc drahé.	It's too expensive.	[its tu: ik'spensiv]
Nemáte něco lacinějšího?	Have you got something cheaper?	[hæv ju: got samθiŋ či:pə]
Máte slevu pro děti?	Is there any reduction for children?	[iz ðeð eni ri'dakšn fo: čildrn]

VYPLŇOVÁNÍ FORMULÁŘE
FILLING IN A FORM

Musíte se zapsat.	You have to check in / register.	[ju: hæv tu ček in / redžistə]
Váš pas prosím.	May I have your passport, please?	[mei ai hæv jo: pa:spo:t, pli:z]
Vyplníte prosím tento formulář?	Would you mind filling in / up this form?	[wud ju: maind filiŋ in / ap ðis fo:m]
Vyplňte prázdná místa:	Fill in the blanks.	[fil in ðə blænks]
JMÉNO	NAME	[neim]
- křestní jméno	- first name	[fə:st neim]
- příjmení	- surname	[sə:neim]
NAROZENÍ	BIRTH	[bə:θ]
- datum narození	- date of birth	[deit ov bə:θ]
- místo narození	- place of birth	[pleis ov bə:θ]
TRVALÉ BYDLIŠTĚ	PERMANENT ADDRESS	['pə:mənənt ə'dres]
- číslo	- number	[nambə]
- ulice	- street	[stri:t]
- město	- town	[taun]
- směrovací číslo	- postcode	['pðustkðud]
- země	- country	[ka:ntri]
STÁTNÍ OBČANSTVÍ	CITIZENSHIP	['sitiznšip]

NÁRODNOST	**NATIONALITY**	[ˈnæʃənæliti]
ČÍSLO PASU	**PASSPORT NUMBER**	[pa:spo:t nambə]
STAV	**MARITAL STATUS**	[ˈmæritl ˈsteitəs]
- svobodná/ý	- single	[ˈsiŋgl]
- vdaná / ženatý	- married	[mærid]
- rozvedená/ý	- divorced	[diˈvo:sd]
- ovdovělá/ý	- widowed	[widəud]
POHLAVÍ	**SEX**	[seks]
- mužské / ženské	- male / female	[meil / fi:meil]
POVOLÁNÍ	**OCCUPATION**	[okju:ˈpeiʃən]
	PROFESSION	[prəˈfeʃən]
DATUM PŘÍJEZDU	**DATE OF ARRIVAL**	[deit ov əˈraivl]
DATUM ODJEZDU	**DATE OF DEPARTURE**	[deit ov diˈpa:čə]
PODPIS	**SIGNATURE**	[ˈsignəčə]

UBYTOVÁNÍ
ACCOMMODATION

Mohla bych se na ten pokoj podívat?	May I see the room?	[mei ai si: ðə ru:m]
Samozřejmě.	Of course. Certainly.	[ov ko:s] [ˈsə:tnli]
To je v pořádku. Já si ho vezmu.	That's all right. I'll take it.	[ðæts o:l rait] [ail teik it]
Líbí se mi. Vezmu si ho.	That's fine. I'll take it.	[ðæts fain] [ail teik it]
Mně se nelíbí.	I don't like it.	[ai dəunt laik it]
Je moc ...	It is too ...	[it iz tu: ...]
- studený / horký	- cold / warm	[kəuld / wo:m]
- tmavý / malý	- dark / small	[da:k / smo:l]
- hlučný	- noisy	[noizi]
Chtěl bych...	I'd like ...	[aid laik ...]
- světlejší pokoj	- a room with more light	[ə ru:m wið mo: lait]
- pokoj s vyhlídkou na hory	- a room with the view of the mountains	[ə ru:m wið ðə vju: ov ðə ˈmaunti:nz]
- pokoj s vyhlídkou na moře	- a room looking out on the sea	[ə ru:m lukiŋ aut on ðə si:]
Já jsem chtěl/a pokoj s koupelnou.	I wanted a room with a bathroom.	[ai wo:ntid ə ru:m wið ə ba:θrum]
Máte větší / levnější pokoj?	Have you got a bigger / a cheaper room?	[hæv ju: got ə bigə / ə či:pə ru:m]
Máte pokoj s lepší vyhlídkou?	Have you got a room with a better view?	[hæv ju: got ə ru:m wið ə betə vju:]
Pokoj je ve třetím poschodí.	Your room is on the third floor.	[jo: rum iz on ðə θə:d flo:]
Tady máte hotelovou kartu a klíče.	Here is the hotel card and the key.	[hiə iz ðə həuˈtel ka:d ænd ðə ki:]
Máte pokoj číslo 25.	Your room number is 25.	[jo: ru:m nambə iz twenti faiv]

Poslední den Vašeho pobytu prosím uvolněte pokoj do 10 hodin.	Please vacate your room by 10 am. on the day of departure.	[pli:z və'keit jo: ru:m bai ten ei em on ðə dei ov dipa:čə]
Je tu výtah?	Is here a lift?	[iz hið ə lift]
Výtah je vpravo / vlevo.	The lift is on the right / left.	[ðə lift iz on ðə rait / left]
Kde máte zavazadla?	Where is your luggage?	[weð iz jo: 'lagidž]
Zavazadla mám v autě.	I have my luggage in the car.	[ai hæv mai 'lagidž in ðə ka:]
Nechte mi, prosím, donést moje zavazadla do pokoje.	Will you have my luggage sent up / brought to my room, please?	[wil ju: hæv mai 'lagidž sent ap / bro:t tu mai ru:m pli:z]
Mám celkem dvě zavazadla.	I have a total of two pieces of luggage.	[ai hæv ə 'tɔtl ov tu: pi:siz ov lagidž]
Pokojská vás doprovodí na váš pokoj.	The chambermaid will take you to your room.	[ðə 'čeimbə,meid wil teik ju: tu jo: ru:m]

SLUŽBY
SERVICES

Jestliže něco budete potřebovat, použijte telefon na pokoji a zavolejte do recepce.	If you need anything, please use the telephone in your room and call the reception desk.	[if ju: ni:d 'eniθiŋ pli:z ju:s ðə 'telifðun in jo: ru:m ænd ko:l ðə ri'sepšn desk]
Můžete mě, prosím, zítra ráno vzbudit?	Can you wake me up tomorrow, please?	[kæn ju: weik mi ap tə'morðu pli:z]
Kdy byste chtěl, abychom vás vzbudili?	When would you like us to call you?	[wen wud ju: laik as tu ko:l ju:]
Vzbuďte mne v šest hodin ráno, prosím.	Wake me up at six o'clock in the morning, please.	[weik mi: ap ət siks ə'klok, in ðə mo:niŋ pli:z]
Mohl/a byste mi sehnat hlídání dětí na neděli od šesti do půlnoci?	Could you get me a babysitter for Sunday evening from six to midnight?	[kud ju: get mi: ə 'beibisitð fo: sandei i:vniŋ from siks tu midnait]
Je u hotelu parkoviště?	Is there a car park near the hotel?	[iz ðeð ə ka: pa:k nið ðə həutel]
Ano, za hotelem je bezplatné parkoviště.	Yes, there is a free car park behind the hotel.	[jes ðeð iz ə fri: ka: pa:k bi'haind ðə həutel]
Můžu si tady vyměnit peníze?	Can I change money here?	[kæn ai čeindž 'mani hið]
Bohužel ne, směnárna je v centru města.	I am afraid not, the exchange office is in the centre of the town.	[ai æm ə'freid not ðə iksčeindž 'ofis iz in ðə sentð ov ðə taun]
Tamhle je hotelová směnárna.	There is a hotel exchange office over there.	[ðeð iz ə həu'tel iks'čeindž 'ofis 'əuvð ðeð]
Jaký je dnešní kurz libry ke koruně?	What's the exchange rate for the Great British pound to the Czech crown today?	[wots ðə iksčeinž reit fo: ðə greit britiš paund tu ðə ček kraun tə'dei]

46,05 korun za jednu libru.	46.05 Czech crowns for one British pound.	[fo:ti siks point no:t faiv ček krauns fo: wan british paund]
Jak byste chtěla dostat peníze?	How would you like your money?	[hau wud ju: laik jo: mani]
V desetilibrových a pětilibrových bankovkách.	In tens and fives, please.	[in tens ænd faivs pli:z]
Mohu z hotelu telefonovat?	Can I call from the hotel?	[kæn ai ko:l from ðə həu'tel]
Mohu odsud poslat fax?	May I send a fax from here?	[mei ai send ə fæks from hiə]
Mohl bych si tady něco okopírovat?	May I make a xerox copy of something here?	[mei ai meik ə zi:rəks kopi ov 'samθiŋ hiə]
Prodáváte poštovní známky?	Do you sell stamps?	[du: ju: sel stæmps]
Bohužel ne. Pošta je hned za rohem hotelu.	No. I am sorry. The post office is around the corner.	[nəu ai æm sori] [ðə 'pəust ofis iz rait ə'raund ðə ko:nə]
Mohu odtud poslat dopis?	Can I mail a letter from here?	[kæn ai meil ə letə from hiə]
Prosil bych poslat tenhle telegram.	I would like to ask you to send this telegram.	[ai wud laik tu a:sk ju: tu send ðis 'teligræm]
Můžete mi dát ...?	Could you give me...?	[kud ju: giv mi: ...]
- popelník	- an ashtray	[ən 'æštrei]
- velký ručník	- a bath towel	[ə ba:θ 'taudl]
- deku (navíc)	- a (an extra) blanket	[ə (ən 'ekstrə) 'blæŋkit]
- víc ramínek	- more hangers	[mo: 'hæŋəs]
- ohřívací láhev	- hot-water bottle	[ə hot wo:tə 'botl]
- ledové kostky	- ice cubes	[ais kju:bs]
- víc polštářů	- more pillows	[mo: 'pilðus]
- noční lampu	- a reading / bedside lamp	[ə ri:diŋ / 'bedsaid læmp]
- mýdlo	- a soap	[ə səup]
- dopisní papír	- some writing-paper	[sam raitiŋ 'peipə]
- psací stroj	- a typewriter	[ə 'taip,raitə]
Potřebuji vyprat nějaké košile.	I have some shirts to be washed.	[ai hæv sam šə:ts tu bi: wošd]
Můžete někoho poslat, aby si je vyzvedl?	Can you send someone up to collect them?	[kæn ju: send 'samwan ap tu kə'lekt ðem]
Dejte je, prosím, do plastikového pytle a nechte za dveřmi.	Put them in a plastic bag and leave it outside your door, please.	[put ðem in ə 'plæstik bæg ænd li:v it aut'said jo: do: pli:z]
Pokojská si to ráno vyzvedne.	The chambermaid will collect it in the morning.	[ðə 'čeimbəmeid wil kə'lekt it in ðə mo:niŋ]
Kdy je dostanu zpátky?	When can I get them back?	[wen kæn ai get ðem bæk]
Můžete mi ... ?	Could you ...?	[kud ju: ...]
- vyprat a vyžehlit košili	- launder my shirt	[lo:ndə mai šə:t]
- vyžehlit kalhoty	- press / iron my trousers	[pres / 'aiən mai trausəs]
- vyčistit / vyleštit boty	- brush / polish my shoes	[braš / 'poliš mai šu:z]
Mohl bych si nechat vyžehlit oblek?	Could I have my suit ironed?	[kud ai hæv mai sju:t 'aiənd]

Potřebuji to na dnes večer.	I need it for tonight.	[ai ni:d it fo: tə'nait]
Potřebuji doktora. Je tu v hotelu doktor?	I need a doctor. Is here a doctor at the hotel?	[ai ni:d ə doktə] [iz hiə ə doktə ət ðə həu'tel]
Máte v hotelu kadeřnictví?	Is here a hairdresser's in the hotel?	[iz hiə ə 'heə:,dresəs in ðə həu'tel]
Můžu se zamluvit na čtvrtek?	Can I make an appointment for Thursday?	[kæn ai meik ən ə'pointmənt fo: 'θə:zdei]
Chci se nechat ostříhat.	I'd like a haircut, please.	[aid laik ə hə:kat pli:z]
Chtěl bych oholit.	I'd like a shave.	[aid laik ə šeiv]

VZKAZY
MESSAGES

Nehledal mě někdo v hotelu?	Has anybody asked for me at the hotel?	[hæs 'eni,bodi a:skd fo: mi: ət ðə həu'tel]
Netelefonoval mi někdo?	Did anybody call me by phone?	[did 'eni,bodi ko:l mi: bai fəun]
Ano, nějaký pán.	Yes, a gentleman.	[jes ə džentlmən]
Ne, nikdo.	No, nobody.	[nəu 'nəubədi]
Nechal tu pro vás navštívenku.	He left his business card for you here.	[hi: left his biznis ka:d fo: ju: hiə]
Kdyby se po mně někdo ptal, řekněte, že ...	If anybody asks for me, tell him, please, that ...	[if 'eni,bodi a:sks fo: mi: tel him pli:z ðæt ...]
- jsem v jídelně.	- I am in the dining room	[ai em in ðə dainiŋ ru:m]
- přijdu hned	- I'll come at once	[ail kam ət wans]
- se vrátím večer	- I'll come back in the evening	[ail kam bæk in ði: i:vniŋ]
- jsem v pokoji	- I'm in my room	[aim in mai ru:m]
Mohla bych tady nechat vzkaz pro paní Novákovou?	May I leave here a message for Mrs Novakova?	[mei ai li:v hiə ə mesidž fo: misiz Novakova]
Kdyby mě někdo sháněl, tak ho požádejte, ...	If somebody asks for me, please, ask him ...	[if 'sambadi a:sks fo: mi: pli:z a:sk him ...]
- ať přijde v pět	- to come at five o'clock	[tu kam ət faiv ə'klok]
- ať chvilku počká	- to wait a minute	[tu weit ə 'minit]
- ať přijde zítra	- to come tomorrow	[tu kam tə'morəu]
- aby na mě počkal před hotelem	- to wait for me in front of the hotel	[tu weit fo: mi: in frant ov ðə həutel]

STRAVOVÁNÍ
CATTERING

Kde je restaurace?	Where is the restaurant?	[weə iz ðə 'restərɔ:ŋ]
Podáváte večeři?	Do you serve dinner?	[du: ju: sə:v dinə]
V kolik hodin podáváte ...?	What time do you serve ...?	[wot taim də ju: sə:v ...]
- snídani	- breakfast	['brekfəst]
- oběd	- lunch	[lanč]
- večeři	- dinner	[dinə]

Mohl bych snídat v pokoji?	May I have breakfast in my room?	[mei ai hæv 'brekfəst in mai ru:m]
Mohu si objednat do pokoje snídani?	May I order breakfast to my room?	[mei ai o:də 'brekfəst tu mai ru:m]
Přinesl byste mi, prosím, do pokoje láhev šampaňského?	Would you bring a bottle of champagne to my room, please?	[wud ju: briŋ ə 'botl ov ˌʃæm'pein tu mai ru:m pli:z]
Noční vrátný má zásobu nápojů, pro případ, že budete něco chtít po zavírací době baru.	The night porter has a supply of drinks if you need something after the bar has closed.	[ðə nait po:tə hæz ə səplai ov driŋks if ju: ni:d 'samθiŋ a:ftə ðə ba: hæz kləusd]

STÍŽNOSTI, ZÁVADY A REKLAMACE
COMPLAINTS, DEFECTS AND CLAIMS

Nefunguje ...	The ... isn't working.	[ðə ... iznt wə:kiŋ]
	The ... is out of order.	[ðə ... iz aut of o:də]
- topení	- heating	[hi:tiŋ]
- sprcha	- shower	['ʃəuə]
- světlo	- light	[lait]
- radio	- radio	['reidiəu]
- televize	- television	['teliˌviʒn]
- telefon	- telephone	['telifəun]
- klimatizace	- air conditioning	[eə kən'diʃniŋ]
- větrák	- fan	[fæn]
Je pokažená ...	- The ... is broken.	[ðə ... iz brəukn]
- elektrická zástrčka	- plug	[plag]
- lampa	- lamp	[læmp]
- roleta	- blind	[blaind]
Kohoutek kape.	The tap is dripping.	[ðə tæp iz dripiŋ]
Neteče (teplá) voda.	There is no (hot) water.	[ðeə iz nəu (hot) wo:tə]
Umyvadlo je ucpané.	The wash-basin is blocked.	[ðə 'woʃˌbeisn iz blokd]
V mém pokoji nejde zavřít okno.	The window in my room doesn't close properly.	[ðə windəu in mai ru:m daznt kləus 'propəli]
Okno je zablokované.	The window is jammed.	[ðə windəu iz dʒæmd]
Potřebuji někoho, aby to opravil.	I need someone to fix it.	[ai ni:d 'samwan tu fiks it]
Můj pokoj není v pořádku.	My room is not in a good condition.	[mai ru:m iz not in ə gud kən'diʃn]
Moje postel nebyla ustlaná.	My bed hasn't been made up.	[mai bed hæznt bi:n meid ap]
Je takový hluk, že nemohu spát.	There is so much noise that I cannot sleep.	[ðeə iz səu mač noiz ðæt ai kænot sli:p]
Můžete mi dát jiný pokoj?	Can you transfer me to another room?	[kæn ju: træns'fə mi: tu ə'naðə ru:m]
Moje prádlo nebylo hotové.	My laundry wasn't ready.	[mai 'lo:ndri wəznt redi]
Chyběla jedna košile.	There was one shirt missing.	[ðeə wəz wan ʃə:t misiŋ]

ODCHOD Z HOTELU
CHECK OUT

Zítra odjíždíme, můžete nám připravit účet.	We are leaving tomorrow, can you get my bill ready, please?	[wi: a: li:viŋ tə'morðu kæn ju: get mai bil redy pli:z]
Rád bych se odhlásil z pobytu a vyrovnal svůj hotelový účet.	I would like to check out and settle my account.	[ai wud laik tu ček aut ænd setl mai ə'kaunt]
Mohu zaplatit účet?	May I settle the account?	[mei ai setl ðə ð'kaunt]
Spočítala byste můj účet?	Would you make out my bill, please?	[wud ju: meik aut mai bil pli:z]
Hned Vám dám účet.	I'll prepare your bill in a minute.	[ail pri'peð jo: bil in ə 'minit]
Tu máte.	Here you are.	[hið ju: a:]
Celková částka je vespod.	The total amount is at the bottom.	[ðə tðutl ə'maunt iz ðt ðə bðtðm]
Jsou započteny všechny poplatky?	Are all extras included?	[a: o:l ekstrðs inklu:did]
Je to s obsluhou?	Is service included?	[iz sð:vis inklu:did]
Myslím, že tato částka je příliš vysoká.	I think the amount is too high.	[ai θiŋ ði: ə'maunt iz tu: hai]
Můžete to se mnou projít?	Could you go through it with me, please?	[kud ju: gðu θru: it wið mi: pli:z]
Tato částka je za jídlo, na které jste podepsal účty.	This amount is for the meals you signed for.	[ðis ə'maunt iz fo: ðə mi:ls ju: saind fo:]
To je za telefonní hovory, které jste měl z pokoje.	That's for the calls which you made from your room.	[ðæts fo: ðð ko:ls wič ju: meid from jo: ru:m]
Mohu platit turistickým šekem?	Will traveller's cheques be all right?	[wil trævðlðs čeks bi: o:l rait]
Mohu platit šekem?	Can I pay by cheque?	[kæn ai pei bai šek]
Mohu platit v hotovosti?	Can I pay in cash?	[kæn ai pei in kæš]
Samozřejmě.	Of course.	[ðv ko:s]
Z kreditních karet přijímáme pouze karty Barclaycard a Access.	As for credit cards, we accept only Barclaycard and Access.	[ðz fo: kredit ka:ds wi: ðk'sept 'ðunli ba:klika:d ænd ð'kses]
Mohu si nechat zavazadla v hale?	May I leave my luggage in the hall for a moment?	[mei ai li:v mai lagidž in ðð ho:l fo: ə 'mðumðnt]
Mohla bych zde nechat zavazadla do večera?	May I have my luggage here till the evening?	[mei ai hæv mai lagidž hið til ði: i:vniŋ]
Kdyby mi přišla pošta, prosím, pošlete ji na tuto adresu.	If there is any mail for me, please send it to this address.	[if ðeð iz eni meil fo: mi: pli:z send it tu ðis ð'dres]
Zavolejte mi taxi, prosím!	Can you call for a taxi, please?	[kæn ju: ko:l fo: ə taxi pli:z]
Moc se mi tady líbilo.	I liked it here very much.	[ai laikd it hið veri mač]

RESTAURACE
RESTAURANT

Máš hlad?	Are you hungry?	[a: ju: haŋgri]
Ano, mám hrozný hlad.	Yes, I am terribly hungry.	[jes ai æm terəbli haŋgri]
Samozřejmě, jsem vyhladovělá.	Of course, I am starving.	[ov ko:s ai æm sta:viŋ]
Něco bych snědl / vypil.	I feel like eating / drinking.	[ai fi:l laik i:tiŋ / drinkiŋ]
Mám žízeň.	I am / I feel thirsty.	[ai æm / ai fi:l 'θə:sti]
Vůbec nemám hlad.	I'm not hungry at all.	[aim not haŋgri ət o:l]
Nemám na jídlo ani pomyšlení.	I don't feel like eating.	[ai dəunt fi:l laik i:tiŋ]
Mohu vás pozvat na oběd / večeři / skleničku?	May I invite you to lunch / to dinner / for a drink?	[mei ai in'vait ju: tu lanč / tu dinə / fo: ə driŋk]
Chtěla byste jít se mnou na oběd?	Would you like to join me for lunch?	[wud ju: laik tu džoin mi: fo: lanč]
Ano, to by bylo skvělé.	Oh yes, it would be great.	[əu jes it wud bi: greit]
Ráda bych navštívila exkluzivní restauraci.	I'd like to go to some exclusive restaurant.	[aid laik tu gəu tu sam iks'klusiv 'restərɔ:ŋ]
Náhodou je tu poblíž výborná restaurace.	There happens to be an excellent pub nearby.	[ðeə hæpəns tu bi: ən 'eksələnt pab niəbai]
Můžu ti doporučit moji oblíbenou restauraci, kde vaří opravdu vynikající jídla.	I can recommend you my favourite restaurant, where they serve really delicious food.	[ai kæn rekə'mend ju: mai 'feivrit 'restərɔ:ŋ weə ðei sə:v riəli di'lišəs fu:d]
Blízko pošty jsem objevil pěkný hostinec.	I have discovered a nice pub near the post office.	[ai hæv di'skavəd ə nais pab niə ðə pəust ofis]
Mohu na pátek rezervovat stůl pro pět osob?	May I book a table for five for Friday?	[mei ai buk ə teibl fo: faiv fo: fraidei]
Chtěl bych si rezervovat stůl na dnešní večer na 7 hodin.	I'd like to make a table reservation for seven o'clock this evening.	[aid laik tu meik ə teibl rezə'veišn fo: sevn ə'klok ðis i:vniŋ]
Ovšem, na jaké jméno?	Certainly, in what name?	['sə:tnli in wot neim]
Kolik vás bude?	How many will you be?	[hau meni wil ju: bi:]
Pro kolik osob byste chtěli místa?	For how many people would you like seats?	[fo: hau meni pi:pl wud ju: laik si:ts]
Pro kolik osob potřebujete stůl?	For how many people do you need a table?	[fo: hau meni pi:pl du: ju: ni:d ə teibl]
Jeden stůl pro dva, prosím.	A table for two people, please.	[ə teibl fo: tu: pi:pl pli:z]
Je mi líto, ale vše je obsazeno.	I am very sorry, but all tables are taken.	[ai æm veri sori bət o:l teibls a: teikn]
Máte rezervovaný stůl?	Have you got a table reservation?	[hæv ju: got ə teibl rezə'veišn]
Pojďte laskavě se mnou.	Would you follow me?	[wud ju: 'foləu mi:]

Uvedu vás ke stolu.	I'll show you your table.	[ail šǝu ju: jo: teibl]
Bude vám tento stůl vyhovovat?	Will this table suit you?	[wil ðis teibl sju:t ju:]
Promiňte, ale moje rezervace byla na devět hodin a já trvám na tom, abyste mi našel volný stůl.	Excuse me, my reservation was for nine o'clock, and I insist you find me a free table now.	[ikskju:z mi: mai rezǝ'veišn wǝz fo: nain ǝ'klok ænd ai insist ju: faind mi: ǝ fri: teibl nau]
Jsou tu dvě místa volná?	Are here two seats free?	[a: hiǝ tu: si:ts fri:]
Je tu ještě volno pro čtyři osoby?	Are here free seats for four people?	[a: hiǝ fri: si:ts fǝ fo: pi:pl]
Bude vám vadit, když se sem posadíme?	Would you mind if we sat here?	[wud ju: maind if wi: sæt hiǝ]
Prosím.	Of course not. Please do.	[ǝv'ko:s not] [pli:z du:]
Je tento stůl volný?	Is this table free?	[iz ðis teibl fri:]
Bohužel ne, je obsazen.	Unfortunately not, it is taken.	['anfo:čǝnǝtli not it iz teikn]
Promiňte, je rezervován.	Excuse me, it is reserved.	[ik'sku:z mi: it iz rizǝ:vd]
Sedněme si tam k tomu volnému stolu ...	Let's take that free table ...	[lets teik ðæt fri: teibl ...]
- v rohu	- in the corner	[in ðǝ ko:nǝ]
- u okna	- at the window	[ǝt ðǝ windǝu]
- na terase	- on the terrace	[on ðǝ 'terǝs]
- uprostřed	- in the middle	[in ðǝ midl]
Posaďte se, prosím, tamhle, ano?	Sit down over there, will you?	[sit daun ǝuvǝ ðeǝ wil ju:]
Ještě někoho čekáte, prosím?	Are you waiting for someone?	[a: ju: weitiŋ fo: 'samwan]

U STOLU
AT THE TABLE

Zavolám číšníka / číšnici / vrchního.	I'll call the waiter / waitress / chief.	[ail ko:l ðǝ weitǝ / 'weitris / či:f]
Chtěla bych něco k jídlu / k pití.	I'd like to have something to eat/ to drink.	[aid laik tu hæv 'samθiŋ tu i:t / tu driŋk]
Promiňte, prosím, přinesl byste mi jídelní lístek / nápojový lístek?	Excuse me, please, would you bring me the menu/ beverage list?	[ik'skju:z mi: pli:z wud ju: briŋ mi: ðǝ 'menju: 'bevǝridž list]
Už jste si objednali?	Have you ordered yet?	[hæv ju: o:dǝd jet]
Máte už objednáno?	Have you given your order yet?	[hæv ju: givn jo: o:dǝ jet]
Mohu si objednat?	Will you take my order?	[wil ju: teik mai o:dǝ]
Už dostáváte?	Are you being served?	[a: ju: bi:iŋ sǝ:vd]
Dám si něco k jídlu.	I'll have something to eat.	[ail hæv 'samθiŋ tu i:t]
Co si dáte k pití?	What will you have for a drink?	[wot wil ju: hæv fo: ǝ driŋk]
Co byste nám doporučil?	What would you recommend us?	[wot wud ju: ˌrekǝ'mend as]

RESTAURACE / Restaurant

Mohl/a byste mi dát ...?	Could you give me....?	[kud ju: giv mi: ...]
- citrón	- lemon	[ˈlemən]
- cukr	- sugar	[ˈšugə]
- chléb	- bread	[bred]
- koření	- spice	[spais]
- lžičku	- a teaspoon	[ə tiːspuːn]
- máslo	- butter	[batə]
- nůž	- a knife	[ə naif]
- ocet	- vinegar	[ˈvinigə]
- olej	- oil	[oil]
- pepřenku	- pepper pot	[ˈpepə pot]
- polévkovou lžíci	- a soup spoon	[ə suːp spuːn]
- popelník	- an ashtray	[ən ˈæštrei]
- příbor	- a cutlery / silverware	[ə ˈkatləri / silvə,weə]
- sklenici	- a glass	[ə glaːs]
- solničku	- a salt cellar	[ə soːlt selə]
- šálek	- a cup	[ə kap]
- talíř	- a plate	[ə pleit]
- ubrousek	- a napkin	[ə næpkin]
- vidličku	- a fork	[ə foːk]
Dala bych si ...	I'd like ...	[aid laik]
Mám chuť na ...	I feel like having ...	[ai fiːl laik hæviŋ]
Přejete si ještě něco?	Would you like anything else?	[wud ju: laik ˈeniθiŋ els]
Ano, prosím, můžete mi ještě přinést ...	Yes, please. Could you bring me ...	[jes pliːz] [kud ju: briŋ mi:]
Ne, děkuji, to mi stačilo.	No thanks, I've had enough.	[nəu θæŋks aiv hæd iːnaf]
Děkuji, to je všechno.	That's all, thank you.	[ðæts oːl θæŋk juː]
Dobrou chuť!	Enjoy your meal.	[inˈdžoi joː miːl]
Chutnalo vám?	Did you like it?	[did ju: laik it]
Chutná vám to?	Do you like it?	[du: ju: laik it]
Děkuji, je to vynikající.	Thank you, it is delicious.	[θæŋk ju: its diˈlišəs]
Opravdu mi to velmi chutná.	Really I like it very much.	[ˈriəli ai laik it veri mač]
Je to moje oblíbené jídlo.	It is my favourite dish.	[it iz mai ˈfeivərit diš]
Bylo všechno v pořádku?	Was everything all right?	[wɔz ˈevriθiŋ oːl rait]
Naprosto. Jsem úplně spokojena.	Absolutely. I am entirely satisfied.	[ˈæbsəluːtli ai æm inˈtaiəli ˈsætisfaid]
Obsluha byla velmi dobrá.	The service was very good.	[ðə səːvis wɔz veri gud]
Určitě doporučím mým přátelům, aby si do vaší restaurace zašli.	I'll certainly recommend my friends to go to your restaurant.	[ail ˈsəːtnli ˌrekəˈmend mai frends tu gəu tu joː ˈrestərɔːŋ]
Přineste mi, prosím, účet.	Bring me the bill, please.	[briŋ mi: ðə bil pliːz]

SNÍDANĚ
BREAKFAST

Dobré ráno!	**Good morning!**	*[gud 'mo:niŋ]*
Co si přejete k snídani?	**What will you have for breakfast?**	*[wot wil ju: hæv fo: 'brekfəst]*
Nechci nic, děkuji.	**I won't have anything, thank you.**	*[ai wəunt hæv 'eniθiŋ θæŋk ju:]*
Co byste si dal - čaj, kávu nebo šťávu?	**What would you like - tea, coffee or juice?**	*[wot wud ju: laik ti: kofi o: džu:s]*
Čemu dáváte přednost - čaji nebo kávě?	**What do you prefer - tea or coffee?**	*[wot du: ju: pri'fə: ti: o: kofi]*
Dal bych si šálek čaje/ kávy, ale ne moc silný(ou).	**May I have a cup of tea/ coffee, but not too strong.**	*[mei ai hæv ə kap ov ti: / kofi bat not tu: stroŋ]*
Kolik cukru?	**How much sugar?**	*[hau mač 'šugə]*
Dvě lžičky, prosím.	**Two teaspoons, please.**	*[tu: ti:spu:ns pli:z]*
Mohu dostat více cukru?	**Can I get some more sugar, please?**	*[kæn ai get sam mo: 'šugə pli:z]*
Pro mne bez cukru.	**No sugar for me.**	*[nəu 'šugə fo: mi:]*
Dal bych si ...	**I would like ....**	*[ai wud laik ...]*
- čaj	**- tea**	*[ti:]*
- čaj s medem a citronem	**- tea with honey and lemon**	*[ti: wiδ 'hani ænd lemən]*
- čaj s mlékem	**- tea with milk**	*[ti: wiδ milk]*
- kávu se smetanou	**- coffee with cream**	*[kofi wiδ kri:m]*
- kávu bez smetany	**- coffee without cream**	*[kofi wiδ'aut kri:m]*
- mléko	**- milk**	*[milk]*
- čokoládu	**- hot chocolate**	*[hot 'čokəlɘt]*
- kakao	**- cocoa**	*['kəukəu]*
- ananasovou šťávu	**- pineapple juice**	*['pain,æpl džu:s]*
- rajčatovou šťávu	**- tomato juice**	*[tə'ma:təu džu:s]*
- chléb	**- bread**	*[bred]*
- opékaný chléb	**- toast**	*[təust]*
- housky	**- roll**	*[rəul]*
- sladká žemle	**- bun**	*[ban]*
- vejce na měkko	**- soft-boiled eggs**	*[soft boild egz]*
- vejce na tvrdo	**- hard-boiled eggs**	*[ha:d boild egz]*
- míchaná vejce	**- scrambled eggs**	*['skræmbld egz]*
- vejce se slaninou	**- eggs with bacon**	*[egz wiδ 'beikən]*
- vejce se šunkou	**- ham-and-eggs**	*[hæm ænd egz]*
- máslo	**- butter**	*['batə]*
- džem	**- jam**	*[džæm]*
- med	**- honey**	*['hani]*
- výtažek z kvasnic	**- marmite**	*['ma:mait]*
- ovesné vločky	**- oat flakes**	*[əut fleiks]*
- obilné lupínky	**- cornflakes**	*['ko:n,fleiks]*
- jogurt	**- yoghurt**	*['jogət]*

OBĚD, VEČEŘE
LUNCH, SUPPER

Dobrý den!	Good morning!	[gud mo:niŋ]
Budete jíst?	Will you have anything to eat?	[wil ju: hæv 'eniθiŋ tu i:t]
Budete obědvat / večeřet?	Will you have lunch / supper?	[wil ju: hæv lanč / sapə]
Chtěli bychom poobědvat.	We would like to have lunch.	[wi: wud laik tu hæv lanč]
Co je k obědu / večeři?	What's for lunch / supper?	[wots fo: lanč / sapə]
Máte vybráno?	Have you made your choice?	[hæv ju: meid jo: čois]
Nemůžu se rozhodnout.	I cannot decide.	[ai kænot disaid]
Chcete si objednat?	Would you like to order?	[wud ju: laik tu o:də]
Chci jenom něco malého.	I want only a snack.	[ai wont ənli ə snæk]
Chtěla bych nějakou pochoutku.	I would like a delicacy.	[ai wud laik ə 'delikəsi]
Co by to mělo být?	What should it be?	[wot šud it bi:]
Můžete mi doporučit nějakou specialitu?	Can you recommend us some speciality?	[kæn ju: ˌrekə'mend as sam spešiælətí]
Připravujete také dietní jídla?	Do you prepare also dietary meals?	[du: ju: pri'peə o:lsəu 'daiətəri mi:ls]
Máte nějaká jídla pro vegetariány / diabetiky?	Do you have some meals for vegetarians / diabetics?	[du: ju: hæv sam mi:ls fo: vedži'teəriəns / daiə'bætiks]
Nejprve si objednáme ...	Let's order ... first.	[lets o:də fə:st]
Začněme s ...	Let's begin with ...	[lets bigin wið]
Jaké aperitivy podáváte?	What kind of aperitifs do you serve?	[wot kaind ov ə,peri'ti:fs du: ju: sə:v]
Jako předkrm si dám krevetový koktejl.	I'll have prawn cocktail as a starter.	[ail hæv pro:n 'kokteil əz ə sta:tə]
Ten koktejl je velmi chutný.	The cocktail is very tasty.	[ðə 'kokteil iz veri 'teisti]
Jako hlavní chod si dám pečené brambory ve slupce s fazolkami, sýrem a tuňákem.	I'll have jacket potatoes with baked beans, cheese and tuna as a main course.	[ail hæv 'džækit pə'teitəus wið beikd bi:ns či:z ænd tju:nə əz ə mein ko:s]
Je to všechno?	Is that all?	[iz ðæt o:l]
Ne. Můžete mi k tomu dát míchaný zeleninový salát?	No. Could you give me mixed vegetable salad with it, please?	[nəu kud ju: giv mi: mikst 'vedžitəbl 'sæləd wið it pli:z]
Prosím vás, mohl byste nám přinést smažené rybí prsty s hranolky, octem a kečupem?	Could you bring us fish fingers with chips, vinegar and ketchup, please?	[kud ju: briŋ as fiš fiŋgəs wið čips vinigə ænd 'kečəp pli:z]
Na závěr si přejete ovoce, zákusek nebo sýr?	Would you like to finish with fruit, dessert or cheese?	[wud ju: laik tu finiš wið fru:t dizə:t o: či:z]

NÁPOJE
BEVERAGES

Smím vás pozvat na šálek čaje / kávy?	May I invite you for a cup of tea / coffee?	[mei ai invait ju: fo: ə kap ov ti: / kofi]
A co takhle zajít si na skleničku dobrého vína?	And what about going for a drink of good wine?	[ænd wot ə'baut gəuiŋ fo: ə driŋk ov gud wine]
Pojďme se napít.	Let's have a drink.	[lets hæv ə driŋk]
Půjdeme po práci na pivo do místního hostince?	Let's have a beer in the local pub?	[lets hæv ə biə in ðə 'ləukl pab]
Dnes je taková zima!	It's so cold today!	[its səu kəuld tə'dei]
Dám si něco na zahřátí.	I'll have something hot to warm me up.	[ail hæv 'samθiŋ hot tu wo:m mi: ap]
Dala bych si sklenici minerální vody s kusem ledu.	I feel like a glass of mineral water with an ice cube.	[ai fi:l laik ə gla:s ov 'minərəl wo:tə wið ən ais kju:b]
Přejete si aperitiv?	Are you going to have an aperitif?	[a: ju: gəuiŋ tu hæv ən ə,peri'ti:f]
Co si přejete k pití?	What would you like to drink?	[wot wud ju: laik tu driŋk]
Dejte mi, prosím, gin s tonikem.	Give me a gin and tonic, please.	[giv mi: ə džin ænd tonik pli:z]
K pití si dáme ...	We'll have ...	[wi:l hæv ...]
Pro děti kakaový koktejl a pro mě lehké pivo.	Cocoa cocktail for children and a lager for me, please.	[kəukəu kokteil fo: čildrn ænd la:gə fo: mi: pli:z]
Prosím ještě jednu láhev červeného vína.	Will you bring us another bottle of red wine, please?	[wil ju: briŋ as ə'naðə botl ov red wain pli:z]
Mám raději víno přírodní.	I prefer natural wine.	[ai prefə næčrəl wain pli:z]
To víno je příliš sladké.	The wine is too sweet.	[ðə wain iz tu: swi:t]
Mohu Vám ještě nalít?	Will you have some more?	[wil ju: hæv sam mo:]
Připijme si na zdraví.	Let's drink to our health.	[lets driŋk tu auə helθ]
Na zdraví!	To your health! Cheers!	[tu jo: helθ] [čiəs]
Ať slouží!	Long may you live!	[loŋ mei ju: liv]

PŘEDKRMY
STARTERS

avokádo s krevetami	**avocado with prawns**	[avə'ka:dou wið pro:ns]
humrový salát	**shrimp cocktail**	[šrimp 'kokteil]
grilované sardinky	**grilled sardines**	[grild sa:'di:ns]
chlazený meloun	**iced melon**	[aisd melən]
chléb	**bread**	[bred]

chřest	**asparagus**	[əˈspærəɡəs]
chuťovky	**savouries**	[seivriːs]
játrová paštika	**liver paté**	[ˈlivə ˈpætei]
jogurt	**yoghurt**	[ˈjoɡət]
kaviár	**caviar**	[ˈkæviaː]
klobásy	**sausages**	[ˈsosidžis]
krabí salát	**crab salad**	[kræb ˈsæləd]
krevetový koktejl	**prawn coctail**	[proːn ˈkokteil]
kyselý okurek	**gherkin / pickle**	[ɡəːkin / ˈpikl]
langoše (s česnekem)	**fried pastry (coated in garlic)**	[fraid peistri (kəutid in ˈɡaːlik)]
margarín	**margarine**	[maːdžəˈriːn]
nadívaní hlemýždi	**stuffed snails**	[stafd sneils]
nakládaná zelenina	**pickles / canned vegetables**	[pikls / kænd vedžətəbls]
nakládané houby	**pickled mushrooms**	[pikld mašrums]
obložené chlebíčky	**sandwiches**	[ˈsændwidžiːs]
omeleta	**omelette**	[omlit]
palačinky s masitou	**pancakes with meat**	[ˈpænkeiks wið miːt]
náplní	**filling**	[filiŋ]
párky	**frankfurters**	[ˈfræŋkfəːtəs]
paštika	**paté**	[ˈpætei]
plněné rajče	**stuffed tomato**	[stafd təˈmaːtəu]
ředkvičky	**radishes**	[ˈrædišiz]
ruské vejce	**egg mayonnaise**	[eɡ ˌmeiəˈneiz]
salám (pikantní)	**salami**	[səlaːmi]
sardinky	**sardines**	[saːdiːns]
sardinky v oleji	**sardines in oil**	[saːdiːns in oil]
smažené sepiové kroužky	**calamary**	[kalmaːri]
slanečci s cibulí	**herrings with onions**	[heriŋs wið ˈanjəns]
studená mísa	**cold meat platter**	[kəuld miːt ˈplatə]
sýr	**cheese**	[čiːz]
škeble v bílém víně	**mussels in white wine**	[masls in wait wain]
šunka	**ham**	[hæm]
tresčí játra	**cod liver**	[kod ˈlivə]
tuňák	**tuna fish**	[ˈtjuːnə fiš]
tvaroh	**cottage cheese**	[kotidž čiːz]
uherský salám	**Hungarian salami**	[haŋˈɡeəriðn səˈlaːmi]
ústřice	**oyster**	[ˈoistə]
uzený jazyk	**smoked tongue**	[sməukd taŋ]
uzený losos	**smoked salmon**	[sməukd sæmən]
vaječná majonéza	**egg mayonnaise**	[eɡ ˌmeiəˈneiz]
zavináč	**rollmop**	[rolmap]
žabí stehýnka	**frog legs**	[froɡ leɡz]
žampiony	**mushrooms**	[mašrums]

POLÉVKY
SOUPS

bramborová polévka	**potato soup**	[pəˈteitðu su:p]
brokolicová polévka	**broccoli soup**	[ˈbrokðli su:p]
cibulová polévka	**onion soup**	[ˈanjðn su:p]
česneková polévka	**garlic soup**	[ˈga:lik su:p]
čočková polévka	**lentil soup**	[lentl su:p]
dršťková polévka	**tripe soup**	[traip su:p]
drůbeží polévka	**chicken soup**	[čikin su:p]
fazolová polévka	**bean soup**	[bi:n su:p]
houbová polévka	**mushroom soup**	[mašrum su:p]
hovězí vývar s nudlemi	**beef broth with noodles**	[bi:f broθ wiδ nu:dls]
hrachová polévka	**pea soup**	[pi: su:p]
kmínová polévka	**caraway soup**	[ˈkærðwei su:p]
mrkvová polévka	**carrot soup**	[kærðt su:p]
pórková polévka	**leek soup**	[li:k su:p]
račí polévka	**crayfish soup**	[kreifiš su:p]
rajská polévka	**tomato soup**	[təˈma:tðu su:p]
rybí polévka	**fish soup**	[fiš su:p]
slepičí polévka	**chicken soup**	[čikin su:p]
špenátová polévka	**spinach soup**	[ˈspinidž su:p]
zeleninová polévka	**vegetable soup**	[ˈvedžðtðbl su:p]
zelná polévka	**cabbage soup**	[ˈkæbidž su:p]

RYBY A PLODY MOŘE
FISH AND SEAFOOD

candát	**pike perch**	[paik pð:č]
hlemýžď	**snail**	[sneil]
hřebenatka	**scallop**	[skalðp]
chobotnice	**octopus**	[ˈaktðpðs]
kapr	**carp**	[ka:p]
kaviár	**caviar**	[ˈkævia:]
krab	**crab**	[kræb]
kreveta	**prawn**	[pro:n]
losos	**salmon**	[sæmðn]
makrela	**mackerel**	[ˈmækrðl]
mořský krab (garnát)	**shrimp**	[šrimp]
mořský okoun	**bass**	[bæs]
mořský rak	**lobster**	[ˈlobstð]
okoun říční	**perch**	[pð:č]
platýs	**plaice**	[pleis]
pstruh	**trout**	[traut]
rak	**crayfish**	[kreifiš]

rybí filé	**fish fillet**	*[fiš filit]*
rybí prsty	**fish fingers**	*[fiš fingəs]*
sardinka	**sardine**	*[sa:di:n]*
sépie	**cuttlefish**	*[katlfiš]*
sleď	**herring**	*[heriŋ]*
sumec	**sheatfish**	*[ši:tfiš]*
škeble	**mussels**	*[masls]*
štika	**pike**	*[paik]*
treska	**cod-fish / haddock**	*[kodfiš / hædək]*
tuňák	**tuna**	*[tju:nə]*
úhoř	**eel**	*[i:l]*
ústřice	**oyster**	*['oistə]*
žralok	**shark**	*[ša:k]*
kapr dušený na černo	**carp in a black sauce of peppercorns, prunes and dark beer**	*[ka:p in ə blæk so:s ov pepəko:ns pru:ns ænd da:k biə]*
kapr na kmíně	**carp baked with caraway seeds**	*[ka:p beikd wið kærəwei si:ds]*
pstruh na másle	**grilled trout with herb butter**	*[grild traut wið hə:b 'batə]*
pstruh na smetaně	**poached trout in cream**	*[pəučd traut in kri:m]*
uzený losos se salátem	**smoked salmon and salad**	*[sməukd sæmən ænd sæləd]*
filety z platýse s citrónem	**fillet of plaice with lemon**	*[filit ov pleis wið lemən]*

MASO
MEAT

drůbeží	**poultry**	*['pəultri]*
hovězí	**beef**	*[bi:f]*
jehněčí	**lamb**	*[læm]*
skopové	**mutton**	*['matn]*
telecí	**veal**	*[vi:l]*
vepřové	**pork**	*[po:k]*
vysoká zvěř	**deer**	*[diə]*
zvěřina	**game**	*[geim]*
bažant na slanině	**roast pheasant with bacon**	*[rəust feznt wið beikən]*
biftek	**steak**	*[steik]*
- krvavý	**- rare**	*[reə]*
- středně propečený	**- medium**	*[mi:diəm]*
- propečený	**- well done**	*[wel dan]*
- tatarský	**- steak tartare**	*[steik ta:tə]*
bůček	**belly pork**	*[beli po:k]*
čevabčiči	**meatballs**	*[mi:tbo:ls]*
guláš z hovězího masa na smetaně	**beef goulash with cream sauce**	*[bi:f gu:læš wið kri:m so:s]*
holub	**pigeon**	*[pidžin]*

hovězí dušené	pot roast	[pot rəust]
hovězí dušené na hříbkách	beef ragout with mushrooms	[bi:f ræˈgu: wiδ mašrums]
hovězí oháňka	ox tail	[oks teil]
hovězí pečeně s jorkširským pudinkem	roast beef with Yorkshire pudding	[rəust bi:f wiδ jɔ:kšeδ ˈpudiŋ]
hovězí tokáň	beef in wine and tomato purée	[bi:f in wain ænd ˈtəma:təu ˈpjuδrei]
hřbet	saddle	[ˈsædl]
játra	liver	[livδ]
jazyk	tongue	[taŋ]
jehněčí stehno	leg of lamb	[leg ov læm]
jelen	deer / stag	[diδ / stæg]
jelení hřbet	deer saddle	[diδ sædl]
jelítko	blood sausage	[blad ˈsosidž]
jitrnice	white sausage	[wait ˈsosidž]
kanec	boar	[bo:]
kančí guláš	boar goulash	[bo: gu:læš]
klobásy	sausages	[ˈsosidžis]
koroptev	partridge	[ˈpa:tridž]
kotleta	chop / cutlet	[čop / ˈkatlit]
králík	rabbit	[ˈræbit]
kýta	leg of pork	[leg ov po:k]
ledvinky	kidneys	[kidnis]
mleté maso	mincemeat	[minsmi:t]
párky	frankfurters	[fræŋkfə:təs]
roštěná	entrecote	[ˈantrəkδut]
salám	salami	[səla:mi]
sekaná	chopped meat	[čopd mi:t]
selátko	sucking pig	[sakiŋ pig]
skopové	mutton	[ˈmatn]
slanina	bacon	[beikn]
srnec	roebuck	[ˈrδubak]
srnčí hřbet	roebuck saddle	[rδubak sædl]
svíčková	tenderloin	[tendδloin]
tatarský biftek	steak tartare	[steik ta:tδ]
telecí pečeně	roast veal	[rδust vi:l]
telecí plátek	escalope of veal	[ˈeskδlap ov vi:l]
telecí žebírko	breast of veal	[bri:st ov vi:l]
šunka	ham	[hæm]
uzená šunka	gammon	[ˈgæmδn]
vepřová krkovička	pork neck	[po:k nek]
vepřové kotlety	pork chops	[po:k čops]
vepřové žebírko	rib of pork	[rib ov po:k]
zajíc	hare	[heδ]
zaječí guláš	hare goulash	[heδ gu:læš]
zvěřinová pečeně	roast venison	[rδust ˈvenizn]

dušené	braised / stewed	[breizd / stju:d]
grilované	grilled	[grild]
mleté	minced	[minsd]
pečené	roasted	[rəustid]
pečené na roštu	barbecue	[ba:bikju:]
smažené	fried	[fraid]
uzené	smoked	[sməukd]
vařené	boiled	[boild]
vařené v páře	steamed	[sti:md]
na krvavo	very rare	[veri reð]
lehce udělané	rare / underdone	[reð /ˌandə'dan]
středně udělané	medium	[mi:diðm]
dobře udělané	well-done	[wel dan]

DRŮBEŽ
POULTRY

broiler	broiler	['broilə]
drůbky	giblets	['džiblits]
husa	goose	[gu:s]
husí drůbky	goose giblets	[gu:s džiblits]
kachna	duck	[dak]
kohout	cock	[kok]
krocan / krůta	turkey	['tə:ki]
krocan s kaštanovou nádivkou	roast turkey stuffed with chestnuts	[rəust tə:ki stafd wiδ 'česnats]
slepice	hen	[hen]
kuře	chicken	[čikin]
- grilované	- grilled	[grild]
- na paprice	- with a paprika sauce	[wiδ ə 'pæprikə so:s]
- na rožni	- on the grill / barbecued	['on δə gril / ba:bikju:d]
- nadívané (čím)	- stuffed with ...	[stafd wiδ]
- pečené s játrovou nádivkou	- baked with chicken liver stuffing	[beikd wiδ čikin livə stafiŋ]
- ragú	- stew	[stju:]
- rizoto	- risotto	[ri'zotəu]

PŘÍLOHY
SIDE DISHES

brambory	potatoes	[pə'teitəu]
- pečené	- baked	[beikd]
- pečené ve slupce	- jacket	[džækit]
- smažené	- fried	[fraid]
- vařené	- boiled	[boild]

bramborák	**potato cakes made from raw potatoes**	*[pə'teitəu keiks meid from ro: pə'teitəus]*
bramborové hranolky	**chips / French fries** (am.)	*[čips / frenš frais]*
bramborová kaše	**mashed potatoes**	*[mæšd pə'teitəus]*
bramborový knedlík	**potato dumpling**	*[pə'teitəu 'dampliŋ]*
bramborový salát	**potato salad**	*[pə'teitəu 'sæləd]*
bramborové placky	**potato pancake**	*[pə'teitəu 'pænkeik]*
houby	**mushrooms**	*[mašrums]*
knedlík	**dumpling**	*['dampliŋ]*
krokety	**croquettes**	*[kro'kets]*
makarony	**macaroni**	*['mækə'rəuni]*
nudle	**noodles**	*[nu:dls]*
omáčka	**sauce**	*[so:s]*
rýže	**rice**	*[rais]*
- dušená	**- stewed**	*[stju:d]*
rýžová kaše	**rice purée**	*[rais 'pjuðrei]*
špagety	**spaghetti**	*[spə'geti]*
špenát	**spinach**	*['spinidž]*
těstoviny	**pasta**	*[pa:sta]*
zelenina	**vegetables**	*['vedžətəbls]*
zeleninová obloha	**side salad**	*[said sæləd]*

ZELENINA
VEGETABLES

artyčok	**artichoke**	*['a:tičəuk]*
avokado	**avocado**	*[,ævəka:dəu]*
brambory	**potatoes**	*[pə'teitəus]*
- sladké	**- sweet potatoes**	*[swi:t pə'teitəus]*
brokolice	**brocoli, broccoli**	*['brokəli]*
brukev	**kohl-rabi**	*[,kəul'ra:bi]*
celer	**celery**	*['seləri]*
cibule	**onion**	*['anjən]*
cikorka	**endive/ chicory**	*[en'div / 'čikəri]*
cuketa	**courgetes/ zucchini** (am.)	*[kuə'zet / zu'ki:ni]*
česnek	**garlic**	*[ga:lik]*
červená řepa	**beetroot/ beet** (am.)	*[bi:tru:t / bi:t]*
čočka	**lentil**	*[lentl]*
dýně	**pumpkin**	*[pampkin]*
fazole	**beans**	*[bi:ns]*
- bílé	**- butter beans**	*[batə bi:ns]*
- červené	**- kidney beans**	*[kidni bi:ns]*
- zelené	**- green beans**	*[gri:n bi:ns]*
hlávkový salát	**lettuce**	*[letis]*
houby	**mushrooms**	*[mašrums]*
hrách	**peas**	*[pi:s]*
hrášek	**green peas**	*[gri:n pi:s]*

chřest	**asparagus**	[əˈspærəgəs]
jedlé kaštany	**chestnuts**	[česnats]
kapusta (kadeřavá)	**savoy / kale**	[səˈvoi / keil]
kedluben	**turnip**	[təːnip]
kopr	**dill**	[dil]
křen	**horse radish**	[hoːs ˈrædiš]
kukuřice	**sweetcorn**	[swiːtkoːn]
květák	**cauliflower**	[ˈkoliˌflauð]
lilek	**aubergine / eggplant** (am.)	[ˈðubðžiːn / egplaːnt]
mrkev	**carrot**	[ˈkærət]
okurka	**cucumber**	[kjuːkambə]
okurka nakládaná	**pickle**	[pikl]
pálivá paprika	**chill**	[čil]
paprika sladká	**sweet peppers**	[swiːt pepəs]
paprika zelená / červená	**green / red peppers**	[griːn / red ˈpepəs]
pažitka	**chives**	[čaivz]
petržel	**parsley**	[paːsli]
pórek	**leek**	[liːk]
rajská jablíčka	**tomatoes**	[təmaːtəus]
ředkvička	**radish**	[ˈrædiš]
řepa	**swede / rutabaga** (am.)	[swiːd / ruːtəˈbeigə]
řeřicha	**water cress**	[wo:tə kres]
růžičková kapusta	**brussels sprouts**	[braslsˈsprauts]
špenát	**spinach**	[spinič]
tuřín	**turnips**	[təːnips]
tykev	**marrow / squash** (am.)	[mærəu /skvoš]
zelí	**cabbage**	[kæbidž]
- čínské	**- chinese leaves**	[čainiːz liːvz]
- kysané	**- sauerkraut**	[ˈsauðkraut]

SALÁTY
SALADS

bramborový salát	**potato salad**	[pəˈteitəu ˈsælðd]
čočkový salát	**lentil salad**	[lentl ˈsælðd]
fazolkový salát	**French bean salad**	[frenš biːn ˈsælðd]
hlávkový salát	**lettuce salad**	[letis ˈsælðd]
jarní míchaný salát	**mixed fresh vegetable**	[miksd freš vedžðtðbl
s olivovým olejem	**salad with olive oil**	ˈsælðd wið oliv oil]
okurkový salát	**cucumber salad**	[kjuːkəmbə ˈsælðd]
ovocný salát	**fresh fruit salad**	[freš fruːt ˈsælðd]
paprikový salát	**green pepper salad**	[griːn ˈpepə ˈsælðd]
rajčatový salát	**tomato salad**	[təmaːtəu ˈsælðd]
salát z červené řepy	**beetroot salad**	[biːtruːt ˈsælðd]
salát z červeného zelí	**red cabbage salad**	[red kæbidž ˈsælðd]
salát z kyselého zelí	**sauerkraut salad**	[sauðkraut ˈsælðd]
zeleninový salát	**mixed vegetable salad**	[miksd vedžðtðbl ˈsælðd
se zálivkou	**with dressing**	wið dresiŋ]

OVOCE
FRUIT

ovocná mísa	**fresh fruit basket**	*[freš fru:t ba:skit]*
ananas	**pineapple**	*['pain,æpl]*
angrešt	**gooseberry**	*[gu:zbəri]*
banán	**banana**	*[bə'na:nə]*
borůvka	**blueberry / bilberry**	*[blu:bəri / bilbəri]*
broskev	**peach**	*[pi:č]*
brusinka	**cranberry**	*['krænbəri]*
citron	**lemon**	*[lemən]*
datle	**date**	*[deit]*
fík	**fig**	*[fig]*
granátové jablko	**pomegranate**	*['pomigrænit]*
grapefruit	**grapefruit**	*[greipfru:t]*
hroznové víno	**grapes**	*[greips]*
hrozny	**wine grapes**	*[wain greips]*
hruška	**pear**	*[peə]*
jablko	**apple**	*[æpl]*
jahoda	**strawberry**	*[stro:bəri]*
jeřabina	**rowanberry**	*[rəuənbəri]*
kaštan	**chestnut**	*[česnat]*
kdoule	**quince**	*[kvins]*
kiwi	**kiwi**	*[ki:wi:]*
kokos	**coconut**	*[kəukənat]*
malina	**raspberry**	*[ra:zbəri]*
mandarinka	**clementine / tangerine / mandarin**	*[klemənti:n / tændži:n / mændərin]*
mandle	**almond**	*[a:mənd]*
mango	**mango**	*[mæŋgəu]*
meloun	**melon**	*[melən]*
- ananasový	**- cantaloup**	*[kæntəlu:p]*
- sladký	**- honeydew melon**	*[hanidju: melən]*
- vodní	**- watermelon**	*[wo:təmelən]*
meruňka	**apricot**	*['eiprikot]*
nektarinka	**nectarine**	*[nektəri:n]*
oliva	**olive**	*[oliv]*
ořech	**nut**	*[nat]*
oříšek	**small nut**	*[smo:l nat]*
- burský	**- peanut**	*[pi:nat]*
- kešu	**- cashewnut**	*['kæšu:nat]*
- lískový	**- hazelnut**	*[heizlnat]*
- para	**- brazil nut**	*[brəzil nat]*
- vlašský	**- walnut**	*[wo:l nat]*
ostružina	**blackberry**	*[blakbəri]*
papája	**papaya**	*[pə'paiə]*
pomeranč	**orange**	*[orindž]*

rebarbora	**rhubarb**	*['ru:ba:b]*
rozinky	**raisins**	*[reizins]*
rybíz	**currant**	*[karənt]*
- černý	**- black currant**	*[blæk karənt]*
- červený	**- red currant**	*[red karənt]*
ryngle	**greengage**	*[gri:ngeidž]*
sultánky	**sultanas**	*[salta:nəs]*
sušené švestky	**prunes**	*[pru:ns]*
švestka	**plum**	*[plam]*
třešně	**cherries**	*[čeri:z]*
višně	**cherries**	*[čeri:z]*

BYLINKY A KOŘENÍ
HERBS AND SPICES

anýz	**aniseed**	*[ænisi:d]*
bazalka	**basil**	*[bæzəl]*
bobkový list	**bay leaf**	*[bei li:f]*
drobná cibulka	**shallot**	*[šə'lot]*
čili	**chilli powder**	*[čili 'paudə]*
estragon	**tarragon**	*[tærəgən]*
fenykl	**fennel**	*[fenl]*
heřmánek	**camomile**	*[kæməmail]*
hořčice	**mustard**	*[mastəd]*
hřebíček	**clove**	*[kləuv]*
kapary	**capers**	*[keipəs]*
kečup	**ketchup**	*[kečəp]*
kmín	**caraway**	*[kærəwei]*
kopr	**dill**	*[dil]*
koření	**spices**	*[spaisiz]*
křen	**horseradish**	*[ho:srædiš]*
majoránka	**marjoram**	*[ma:džərəm]*
máta	**mint**	*[mint]*
muškátový květ	**mace**	*[meis]*
muškátový oříšek	**nutmeg**	*[natmeg]*
ocet	**vinegar**	*[vinigə]*
- sladový	**- malt vinegar**	*[mo:lt vinigə]*
- vinný	**- wine vinegar**	*[wain vinigə]*
olej	**oil**	*[oil]*
- arašídový	**- peanut oil**	*[pi:nat oil]*
- olivový	**- olive oil**	*[oliv oil]*
- slunečnicový	**- sunflower oil**	*[sanflauə oil]*
oregano	**oregano**	*[o:riga:nəu]*
paprika	**paprika**	*[pæprikə]*
pažitka	**chives**	*[čaivz]*
pepř	**pepper**	*[pepə]*
rozmarýnka	**rosemary**	*[rəuzməri]*
řeřicha potoční	**watercress**	*[wo:təkres]*

šafrán	**saffron**	*[sæfrən]*
šalvěj	**sage**	*[seidž]*
skořice	**cinnamon**	*[sinəmən]*
sojová omáčka	**soya sauce**	*[soiə so:s]*
sůl	**salt**	*[so:lt]*
tymián	**thyme**	*[taim]*
vanilka	**vanilla**	*[vəˈnilə]*
zázvor	**ginger**	*[džindžə]*

ZÁKUSKY
DESSERTS

bábovka	**fancy bread**	*[fænsi bred]*
cukroví	**cookies**	*[kuki:z]*
čerstvé jahody	**fresh strawberries**	*[freš stro:bəri:z*
se šlehačkou	**with cream**	*wiδ kri:m]*
čerstvé ovoce	**fresh fruit**	*[freš fru:t]*
čokoládový krém	**chocolate cream**	*[ˈčokələt kri:m]*
čokoládový zákusek	**chocolate pudding**	*[ˈčokələt pudiŋ]*
dort	**cake / rich cream cake**	*[keik / rič kri:m keik]*
jablkový koláč	**apple pie**	*[æpl pai]*
koblihy	**doughnuts**	*[dəunats]*
koblihy plněné krémem	**profiteroles**	*[prəˈfitərəuls]*
koláč	**pie**	*[pai]*
kompot	**preserves**	*[prizə:vs]*
moučník	**sweets / pastry**	*[swi:ts / peistri]*
palačinky	**pancake**	*[ˈpænkeik]*
piškot s vaječným	**sponge pudding**	*[ˈspandž pudiŋ*
krémem	**and custard**	*ænd ˈkastəd]*
sýrový dort s jahodami	**strawberry cheese cake**	*[stro:bəri či:z keik]*
zmrzlina s čokoládovou	**ice cream with chocolate**	*[ais kri:m wiδ čokələt*
polevou a ovocem	**topping and fruit**	*topiŋ ænd fru:t]*

ALKOHOLICKÉ NÁPOJE
ALCOHOLIC DRINKS

brčko (na pití)	**sipper / straw**	*[sipə / stro:]*
láhev	**bottle**	*[botl]*
sklenice	**glass**	*[gla:s]*
kostka ledu	**ice cube**	*[ais kju:b]*
alkohol	**alcohol**	*[ˈælkəhol]*
lihoviny	**spirits**	*[spirits]*
alkoholické nápoje	**alcoholic beverages**	*[ˈælkəholik ˈbevəridžiz]*
studené nápoje	**cold beverages**	*[kəuld ˈbevəridžiz]*
teplé nápoje	**hot beverages**	*[hot ˈbevəridžiz]*
aperitiv	**aperitif**	*[əˈperiˈti:f]*

gin	**gin**	[džin]
jablečné víno	**cider**	[saidə]
koňak	**brandy/ cognac**	[brændi / konjæk]
kořalka	**spirit**	[spirit]
likér	**liqueur**	[li'kjuə]
- bylinný	**- herbal**	[hə:bl]
- žaludeční	**- stomach**	[stamək]
pálenka	**brandy**	[brændi]
pivo	**beer**	[biə]
- bez pěny	**- ale**	[eil]
- černé	**- stout / dark**	[staut / da:k]
- láhvové	**- bottled**	[botld]
- plzeňské	**- Pilsener**	[pilznə]
- s pěnou	**- with skim / foam**	[wiδ skim / fəum]
- světlé	**- ale / light**	[eil / lait]
- točené	**- draught / beer on draught**	[dra:ft / biə on dra:ft]
- v plechovce	**- tinned / canned**	[tind / kænd]
- zázvorové	**- ginger**	[džindžə]
rum	**rum**	[ram]
slivovice	**slivovitz / plum brandy**	[slivəvitz / plam brændi]
vermut	**vermouth**	[və:məθ]
vodka	**vodka**	['vodkə]
víno	**wine**	[wain]
- bílé	**- white**	[wait]
- červené	**- red**	[red]
- domácí	**- homemade**	['həummeid]
- lehké	**- light**	[lait]
- místní	**- local**	[ləukl]
- mladé	**- young**	[jaŋ]
- nejlepší	**- the best**	[δə best]
- obyčejné	**- ordinary**	[o:dnri]
- růžové	**- rosé**	[rəuzei]
- ředěné	**- diluted / thinned**	[dilu:tid / θind]
- silné	**- strong / heavy**	[stroŋ / hevi]
- sladké	**- sweet**	[swi:t]
- staré	**- old / nature**	[əuld / neičə]
- svařené	**- mulled**	[muld]
- stolní	**- table**	[teibl]
- suché	**- dry**	[drai]
- šumivé	**- sparkling**	[spa:kliŋ]
- značkové	**- branded**	[brandid]
whisky	**whisky**	[wiski]
- s ledem	**- whisky on the rock**	[wiski on δə rok]
- čistou	**- neat / straight**	[ni:t / strait]
- s trochou vody	**- with a little water**	[wiδ ə litl wo:tə]

NEALKOHOLICKÉ NÁPOJE
NONALCOHOLIC DRINKS

nealkoholické nápoje	soft drinks	[soft driŋks]
čaj	tea	[ti:]
- bylinkový	- herbal	[hə:bl]
- citronový	- lemon	[lemən]
- heřmánkový	- camomile	[kæməumail]
- jahodový	- strawberry	[stro:bəri]
- ledový	- iced tea	[aisd ti:]
- lipový	- lime blossom	[laim blosəm]
- mátový	- peppermint	[pepəmint]
- ovocný	- fruit	[fru:t]
- silný	- strong	[stroŋ]
- slabý	- light	[lait]
- s citronem a cukrem	- with lemon and sugar	[wiδ lemən ænd šugə]
- s mlékem	- with milk	[wiδ milk]
čokoláda	hot chocolate	[hot čokəlǝt]
kakao	cocoa	[kəukəu]
káva	coffee	[kofi]
- bez kofeinu	- caffeine-free	['kæfi:n fri:]
- bílá (s mlékem)	- with milk	[wiδ milk]
- černá	- black	[blæk]
- expreso	- espresso	[e'spresəu]
- kapučíno	- cappuccino	[kæpu'či:nəu]
- moka	- mocha	[makə]
- se šlehačkou	- with cream	[wiδ kri:m]
- silná	- strong	[stroŋ]
- slabá	- light	[lait]
- s cukrem	- with sugar	[wiδ šugə]
- s koňakem	- with cognac	[wiδ konjæk]
- irská	- Irish coffee	[airiš kofi]
- turecká	- Turkish coffee	[tə:kiš kofi]
- vídeňská	- Vienna coffee	[vi'enə kofi]
kokakola	coke / Coca-Cola	[kəuk / kəukə kəulə]
kokteji	milkshake	[milkšeik]
limonáda	lemonade	[lemə'neid]
minerálka	mineral water	[minərəl wo:tə]
mléko	milk	[milk]
- kondenzované	- condensed milk	[kən'densd milk]
- nízkotučné	- low-fat milk	[ləu fæt milk]
- plnotučné	- whole milk	[həul milk]
- polotučné	- half-fat milk	[ha:f fæt milk]
- teplé s medem	- hot milk with honey	[hot milk wiδ hani]
presso	presso	[preso]

sifon, sodovka	**soda-water**	[səudə wo:tə]
šťáva	**juice**	[džu:s]
- ananasová	**- pineapple**	['pain,æpl]
- citronová	**- lemon**	[lemən]
- grapefruitová	**- grapefruit**	[greipfru:t]
- jablečná	**- apple**	[æpl]
- jahodová	**- strawberry**	[stro:bəri]
- malinová	**- raspberry**	[ra:zbəri]
- pomerančová	**- orange**	[orindž]
- rajčatová	**- tomato**	[təma:təu]
- z černého rybízu	**- blackcurrant**	[blæk'karənt]
- z červeného rybízu	**- redcurrant**	[red'karənt]
tonik	**tonic water**	[tonik wo:tə]
voda	**water**	[wo:tə]
- minerální	**- mineral water**	[minərəl wo:tə]
- z vodovodu	**- tap water**	[tæp wo:tə]
- s bublinkami	**- sparkling**	[spa:kliŋ]
- bez bublinek	**- still**	[stil]
kostka ledu	**ice cube**	[ais kju:b]
kostka cukru	**sugar**	[šugə]
plátek citronu	**slice of lemon**	[slais ov lemən]

SPECIÁLNÍ STRAVA
SPECIAL FOOD

Mám dietu.	**I am on a diet.**	[ai æm on ə daiət]
Držím dietu.	**I follow a diet.**	[ai fo'ləu ə daiət]
Držím odtučňovací kúru.	**I am on a slimming diet.**	[ai æm on ə slimiŋ daiət]
Jsem vegetarián.	**I am a vegetarian.**	[ai æm ə vedžiteəriən]
Nepiju alkohol.	**I don't drink alcohol.**	[ai dəunt driŋk 'ælkəhol]
Nejím maso.	**I don't eat meat.**	[ai dəunt i:t mi:t]
Nesmím jíst nic v čem je ...	**I must not eat food containing ....**	[ai mast not i:t fu:d kən'teiniŋ ...]
- cukr	**- sugar**	[šugə]
- med	**- honey**	[hani]
- mléko	**- milk**	[milk]
- mouka	**- flour**	[flauə]
- sůl	**- salt**	[so:lt]
- tuk	**- fat**	[fæt]
Máte ... pro diabetiky?	**Do you have ... for diabetics?**	[du: ju: hæv ... fo: daiəbetiks]
- zákusky	**- desserts**	[di'zə:ts]
- ovocnou šťávu	**- fruit juice**	[fru:t džu:s]
- speciální jídla	**- special menu**	[spešl menju:]
Máte umělé sladidlo?	**Have you got an artificial sweetener?**	[hæv ju: got ən a:tifišl swi:tənə]

Máte bezmasá jídla?	Do you have any vegetarian dishes?	[du: ju: hæv eni vedžiteðriðn diši:z]
Máte dětská jídla?	Have you got any dishes for children?	[hæv ju: got eni diši:z fo: čildrðn]
Máte dietní jídla?	Do you have any special diet meals?	[du: ju: hæv ani spešl daiðt mi:ls]
Mohl/a bych si dát sýr / ovoce místo dezertu?	May I have cheese / fruit instead of dessert?	[mei ai hæv či:z / fru:t in'sted ov dizð:t]
Já bych chtěl přídavek.	I'd like a second helping.	[aid laik ð seknd helpiŋ]
Jen malou porci.	Just a small portion.	[džast ð smo:l]

ÚČET
BILL

Účet, prosím.	Bill, please.	[bil pli:z]
Přineste mi, prosím, účet.	Bring me the bill, please.	[briŋ mi: ðð bil pli:z]
Hned jsem tam.	I'll be there in a moment.	[ail bi: ðer in ð 'mðumðnt]
Mám účtovat vše společně nebo každému zvlášť?	Would you like one bill or separate bills?	[wud ju: laik wan bil o: sepðreit bils]
Platíme dohromady.	We'll pay together, please.	[wi:l pei tð'geðð pli:z]
Platíme každý zvlášť.	We'll pay separately.	[wi:l pei sepðreitli]
Já jsem měl ...	I had ...	[ai hæd]
Zde je Váš účet, prosím.	Here is your bill, please.	[hið iz jo: bil pli:z]
Za co je tohle?	What's this amount for?	[wots ðis ð'maunt fo:]
Zahrnuje to obsluhu?	Is service included?	[iz sð:vis in'klu:did]
Je tady poplatek za stůl?	Is the cover charge included?	[iz ðð kavð ča:dž in'klu:did]
Je v tom všechno?	Is everything included?	[iz evriθiŋ in'klu:did]
Chcete platit v hotovosti, kreditní kartou nebo šekem?	Would you like to pay in cash, by credit card or by cheque?	[wud ju: laik tu pei in kæš bai kredit ka:d o: bai ček]
Přijímáte cestovní šeky?	Do you accept traveller's cheques?	[du: ju: ðk'sept trævlðs čeks]
Mohu platit touto úvěrovou kartou?	Can I pay with this credit card?	[kæn ai pei wið ðis kredit ka:d]
Mohu platit v dolarech?	Can I pay in dollars?	[kæn ai pei in dolðs]
Můžete to zaokrouhlit na ...	Please round it up to ...	[pli:z raund it ap tu]
Nechte si drobné.	Keep the change.	[ki:p ðð čeindž]
To bylo vynikající.	That was delicious.	[ðæt wðz di'lišðs]
Moc nám to chutnalo, děkujeme.	We have enjoyed it, thank you.	[wi: hæv in'džoid it θæŋk ju:]
Obsluha byla perfektní.	The service was perfect.	[ðð sð:vis wðz pð:fikt]
V tom účtu je asi chyba.	I think there is a mistake in the bill.	[ai θiŋk ðer iz ð misteik in ðð bil]
Uzeného lososa jsme neměli.	We didn't have smoked salmon.	[wi: didnt hæv smðukd sæmðn]

STÍŽNOSTI
COMPLAINTS

Pane vrchní, ten stůl je mokrý.	Waiter, please, this table is wet.	[weitə pli:z ðis teibl iz wet]
Ten ubrus je potřísněný červeným vínem.	This tablecloth is stained with red wine.	[ðis 'teiblklοθ iz steind wiδ red wain]
Přinesete nám, prosím, čistý ubrus?	Would you please bring us a clean tablecloth?	[wud ju: pli:z briŋ as ə kli:n 'teiblklοθ]
Mohl byste nám utřít stůl?	Will you please wipe the table?	[wil ju: pli:z waip ðə teibl]
Tady chybí ...	There is ... missing.	[ðeə iz ... misiŋ]
- lžíce	- a spoon	[ə spu:n]
- lžička	- a teaspoon	[ə ti:spu:n]
- vidlička	- a fork	[ə fo:k]
- nůž	- a knife	[ə naif]
- ubrousek	- a napkin	[ə 'næpkin]
- příbor	- a cutlery / silverware	[ə 'katləri / silvəwə]
- prostírání	- a table mat	[ə teibl mæt]
- solnička	- a salt casterb / shaker	[ə so:lt ka:stə / šeikə]
- sůl	- salt	[so:lt]
- cukřenka	- a sugar caster	[ə šugə ka:stə]
- cukr	- sugar	[šugə]
- pepř	- pepper	[pepə]
- párátka	- toothpicks	['tu:θpiks]
- kleště na cukr	- sugar tongs	[šugə toŋz]
- konvice s mlékem	- a milk - jug	[ə milk džag]
- židle	- a chair	[ə čeə]
- ocet	- vinegar	['vinigə]
Tato sklenice je špinavá.	This glass is dirty.	[ðis gla:s iz də:ti]
Pane vrchní, podívejte se na tuto sklenici.	Look at this glass, waiter.	[luk ət ðis gla:s weitə]
Je na ní rtěnka.	There is lipstick on it.	[ðeə iz lipstik on it]
Přijměte moji omluvu.	My apologies.	[mai ə'polədžis]
Přinesu Vám novou.	I'll get you a new one.	[ail get ju: ə nju: wan]
Polévka je studená.	This soup is cold.	[ðis su:p iz kəuld]
Tohle není to, co jsem si objednal.	This isn't what I ordered.	[ðis iznt wot ai o:dəd]
Promiňte, vezmu to zpátky.	I'm sorry, I'll take it back.	[aim sori ail teik it bæk]
Pane vrchní, před 20 minutami jsme si objednali nápoje.	Waiter, we ordered our drinks 20 minutes ago.	[weitə wi: o:dəd auə driŋks twenti minits ə'gəu]
Promiňte, pošlu vám číšníka, který roznáší nápoje.	I'm terribly sorry, I'll send you the wine waiter.	[aim terəbli sori ail send ju: ðə wain weitə]
Tohle je nejhorší polévka, kterou jsem kdy ochutnal.	This is the worst soup, I've ever tasted.	[ðis iz ðə wə:st su:p aiv evə teistid]
Ta polévka je příliš slaná.	The soup is too salty.	[ðə su:p iz tu: so:lti]

Chtěl byste si objednat něco jiného?	Would you like to order something else?	[wud ju: laik tu o:də samθiŋ els]
Nerad si stěžuji, ale tohle jídlo není poživatelné.	I don't like to complain but this dish is uneatable.	[ai dəunt laik tu kəm'plein bat ðis diš iz an'i:təbəl]
Promiňte, pane.	I'm sorry, sir.	[aim sori sə:]
Co přesně není v pořádku?	What exactly is wrong?	[wot ig'zæktli iz roŋ]
Maso je neudělané.	The meat is uncooked.	[ðə mi:t iz an'kukd]
To je příliš sladké/ hořké.	This is too sweet / bitter.	[ðis iz tu: swi:t / bitə]
To není čerstvé.	This isn't fresh.	[ðis iznt freš]
To víno má divnou chuť.	The wine doesn't taste right.	[ðə wain daznt teist rait]
Máte určitě nejpomalejší obsluhu ve městě.	You must have the slowest service in the town.	[ju: mast hæv ðə sləuist sə:vis in ðə taun]
Promiňte, dnes večer máme nedostatek personálu. Budu hned u Vás.	I'm sorry, we're short-staffed tonight. I'll be with you in a moment.	[aim sori wiə šo:t stafd tə'nait] [ail bi: wið ju: in ə 'məumənt]
To nemohu jíst.	I cannot eat this food.	[ai kænot i:t ðis fu:d]

JÍDELNÍ LÍSTEK
MENU

Aperitiv	Aperitif	[ə,peri'ti:f]
Bezmasá jídla	Vegetarian Dishes	[,vedži'teəriən dišiz]
Dezert / Zákusky	Dessert / Sweets	[dizə:t / swi:ts]
Dětská jídla	Dishes for children	[diši:z fo: čildrən]
Dietní jídla	Diet Dishes	[daiət diši:z]
Doporučujeme ...	We recommend ...	[wi: ,rekə'mend]
Drůbež	Poultry	['pəultri]
Hlavní jídlo	Main Course	[mein ko:s]
Malá jídla	Snacks / Little meals	[snæks / litl mi:ls]
Minutky	Fast Dishes	[fa:st diši:z]
Nápoje	Drinks	[driŋks]
Ovoce	Fruit	[fru:t]
Pizza	Pizza	[pi:tsə]
Polévky	Soups	[su:ps]
Polévka dne	Soup of the day	[su:p ov ðə dei]
Předkrmy	Starters	[sta:təs]
Přílohy	Side dishes	[said diši:z]
Ryby	Fish	[fiš]
Saláty	Salads	['sæləds]
Studená jídla	Cold meals	[kəuld mi:ls]
Teplá jídla	Hot meals	[hot mi:ls]
Těstoviny	Pasta	['pæstə]
Zelenina	Vegetable	['vedžitəbl]
Zmrzlina	Ice cream	[ais kri:m]
Zvěřina	Game	[geim]

RESTAURACE

hotel	hotel	[həu'tel]
luxusní hotel	splendid hotel	[splendid həu'tel]
přímořský hotel	coastal hotel	[kəustl həu'tel]
interhotel	interhotel	[,intəhəu'tel]
penzion	pension	[pənsiən]
mládežnická ubytovna	youth hostel	[ju:θ hostl]
soukromí	boarding house	[bo:diŋ haus]
motel	motel	[məutel]
nocleh se snídaní	bed and breakfast	[bed ænd 'brekfəst]
ředitel hotelu	hotel-director	[həu'tel di'rektə]
majitel hotelu	hotel-keeper	[həu'tel ki:pə]
nosič zavazadel	hall porter	[ho:l po:tə]
správce	housekeeper	['haus,ki:pə]
pokladní	cashier	[kæ'ši ə]
recepční - on/ona	desk clerk / receptionist	[desk kla:k / ri'sepšnist]
vrátný	night porter	[nait po:tə]
pokojská	chambermaid	['čeimbəmeid]
obsluha výtahu	bellboy	[belboi]

Restaurant

BAR	BAR	[ba:]
BUFFET	BUFFET / SNACKBAR	[bufei / snækba:]
CUKRÁRNA	SWEETSHOP	[swi:tšop]
ČAJOVNA	TEA-ROOM	[ti:ru:m]
HOSPODA	PUB	[pab]
HOSTINEC	INN	[in]
KAVÁRNA	CAFÉ / CAFETERIA	['kæfei / ,kæfi'tiðriə]
KIOSEK	KIOSK	[ki:osk]
NOČNÍ KLUB	NIGHT CLUB	[nait klab]
PENZION	FAMILY HOTEL	['fæməli həu'tel]
PIVNICE	ALEHOUSE	['eilhaus]
RESTAURACE	RESTAURANT	['restəro:ŋ]
RYCHLÉ OBČERSTVENÍ	FAST FOOD / TAKE AWAY	[fa:st fu:d / teik ð'wei]
SAMOOBSLUHA	SELF-SERVICE STORE	[self sə:vis sto:]
VINÁRNA	WINE BAR / TAVERN	[wain ba: /tævən]
VINNÝ SKLÍPEK	WINE CELLAR	[wain 'selə]

BANKA
BANK

Kde je nejbližší banka?	Where is the nearest bank?	[weə iz ð niðrist bæŋk]
Kde je nejbližší směnárna?	Where is the nearest currency exchange office?	[weə iz ð niðrist 'karðnsi iks'čeindž ofis]
Kde se dají vyměnit peníze?	Where can I change money?	[weə kæn ai čeindž mani]
Kdy má banka otevřeno?	When is the bank open?	[wen iz ðð bæŋk ðupn]
U kterého okénka je výměna peněz?	At what counter can I change foreign money?	[ðt wot kauntð kæn ai čeindž forðn mani]
Chci měnit dolary.	I'd like to change dollars, please.	[aid laik tu čeindž dolðs pli:z]
Kolik chcete vyměnit?	How much do you wish to change?	[hau mač du: ju: wiš tu čeindž]
Jaký je dnes kurs amerického dolaru k české koruně?	What's the present rate of exchange for the US dollar to the Czech crown?	[wots ðð 'preznt reit ov iks'čeindž fo: ðju: es dolð tu ðð ček krðun]
Dnešní kurs je 34,39 korun za jeden dolar.	The rate of exchange is 34.39 crowns for a dollar.	[ðð reit ov iks'čeindž iz 'θθ:ti fo: point θθ:ti nain krðuns fo: ð dolð]
Kurs amerického dolaru včera trochu poklesl.	The rate of US dollar dropped a bit yesterday.	[ðð reit ov ju: es dolð dropd ð bit 'jestðdei]
Kolik dolarů je za jednu libru?	How many dollars are there to the pound?	[hau meni dolðs a: ðeð tu ðð paund]
To je úřední kurs?	Is this the official exchange rate?	[iz ðis ði: ð'fišl iks'čeindž reit]
Jaký vybíráte poplatek?	How much commission do you charge?	[hau mač kð'mišn du: ju: ča:dž]
Dejte mi drobné, prosím	Give me small change / coins please.	[giv mi: smo:l čeindž / koins pli:z]
Velké bankovky, prosím.	Give me large notes, please.	[giv mi: la:dž nðuts pli:z]
Ještě nějaké přání?	Anything else?	[eniθiŋ els]
Čekám peníze z New Yorku.	I'm expecting some money from New York.	[aim ik'spektiŋ sam mani from ˌnju: 'jo:k]
Už přišly?	Has it arrived?	[hæz it ð'raivd]
Přijímáte cestovní šeky?	Do you take traveller's cheques? Do you accept traveller's cheques?	[du: ju: teik 'trævlðs čeks] [du: ju: ðksept trævlðs čeks]
Chtěl bych si uložit peníze v bance.	I'd like to deposit my money in a bank.	[aid laik tu di'pozit mai mani in ð bæŋk]

BANKA

Czech	English	Pronunciation
Chtěl bych si otevřít účet.	I'd like to open a bank account.	[aid laik tu ɔupen ə bæŋk ə'kaunt]
Jaký druh účtu byste chtěl?	What kind of account would you like?	[wot kaind ov ə'kaunt wud ju: laik]
Chtěl bych si založit ...	I'd like to open ...	[aid laik tu ɔupen ...]
- běžný účet	- a current account	[ə 'karənt ə'kaunt]
- spořící účet	- a saving account	[ə seiviŋ ə'kaunt]
Můžete si denně vybrat 300 liber za předpokladu, že máte na účtu dostatek peněz.	You can withdraw £300 per day provided that you have enough money in your account.	[ju: kæn wiθ'dro: θri: 'handrəd paunds pə: dei prə'vaidid ðæt ju: hæv i:naf mani in jo: ə'kaunt]
Můžete bezplatně používat bankovní automaty.	You can use cash machines free of charge.	[ju: kæn ju:s kæš mə'ši:ns fri: ov ča:dž]
Jestliže ztratíte kartu, musíte nám to oznámit.	You must tell us if your card is lost.	[ju: mast tel as if jo: ka:d iz lost]
Chtěl bych si vybrat peníze z mého účtu číslo ...	I'd like to withdraw money from my account No ...	[aid laik tu wiθ'dro: mani from mai ə'kaunt nambə]
Chtěl bych převést peníze z mého účtu č. .. na účet č. ...	I'd like to transfer money from my account No. ... to the account No. ...	[aid laik tu træns'fə: mani from mai ə'kaunt nambə tu ði: ə'kaunt nambə]
Chtěl bych zkontrolovat stav na mém účtu.	I'd like to check the balance on my account.	[aid laik tu ček ðə 'bælðns on mai ə'kaunt]
Chtěl bych si vybrat peníze na tento šek.	I would like to cash this cheque.	[ai wud laik tu kæš ðis ček]
Chtěl bych uložit peníze na účet číslo ...	I'd like to pay some money into the account No ...	[aid laik tu pei sam mani intu ði: ə'kaunt nambə]
Obslouží Vás pokladník u přepážky č. 2.	The cashier at counter No. 2 will help you.	[ðə kæ'šiə ət ə'kaunt nambə tu: wil help ju:]
Mohu tu proměnit Eurošeky?	Can I exchange Eurocheques here?	[kæn ai iks'čeindž juərəčeks hiə]
Peníze dostanete zde u pokladny.	You'll get the money at the cashier.	[ju:l get mani ət ðə kæ'šiə]

Czech	English	Pronunciation
bankovka	note	[nɔut]
bilance	balance	['bælðns]
daň	tax	[tæks]
faktura	invoice	[invois]
hypotéka	mortgage	['mo:gidž]
investice	investment	[in'vestmənt]
měna	currency	['karənsi]
mince	coin	[koin]
množství	amount	[ə'maunt]
neplatič daně	non-taxpayer	[non tæks peiə]
kapitál	capital	['kæpitl]
koupě	purchase	[pə:čəs]
platič daní	taxpayer	[tæks peiə]
podíl	bite / share	[bait / šeə]

pohledávka	demand	[di'ma:nd]
procenta	percentage	[pə'sentidž]
prodej	sale	[seil]
převod	transfer	[trænsfə]
příjem	income	[inkam]
půjčka	loan	[ləun]
rozpočet	budget	['badžit]
sleva	discount	['diskaunt]
směnitelná měna	convertible currency	[kən'və:tibl 'karənsi]
smlouva	contract	[kontrækt]
splátka	payment	[peiment]
šek	cheque	[ček]
úrok	interest	[intrist]
úroková sazba	interest rate	[intrist reit]
úvěrová karta	credit card	[kredit ka:d]
vklad	deposit	[di'pozit]
výlohy	expenses	[ik'spensiz]
ztráta	loss	[los]
zisk	profit	[profit]

STÁT / COUNTRY	MĚNA / CURRENCY	
Austria	Schilling	1 S = 100 Groschen
Belgium	Belgian franc	1 BF = 100 centimes
Canada	Can. Dollar	$ 1 = 100 cents
Denmark	Danish krone	1 kr = 100 øre
Finland	Finnish mark	1 mk = 100 penni
France	French franc	1 fr = 100 centimes
Germany	Deutsche Mark	1 DM = 100 Pfennige
Greece	Drachma	1 dr = 100 lepta
Ireland	Irish punt	1 £ = 100 pence
Italy	Lira	1 L = 100 centisimi
Luxembourg	Lux. franc	1 F = 100 centimes
Malta	Malta Lira	1 Lm = 100 cents
Netherlands	Gulden	1 gld = 100 cents
Norway	Norwegian krone	1 kr = 100 øre
Poland	Złoty	1 zł = 100 groszy
Portugal	Escudo	1 esc $ = 100 centavos
Russia	Rouble	1 p = kopeks
Spain	Spanish peseta	1 pta = 100 centimos
Sweden	Swedish krona	1 kr = 100 öre
Switzerland	Swiss Franc	1 F = 100 centimes
UK	Pound sterling	£ 1 = 100 pence
USA	US Dollar	$ 1 = 100 cents

POŠTA
POST OFFICE

Kde je nejbližší pošta?	Where is the nearest post office?	[weə iz ðə niərist pəust ofis]
Kde je hlavní pošta?	Where is the main post office?	[weə iz ðə mein pəust ofis]
V kolik hodin otevírají / zavírají na poště?	What time does the post office open / close?	[wot taim daz ðə pəust ofis əupen / kləuz]
Máte pro mne poštu?	Have you got any mail for me?	[hæv ju: got eni meil fo: mi:]
Tady máte poštu.	Here is your mail.	[hiə iz jo: meil]
Kolik stojí známka na pohlednici do Anglie?	How much is the stamp for a postcard to England?	[hau mač iz ðə stæmp fo: ə 'pəustka:d tu iŋglənd]
Známku na tento dopis / pohled, prosím.	A stamp for this letter / postcard, please.	[ə stæmp fo: ðis letə / pəustka:d pli:z]
Dejte to, prosím, na váhu.	Put it on the scale, please.	[put it on ðə skeil pli:z]
Kde je poštovní schránka?	Where is a letter-box?	[weə iz ə 'letəboks]
Vhoď dopis do schránky.	Drop the letter in the slot.	[drop ðə letə in ðə slot]
Chtěl bych odeslat tento dopis ...	I would like to send this letter ...	[ai wud laik tu send ðis letə ...]
- doporučeně	- by registered mail	[bai 'redžistəd meil]
- expres	- express / by special delivery	[ik'spres / bai spešl di'livəri]
- letecky	- by airmail	[bai eəmeil]
Chtěl bych poslat ...	I'd like to send ...	[aid laik tu send ...]
- telegram	- a telegram, a wire (am.), a cable (am.)	[ə 'teligræm ə 'waiə ə 'keibl]
- fax	- a fax	[ə fæks]
- balík	- a parcel	[ə pa:sl]
- peníze	- money	[mani]
Vyplňte podací lístek / peněžní poukázku.	Please fill in the receipt for registered mail / postal money order.	[pli:z fil in ðə ri'si:t fo: 'redžistəd meil / pəustl mani o:də]
Ke kterému okénku mám jít?	What counter shall I go to?	[wot kauntə šəl ai gəu tu]
Kolik stojí dopis expres do Anglie?	How much is an express letter to England?	[hau mač iz ən ik'spres letə tu iŋglənd]
Jaké bude poštovné?	How much is the postage?	[hau mač iz ðə pəustidž]
Do ciziny nebo do tuzemska?	Abroad or in this country?	[ə'bro:d o: in ðis 'kantri]
Do Čech.	To the Czech Republic.	[tu ðə ček ri'pablik]
Dejte mi, prosím, průvodku na balík.	Give me a dispatch note, please.	[giv mi: ə di'spæč nəut pli:z]
Jaká je hodnota a obsah balíku?	What's the value and content of the parcel?	[wots ðə 'vælju: ænd kən'tent ov ðə pa:sl]

Czech	English	Pronunciation
Zvažte mi, prosím, tenhle balík.	Can you weigh this parcel, please?	[kæn ju: wei ðis pa:sl pli:z]
Dáte mi formulář pro poslání telegramu?	May I have a form for sending a telegram?	[mei ai hæv ə fo:m fo: sendiŋ ə 'teligræm]
Kolik stojí jedno slovo u telegramu?	How much is it per word?	[hau mač iz it pə: wə:d]
Text musí být napsán tiskacím písmem.	The text must be written in block letters.	[ðə tekst mast bi: 'ritn in blok letəs]
Jak dlouho to půjde do Bostonu?	How long will a cable to Boston take?	[hau loŋ wil ə keibl tu bostən teik]
Kolik bude ten telex / fax stát?	How much will this telex / fax cost?	[hau mač wil ðis teleks / fæks kost]
U které přepážky mi mohou vyplatit mezinárodní peněžní poukázku?	At which counter can I cash an international money order?	[ət wič 'kauntə kæn ai kæš ən ,intə'næšənl mani o:də]

Czech	English	Pronunciation
adresa	address	[ə'dres]
- zpáteční	- return address	[ritə:n ə'dres]
- příjemce	- address of the recipient	[ə'dres ov ðə ri'sipiənt]
balík	parcel	[pa:sl]
do vlastních rukou	post-office special delivery	[pəust ofis spešl di'livəri]
dobírka	C.O.D. / cash on delivery	[si: əu di: / kæš on di'livəri]
dopisní schránka	letter box / mail box	[letə boks / meil boks]
dopisovat si	to correspond	[tu ,kori'spond]
doplatek	additional payment	[ə'dišənl peimənt]
dopis	letter	[letə]
- doporučený	- registered letter	[ri'džistəd letə]
- cenný	- insured letter	[inšuəd letə]
- expres	- express	[ik'spres]
dostat	to receive	[tu ri'si:v]
důvěrné a tajné	private and confidential	['praivit ænd ,konfi'denšl]
expres	express / special delivery	[ik'spres / spešl di'livəri]
fax	fax	[fæks]
formulář	form	[fo:m]
frankovat	to frank	[tu fræŋk]
Jestliže nelze doručit, vraťte odesílateli.	If undelivered, return to the sender.	[if ,andi,livəd ri'tə:n tu ðə sendə]
korespondence	correspondence	[,kori'spondəns]
k rukám pana ...	for attention of Mr. ...	[fo: ə'tenšn ov mistə]
letecky	by air	[bai eə]
místo určení	place of destination	[pleis ov desti'neišn]
nefrankovat	postage paid	[pəustidž peid]
neklopit	this side up	[ðis said ap]
neohýbat	don't bend	[dəunt bend]

POŠTA / Post office

Czech	English	Pronunciation
obálka	envelope	['envəlðup]
- frankovaná zpáteční	SAE / a self addressed envelope	[si: ei: i: / ə self ə'dresd 'envəlðup]
- na leteckou poštu	- an air mail envelope	[ən eə meil 'envəlðup]
- s průhledným okénkem	- a window envelope	[ə windðu 'envəlðup]
obratem pošty	by return mail	[bai ritə:n meil]
odesílatel	sender	[sendə]
odpověď zaplacena	postage paid	['pðustidž peid]
peněžní zásilka	remittance	[ri'mitðns]
podací lístek	receipt for registered mail	[risi:t fo: 'redžistəd meil]
pohlednice	postcard	['pðustka:d]
pojištění	insurance	[in'šuðrðns]
pojistit proti ztrátě	to insure against loss	[tu in'šuð ə'geinst los]
poplatek	fee / charge	[fi: / ča:dž]
posílat	to send / to mail	[tu send / tu meil]
Poste restante	Poste restante	[,pðust 'resta:nt]
pošta	post office	[pðust ofis]
poštovné	postage	['pðustidž]
poštovní poukázka	postal order	[pðustl o:də]
poštovní průvodka	dispatch note / registration form	[di'spæč nðut / redžistreišn fo:m]
poštovní přihrádka	P.O.BOX / post office box	[pi: ðu box / pðust ofis boks]
poštovní razítko	post stamp	[pðust stæmp]
poštovní známka	postage stamp	[pðusteidž stæmp]
Pozor, křehké!	Attention, fragile!	[ə'tenšn 'frædžail]
příjemce	recipient	[ri'sipiðnt]
příloha	enclosure	[in'klðužð]
přísně tajné	strictly secret	[striktli si:krðt]
schránka na dopisy	letter box / mail box (am.)	[letð boks / meil boks]
složenka	deposit slip	[di'pozit slip]
slyšet	to hear	[tu hið]
směrovací číslo	postcode / area code	['pðustkðud / 'eðrið kðud]
spěšně	express / urgent	[ik'spres / ə:džðnt]
stvrzenka	receipt	[risi:t]
telegrafovat	to send a telegram	[tu send ə teligræm]
telegram	telegram / cable (am.) / wire (am.)	['teligræm / keibl / waið]
tiskopis	form	[fo:m]
váha	weight	[weit]
vzorek	sample	[sa:mpl]
zapečetit	to seal	[tu si:l]
zaslat	to send	[tu send]
zde otevřít	open this end	[ðupen ðis end]
zvážit	to weigh	[tu wei]

TELEFON
TELEPHONE

Odkud se dá telefonovat?	Where can I phone from?	[weđ kæn ai fəun from]
Dá se odtud telefonovat?	Is it possible to phone from here?	[iz it 'posəbl tu fəun from hiə]
Je tu někde poblíž telefonní budka?	Is there a public call / telephone box nearby?	[iz ðeə ə 'pablik ko:l / 'telifəun boks niəbai]
Dovolíte, mohu si od Vás zatelefonovat?	May I use your phone, please?	[mei ai ju:z jo: fəun pli:z]
Mohu tento telefon použít na mezinárodní hovor do Anglie?	May I use the phone for an international call to England?	[mei ai ju:z ðə fəun fo: ən intə'næšənl ko:l tu iŋglənd]
Chtěl bych uskutečnit meziměstský hovor do Londýna.	I'd like to make an intercity / long-distance call to London.	[aid laik tu meik ən 'intəsiti / loŋ 'distəns ko:l tu landən]
Jaký je volací kód do Londýna?	What's the dialling (area) code for London?	[wots ðə daiəliŋ (eəriə) kəud fo: landən]
Vyhledejte si číslo v telefonním seznamu.	Look up the number in a telephone directory.	[luk ap ðə nambə in ə telifəun di'rektəri]
Mohu odtud volat do ciziny?	Can I call abroad from this phone?	[kæn ai ko:l əbrəud from ðis fəun]
Máte telefonní seznam?	Do you have a telephone directory?	[du: ju: hæv ə telifəun di'rektəri]
Chci volat do Čech.	I want to make a call to the Czech Republic.	[ai wont tu meik ə ko:l tu ðə ček ri'pablik]
Kolik stojí 1 minuta hovoru?	How much is one minute?	[hau mač iz wan 'minit]
Do které kabiny mám jít?	Which booth shall I go to?	[wič bu:ð šəl ai gəu tu]
Běžte, prosím, do kabinky číslo 3.	Go to the booth number 3, please.	[gəu tu ðə bu:ð nambə θri: pli:z]
Mám ti zavolat?	Shall I give you a ring?	[šəl ai giv ju: ə riŋ]
Musíš mi zatelefonovat.	You must phone me.	[ju: mast fəun mi:]
Jaké máte telefonní číslo?	What's your telephone number?	[wots jo: telifəun nambə]
Zvoní telefon.	The phone is ringing.	[ðə fəun iz riŋiŋ]
Mám jít k telefonu?	Shall I answer the phone?	[šəl ai a:nsə ðə fəun]
Očekáváš telefonát?	Are you expecting a call?	[a: ju: ik'spektiŋ ə ko:l]
Haló, tady ...	Hallo, this is ...	[hə'ləu ðis iz]
Kdo volá?	Who is speaking, please?	[hu: iz spi:kiŋ pli:z]
Chtěl bych mluvit s paní ...	I'd like to speak to Mrs ...	[aid laik tu spi:k tu misiz]
Nezavěšujte, prosím.	Don't replace / hang up the receiver.	[dəunt ri'pleis / hæŋ ap ðə ri'si:və]
	Hold the line, please.	[həuld ðə lain pli:z]

TELEFON / Telephone

Czech	English	Pronunciation
Přepojím Vás.	I'll put you through.	[ail put ju: θru:]
Číslo je obsazené.	The number is engaged / busy.	[ðə nambə iz in'geidžd / bizi]
Nikdo se nehlásí.	There is no reply / answer.	[ðeə iz nəu ri'plai / a:nsə]
Bohužel paní ... není právě přítomna.	I am sorry, but Mrs ... is not in at the moment.	[ai æm sori bət misiz ... iz not in ət ðə 'məumənt]
Mohu něco vyřídit?	May I take a message?	[mei ai teik ə 'mesidž]
Kdy ji mohu nejlépe zastihnout?	When will I be able to reach her?	[wen wil ai bi: eibl tu ri:č hə:]
Mohla byste mu něco vyřídit?	Would you give her a message?	[wud ju: giv hə: ə mesidž]
Mluvím s panem Smithem?	Hallo, am I speaking to Mr Smith?	[hə'ləu æm ai spi:kiŋ tu mistə smiθ]
Předám Vám ho.	I'll turn you over to him.	[ail tə:n ju: əuvə tu him]
Ano, u telefonu.	Yes, Mr Smith is speaking.	[jes mistə smiθ iz spi:kiŋ]
Ne, určitě máte špatné číslo.	No, you must have a wrong number.	[nəu ju: mast hæv ə roŋ nambə]
Zavolám později.	I will call later.	[ai wil ko:l leitə]
Zavolejte mi zpět, prosím!	Call me back, please.	[ko:l mi: bæk pli:z]
Poznamenám si Vaše telefonní číslo.	I'll put your telephone number down.	[ail put jo: tifəun nambə daun]
Je tam paní Blacková?	Hallo, is Mrs Black there?	[hə'ləu iz misiz blæk ðeə]
To jsem opět já.	It's me again.	[its mi: ə'gein]
Promiňte, byli jsme přerušeni.	I am sorry, we were cut off.	[ai æm sori wi: weə kat of]
Spojení je velmi špatné.	The connection is very bad.	[ðə kə'nekšn iz veri bæd]
Mluvte hlasitěji. Speak up.	Speak a little louder. Speak up.	[spi:k ə litl laudə] [spi:k ap]
Je Vás špatně slyšet.	I can hardly hear you.	[ai kæn ha:dli hiə ju:]
Už je to lepší?	Is it better now?	[iz it betə nau]
Nepřerušujte nás, ještě jsme neskončili.	Don't cut us off, we haven't finished yet.	[dəunt kat əs of wi: hævnt finišd jet]
Haló, ústředna?	Hallo, is this the switchboard / operator?	[hə'ləu iz ðis ðə 'swičbo:d / opəreitə]
Chtěla bych Prahu, číslo ...	I would like Prague, number ...	[ai wud laik pra:g 'nambə]
Máte Prahu.	Prague on line.	[pra:g on lain]
Hlásí se?	Have they answered?	[hæv ðei a:nsəd]
Dala jste mi špatnou linku.	I'm afraid you've given me the wrong extension.	[aim ə'freid ju:v givn mi: ðə roŋ ik'stenšn]
Zavěste.	Hang up.	[hæŋ ap]
Zavolám vám, jakmile se spojím.	I'll ring you back as soon as I get the number.	[ail riŋ ju: bæk əz su:n əz ai get ðə nambə]
Na účet volaného.	Reverse the charge / collect call, please.	[rivə:s ðə ča:dž / kə'lekt ko:l pli:z]

Czech	English	Pronunciation
být přerušen	to be cut off	[tu bi: kat of]
	to be interrupted	[tu bi: intəˈraptid]
jít k telefonu	to answer the phone	[tu a:nsə ðə fəun]
klapka	extension number	[ikˈstenšn nambə]
nezavěšovat	to hold on	[tu həuld on]
	to hold the line	[tu həuld ðə lain]
položit sluchátko	to replace the receiver	[tu riˈpleis ðə riˈsi:və]
	to put down / hang up the receiver	[tu put daun / hæŋ ap ðə riˈsi:və]
směrové číslo	dialling code	[daiðliŋ kəud]
- městské	- area code	[eəriə kəud]
- státní	- country code	[kantri kəud]
spojit někoho s někým	to put sb. through to sb.	[tu put ˈsambədi θru: tu ˈsambədi]
telefonní číslo	telephone number	[ˈtelifəun nambə]
telefonní hovor	(telephone) call	[ˈtelifəun ko:l]
- meziměstský	- long distance / intercity call	[loŋ distəns / ˈintəsiti ko:l]
- mezinárodní	- international call	[intəˈnæšənl ko:l]
- místní	- local call	[ləukl ko:l]
telefonní seznam	telephone directory	[ˈtelifəun direktəri]
telefonní budka	public telephone / call box / booth	[pablik telifəun / ko:l boks / bu:ð]
telefonovat	to phone	[tu fəun]
	to make a (telephone) call	[tu meik ə telifəun ko:l]
tón	tone	[təun]
- funkční	- dialling tone	[daiðliŋ təun]
- krátké ostré signály	- rapid pips	[ˈræpid pips]
- obsazovací	- engaged tone	[ingeidžd təun]
- ostrý vysoký tón	- high - pitched hum	[hai pičd ham]
- oznamující, že se má vložit další mince	- paytone	[peitəun]
- průběžný nízký tón	- continuous purring	[kənˈtinjuəs pəˈriŋ]
- volací	- ringing tone	[riŋiŋ təun]
účtovat hovor	to charge the call	[tu ča:dž ðə ko:l]
účtovat hovor volanému	to reverse the charge / collect call	[tu rivəˈ:s ðə ča:dž kəˈlekt ko:l]
vložit minci	to insert a coin	[tu inˈsəːt ə koin]
vytočit číslo	to dial the number	[tu daiəl ðə nambə]
zavolat	to call sb. / to give sb. a ring / to ring sb. up	[tu ko:l ˈsambədi / tu giv ... ə riŋ / tu riŋ ˈ... ap]
zvednout sluchátko	to lift up the receiver	[tu lift ap ðə riˈsi:və]
	to pick up the receiver	[tu pik ap ðə riˈsi:və]

NAKUPOVÁNÍ
SHOPPING

čistírna	Dry cleaner's / Laundry	[drai kli:nəs / 'lo:ndri]
cukrárna	Confectioner's / bakery	[kən'fekšənəs / 'beikəri]
dárky	Gifts	[gifts]
doplňky	Accessories	[ək'sesəriz]
drogerie	Chemist's / Drugstore	[kemists / 'dragsto:]
elektropotřeby	Electrical appliances	[i'lektrikl ə'plaiənsiz]
fotografické potřeby	Camera shop	['kæmərə šop]
galanterie	Haberdasher's	['hæbədæšds]
hodinářství	Watchmaker's	['wočmeikəs]
holičství	Barber's	['ba:bəs]
hračkářství	Toys	[tois]
hudba	Music	[mju:zik]
kadeřnictví	Hairdresser's	['heə,dresə]
klenotnictví	Jeweller's	['džu:ðləs]
kloboučnictví	Milliner's / Hat shop	[milinəs / hæt šop]
knihkupectví	Bookstore / bookshop	[buksto: / bukšop]
konfekce	Ready-made clothes / Clothing	[redy meid kləuðs / kləuðiŋ]
kožené zboží	Leather goods	[leðə guds]
kožešiny	Furriery	[fariðri]
krejčovství	Tailor's	['teiləs]
květinářství	Florist's / Flower shop	['florists / flauð šop]
lahůdkářství	Delicatessen	[delikə'tesn]
látky	Cloth / Fabrics / Draper's	[kloθ / fæbriks / 'dreipəs]
lékárna	Chemist's / Pharmacy	[kemists / fa:məsi]
mlékárna	Dairy	[deðri]
nábytek	Furniture	[fə:ničə]
novinový stánek	Newsstand	['nju:z,stænd]
občerstvení	Refreshment	[ri'frešmənts]
obuv	Footwear / Shoes	[fu:tweə / šu:z]
oděvy	Clothing	[kləuðiŋ]
- pánské	- Men's wear	[mens weə]
- dámské	- Ladies' wear	[leidi:z weə]
- dětské	- Children's wear	[čildrəns weə]
opravna obuvi	Shoes repair shop / Shoe repairs	[šu:z ri'peə šop / šu: ri'peəs]
optik	Optician	[op'tišn]
ovoce - zelenina	Fruit - vegetables	[fru:t 'vedžətəbls]
papírnictví	Stationer's	['steišnəz]

parfumerie	Perfumes / Cosmetics	['pə:fju:ms / koz'metiks]
pekařství	Baker's / Bakery	[beikəs / beikðri]
pletené zboží	Knitwear / Hosiery	['nitweð / 'hðuziðri]
porcelán	China / Porcelain	['čainð / po:səlin]
potraviny	Grocer's / Grocery store	[grðusðs / grðusðri sto:]
potřeby pro domácnost	Household goods	['haushðuld guds]
prádlo	Underwear / Lingerie	['andðweð / lænžðri:]
rybárna	Fishmonger's	['fišmaŋgðs]
řeznictví	Butcher's	[bačðs]
salón krásy	Beauty salon	[bju:ti sælo:ŋ]
samoobsluha	Supermarket	['su:pð,ma:kit]
sklo	Glassware	['gla:sweð]
sportovní potřeby	Sports equipment	[spo:ts i'kvipmðnt]
starožitnictví	Antique shop	[æn'ti:k šop]
suvenýry	Souvenir shop	[su:vð'niðr šop]
tabák	Tobacconist's / Tobacco	[tð'bækðnists / tð'bækðu]
trafika	Newsagent's	['nju:zeidžðnts]
umělecká galerie	Art gallery	[a:t 'gælðri]
zelinářství	Greengrocer's	['gri:n,grðusðs]
zlatnictví	Goldsmith / Jewellery store	[gðuldsmiθ / 'džuðlri sto:]
železářství	Ironmonger's / Hardware store	['aiðn,maŋgðs / 'ha:dweð sto:]

Ráda bych si šla prohlédnout výklady.	I'd like to go window shopping.	[aid laik tu gðu windðu šopiŋ]
Musím jít nakoupit.	I must go shopping. I've got to do shopping.	[ai mast gðu šopiŋ] [aiv got tu du: šopiŋ]
Chtěl bych koupit nějaké dárky pro rodinu.	I would like to buy some presents for my family.	[ai wud laik tu bai sam prezðnts fo: mai fæmðli]
Je tu někde velký obchodní dům?	Is there anywhere a big department store?	[iz ðeð 'eniweð ð big dipa:tmðnt sto:]
Kde je obchod s ovocem?	Where is the fruit shop?	[weð iz ðð fru:t šop]
Kde je nejbližší obchod s obuví?	Where is the nearest shoe shop?	[weð iz ðð niðrist šu: šop]
V kolik hodin otevírají / zavírají obchody?	What time do the shops open / close?	[wot taim dð: ðð šops ðupen / klðuz]
Chci si koupit ...	I want to buy	[ai wont tu bai]
Kde dostanu ...?	Where can I get ...?	[weð kæn ai get]
Musíte si na to počkat ve frontě.	You have to queue up / stand in line for it.	[ju: hæv tu kju: ap / stænd in lain fo: it]
Právě vchází do obchodu.	She is entering the shop now.	[ši: iz entðriŋ ðð šop nau]

V OBCHODĚ
IN A SHOP

Czech	English	Pronunciation
Mohu vám pomoci?	May I/ Can I help you?	[mei ai / kæn ai help ju:]
Čím mohu posloužit?	What can I do for you?	[wot kæn ai du: fo: ju:]
Co si přejete?	What would you like?	[wot wud ju: laik]
Hledáte něco určitého?	Are you looking for anything special?	[a: ju: lukiŋ fo: 'eniθiŋ 'spešl]
Chtěl bych ...	I'd like ...	[aid laik]
Hledám ...	I am looking for ...	[ai æm lukiŋ fo:]
Potřebuji ...	I need ...	[ai ni:d]
Dostáváte?	Are you being served?	[a: ju: bi:iŋ sə:vd]
Ukažte mi, prosím ...	Would you show me ...?	[wud ju: šou mi:]
Vedete ...?	Do you have ...?	[du: ju: hæv]
Dostanu u vás ...?	Do you sell ...?	[du: ju: sel]
Kde najdu ...?	Where can I find ...?	[weə kæn ai faind]
Ne, děkuji, jen se dívám.	No, thank you, I am just looking around.	[nou θeŋk ju: ai æm džast lukiŋ ə'raund]
Chtěl bych se podívat na ...	I'd like to have a look at ...	[aid laik tu hæv ə luk ət]
Máte ...?	Do you have ...?	[du: ju: hæv]
Moment, podívám se.	Wait a moment, I'll have a look.	[weit ə 'məumənt ail hæv ə luk]
Promiňte na chvilku.	Excuse me for a minute.	[ik'skju:z mi: fo: ə minit]
Podívám se do skladu.	I'll have a look in the stockroom.	[ail hæv ə luk in ðə stokru:m]
Toto zboží už nemáme.	We've run out of these goods.	[wi:v ran aut ov ði:z gudz]
Toto zboží je vyprodáno.	The goods are out of stock.	[ðə gudz a: aut ov stok]
Zboží je velmi žádané.	These articles are in great demand.	[ði:z a:tikls a: in greit dima:nd]
Máme velký výběr zboží.	We've got a great variety of goods.	[wi:v got ə greit və'raiəti ov guds]
Kolik to stojí?	How much is it?	[hau mač iz it]
To je laciné.	It's cheap.	[its či:p]
To je drahé.	It's expensive.	[its ik'spensiv]
Nemáte něco levnějšího (lacinějšího)?	Have you got anything cheaper?	[hæv ju: got eniθiŋ či:pə]
Levnější zboží je už vyprodané.	Cheaper goods are sold out already.	[či:pə gudz a: səuld aut o:lredi]
Na toto zboží je pevná cena.	There is a fixed price for these goods.	[ðeə iz ə fiksd prais fo: ði:z guds]
To není to, co chci.	It's not quite what I want.	[its not kwait wot ai wont]
Vezmu si to.	I'll take it.	[ail teik it]
Je na to záruka?	Is there a guarantee on this?	[iz ðeə ə gærən'ti: on ðis]
Jaká je záruka?	What is the guarantee?	[wot iz ðə gærən'ti:]

Czech	English	Pronunciation
Je na to záruka jeden rok proti poruše součástek.	It's guaranteed for one year aginst failure of parts.	[its gærðnˈti:d fo: wan jiə əˈgeinst ˈfeiljə ov pa:ts]
Záruční list není vyplněn.	The Guarantee Certificate is not filled in / out.	[ðə gærðnˈti: sə:tifikit iz not fild in / aut]
Máte ještě nějaká přání?	Have you got any other wishes?	[hæv ju: got eni aðə wiši:z]
Čím dále posloužím?	What else can I do for you?	[wot els kæn ai du: fo: ju:]
Ještě něco, prosím?	Anything else, please?	[eniθiŋ els pli:z]
Ne děkuji, to je všechno.	No, thank you, that's all.	[nəu θeŋk ju: ðæts o:l]
Ano, ještě bych chtěl/a ...	Yes please, I'd like ...	[jes pli:z aid laik]
Můžete mi, prosím, dát tašku?	Could you give me a plastic bag, please?	[kud ju: giv mi: ə plæstik bæg pli:z]
Můžete mi to, prosím, zabalit?	Could you wrap it up for me please?	[kud ju: ræp it ap fo: mi: pli:z]
Zaplaťte, prosím, u pokladny.	Pay at the cash-desk, please.	[pei ət ðə kæš desk pli:z]
Šel byste laskavě zaplatit?	Would you kindly pay your bill?	[wud ju: kaindli pei jo: bil]
Mohl/a byste mi dát potvrzení?	Could you give me a receipt, please?	[kud ju: giv mi: ə riˈsi:t pli:z]
Potřebuji potvrzení pro daňovou slevu.	I need a receipt for the tax refund.	[ai ni:d ə riˈsi:t fo: ðə tæks ri:ˈfand]
Dělá to 14 procent.	The refundable tax is 14 per cent.	[ðə ri:ˈfandəbl tæks iz fo:ti:n pəˈsent]
Tady máte účet.	Here is your bill.	[hiə iz jo: bil]
Můžu platit ... ?	Can I pay ... ?	[kæn ai pei ...]
- cestovním šekem	- by traveller's cheque	[bai ˈtrævləs ček]
- úvěrovou kartou	- by credit card	[bai kredit ka:d]
- v hotovosti	- in cash	[in kæš]
Máte to přesně?	Have you got the exact amount?	[hæv ju: got ði: igˈzækt əˈmaunt]
Máte drobné?	Have you got any change?	[hæv ju: got eni čeindž]
Přijďte, prosím, zas.	Come again, please.	[kam əˈgein pli:z]
Vřelé díky.	Thank you very much.	[θeŋk ju: veri mač]
Tady máte nazpátek.	Here is your change.	[hiə iz jo: čeindž]
V tom účtu je asi chyba.	I think there is a mistake in the bill.	[ai θiŋk ðeə iz ə misteik in ðə bil]
Včera jsem tu koupil tento ... a už to nefunguje.	Yesterday I bought this ... here and it isn't working anymore.	[ˈjestədei ai bo:t ðis ... hiə ænd it iznt wə:kiŋ enimo:]
Je to ještě v záruce?	Is it still under guarantee?	[iz it stil ˈandə gærðnˈti:]
Opravíme to bezplatně, jestli je to v záruce.	We will repair it free, if it's still under guarantee.	[wi: wil riˈpeə it fri: if its stil ˈandə gærðnˈti:]
Vyměníte mi to nebo mi dáte zpátky peníze?	Can you exchange it for me or will you give me a refund?	[kæn ju: iksˈčeindž it fo: mi: o: wil ju: giv mi: ə ri:ˈfand]
Moment, zavolám vám vedoucího.	Just a moment, I will call the manager.	[džast ə ˈmòumònt ai wil ko:l ðə ˈmænidžð]

LÉKÁRNA
CHEMIST'S / PHARMACY

Czech	English	Pronunciation
Kde je nejbližší (noční) lékárna?	Where's the nearest (all-night) chemist's / pharmacy?	[weəˈr iz ðə niərist oːl nait kemists / faːməsi]
Kde prodávátе léky na recept / bez receptu?	Where do you sell drugs on / without prescription?	[weə du: ju: sel drags on / wiðˈaut priˈskripšn]
Chtěl/a bych ...	I'd like ...	[aid laik ...]
- acylpirin	- an aspirin	[ən ˈæsprin]
- antiseptický krém	- an antiseptic cream	[ən æntiˈseptik kriːm]
- desinfekci	- some disinfectant	[sam disinˈfektənt]
- dlahu	- a splint	[ə splint]
- jód	- some iodine	[sam ˈaiədiːn]
- kapky do nosu	- nose drops	[nəus drops]
- kapky do očí	- eye drops	[ai drops]
- kapky do uší	- ear drops	[iə drops]
- kloktadlo	- gargle	[gaːgl]
- leukoplast	- elastoplast	[iˈlæstəplaːst]
- náplast	- (sticking) plaster	[stikiŋ plaːstə]
- obvaz	- bandage	[bændidž]
- pružný	- elastic bandage	[iˈlæstik bændidž]
- postřik proti hmyzu	- insect repellent / spray	[ˈinsekt riˈpelənt / sprei]
- prášek na spaní	- sleeping pills	[sliːpiŋ pils]
- projímadlo	- laxative	[ˈlæksətiv]
- sterilní gázu	- a sterile gauze	[ə ˈsterail goːz]
- tampóny	- tampons	[ˈtæmpons]
- teploměr	- a thermometer	[ə θəˈmomitə]
- utišovací prostředky	- analgesic	[ænəlˈdžiːzik]
- vatu	- (cotton) wool	[ˈkotn wuːl]
- vitaminové pilulky	- vitamin pills	[ˈvitəmin pils]
- vložky	- sanitary towels	[ˈsænitəri ˈtauəls]
Potřebuji něco proti ...	I'd like something for ...	[ai wud laik samθiŋ foː ...]
- bolení hlavy	- headache	[ˈhedeik]
- bolení zubů	- toothache	[ˈtuːθeik]
- bolestem	- pains	[peins]
- kašli	- a cough	[ə kof]
- kousnutí hmyzem	- insect bites	[ˈinsekt baits]
- nespavost	- insomnia	[inˈsomniə]
- průjmu	- diarrhoea	[ˌdaiəˈriə]
- rýmě	- a cold	[ə kəuld]
- senné rýmě	- hay fever	[hei ˈfiːvə]
- žaludeční nevolnosti	- an upset stomach	[ən apˈset ˈstamək]
- nemoci z cestování	- travel sickness	[ˈtrævl ˈsiknis]
- spálení sluncem	- sunburn	[sanbəːn]

Můžete mi připravit tento předpis?	Can you prepare this prescription for me?	[kæn ju: pri'peə ðis pri'skripšn fo: mi:]
Mám si počkat?	Shall I wait?	[šðl ai weit]
Jak mám ty léky užívat?	How should I use / take the drugs / medicine?	[hau šud ai ju:s / teik ðə drags / 'medsin]
Deset kapek dvakrát denně.	Ten drops twice a day.	[ten drops twais ə dei]
Berte jednu tabletu ...	Take one pill / tablet ...	[teik wan pil / 'tæblət ...]
- po osmi hodinách	- every eight hours	[evri eit auðs]
- třikrát denně	- three times a day	[θri: taims ə dei]
- před jídlem	- before meal	[bifo: mi:l]
- na lačno	- on an empty stomach	[on ən 'empti 'stamək]
- po jídle	- after meal	[a:ftə mi:ls]
JEN PRO VNĚJŠÍ POUŽITÍ	FOR EXTERNAL USE ONLY	[fo: ik'stə:nl ju:s ðunli]

DROGERIE
DRUGSTORE

Hledám tónovací šampón.	I am looking for a colour shampoo.	[ai æm lukiŋ fo: ə 'kalə šæm'pu:]
Pro světlé nebo tmavé vlasy?	For fair or dark hair?	[fo: feə o: da:k heə]
Chtěl/a bych ...	I'd like ...	[aid laik ...]
- břitvu	- a razor	[ə 'reizə]
- deodorant	- a deodorant	[ə di:'əudərənt]
- houbu	- a sponge	[ə spandž]
- hřeben	- a comb	[ə kəumb]
- kartáč na vlasy	- a hairbrush	[ə 'heðbraš]
- kartáček na nehty	- a nailbrush	[ə 'neilbraš]
- kartáček na zuby	- a toothbrush	[ə 'tu:θbraš]
- kleště na nehty	- some nail clippers	[sam neil klipðs]
- kolínskou vodu	- a toilet water	[ə 'toilət wo:tə]
- koupelovou sůl	- a bath salt	[ə ba:θ so:lt]
- koupelový olej	- a bath oil	[ə ba:θ oil]
- krém	- a cream	[ə kri:m]
- čisticí	- a cleansing cream	[ə kli:nsiŋ kri:m]
- podkladový	- a foundation cream	[ə faun'deišn kri:m]
- výživný	- a moisturizing cream	[ə 'moisčəraiziŋ kri:m]
- noční	- a night cream	[ə nait kri:m]
- na chodidla	- a foot cream	[ə fu:t kri:m]
- na opalování	- a sun-tan cream	[ə santæn kri:m]
- na ruce	- a hand cream	[ə hænd kri:m]
- lak na nehty	- a nail polish	[ə neil poliš]
- lak na vlasy	- a hair spray	[ə 'heə sprei]
- mýdlo	- some soap	[sam səup]
- mýdlo na holení	- a shaving cream	[ə šeiviŋ kri:m]
- natáčky	- some curlers	[sam kə:lðs]
- nůžky na kůžičku	- a cuticle remover	[ə kju:tikðl ri'mu:və]

Czech	English	Pronunciation
- oční stíny	- an eye shadow	[ǝn ai 'šædǝu]
- olej na opalování	- a sun-tan oil	[ǝ santǝn oil]
- parfém	- a perfume	[ǝ 'pǝ:fju:m]
- pilník na nehty	- a nail file	[ǝ neil fail]
- pinetky	- hairpins	['heǝpins]
- pinsetu	- tweezers	[twi:zǝz]
- pěnu do koupele	- a bubble bath	[ǝ 'babl ba:θ]
- pomáda na vlasy	- a hair gel	[ǝ heǝ džel]
- pudr	- a powder	[ǝ paudǝ]
- rtěnku	- a lipstick	[ǝ lipstik]
- růž	- a blusher (rouge)	[ǝ blašǝ]
- spínací špendlíky	- safety pins	['seiftipins]
- sponky	- hairgrips	[heǝgrips]
- šampón	- a shampoo	[ǝ šæm'pu:]
- barvicí	- a colour shampoo	[ǝ kalǝ šæm'pu:]
- na mastné vlasy	- for greasy / oily hair	[fo: gri:si / oili heǝ]
- na suché vlasy	- for dry hair	[fo: drai heǝ]
- štěteček na malování obočí	- an eyeliner	[ǝn ailainǝ]
- štětku na holení	- a shaving-brush	[ǝ 'šeiviŋbraš]
- toaletní papír	- toilet paper	['toilǝt peipǝ]
- tužidlo na vlasy	- a setting lotion	[ǝ setiŋ lǝušn]
- tužku na obočí	- an eyebrow pencil	[ǝn 'eibrau pensl]
- ubrousky	- napkins	[næpkins]
- vodu po holení	- an after-shave lotion	[ǝn a:ftǝšeiv lǝušn]
- zubní pastu	- a toothpaste	[ǝ 'tu:θpeist]
- zásyp	- a talcum powder	[ǝ tælkǝm paudǝ]
- zavírací sponku do vlasů	- a hair slide	[ǝ 'heǝ slaid]
- žiletky	- razor blades	[reizǝ bleids]

FOTOPOTŘEBY
PHOTOGRAPHIC AND CINEMA ARTICLES

Chtěla bych ... film do tohoto fotoaparátu.	I'd like a ... film for this camera.	[aid laik ǝ ... film fo: ðis 'kæmǝrǝ]
- černo-bílý	- black and white	[blæk ænd wait]
- barevný	- colour	[kalǝ]
Kolik stojí vyvolání filmu?	How much do you charge for processing?	[hau mač du: ju: ča:dž fo: 'prǝusesiŋ]
Chtěla bych si nechat vyvolat film.	I'd like to have my film developed.	[aid laik tu hæv mai film di'velǝpd]
Můžete, prosím, zvětšit tuhle fotografii?	Could you enlarge this picture, please?	[kud ju: in'la:dž ðis pikčǝ pli:z]
Kdy budou ty fotografie hotové?	When will the photos be ready?	[wen wil ðǝ 'fǝutǝus bi: redi]

ODĚVY
CLOTHING STORE

Co si přejete?	Can I help you?	[kæn ai help ju:]
Chtěl/a bych ...	I would like ...	[ai wud laik ...]
- džínsy	- jeans	[dži:nz]
- halenku	- a blouse	[∂ blauz]
- s dlouhým rukávem	- a long sleeved blouse	[∂ loŋ sli:vd blauz]
- s krátkým rukávem	- a short sleeved blouse	[∂ šo:t sli:vd blauz]
- kabát	- a coat	[∂ k∂ut]
- kalhoty	- trousers / pants	[trauz∂z / pænts]
- kalhotky	- panties	[pænts]
- kostým	- a costume	[∂ 'kostju:m]
- košili	- a shirt	[∂ š∂:t]
- kožich	- a furcoat	[∂ 'f∂:k∂ut]
- motýlka	- a bow tie	[∂ ˌba∂ 'tai]
- noční košili	- a nightdress	[∂ naitdres]
- oblek	- a suit	[∂ sju:t]
- plášť do deště	- a raincoat	[∂ reink∂ut]
- plavky	- swimming trunks	['swimiŋ traŋks]
	- a swimsuit	[∂ 'swimsu:t]
- podkolenky	- kneesocks	['ni:soks]
- podprsenku	- a bra	[∂ bra:]
- ponožky	- socks	[soks]
- punčochy	- stockings	['stokiŋs]
- punčocháče	- tights	[taits]
- pyžamo	- pyjamas	[p∂'dža:m∂z]
- rukavice	- gloves	[glavz]
- sako	- a jacket	[∂ 'džækit]
- jednořadové	- a single-breasted jacket	[∂ ˌsiŋgl'brestid 'džækit]
- dvouřadé	- a double-breasted jacket	[∂ ˌdabl'brestid 'džækit]
- sukni	- a skirt	[∂ sk∂:t]
- skládanou	- a pleated skirt	[∂ pli:tid sk∂:t]
- širokou	- a full skirt	[∂ ful sk∂:t]
- úzkou	- a straight skirt	[∂ streit sk∂:t]
- svetr	- a pullover / a sweater	[∂ 'pul,∂uv∂ / ∂ swet∂]
- šálu	- a scarf	[∂ ska:f]
- šaty	- a dress	[∂ dres]
- koktejlové	- a cocktail dress	[∂ kokteil dres]
- letní	- a summer dress	[∂ sam∂ dres]
- na zapínání	- a button through dress	[∂ batn θru: dres]
- svatební	- a wedding dress	[∂ wediŋ dres]
- večerní	- an evening dress	[∂n i:vniŋ dres]
- šortky	- shorts	[šo:ts]
- teplákovou bundu	- a jumper	[∂ džamp∂]
- tílko	- a vest	[∂ vest]
- tričko	- a T-shirt	[∂ ti:š∂:t]
- vázanku	- a tie	[∂ tai]
- vestu	- a waistcoat	[∂ 'weistk∂ut]
- větrovku	- an anorak	[∂n 'æn∂ræk]

Czech	English	Pronunciation
Chtěl/a bych kalhoty pro dvouročního chlapce.	I'd like some trousers for a two-year-old boy.	[aid laik sam 'trauzəz fo: ə tu: jiə ǝuld boi]
Chtěl/a bych ten, co je ve výloze.	I'd like the one in the window.	[aid laik ðə wan in ðə windəu]
Chtěla bych něco, co by se hodilo k této sukni.	I'd like something to match this skirt.	[aid laik samθiŋ tu mæč ðis skə:t]
Jakou máte velikost, prosím?	What's your size, please?	[wots jo: saiz pli:z]
Mám velikost 38.	I have got size 38.	[ai hæv got saiz θə:ti eit]
Máte nějakou jinou barvu?	Have you got any other colour?	[hæv ju: got eni 'aðə 'kalə]
Můžete si vybrat.	Yes, you can choose.	[jes ju: kæn ču:z]
Chtěla bych světlejší / tmavší odstín.	I'd like a lighter / darker shadow.	[aid laik ə laitə / da:kə 'šædəu]
Tuto velikost máme jen v modré a červené.	This size is available in blue and red only.	[ðis saiz iz ə'veiləbl in blu: ænd red əunli]
Tuto sukni máme v různých barvách ve všech velikostech.	We have got this skirt in various colours in all sizes.	[wi: hæv got ðis skə:t in 'veəriəs kaləs in o:l saizis]
Jak se Vám líbí tato sukně?	How do you like the shirt?	[hau du: ju: laik ðə šə:t]
Tohle je naše poslední novinka.	This is the latest fashion.	[ðis iz ðə leitist 'fæšn]
Velmi se mi líbí.	I like it very much.	[ai laik it veri mač]
Rozmyslím si to.	I will think it over.	[ai wil θiŋk it əuvə]
Jak se vám líbí tyto žluté šaty?	How do you like this yellow dress?	[hau du: ju: laik ðis 'jeləu dres]
Nejsou špatné, ale chtěla bych si raději zkusit ty zelené.	It is not bad but I'd better try this green one.	[it iz not bæd bat aid betə trai ðis gri:n wan]
Mohu si to zkusit?	May I try it on?	[mei ai trai it on]
Ano. Tam je zkušební kabina.	Yes. The fitting rooms are over there.	[jes] [ðə fitiŋ ru:mz a: əuvə ðeə]
Je tady zrcadlo?	Is here a mirror?	[iz hiə ə 'mirə]
Sukně vám dobře padne.	The skirt fits you very well.	[ðə skə:t fits ju: veri wel]
Moc vám sluší.	That suits you very much.	[ðæt sju:ts ju: veri mač]
Sedí dobře, vezmu je.	It fits well, I'll take it.	[it fits wel ai teik it]
Je to ...?	Is that ...?	[iz ðæt ...]
- ruční práce	- handmade	[hænd'meid]
- z dovozu	- imported	[impo:tid]
- tuzemský	- made here	[meid hiə]
Sráží se to?	Will it shrink?	[wil it šriŋk]
Je to ...?	Is it ...?	[iz it ...]
- čistá bavlna / vlna	- pure cotton / wool	[pjuə kotn / wul]
- syntetický materiál	- synthetic	[' sinθətik]
- stálobarevné	- colour fast	[kalə fa:st]
- nemačkavé	- crease / wrinkle resistant	[kri:s / riŋkl ri'zistənt]
- nepromokavé	- water repellent	[wo:tə ri'pelənt]
- nesrážející se	- shrink resistant	[šriŋk ri'zistənt]
- na praní v ruce	- hand washable	[hænd wošəbl]
- na praní v pračce	- machine washable	[mə'ši:n wošəbl]

Je mi to příliš ...	It's too ...	[its tu: ...]
- těsné	- tight	[tait]
- volné	- loose	[lu:s]
- velké	- big	[big]
- malé	- small	[smo:l]
Nelíbí se mi barva /	I don't like the colour /	[ai dəunt laik ðə kalə /
tvar / druh /	shape / type /	šeip / taip /
kvalita / provedení.	quality / tailoring.	'kwoliti / teilərin]
Kalhoty jsou v pase příliš	The trousers / pants are	[ðə trauzəs / pænts a: tu:
široké.	too wide in the waist.	waid in ðə weist]
Můžeme je předělat.	We can alter it.	[wi: kæn 'o:ltə it]

Z jakého je to materiálu?	What material is it from?	[wot mə'tiəriəl iz it from]
atlas	satin	['sætin]
batist	cambric	['keimbrik]
bavlna	cotton	[kotn]
bavlněný samet	velveteen	[velvə'ti:n]
brokát	brocade	[brə'keid]
česaná příze	worsted	['wustid]
čisté hedvábí	pure silk	[pjuə silk]
džínsovina	denim	['denim]
flanel	flannel	['flænl]
froté	towelling	[tauəlin]
gabardén	gabardine	['gæbədi:n]
krajka	lace	[leis]
krep	crepe	[kreip]
krepsilon	stretch-nylon	[streč 'nailən]
kůže	leather	['leðə]
manšestr	corduroy	[ko:duroi]
mušelín	muslin	[mazlin]
plátno	linen	['linin]
pletenina	knitted fabric	[nitid 'fæbrik]
plsť	felt	[felt]
plyš	plush	[plaš]
popelín	poplin	[paplin]
přírodní vlákna	natural fibres	['næčrəl faibəs]
samet	velvet	[velvit]
satén	satin	['sætin]
semiš	suede	[sweid]
šifon	chiffon	[šifən]
umělé hevábí	rayon	[reion]
vlna	wool	[wul]

jednobarevný	self coloured / plain	[self kaləd / plein]
kostkovaný	checked	[čekd]
květovaný	flowered	[flauəd]
pruhovaný	striped	[straipd]
s puntíky	with polka dots	[wið polka dots]
vzorovaný	patterned	['pætənd]

béžový	beige	[beiž]
bílý	white	[wait]
černý	black	[blæk]
červený	red	[red]
fialový	violet	['vaiðlit]
hnědý / světle hnědý	brown / fawn	[braun / fo:n]
lila	lilac	['lailðk]
modrý / tmavě modrý	blue / navy blue	[blu: / neivi blu:]
oranžový	orange	['orindž]
purpurový	purple	[pð:pl]
rudý	scarlet	[ska:lðt]
růžový	pink	[piŋk]
stříbrný	silver	[silvð]
šedý	grey	[grei]
tyrkysový	turquoise	[tð:kvoiz]
vínový	claret	[klðret]
zelený	green	[gri:n]
zlatý	gold	[gðuld]
žlutý	yellow	[jelðu]
světlý	light	[lait]
tmavý	dark	[da:k]

OBUV
SHOES

Chtěl/a bych pár ...	I'd like a pair of ...	[aid laik ð peð ov ...]
- holínek	- rain boots	[rein bu:ts]
- kozaček	- Cossack boots	[kosæk bu:ts]
- lakýrky	- patent-leather shoes	['peitðnt leðð šu:z]
- lodiček	- court shoes (br.) / pumps	[ko:t šu:z / pamps]
- mokasín	- moccasins	['mokðsins]
- polobotek	- walking shoes	[wo:kiŋ šu:z]
- sandálů	- sandals	['sændls]
- tenisek	- trainers (br.) / tennis shoes	['treinðs / tenis šu:z]
Potřebuji ...	I need some ...	[ai ni:d sam ...]
- boty na nízkém podpatku	- flat-heeled shoes	[flæt hi:ld šu:z]
- na vysokém podpatku	- high-heeled shoes	[hai hi:ld šu:z]
- pohodlnou obuv	- comfortable shoes	['kamfðtðbl šu:z]
- pantofle	- slippers	[slipðs]
Jakou velikost?	What size?	[wot saiz]
Jak sedí tyto?	How do these fit?	[hau du: ði:z fit]
Tyhle jsou moc ...	These are too ...	[ði:z a: tu: ...]
- úzké / široké	- narrow / wide	[nærðu / waid]
- velké / malé	- big / small	[big / smo:l]

Czech	English	Pronunciation
Tlačí.	They pinch.	[ðei pinč]
Máte ty samé v černém?	Do you have the same in black?	[du: ju: hæv ðə seim in blæk]
Vezmu si raději tyhle, jsou pohodlnější.	I think I'll take these, they are more comfortable.	[ai θiŋk ail teik ði:z ðei a: mo: 'kamfətəbl]
Máte prosím ...?	Have you got ..., please?	[hæv ju: got ... pli:z]
- kartáč na boty	- a shoe brush	[ə šu: braš]
- krém na boty	- some shoe polish	[sam šu: poliš]
- lžíce na obouvání	- a shoe horn	[ə šu: ho:n]
- tkaničky	- shoelaces	[šu:leisis]
Můžete mi je, prosím, zabalit?	Can you wrap them up for me, please?	[kæn ju: ræp ðem ap fo: mi: pli:z]

OPRAVNA OBUVI
SHOE REPAIR'S

Můžete mi opravit tyto boty?	Can you repair these shoes?	[kæn ju: ri'peə ði:z šu:z]
Mám sešlapané podpatky.	The heels are worn out.	[ðə hi:ls a: wo:n aut]
Chci nové podrážky a podpatky.	I want new soles and heels.	[ai wont nju: səuls ænd hi:ls]
Kožené / gumové podrážky, prosím.	I want leather / rubber soles, please.	[ai wont leðə / rabə səuls pli:z]
Utrhl se mi pásek na sandálech.	The strap from the sandal has broken off.	[ðə stræp from ðə sændl hæz brəukn of]
Kdy to bude hotové?	When is it finished?	[wen iz it finišd]
Dáte mi stvrzenku?	Can you give me a receipt?	[kæn ju: giv mi: ə risi:t]

KNIHKUPECTVÍ, PAPÍRNICTVÍ
BOOKSHOP, STATIONER'S

Kde je, prosím, ...?	Where is ... please?	[weə iz ... pli:z]
- dětské oddělení	- the children book section	[ðə čildrn buk sekšn]
- oddělení průvodců	- the guide book section	[ðə gaid buk 'sekšn]
Máte, prosím Vás, ...?	Have you got ...?	[hæv ju: got ...]
- autoatlas Británie	- a road map of Britain	[ə rəud mæp ov britn]
- kapesní slovník	- a pocket dictionary	[ə 'pokit 'dikšnri]
- knihu od ...	- a book by ...	[ə buk bai ...]
- mapu Londýna	- a street map of London	[ə stri:t mæp ov landən]
- noviny	- newspaper	[nju:zpeipə]
- průvodce Londýnem	- a guide of London	[ə gaid ov landən]
- slovník	- a dictionary	[ə dikšənri]
- učebnici gramatiky	- a grammar book	[ə 'græmə buk]
Máte nějaké antikvární knihy?	Have you got some secondhand books?	[hæv ju: got sam 'sekəndhænd buks]

Já si chci koupit ...	I want to buy ...	[ai wont tu bai ...]
- adresář	- an address book	[ən ə'dres buk]
- blok	- a notebook	[ə 'nəutbuk]
- časopis	- a magazine	[ə mægə'zi:n]
- dopisní papír	- some writing paper / pad	[sam raitiŋ 'peipə / pæd]
- gumu	- a rubber / an eraser	[ə 'rabə / ən i'reizə]
- inkoust	- some ink	[sam iŋk]
- izolepu	- a sellotape	[ə 'selə̌teip]
- kalendář	- a calendar	[ə 'kælində]
- kopírovací papír	- some carbon paper	[sam 'ka:bən peipə]
- lepicí pásku	- an adhesive tape	[ən əd'hi:siv teip]
- lepidlo	- a glue	[ə glu:]
- náplň (do pera)	- a refill	[ə ,ri:'fil]
- obálky	- some envelopes	[sam in'veləps]
- ořezávátko	- a pencil sharpener	[ə pensl 'ʃa:pənə]
- papír	- some paper	[sam peipə]
- papír do psacího stroje	- some typing paper	[sam taipiŋ peipə]
- papírové ubrousky	- some paper napkins	[sam peipə 'næpkins]
- pásku do psacího stroje	- a typewriter ribbon	[ə 'taip,raitə ribən]
- pastelky	- some crayons	[sam 'kreiəns]
- pero	- a pen	[ə pen]
- plnicí pero	- a fountain pen	[ə fauntin pen]
- pohlednici	- a postcard	[ə pə̌ustka:d]
- pravítko	- a ruler	[ə ru:lə]
- propisovací tužku	- a ball-point pen	[ə bɔ:l point pen]
- připínáčky	- some thumbtacks	[sam θamtæks]
- sešit	- an exercise book	[ən 'eksə̌saiz buk]
- spínátko	- a paperclip	[ə peipə̌klip]
- svorku	- a staple	[ə steipl]
- tužku	- a pencil	[ə 'pensl]
- vodové barvy	- a paintbox	[ə peintbɔks]

SPORTOVNÍ POTŘEBY
SPORT EQUIPMENT

Chtěl/a bych ...	I'd like ...	[aid laik ...]
- balón	- a balloon	[ə bə̌lu:n]
- baterku	- a torch / a flashlight	[ə tɔ:č / ə flæšlait]
- batoh	- a backpack	[ə 'bækpæk]
- bejsbolovou pálku	- a baseball bat	[ə beisbɔ:l bæt]
- boby	- a bobsleigh	[ə 'bobsleig]
- brusle	- some skates	[sam skeits]
- kolečkové	- some roller skates	[sam 'rolə̌ skeits]
- cepín	- an ice axe	[ən ais æks]
- cestovní ledničku	- a cool box	[ə ku:l bɔks]
- dřevěné uhlí	- charcoal	['ča:kə̌ul]
- ešus	- a mess tin	[ə mes tin]
- golfovou hůl	- a golf club	[ə golf klab]

Czech	English	Pronunciation
- hokejovou hůl	- an ice-hockey stick	[ən ais hoki stik]
- horolezecké boty	- climbing boots	['klaimbiŋ bu:ts]
- houpací síť	- a hammock	[ə 'hæmək]
- chrániče holeně	- shin pads	[šin pæds]
- kanoi	- a canoe	[ə kə'nu:]
- kolo	- a bicycle	[ə 'baisikl]
- kompas	- a compass	[ə 'kampəs]
- láhev na vodu	- a water flask	[ə wo:tə fla:sk]
- lano	- a rope	[ə rəup]
- lehátko	- a deck chair	[ə dek čeə]
- luk	- a bow	[ə bəu]
- lyžařské brýle	- some goggles	[sam goglz]
- lyžařské hole	- some sticks	[sam stiks]
- lyžařský vosk	- some wax	[sam wæks]
- lyže	- some skis	[sam ski:s]
- nafukovací matraci	- an air bed / mattress	[ən eə bed / 'mætris]
- nepromokavou celtu	- some groundsheet	[sam graundši:t]
- pádlo	- a paddle	[ə 'pædl]
- ploutve	- some fins	[sam fins]
- plovací vestu	- a swimming jacket	[ə swimiŋ 'džækit]
- plynový vařič	- a portable gas cooker	[ə po:təbl ga:s ku:kə]
- přilbu	- a helmet	[ə 'helmit]
- pumpu	- a pump	[ə pamp]
- rybářské potřeby	- a fishing tackle	[ə fišiŋ tækl]
- sáně	- a sledge	[ə sledž]
- (skládací) židli / stůl	- (collapsible) chair / table	[(kə'læpsibl) čeə / teibl]
- skobu	- a piton	[ə pitən]
- spacák	- a sleeping bag	[ə sli:piŋ bæg]
- stan	- a tent	[ə tent]
- stanové kolíky	- tent pegs	[tent pegz]
- stopky	- a stop-watch	[ə stopwoč]
- šíp	- an arrow	[ən æ'rəu]
- tenisovou raketu	- a tennis racket	[ə tenis 'rækit]
- tenisové míčky	- some tennis balls	[sam tenis bo:ls]
- tretry	- spiked running shoes	[spaikd raniŋ šu:z]

ELEKTROPOTŘEBY
ELECTRICAL APPLIANCES

Máte pro tohle baterii?	Do you have a battery for this?	[du: ju: hæv ə 'bætəri fo: ðis]
Chtěl bych walkmana se sluchátky a nějaký dobrý radiomagnetofon.	I'd like a walkman with earphones and a good radio cassetteplayer.	[aid laik ə 'wo:kmæn wið 'iə fəuns ænd ə gud reidiəu kə'set pleiə]
Chtěl bych koupit barevnou televizi.	I'd like to buy a colour television.	[aid laik tu bai ə kalə 'teli,vižn]
Je to napájení na 220 V?	Is it for 220 Volts?	[iz it fo: tu: handrəd twenty volts]
Jaký je výstupní výkon?	What's the output power?	[wots ði 'autput 'pauə]

Můžete mi ukázat, jak to mám používat?	Can you show me how to use it?	[kæn juː ʃəu miː hau tu juːs it]
Předvedu vám ten přístroj.	I will show you the appliance.	[ai wil ʃəu juː ðiː ə'plaiəns]
Máte k tomu uživatelský manuál?	Do you have a user's manual for this?	[duː juː hæv ə juːzəz 'mænjuəl fo: ðis]
Chtěl/a bych ...	I'd like ...	[aid laik ...]
- (cestovní) žehličku	- a (travelling) iron	[ə ('trævəliŋ) aiən]
- elektrický holicí strojek	- a shaver	[ə ʃeivə]
- elektrický kartáček na zuby	- an electric toothbrush	[ən i'lektrik 'tuːθbraʃ]
- (barevnou) televizi	- a (colour) television	[ə kaləʳ 'telivižn]
- fén	- a hair dryer	[ə heə draiə]
- gramofón	- a record player	[ə 'rekoːd,pleiə]
- lampu	- a lamp	[ə læmp]
- magnetofon	- a tape recorder	[ə teip rikoːdə]
- sluchátka	- headphones	['hedfəuns]
- přehrávač kompaktních disků	- a CD player	[ə siːdiː pleiə]
- rádio	- a radio	[ə 'reidiəu]
- reproduktor	- a speaker	[ə spiːkə]
- věž HI-FI	- a tower system HI-FI	[ə 'tauə 'sistim hai fai]
- videorekordér	- a video cassette recorder	['vidiəu kə'set rekoːdə]
- vysavač	- a vacuum cleaner	[ə 'vækjuəm kliːnə]
- žárovku	- a bulb	[ə 'balb]
- transformátor	- a transformer	[ə træns'foːmə]
- prodlužovací kabel	- an extension lead / cord	[ən ik'stenʃn liːd / koːd]
- zesilovač	- an amplifier	[ən 'æmplifaiə]
- rozdvojku	- an adaptor	[ən ə'deptə]

POTRAVINY
GROCER'S

Prosím chleba.	I'd like some bread, please.	[aid laik sam bred pliːz]
Jaké máte druhy sýrů?	What sort of cheese do you have?	[wot soːt ov čiːz duː juː hæv]
- tvrdý sýr	- hard cheese	[haːd čiːz]
- měkký sýr	- soft / cream cheese	[soft / kriːm čiːz]
- ementál	- Emmenthaler / Swiss cheese	['emənta:lə / swis čiːz]
- brynza	- sheep cheese	[ʃiːp čiːz]
- plnotučný sýr	- full fat cheese	[ful fæt čiːz]
Kousek ...	A piece of ...	[ə piːs ov ...]
- toho	- that one	[ðæt wan]
- ten na poličce	- that one on the shelf	[ðæt wan on ðə ʃelf]
Já si vezmu jeden z těchto.	I'll have one of these.	[ail hæv wan ov ðiːz]

Můžu si sám vzít?	May I help myself?	[mei ai help maiself]
Chtěl/a bych ...	I'd like ...	[aid laik ...]
- kilo jablek	- a kilo of apples	[ə 'ki:ləu ov 'æpls]
- kostkový / krystalový cukr	- lump / granulated sugar	[lamp / 'grænju,leitid šugə]
- pískový / práškový cukr	- castor / icing sugar	['ka:stə / aisiŋ šugə]
- půl kila rajských jablek	- half a kilo of tomatoes	[ha:f ə 'ki:ləu ov tə'ma:təuz]
- pintu mléka	- a pint of milk	[ə paint ov milk]
- šest vajíček	- half a dozen eggs	[ha:f ə 'dazn egs]
- čtyři plátky šunky	- four slices of ham	[fo: slaisis ov hæm]
- krabičku čaje	- a packet of tea	[ə pækit ov ti:]
- skleničku džemu	- a jar of jam	[ə džæ: ov džæm]
- konzervu broskví	- a tin / can of peaches	[ə tin / kæn ov pi:či:s]
- tubičku hořčice	- a tube of mustard	[ə tju:b ov mastəd]
- bonboniéru	- a box of chocolates	[ə boks ov 'čokəlits]

být ošizen	to be taken in / to be cheated	[tu bi: teikn in / tu bi: či:tid]
cena	a price	[ə prais]
dodat	to deliver	[tu di'livə]
drahý	expensive	[ik'spensiv]
druh zboží	an article	[ən a:tikl]
jakost	a class	[ə kla:s]
kupovat	to buy	[tu bai]
kvalita	a quality	[ə 'kvoliti]
levný	cheap	[či:p]
mít dodávkovou službu	to run a home delivery service	[tu ran ə həum di'livəri sə:vis]
objednávka	an order	[ən o:də]
platit u pokladny	to pay at the cash desk	[tu pei ət ðə kæš desk]
pokladna	a cash desk	[ə kæš desk]
pokladní lístek	a cash-account	[ə kæš ə'kaunt]
pokladní	a checker	[ə čekə]
prodavač	a shop assistant	[ə šop ə'sistənt]
prodávat	to sell	[tu sel]
pult	a counter	[ə kauntə]
sleva	a discount	[ə 'diskaunt]
smlouvat	to bargain	[tu ba:gin]
snížená cena	a reduced price	[ə ri'dju:sd prais]
výkladní skříň	a display window	[ə displei windəu]
výloha	a window	[ə windəu]
výprodej	a sale	[ə seil]
zákazník	a customer	[ə 'kastəmə]
záruční list	a guarantee certificate	[ə gærənti: sə:tifikit]
zboží	goods	[guds]
zvláštní nabídka	a special offer	[ə spešl 'ofə]

NÁPISY
SIGNS

VSTUPNÉ	ADMISSION	*[əd'mišn]*
VSTUP VOLNÝ	ADMISSION FREE	*[əd'mišn fri:]*
MLÁDEŽI NEPŘÍSTUPNO	ADULTS ONLY	*[ə'dalts ðunli]*
KLIMATIZACE	AIR CONDITIONING	*[eə kən'dišniŋ]*
MLÁDEŽI PŘÍSTUPNO	ALL AGES	*[o:l eidžiz]*
POZOR!	ATTENTION!	*[ə'tenšn]*
DATUM SPOTŘEBY	BEST BEFORE	*[best bifo:]*
POZOR, ZLÝ PES!	BEWARE OF THE DOG!	*[bi'weð ov ðð dog]*
STAVENIŠTĚ	BUILDING SITE	*[bildiŋ sait]*
ZASTÁVKA AUTOBUSŮ	BUS STOP	*[bas stop]*
PARKOVIŠTĚ	CAR PARK	*[ka: pa:k]*
POKLADNA	CASH DESK	*[kæš desk]*
VÝPRODEJ	CLEARANCE	*['kliðrðns]*
ŠATNA	CLOAK ROOM / LOCKER ROOM	*[klðuk ru:m / lokð ru:m]*
ZAVŘENO	CLOSED	*[klðusd]*
STUDENÝ	COLD	*[kðuld]*
CELNICE	CUSTOMS	*['kastðms]*
NEBEZPEČÍ	DANGER	*['deindžð]*
NEBEZPEČÍ POŽÁRU	DANGEROUS-FLAMMABLE	*['deindžðrðs flæmðbðl]*
ŽIVOTU NEBEZPEČNÉ	DANGEROUS	*['deindžðrðs]*
SLEVA	DISCOUNT	*['diskaunt]*
NERUŠIT!	DO NOT DISTURB!	*[du: not distð:b]*
VSTUP ZAKÁZÁN	DO NOT ENTER	*[du: not entð]*
	NO ENTRY	*[nðu entri]*
NEOTVÍRAT	DO NOT OPEN	*[du: not ðupen]*
NEDOTÝKEJTE SE!	DO NOT TOUCH!	*[du: not tač]*
PITNÁ VODA	DRINKING WATER	*[driŋkiŋ wo:tð]*
NOUZOVÝ VÝCHOD	EMERGENCY EXIT	*[i'mð:džðnsi 'eksit]*
VCHOD	ENTRANCE	*['entrðns]*
	ENTRY / WAY IN	*[entri / wei in]*
VÝCHOD	EXIT / WAY OUT	*[eksit / wei aut]*
PRVNÍ POMOC	FIRST AID	*[fð:st eid]*
JEN PRO VNĚJŠÍ POUŽITÍ	FOR EXTERNAL USE ONLY	*[fo: ikstð:nðl ju:s ðunli]*
K PRONÁJMU	FOR RENT / TO LET	*[fo: rent / tu let]*
POUZE PRO OBYVATELE	FOR RESIDENTS ONLY	*[fo: 'rezidðnts ðunli]*
NA PRODEJ	FOR SALE	*[fo: seil]*

Czech	English	Pronunciation
PÁNOVÉ	GENTLEMEN	[ˈdžentlmən]
TOPENÍ	HEATING	[hiːtiŋ]
TEPLÝ	HOT	[hot]
INFORMACE	INFORMATION	[ˌinfoːˈmeišn]
VHOĎTE MINCI	INSERT A COIN	[insəːt ə koin]
JEĎTE / JDĚTE VLEVO	KEEP LEFT	[kiːp left]
JEĎTE / JDĚTE VPRAVO	KEEP RIGHT	[kiːp rait]
DÁMY	LADIES	[leidiːz]
VÝTAH	LIFT	[lift]
ODPADKY	LITTER / GARBAGE	[litə / gaːbidž]
ZTRÁTY A NÁLEZY	LOST PROPERTY	[lost ˈpropəti]
POZOR SCHOD!	MIND THE STEP!	[maind ðə step]
NEPOVOLANÝM VSTUP ZAKÁZÁN	NO ADMITTANCE EXCEPT ON BUSINESS	[nəu ədˈmitəns iksept on ˈbiznis]
KOUPÁNÍ ZAKÁZÁNO	NO BATHING / SWIMMING	[nəu beiðiŋ / swimiŋ]
ZAKÁZANÝ VÝCHOD	NO EXIT	[nəu eksit]
PRŮCHOD ZAKÁZÁN	NO PASSAGE	[nəu ˈpæsidž]
ZÁKAZ FOTOGRAFOVÁNÍ	NO PHOTOGRAPHS	[nəu fəutəugraːfs]
KOUŘENÍ ZAKÁZÁNO	NO SMOKING	[nəu sməukiŋ]
VODA NENÍ PITNÁ	NON-DRINKING WATER	[non driŋkiŋ woːtə]
NEKUŘÁCI	NON-SMOKERS	[non sməukəs]
ZADÁNO	OCCUPIED	[ˈokjupaid]
OTEVŘENO	OPEN	[ˈəupen]
OTEVÍRACÍ DOBA	OPENING HOURS	[ˈəupəniŋ ˈauəs]
MIMO PROVOZ	OUT OF ORDER	[aut ov oːdə]
JEN PRO PĚŠÍ	PEDESTRIANS ONLY	[piˈdestriəns əunli]
JED	POISON	[ˈpoizn]
ZMÁČKNĚTE V PŘÍPADĚ POŽÁRU	PRESS IN CASE OF FIRE	[pres in keis ov faiə]
SOUKROMÉ	PRIVATE	[ˈpraivit]
VEŘEJNÉ ZÁCHODY	PUBLIC CONVENIENCES / TOILET / LAVATORY	[ˈpablik kənviːnjənsiz / ˈtoilət / lævətəri]
TÁHNOUT / SEM	PULL	[pul]
TLAČIT / TAM	PUSH	[puš]
ZASTÁVKA NA ZNAMENÍ	REQUEST STOP	[riˈkwest stop]
ZVOŇTE	RING THE BELL	[riŋ ðə bel]
TICHO!	SILENCE!	[ˈsailəns]
KUŘÁCI	SMOKERS	[sməukəs]
VYPRODÁNO	SOLD OUT	[səuld aut]
STOP!	STOP!	[stop]
TUDY	THIS WAY	[ðis wei]
VOLNO	VACANT	[ˈveikənt]
ČERSTVĚ NATŘENO	WET PAINT	[wet peint]

HLEDÁM PRÁCI
I'M LOOKING FOR A JOB

Hledám práci.	I'm looking for a job.	[aim lukiŋ fo: ə džob]
Byl jsem propuštěn.	I've been dismissed.	[aiv bi:n dismisd]
Dal jsem výpověď.	I gave notice.	[ai geiv nəutis]
Jsem nezaměstnaný.	I'm unemployed.	[aim ˌanim'ploid]
Budu žádat o práci účetního.	I'm going to apply for a job as an accountant.	[aim gəuiŋ tu ə'plai fo: ə džob əs ən ə'kauntənt]
Žádám o místo ...	I'm applying for a position of ...	[aim ə'plaiŋ fo: ə pə'zišən ov]
Odpovídám na inzerát.	I'm answering an advertisement.	[aim 'a:nsəriŋ ən əd'və:tismənt]
Odpovídám na inzerát na místo účetního, který vyšel 16. července v novinách The Times.	I am replying to an advertisement for an accountant which you placed in The Times on July 16th.	[ai æm ri'plaiŋ tu ən əd'və:tismənt fo: ən ə'kauntənt wič ju: pleisd in ðə taims on džu'lai ðə siksti:nθ]
Zašlete nám, prosím, Váš životopis.	Please, send us your curriculum vitae.	[pli:z send as jo: kə'rikjuləm 'vi:tai]
V naší firmě je volné místo.	We have a vacancy in our company.	[wi: hæv ə 'veikənsi in auə 'kampəni]
Zaměstnáváte také cizince?	Do you also employ foreigners?	[du: ju: 'o:lsəu im'ploi fo'rənəs]
V této oblasti je nedostatek pracovních sil.	There is a shortage of labour in this region.	[ðeə iz ə šo:tidž ov 'leibə in ðis 'ri:džən]
Kde najdu pracovní úřad?	Where can I find a job centre?	[weə kæn ai faind ə džob sentə]
Kde je tady personální oddělení?	Where is the personal department?	[weə iz ðə 'pə:snl di'pa:tmənt]
U koho se musím hlásit?	Who am I to check in?	[hu: æm ai tu ček in]
Mohla bych mluvit s personálním vedoucím?	Can I talk to the personal officer?	[kæn ai to:k tu 'pə:snl 'ofisə]
Chtěla bych zde nějakou dobu pracovat.	I would like to work here for some time.	[ai wud laik tu wə:k hiə fo: sam taim]
Mám zájem o práci u vaší firmy.	I am interested in working for your company.	[ai æm 'intristid in wə:kiŋ fo: jo: 'kampəni]
Vyplňte, prosím, tento formulář.	Would you fill in this form, please?	[wud ju: fil in ðis fo:m pli:z]
Uveďte svoji kvalifikaci a zkušenosti.	Give details of your qualification and experience.	[giv 'di:teils ov jo: kwolifi'keišn ænd ik'spiəriəns]
Měl byste si rozšířit kvalifikaci.	You should extend your qualification.	[ju: šud ik'stend jo: ˌkwolifi'keišn]
Tady jsou moje dokumenty a kopie diplomu a vysvědčení.	Here are my documents and copies of my diploma and school reports.	[hiə a: mai 'dokjumənts ænd kopi:z ov mai di'pləumə ænd sku:l ripo:ts]
Jaké máte vzdělání?	What's your education?	[wots jo: ˌedju'keišn]

HLEDÁM PRÁCI / I'm looking for a job

Czech	English	Pronunciation
Vystudoval jsem ...	I have finished ...	[ai hæv finišd ...]
- základní školu	- a basic / elementary school	[ə 'beisik / eli'mentəri sku:l]
- všeobecnou školu	- a comprehensive school	[ə ˌkompri'hensiv sku:l]
- gymnázium	- a grammar / high school	[ə 'græmə / hai sku:l]
- technickou střední školu	- a technical school	[ə 'teknikl sku:l]
- umělecko-průmyslovou školu	- a school of applied arts	[ə sku:l ov ə'plaid a:ts]
- učiliště	- an apprentice training centre / vocational school	[ən ə'prentis treiniŋ sentə / vəu'keišənl sku:l]
- univerzitu	- a university	[ə ˌju:ni'və:səti]
- akademii múzických umění	- an academy of musical arts	[ən ə'kædəmi ov mju:zikl a:ts]
- filozofickou fakultu	- a philosophical faculty	[ə ˌfilə'sofikl 'fæklti]
- lékařská fakulta	- a faculty of medicine	[ə 'fæklti ov medsin]
- pedagogickou fakultu	- a teacher's training college	[ə ti:čəs treiniŋ kolidž]
- vysokou zemědělskou školu	- a college of agriculture	[ə kolidž ov 'ægrikalčə]
V (datum) jsem absolvoval (univerzita), kde jsem získal (titul; diplom) z (předmět).	I graduated from (university) in (date) with a (degree; diploma) in (subject).	[ai 'grædjueitid from (ˌju:ni'və:səti) in (deit) wiδ ə (di'gri: di'pləumə) in (' sabdžikt)]
Poté jsem začal pracovat u firmy (jméno firmy) jako (název).	Then I began to work with (name of firm) as a/ an (job title).	[δen ai bigæn tu wə:k wiδ (neim ov fə:m) əs ə/ ən (džob taitl)]
Co můžete vykonávat za práce?	What kind of work can you do?	[wot kaind ov wə:k kæn ju: du:]
Mohu vykonávat ...	I can do ...	[ai kæn do: ...]
- zednické práce	- bricklayer's works	['brikleiəs wə:ks]
- stolařské práce	- joiner's works	[džoinəs wə:ks]
- zámečnické práce	- locksmith's works	[loksmiθs wə:ks]
Mohu pracovat ...	I can work ...	[ai kæn wə:k ...]
- v kanceláři	- in an office	[in ən 'ofis]
- v zemědělství	- in agriculture	[in 'ægrikalčə]
- ve stavebnictví	- in the building industry	[in δə bildiŋ indastri]
- ve zdravotnictví	- in health service	[in helθ sə:vis]
Jaké máte další dovednosti?	What's your other skills?	[wots jo: aδə skils]
- psaní na stroji	- typing	['taipiŋ]
- těsnopis	- shorthand	['šo:thænd]
- řidičský průkaz	- driving abilities	[draiviŋ ə'biliti:s]
- účetnictví	- bookkeeping	['buk,ki:piŋ]
Učím se rychle novou práci.	I learn new work quickly.	[ai lə:n nju: wə:k kwikli]
Jsem dobrý organizátor.	I am a good organizer.	[ai æm ə gud 'o:gənaizə]
Mám také zkušenosti v oboru.	I also have experience in the field of ...	[ai o:lsəu hæv ik'spiəriəns in δ fi:ld ov]
Máte pracovní vízum?	Have you got a work visa?	[hæv ju: got ə wə:k vi:zə]
Jak dostanu pracovní povolení?	How can I get a work permit?	[hau kæn ai get ə wə:k pə:mit]

HLEDÁM PRÁCI / I'm looking for a job

Czech	English	Pronunciation
Máte povolení k pobytu?	Have you got a residency permit?	[hæv ju: got ə 'rezidənsi pə:mit]
Máte ubytování?	Have you got an accommodation?	[hæv ju: got ən ə͵komə'deišn]
Ubytování ještě nemám.	I haven't got any accommodation yet.	[ai hævnt got eni ə͵komə'deišn jet]
Ubytování vám zajistíme / nezajistíme.	We will / will not provide you with accommodation.	[wi: wil / wil not prə'vaid ju: wiθ ə͵komə'deišn]
Dva roky jsem pracoval jako ...	For two years I worked as a...	[fo: tu: jiəs ai wə:kd əz ə]
Jsem vyučený/á jako ...	I got trained in	[ai got treind in]
Kde jste zaměstnán?	Where do you work?	[weə du: ju: wə:k]
V současnosti jsem zaměstnaný u firmy (jméno) a pracuji tu (počet roků).	At present I am employed by (name of firm) and I have been there for (number of years).	[ət preznt ai æm im'ploid bai (neim ov fə:m) ænd ai hæv bi:n ðeə fo: (nambə ov jiəs)]
Jsem si jist, že bych byl v této pozici úspěšný, protože jsem právě získal požadované zkušenosti a dovednosti.	I am sure I will be successful in this post as I have now gained the experience and skills that are required.	[ai æm šuə ai wud bi: sək'sesful in ðis post əz ai hæv nau geind ðə ik'spiəriəns ænd skils ðæt a: ri'kwaidð]
Litujeme, že Vám musíme oznámit, že Vám nemůžeme nabídnout místo (název), o které jste žádal (datum).	We regret to tell you that we are not able to offer you the post of (title) which you applied for on (date).	[wi: rigret tu tel ju: ðæt wi: a: not eibl tu ofə ju: ðə post ov (taitl) wič ju: ə'plaid fo: on (deit)]
S potěšením Vám oznamujeme, že jste byl v pohovoru ohledně (název), který jste absolvoval (datum), úspěšný.	We are pleased to inform you that you were successful in your interview for (title) which you attended on (date).	[wi: a: pli:zd tu info:m ju: ðæt ju: weə sək'sesful in jo: 'intəvju: fo: (taitl) wič ju: ə'tendid on (deit)]
Vaše povinnosti budou zahrnovat ...	Your duties will include ...	[jo: dju:ti:z wil in'klu:d]
Jaká je u Vás pracovní doba?	What are your working hours?	[wot a: jo: wə:kiŋ auəs]
Pracovní doba je od pondělí do pátku od 7:00 do 15:00.	Working hours are from 7 am. to 3 pm. Monday to Friday.	[wə:kiŋ auəs a: from sevn ei em tu θri: pi: em mandei tu fraidei]
Máte nárok na volno během státních svátků a po roce zaměstnání na tři týdny dovolené.	You are entitled to all Bank Holidays, plus three weeks' vacation after one year's service.	[ju: a: in'taitld tu o:l bæŋk holideiz plas θri: wi:ks və'keišn a:ftə wan jiəs sə:vis]
Jak to bude s pojištěním?	What about insurance?	[wot ə'baut in'šuərəns]
Budet mít bezplatné zdravotní pojištění.	You will have free medical insurance.	[ju: wil hæv fri: 'medikl in'šuərəns]
Budete pracovat na denní / noční směně.	You will work on the day / night shift.	[ju: wil wə:k on ðə dei / nait šift]
Kdy mohu nastoupit?	When can I start working?	[wen kæn ai sta:t wə:kiŋ]

Czech	English	Pronunciation
Třeba okamžitě, jestli chcete.	Right now, if you like.	[rait nau if ju: laik]
Začnete pracovat zítra.	You'll start your work tomorrow.	[ju:l sta:t jo: wə:k tə'morəu]
Jaký budu mít plat?	What will the salary be?	[wot wil ðə sæləri bi:]
Váš roční příjem bude ...	Your annual salary will be ...	[jo: æ'njuəl sæləri wil bi:]
To je čistý nebo hrubý výdělek?	Is it net income or gross salary?	[iz it net inkam o: gros sæləri]
Budete placen na hodinu / den.	You will be paid by the hour / day.	[ju: wil bi: peid bai ði: 'auə / dei]
Přesčasy budou zaplaceny jeden a půl násobkem normální sazby.	The overtimes will be paid at time and a half rates.	[ði: 'əuvətaims wil bi: peid ət taim ænd ə ha:f reits]
Důkladně si pročtěte pracovní smlouvu.	Please read the work contract carefully.	[pli:z ri:d ðə wə:k 'kontrækt 'keəfuli]
Můžeme podepsat pracovní smlouvu.	We can sign the contract.	[wi: kæn sain ðə 'kontrækt]
Za těchto podmínek nemohu smlouvu podepsat.	I cannot sign the contract under these conditions.	[ai kænot sain ðə 'kontrækt a:ndə ði:z kən'dišns]
Vítáme Vás v naší společnosti.	We welcome you to our company.	[wi: welkam ju: tu auə 'kampəni]

Czech	English	Pronunciation
čistý příjem	net income	[net inkam]
denní směna	day shift	[dei šift]
doporučení	recommendation	['rekə,mendeišn]
dovolená	leave / holiday / vacation	[li:v / 'holədi / və'keišn]
hodinová mzda	hour rate	[auə reit]
hrubá mzda	gross salary	[gros sæləri]
mzda (pro dělníky)	wage (for workers)	['weidž (fo: wə:kəs)]
nezaměstnanost	unemployment	[,anim'ploimənt]
okrajové výhody	fringe benefits	[frindž benefits]
plat (pro profesionály)	salary (for professionals)	[sæləri (fo: prə'fešnls)]
pohovor	interview	['intəvju:]
pracovní místo	post / vacancy / position / opening	[post / 'veikənsi / pə'zišn / 'əupeniŋ]
pracovní smlouva	contract of employment	['kontrækt ov im'ploimənt]
přesčas	overtime	[əuvətaim]
zaměstnanec	emploee	[,emploi'i:]
zaměstnání	employment	[im'ploimənt]
zaměstnavatel	employer	[im'ploiə]
zvolit si zaměstnání	to choose a career	[tu ču:z ə kə'riə]
životopis	curriculum vitae	[kə'rikjuləm 'vi:tai]

HLEDÁM PRÁCI

I'm looking for a job

čalouník	upholsterer	[apˈhəulstə]
číšník	waiter	[ˈweitə]
dělník	worker	[ˈwəːkə]
ekonom	economist	[iˈkonəmist]
elektrikář	electrician	[i,lekˈtrišn]
herec / herečka	actor / actress	[ˈæktə / ˈæktris]
hodinář	watchmaker	[ˈwočmeikə]
holič	barber	[ˈbaːbə]
horník	miner	[ˈmainə]
instalatér	plumber	[ˈplambə]
inženýr	engineer	[,endžiˈniə]
kadeřník	hairdresser	[ˈheəˌdresə]
kovář	smith	[smiθ]
kuchař	cook / chef	[kuk / šef]
kuchařka	cook	[kuk]
lékař	doctor	[ˈdoktə]
malíř	painter	[ˈpeintə]
mechanik	mechanic	[miˈkænik]
novinář	journalist	[ˈdžəːnəlist]
obuvník	shoemaker	[ˈšuːˌmeikə]
odborník	specialist / expert	[ˈspešəlist / ˈekspət]
právník	lawyer	[ˈloːjə]
programátor	computer programmer	[kəmˈpjuːtə ˈprəugræmə]
prodavač(ka)	shop assistant	[šop əˈsistənt]
projektant	designer	[diˈzainə]
redaktor	editor	[editə]
rolník	farmer	[faːmə]
řemeslník	craftsman	[ˈkraːftsmən]
řezník	butcher	[ˈbučə]
řidič	driver	[ˈdraivə]
servírka	waitress	[ˈweitris]
služebná	maid / servant	[meid / ˈsəːvənt]
soustružník	turner	[təːnə]
technik	technician	[tekˈnišn]
tesař	carpenter	[ˈkaːpintə]
truhlář	joiner	[džoinə]
učitel	teacher	[tiːčə]
uklízečka	cleaner	[kliːnə]
účetní	accountant	[əˈkauntənt]
úředník	clerk / office worker	[klaːk / ˈofis wəːkə]
zámečník	locksmith	[loksmiθ]
zdravotní sestra	nurse	[nəːs]
zedník	bricklayer	[ˈbrikˌleiə]
zemědělec	farmer	[faːmə]
zpěvák	singer	[siŋə]
zubař	dentist	[ˈdentist]
zvěrolékař	veterinarian / vet	[,vetəriˈneəriən / vet]

ZDRAVÍ
HEALTH

U LÉKAŘE
AT THE DOCTOR'S

Czech	English	Pronunciation
Rychle, potřebuji lékaře.	I need a doctor, quickly.	[ai ni:d ə ˈdoktə kwikli]
Můžete mi sehnat lékaře?	Could you get me a doctor?	[kud ju: get mi: ə ˈdoktə]
Kde je lékařská ordinace?	Where is the surgery?	[weə iz ðə ˈsə:džəri]
Jsi (jste) v pořádku?	Are you all right?	[a: ju: o:l rait]
Co je s tebou?	What's wrong with you?	[wots roŋ wið ju:]
To nic, to přejde.	It's all right. It will pass.	[its o:l rait] [it wil pa:s]
Nic mi není.	I'm O.K.	[aim ðu kei]
Vypadáš bledě.	You look pale.	[ju: luk peil]
Nevypadáš dobře.	You don't look well.	[ju: dðunt luk wel]
Dnes se necítím dobře.	I am not feeling well today.	[ai æm not fi:liŋ wel tə'dei]
Nejsem ve své kůži.	I am not feeling like myself.	[ai æm not fi:liŋ laik maiself]
Měl bys jít s tím srdcem k lékaři.	You should go to the doctor about your heart.	[ju: šud gðu tu ðə ˈdoktə əˈbaut jo: ha:t]
Nedělejte si starosti.	Don't worry.	[dðunt wari]
Kde najdu lékaře, který mluví česky?	Where can I find a doctor who speaks Czech?	[weə kæn ai faind ə ˈdoktə hu: spi:ks ček]
Můžete mi doporučit dobrého ... ?	Could you recommend me a good ... ?	[kud ju: ˌrekəˈmend mi: ə gud ...]
- dětského lékaře	- paediatrist	[ˌpi:diˈdˈtrist]
- gynekologa	- gynaecologist	[ˌgainəˈkolədžist]
- kožního lékaře	- dermatologist	[ˌdə:məˈtolədžist]
- nervového lékaře	- neurologist	[njuˈrolədžist]
- očního lékaře	- oculist	[okjulist]
- praktického lékaře	- general practitioner	[ˈdženərəl prækˈtišnə]
Můžu se objednat na zítra?	Can I have an appointment for tomorrow?	[kæn ai hæv ən əˈpointmənt fo: təˈmorəu]
Lékař dnes neordinuje.	No appointments today.	[nðu əˈpointmənts təˈdei]
Ordinační hodiny jsou od 7:00 do 15:00.	The office hours are from 7 am. to 3 pm.	[ði: ofis ˈauðs a: from sevn ei em tu θri: pi: em]
Jak se dnes cítíte?	How do you feel today?	[hau du: ju: fi:l təˈdei]
Už je vám lépe?	Are you feeling better?	[a: ju: fi:liŋ ˈbetə]
Co Vás trápí?	What's troubling you?	[wots ˈtrablin ju:]
Jsem nemocný.	I am ill.	[ai æm il]
Točí se mi hlava.	I feel dizzy.	[ai fi:lˈdizi]
Třesu se.	I feel shivery.	[ai fi:l ˈšivəri]
Je mi mdlo.	I feel weak.	[ai fi:l wi:k]
Jsem unaven.	I am tired.	[ai æm ˈtaiəd]

ZDRAVÍ / Health

Czech	English	Pronunciation
Je mi špatně od žaludku.	I feel sick / nauseous.	[ai fi:l sik / 'no:siəs]
Máte horečku?	Have you got a temperature / a fever?	[hæv ju: got ə 'tempritčə / ə 'fi:və]
Ještě jsem se dnes neměřil.	I haven't taken my temperature yet today.	[ai hævnt teikn mai 'tempritčə jet tə'dei]
Tady je teploměr.	Here is a thermometer.	[hiə iz ə θə'momitə]
Změřte se.	Take your temperature.	[teik jo: 'tempritčə]
Mám 38 stupňů.	My temperature is 38 degrees.	[mai 'tempritčə iz θə:ti eit di'gri:s]
K večeru mi teplota stoupla.	The temperature rose in the evening.	[ðə 'tempritčə rəuz in ði i:vniŋ]
Co se vám stalo?	What happened to you?	[wot 'hæpənd tu ju:]
Omdlel jsem.	I fainted.	[ai 'feintid]
Zvracel jsem.	I've been vomiting.	[aiv bi:n 'vomitiŋ]
Mám zácpu.	I am constipated.	[ai æm 'konstipeitid]
Mám průjem.	I've got diarrhoea.	[aiv got ,daiə'riə]
Nachladila jsem se.	I caught a cold.	[ai ko:t ə kəuld]
Jsem slabě nachlazen.	I have a slight cold.	[ai hæv ə slait kəuld]
Jsem silně nachlazen.	I have a bad cold.	[ai hæv ə bæd kəuld]
Mám rýmu.	I have a running nose.	[ai hæv ə raniŋ nəuz]
Bolí mě v krku.	I have a sore throat.	[ai hæv ə so: θrəut]
Mám silný kašel.	I have a bad cough.	[ai hæv ə bæd kof]
Trochu chraptím.	I am a bit hoarse.	[ai æm ə bit ho:s]
Hodně se potím.	I'm perspiring a lot.	[aim pə'spaidriŋ ə lot]
Nemám chuť k jídlu.	I don't feel like eating.	[ai dəunt fi:l laik i:tiŋ]
Nemohu jíst.	I can't eat.	[ai ka:nt i:t]
Nemohu spát.	I can't sleep.	[ai ka:nt sli:p]
Včera mi krvácelo z nosu.	I had a bleeding nose yesterday.	[ai hæd ə bli:diŋ nəus 'jestədei]
Řízl jsem se do prstu.	I've cut my finger.	[aiv kat mai 'fiŋgə]
Něco mi spadlo do oka.	I have got something in my eye.	[ai hæv got 'samθiŋ in mai ai]
Mám vyrážku.	I have got a rash.	[ai hæv got ə ræš]
Svědí to.	It's itching.	[its ičiŋ]
Spálil jsem si prsty.	I've burnt my fingers.	[aiv bə:nt mai fiŋgəs]
Mám křeče.	I have cramps.	[ai hæv kræmps]
Mám potíže s trávením.	I have indigestion.	[ai hæv ,indi'džesčən]
Mám potíže s dýcháním.	I have difficulties with breathing.	[ai hæv 'difikəltiz wið bri:ðiŋ]
Bodl mě nějaký hmyz.	I was stung by an insect.	[ai wəz staŋ bai ən insekt]
Mám puchýř.	I have a pustule.	[ai hæv ə 'pastju:l]
Vyvrtnul jsem si kotník.	I sprained my ankle.	[ai spreind mai 'æŋkl]
Uhodil jsem se do hlavy o stěnu.	I've bumped my head against a wall.	[aiv bampd mai hed ə'geinst ə wo:l]
Přiskřípl jsem si prst.	I've jammed my finger.	[aiv džæmd mai fiŋgə]
Pohmoždil jsem si nohu.	I've bruised my leg.	[aiv bru:zd mai leg]
Pokousal mě pes.	I was bitten by a dog.	[ai wəz bitn bai ə dog]
Byl raněn při autonehodě.	He was injured in a car accident.	[hi: wəz indžəd in ə ka: 'æksidənt]

Czech	English	Pronunciation
Upadla na kousek skla.	She fell on a piece of glass.	[ši: fel on ə pi:s ov gla:s]
Nemůžu hýbat rukou.	I can't move my hand.	[ai ka:nt mu:v mai hænd]
Jak dlouho se takto cítíte?	How long have you been feeling like this?	[hau loŋ hæv ju: bi:n fi:liŋ laik ðis]
Stalo se to poprvé?	Is this the first time you've had this?	[iz ðis ðə fə:st taim ju:v hæd ðis]
Změřím Vám krevní tlak.	I'll take your blood pressure.	[ail teik jo: blad 'prešə]
Potřebuji vzorek moči / krve / stolice.	I need a specimen of your urine / blood / stools.	[ai ni:d ə 'spesimin ov jo: 'juərin / blad / stu:ls]
Dám Vám injekci.	I'll give you an injection.	[ail giv ju: ən in'džækšn]
Vyhrňte si rukáv.	Roll up your sleeve.	[rəul ap jo: sli:v]
Svlékněte se.	Please, undress down to the waist.	[pli:z an'dres daun tu ðə weist]
Lehněte si, prosím, tady.	Please lie down over here.	[pli:z lai daun 'əuvə hiə]
Otočte se na záda.	Turn on your back.	[tə:n on jo: bæk]
Otevřete ústa.	Open your mouth, please.	['əupen jo: mauθ pli:z]
Vyplázněte jazyk.	Stick your tongue out.	[stik jo: taŋ aut]
Poslechnu si Vás.	I'll listen to your chest.	[ail lisn tu jo: čest]
Dýchejte zhluboka.	Breathe deeply.	[bri:ð di:pli]
Nedýchejte.	Don't breathe.	[dəunt bri:ð]
Zakašlete.	Cough, please.	[kof pli:z]
Bolí to.	It hurts.	[it hə:ts]
Kde to bolí?	Where does it hurt?	[weə daz it hə:t]
Bolí to, když to tady zmáčknu?	Does it hurt when I press it hiə?	[daz it hə:t wen ai pres it hiə]
Jaký druh bolesti to je?	What kind of pain is it?	[wot kaind ov pein iz it]
Je to ...	It is ...	[it iz ...]
- pálčivá bolest	- a burning pain	[ə 'bə:niŋ pein]
- tupá bolest	- a dull pain	[ə dal pein]
- ostrá bolest	- a sharp pain	[ə ša:p pein]
- pulsující bolest	- a throbbing pain	[ə θrobiŋ pein]
- trvalá bolest	- a constant pain	[ə 'konstənt pein]
Bolí mě ...	I've got ...	[aiv got ...]
- hlava	- a headache	[ə 'hedeik]
- v krku	- a sore throat	[ə so: θrəut]
- v uchu	- an earache	[ən 'iəreik]
- v zádech	- a backache	[ə 'bækeik]
- žaludek	- a stomachache	[ə 'staməkeik]
Píchá mě ...	I've got a stabbing pain...	[aiv got ə stabiŋ pein ...]
- v zádech	- in my back	[in mai bæk]
- v boku	- in my hip	[in mai hip]
- na prsou	- on my breast	[on mai bri:st]
Máte pravidelnou stolici?	Have you got a regular stool?	[hæv ju: got ə 'regjulə stu:l]
Nesmíte nic jíst.	You mustn't eat anything.	[ju: masnt i:t 'eniθiŋ]
Musíte držet dietu.	You must follow a diet.	[ju: mast 'foləu ə 'daiət]
Jste hypochondr.	You are a hypochondriac.	[ju: a: ə ,haipə'konriək]

131 ZDRAVÍ / **Health**

Czech	English	Pronunciation
Máte ještě nějaké jiné potíže?	Have you got any other complaints?	[hæv ju: got eni 'aðð kðm'pleints]
Jsem alergický na ...	I am allergic to ...	[ai æm ð'lð:džik tu]
Mám potíže s nohou.	I have trouble with my leg.	[ai hæv 'trabl wið mai leg]
Myslím, že mám zlomenou nohu.	I think my leg is broken.	[ai θiŋk mai leg iz brðukn]
Mám oteklou nohu.	My leg is swollen.	[mai leg iz swðulðn]
Musíte se podrobit lékařské prohlídce.	You must be examined.	[ju: mast bi: ig'zæmind]
Půjdete na rentgen.	You'll go for an X-ray.	[ju:l gðu fo: ðn 'eks'rei]
Kost je naštíplá.	The bone is split.	[ðð bðun iz split]
Je to otevřená / jednoduchá zlomenina.	It's a compound / simple fracture.	[its ð 'kompaund / simpl 'frækčð]
Dostanete sádru.	You'll get a plaster.	[ju:l get ð pla:stð]
Chci, abyste šel do nemocnice na celkovou prohlídku.	I want you to go to the hospital for a general check up.	[ai wont ju: tu gðu tu ðð 'hospitl fo: ð 'dženðrðl ček ap]
Jaká je diagnóza?	What's the diagnosis?	[wots ðð ˌdaiðg'nðusis]
Máte ...	You have ...	[ju: hæv ...]
- angínu	- tonsillitis	[tonsi'laitis]
- astma	- asthma	['æsmð]
- chřipku	- influenza / flu	[influ'enzð / flu]
- zápal plic	- pneumonia	[nju:'mðunjð]
- žlučové kaménky	- gallstones	['go:lstðuns]
- ledvinové kaménky	- kidney stones	['kidni stðuns]
- žloutenku	- jaundice	['džo:ndis]
- cukrovku	- diabetes	[ˌdaið'bi:ti:z]
- spalničky	- measles	[mi:zlz]
- zarděnky	- rubella	[ru:belð]
- příušnice	- mumps	[mamps]
- spálu	- scarlet fever	['ska:lðt 'fi:vð]
- rakovinu	- cancer	['kænsð]
- leukemii	- leukaemia	[lu:'kimið]
- infarkt	- a heart attac	[ð ha:t ð'tæk]
- migrénu	- migraine	[mi:grein]
- vřed	- an ulcer	[ðn 'alsð]
- plané neštovice	- chickenpox	['čikinpoks]
Trpím srdeční vadou.	I suffer from a heart defect.	[ai safð from ð ha:t di'fekt]
Uklidněte se.	Don't worry.	[dðunt 'wari]
Není to nic vážného.	It's nothing serious.	[its 'naθiŋ 'siðriðs]
Vaši nemoc vyléčíme.	We will cure your illness.	[wi: wil kjuð jo: ilnes]
Je to nevyléčitelné.	It's an incurable illness.	[its ðn in'kjuðrðbl 'ilnis]
Je to infekční choroba.	It's an infectious disease.	[its ðn in'fekšðs dizi:z]
Je to nakažlivá nemoc.	It's a catching disease.	[its ð kæčiŋ dizi:s]
Musíte se podrobit operaci.	You must submit to an operation.	[ju: mast sðb'mit tu ðn opð'reišn]

Czech	English	Pronunciation
Musíte jít do nemocnice.	You must go to the hospital.	[ju: mast gəu tu ðə 'hospitl]
Kdy jsou návštěvní hodiny?	When are the visiting hours?	[wen a: ðə 'vizitiŋ auəs]
Kdy můžu vstát z postele?	When can I get out of my bed?	[wen kæn ai get aut ov mai bed]
Kde je zvonek?	Where is a bell?	[weə iz ə bel]
Kdy přijde lékař?	When will the doctor come?	[wen wil ðə 'doktə kam]
Seženeme sestru, aby Vám to zavázala.	We'll get the nurse to put a bandage on.	[wi:l get ðə nə:s tu put ə 'bændidʒ on]
Musíte zůstat ležet.	You must stay in bed.	[ju: mast stei in bed]
Měl/a jsem infarkt před dvěma lety.	I had a heart attack two years ago.	[ai hæd a ha:t ə'tæk tu: jiəs ə'gəu]
Předepíši Vám něco na bolesti hlavy.	I will prescribe you something for headache.	[ai wil pri'skraib ju: 'samθiŋ fo: 'hedeik]
Můžete mi dát předpis na ...?	Could you give me a prescription for ...?	[kud ju: giv ðə ə pri'skripšn fo:]
Můžete mi předepsat ...?	Could you prescribe ...?	[kud ju: pri'skraib ...]
- prášky proti depresi	- an antidepressant	[ən ˌæntidi'presənt]
- prášky na spaní	- some sleeping pills	[sam sli:piŋ pils]
Jsem alergický na určitá antibiotika / penicilín.	I am allergic to certain antibiotics.	[ai æm ə'lə:dʒik tu 'sə:tn ˌæntibai'otiks]
Nechci nic silného.	I don't want anything too strong.	[ai dəunt wont eniθiŋ tu: stroŋ]
Kolikrát denně to mám brát?	How many times a day should I take it?	[hau meni taims ə dei šud ai teik it]
Jaké berete léky?	What medicine are you taking?	[wot 'medsin a: ju: teikiŋ]
Berte 1 čajovou lžičku tohoto sirupu proti kašli.	Take one teaspoon of this cough syrup.	[teik wan 'ti:spu:n ov ðis ko:f 'sirəp]
Berte jeden prášek se skleničkou vody ...	Take one pill with a glass of water ...	[teik wan pil wið ə gla:s ov wo:tə ...]
- každých 6 hodin	- every six hours	[evri siks 'auəs]
- dvakrát denně	- twice a day	[twais ə dei]
- před každým jídlem	- before each meal	[bi'fo: i:č mi:l]
- po každém jídle	- after each meal	[a:ftə i:č mi:l]
Máte zdravotní pojištění?	Do you have health insurance?	[du: ju: hæv helθ in'šuərəns]
Mohl/a byste vyplnit tento formulář pro zdravotní pojištění?	Could you fill in the health insurance form?	[kud ju: fil in ðə helθ in'šuərəns fo:m]
Za týden přijďte na kontrolu.	Come for a check up in a week.	[kam fo: ə ček ap in ə wi:k]
Uzdravte se brzy.	Get well soon.	[get wel su:n]
Uzdravil se rychle.	He recovered quickly.	[hi: ri'kavəd kwikli]
Rána se zacelila.	The wound's scared over.	[ðə wu:nds skeəd 'əuvə]
Paže se zahojila celkem rychle.	The arm healed quite quickly.	[ði: a:m hi:ld kwait kwikli]

U ZUBAŘE
AT THE DENTIST

Czech	English	Pronunciation
Můžete mi doporučit dobrého zubaře?	Could you recommend me a good dentist?	[kud ju: ˌrekəˈmend mi: ə gud dentist]
Můžete mě rychle objednat k Dr. Blackovi?	Can I make an appointment to see Dr. Black?	[kæn ai meik ən əpointmənt tu si: ˈdoktə blæk]
Můžete mi zkontrolovat zuby?	Could you check up my teeth, please?	[kud ju: ček ap mai ti:θ pli:z]
Bolí mě zub.	I have a toothache.	[ai hæv ə ˈtu:θeik]
Vypadla mi plomba.	I've lost a filling.	[aiv lost ə filiŋ]
Zlomil se mi zub.	I have a broken tooth.	[ai hæv ə brəukn tu:θ]
Mé dásně jsou moc bolestivé a krvácí.	My gums are very sore and are bleeding.	[mai gams a: veri so: ænd a: bli:diŋ]
Bolí mě to už dva dny.	It has been troubling me for two days already.	[it hæz bi:n ˈtrabliŋ mi: fo: tu: deiz o:lredi]
Nemohu spát.	I can't sleep.	[ai ka:nt sli:p]
Který zub Vás bolí?	Which tooth hurts?	[wič tu:θ hə:ts]
Tento ... bolí.	This ... hurts.	[ðis ... hə:ts]
- zub nahoře	- tooth at the top	[tu:θ ət ðə top]
- zub dole	- tooth at the bottom	[tu:θ ət ðə ˈbotəm]
- zub vpředu	- tooth at the front	[tu:θ ət ðə front]
- řezák	- incisor	[inˈsaisə]
- špičák	- eye-tooth	[ai tu:θ]
- stolička	- molar	[ˈməulə]
- zub moudrosti	- wisdom tooth	[wizdəm tu:θ]
Posaďte se do křesla.	Sit down in this chair.	[sit daun in ðis čeə]
Otevřte, prosím, ústa.	Open your mouth, please.	[ˈəupen jo: mauθ pli:z]
Tento zub je zdravý.	The tooth is sound.	[ðə tu:θ iz ˈsaund]
Tento zub je zkažený.	The tooth is rotten.	[ðə tu:θ iz ˈrotn]
Obávám se, že ten zub už nelze vyléčit.	I am afraid it's not possible to repair this tooth.	[ai æm əˈfreid its not ˈposəbl tu ripeə ðis tu:θ]
Máte paradentózu.	You have got paradontitis.	[ju: hæv got pærəˈdontisiz]
Zub je třeba vytrhnout.	The tooth needs to be pulled out / extracted.	[ðə tu:θ ni:ds tu bi: puld aut / ˈekstræktid]
Nechci si ho nechat vytrhnout.	I don't want it pulled out.	[ai dəunt wont it puld aut]
Můžete mi dát anestetikum?	Could you give me an anaesthetic, please?	[kud ju: giv mi: ən ˌænisˈθetik pli:z]
Dáme vám injekci.	We wil give you an injection.	[wi: wil giv ju: ən inˈdžekšn]
Nebojte se.	Don't worry.	[dəunt ˈwari]
Nebude to bolet.	It will not hurt.	[it wil not hə:t]
Vyvrtám Vám ten zub.	I'll drill the tooth.	[ail dril ðə tu:θ]
Musíme ten zub zaplombovat.	The tooth needs a filling.	[ðə tu:θ ni:ds ə filiŋ]

Czech	English	Pronunciation
Máte zubní kámen.	**You have got tartar on your tooth.**	[juː hæv got 'taːtə on joː tuːθ]
Nasadím Vám korunku.	**I'll crown the tooth.**	[ail kraun ðə tuːθ]
Uděláme Vám umělý zub.	**We will make a false tooth for you.**	[wi wil meik ə foːls tuːθ foː juː]
Vypláchněte si ústa.	**Rinse out your mouth.**	[rins aut joː 'mauθ]
Dvě hodiny nic nejezte.	**Don't eat anything for two hours.**	[dəunt iːt 'eniθiŋ foː tuː 'auəs]
Můžete mi spravit umělý chrup?	**Can you repair my dentures?**	[kæn juː ri'peə mai 'denčəs]

U OČNÍHO LÉKAŘE
AT THE OCULIST

Tak, co vás trápí?	**Well, what's troubling you?**	[wel wots 'trabliŋ juː]
Už asi tři dny mě bolí oči.	**My eyes have hurt for about three days already.**	[mai ais hæv həːt foː ə'baut θriː deiz oːlredi]
Svědí mě oči.	**My eyes are itching.**	[mai ais aː ičiŋ]
Špatně vidím na dálku.	**I can't see well at a distance.**	[ai kaːnt siː wel ət ə distəns]
Zlomily se mi obroučky.	**My frame has got broken.**	[mai freim hæz got brəukn]
Můžete mi je spravit?	**Can you repair it?**	[kæn juː ri'peəd it]
Nosím kontaktní čočky.	**I wear contact lenses.**	[ai weə 'kontækt lensiz]
Myslím, že mám slabé brýle.	**I think my glasses are weak.**	[ai θiŋk mai glaːsiz aː wiːk]
Mohu se podívat na vaše brýle?	**May I see your glasses?**	[mei ai siː joː glaːsiz]
Jste dalekozraký / krátkozraký.	**You are long-sighted / short-sighted.**	[juː aː ˌloŋ'saitid / ˌšoːt'saitid]
Jsem barvoslepý.	**I am colour-blind.**	[ai æm ˌkalə'blaind]
Šilhám.	**I am squint-eyed.**	[ai æm ˌskwint'aid]
Příliš si nenamáhejte zrak.	**Do not strain your eyes too much.**	[duː not strein joː ais tuː mač]
Nosíte ještě nějaké jiné brýle?	**Do you wear any other glasses?**	[duː juː weə eni 'aðə glaːsiz]
Nosíte tyto brýle každý den?	**Do you wear the glasses every day?**	[duː juː weə ðə glaːsiz 'evri dei]
Kolik máte dioptrií?	**How many diopters do you have?**	[hau meni dai'optəz duː juː hæv]
Musím vám nejdřív vyšetřit oči.	**First of all, I have to examine your eyes.**	[fəːst ov oːl ai hæv tu ig'zæmin joː ais]
Ano, tyto brýle jsou pro Vás příliš slabé.	**You are right, these glasses are too weak for you.**	[juː aː rait ðiːz glaːsiz aː tuː wiːk foː juː]
Pravé oko je trochu slabší.	**Your left eye is a bit weaker.**	[joː left ai iz ə bit wiːkə]
Potřebujete silnější čočky.	**You need stronger lenses.**	[juː niːd stroŋgə lensiz]

PRVNÍ POMOC
FIRST AID

Czech	English	Pronunciation
Zavolejte rychle doktora!	Quickly, call the doctor!	['kwikli ko:l ðə 'doktə]
Zavolejte sanitku!	Call the ambulance.	[ko:l ði: æ'mbjuləns]
Potřebujeme okamžitě lékaře.	We need a doctor immediately.	[wi: ni:d ə 'doktə i'mi:djətli]
Znáte zásady první pomoci?	Do you know basic first aid?	[du: ju: nəu 'beisik 'fə:st eid]
Má tu někdo příruční lékárničku?	Does anybody have a first-aid-kit?	[daz 'eni,bodi hæv ə fə:st eid kit]
Je těžce raněn.	He is seriously injured.	[hi: iz 'siðriəsli 'indžəd]
Je v bezvědomí.	He is unconscious.	[hi: iz an'konšds]
Ztratil vědomí.	He has lost consciousness.	[hi: hæz lost 'konšðsnis]
Krvácí.	He / she is bleeding.	[hi: / ši: iz bli:diŋ]
Má popáleniny 1. stupně.	He has a first degree burn.	[hi: hæz ə fə:st di'gri: bə:n]
Nedýchá.	He / she isn't breathing.	[hi: / ši: iznt bri:ðiŋ]
Zkontrolujte jeho puls.	Check his pulse.	[ček his pals]
Má nepravidelný puls.	He has an irregular pulse.	[hi: hæz ən i'regjuləd pals]
Stále žije.	He is still alive.	[hi: iz stil ð'laiv]
Nemůžu nahmatat jeho puls.	I can't feel his pulse.	[ai ka:nt fi:l his pals]
Má zástavu srdce.	He has a heart failure.	[hi: hæz ə ha:t 'feiljə]
Je v šoku.	He / she is in a shock.	[hi / ši: iz in ə šok]
Nabyl vědomí.	He regained consciousness.	[hi: ri'geind 'konšðsnis]
Má vnitřní zranění.	He has an internal injury.	[hi: hæz ən in'tə:nl 'indžəri]
Krev prýští z rány.	Blood is draining from the wound.	[blad iz dreiniŋ from ðə wu:nd]
Zahajte masáž srdce.	Lead off a heart tapotement.	[li:d of ə ha:d tə'pəutmənt]
Nehýbejte s ním.	Don't move with him.	[dðunt mu:v wið him]
Dejte ho do stabilizované polohy.	Put him into a stabilized position.	[put him intu ə 'steibðlaizd pð'zišn]
Položte zraněného muže na nosítka.	Put the injured man on the stretcher.	[put ði: 'indžəd mæn on ðə strečə]
Je nutné převézt zraněného ihned do nemocnice.	It is necessary to transport the injured man to the hospital immediately.	[it iz 'nesðsðri tu 'trænspo:t ði: 'indžəd mæn tu ðə 'hospitl i'mi:djətli]
Pomozte mi ...	Help me ...	[help mi ...]
- zastavit krvácení	- stop bleeding from the wound	[stop bli:diŋ from ðə wu:nd]
- dát mu dlahu	- give him splints	[giv him splints]
- vyčistit ránu	- clean the wound	[kli:n ðə wu:nd]
- zavázat ránu	- put the bandage on	[put ðə bændidž on]
- dát umělé dýchání	- give him artificial resuscitation	[giv him ,a:ti'fišl ri'sasiteišn]

čelist	jaw	[džo:]
dáseň	gum	[gam]
genitálie	genitals	['dženitlz]
hlava	head	[hed]
hrdlo	throat	['θrðut]
hruď	chest	[čest]
chodidlo	sole	[sðul]
játra	liver	['livð]
jazyk	tongue	['taŋ]
kloub	joint	['džoint]
koleno	knee	[ni:]
konečník	rectum	['rektðm]
kost	bone	[bðun]
krční mandle	tonsil	['tonsil]
krk	neck	[nek]
kůže	skin	[skin]
ledvina	kidney	['kidni]
močový měchýř	bladder	['blædð]
nerv	nerve	[nð:v]
noha	leg	[leg]
nos	nose	['nðus]
obličej	face	[feis]
obratel	vertebra	['vð:tibrð]
oko	eye	[ai]
palec	thumb	['θam]
pánev	pelvis	['pelvis]
páteř	backbone	['bækbðun]
paže	arm	[a:m]
plíce	lunge	[laŋ]
prsa	breast	[brest]
prst	finger	['fiŋgð]
prst u nohy	toe	[tðu]
rameno	shoulder	['šðuldð]
ret	lip	[lip]
ruka	hand	[hænd]
slepé střevo	appendix	[ð'pendiks]
srdce	heart	[ha:t]
stehno	thigh	[θai]
střevo	intestine	[in'testin]
sval	muscle	['masl]
šlacha	tendon	['tendðn]
tepna	artery	['a:tðri]
ucho	ear	[ið]
ústa	mouth	[mauθ]
záda	back	[bæk]
žaludek	stomach	['stamðk]
žebro	rib	[rib]
žíla	vein	[vein]

KULTURA
CULTURE

DIVADLO
THEATRE

Czech	English	Pronunciation
Chtěl byste jít se mnou do divadla?	Would you like to go to the theatre with me?	[wud ju: laik tu gəu tu ðə 'θiətə wið mi:]
V kterém divadle se hraje ta nová hra od ...	At which theatre is that new play by ... being performed?	[ət wič 'θiətə iz ðæt nju: plei bai ... bi:iŋ pə'fo:md]
Měli bychom si koupit lístky v předprodeji.	We should book tickets beforehand.	[wi: šud buk 'tikits bi'fo:hænd]
Máte lístek na páteční odpolední představení?	Have you got tickets for the matinée on Friday?	[hæv ju: got tikits fo: ðə 'mætinei on 'fraidei]
Bohužel, máme vyprodáno.	I'm sorry, we are sold out.	[aim sori wi: a: səuld aut]
Chtěla bych lístek ...	I'd like a seat ...	[aid laik ə si:t ...]
- v přízemí	- in the pit	[in ðə pit]
- uprostřed	- in the middle	[in ðə 'midl]
- na balkón	- in the balcony	[in ðə 'bælkəni]
- do lóže	- in the box	[in ðə boks]
- do první řady na balkóně	- in the dresscircle	[in ðə ,dres'sə:kl]
- do dalších řad na balkóně	- in the upper circle	[in ði: apə 'sə:kl]
- na galerii	- in the gallery	[in ðə 'gæləri]
- do řady č. 9 sedadlo 21	- in the row 9, seat 21	[in ðə rəu nain si:t twenti wan]
Co dnes hrají?	What's on tonight?	[wots on tə'nait]
Dnes hrají hru od ...	A play by ... is on.	[ə plei bai ... iz on]
Jaká je to hra?	What sort of play is it?	[wot so:t ov plei iz it]
Je to ...	It is ...	[it iz ...]
- činohra	- a drama	[ə 'dra:mə]
- hra	- a play	[ə plei]
- tragédie	- a tragedy	[ə 'trædžədi]
- komedie	- a comedy	[ə 'komidi]
- muzikál	- a musical	[ə 'mju:zikl]
- kabaret	- a cabaret	[ə 'kæbərei]
- balet	- a ballet	[ə bælei]
- pantomima	- a pantomime	[ə 'pæntə maim]
V kolik hodin začíná představení?	What time does the performance begin?	[wot taim daz ðə pə'fo:məns bigin]
Kdo hraje hlavní roli?	Who is playing the lead?	[hu: iz pleiŋ ðə li:d]
Kdo to napsal?	Who is it by?	[hu: iz it bai]
Jeden známý dramatik.	A well known dramatist.	[ə wel nəun 'dræmətist]
Jeho hry jsou oblíbené.	His plays are famous.	[hiz pleiz a: 'feiməs]
Mám rád loutkové divadlo.	I like a puppet show.	[ai laik ə 'papit šəu]

HUDBA
MUSIC

Kde je koncertní hala?	**Where is the concert hall?**	*[weə iz ðə 'konsət ho:l]*
Co dávají dnes večer v opeře?	**What's on at the opera tonight?**	*[wots on ət ði 'opərə tə'nait]*
Který orchestr hraje?	**Which orchestra is playing?**	*[wič 'o:kistrə iz pleiiŋ]*
Chtěl bych jít na rockový koncert / festival.	**I'd like to go to a rock concert / festival.**	*[aid laik tu gəu tu ə rok 'konsət / 'festivl]*
Jakou hudbu máš rád?	**What kind of music do you like?**	*[wot kaind ov mju:zik du: ju: laik]*
Líbí se mi ...	**I like ...**	*[ai laik ...]*
- klasická hudba	- **classical music**	*['klæsikl 'mju:zik]*
- rocková hudba	- **rock music**	*[rok 'mju:zik]*
- jazz	- **jazz music**	*[džæz 'mju:zik]*
- populární hudba	- **pop music**	*[pop 'mju:zik]*
- rokenrol	- **rock-and-roll music**	*['rokən'roul 'mju:zik]*
- country hudba	- **country music**	*['kantri 'mju:zik]*
- opera	- **opera**	*['opərə]*
- opereta	- **operetta**	*[,opə'retə]*
- stará hudba	- **old music**	*[əuld 'mju:zik]*
- současná hudba	- **contemporary music**	*[kən'tempərəri 'mju:zik]*
- barokní hudba	- **baroque music**	*[bə'rəuk 'mju:zik]*
- renesanční hudba	- **renaissance music**	*[rə'neisəns mju:zik]*
- gotická hudba	- **gothic music**	*['goθik 'mju:zik]*
- hudba 20. století	- **music of the 20th century**	*[mju:zik ov ðə twenti:θ senčəri]*
- sborová hudba	- **choir music**	*['kwaiə 'mju:zik]*
- komorní hudba	- **chamber music**	*['čeimbə 'mju:zik]*
- instrumentální hudba	- **instrumental music**	*['instrumentəl 'mju:zik]*
Kdo napsal tuto symfonii?	**Who composed this symphony?**	*[hu: kəm'pəuzd ðis 'simfəni]*
Mým nejoblíbenějším skladatelem je...	**... is my favourite composer.**	*[iz mai 'feivərit kəm'pəuzə]*
Jaká je tvoje nejoblíbenější rocková skupina?	**What's your favourite rock group?**	*[wots jo: 'feivərit rok gru:p]*
Jak se jmenuje ten dirigent?	**What's the name of the conductor?**	*[wots ðə neim ov ðə kən'daktə]*
Umíš hrát na nějaký hudební nástroj?	**Can you play a musical instrument?**	*[kæn ju: plei ə mju:zikl 'instrumənt]*
Hraji na ...	**I can play ...**	*[ai kæn plei ...]*
- flétnu	- **the flute**	*[ðə flu:t]*
- klavír	- **the piano**	*[ðə 'pjænəu]*
- kytaru	- **the guitar**	*[ðə gi'ta:]*
- bubny	- **the drums**	*[ðə drams]*
- tahací harmoniku	- **the accordion**	*[ði: ə'ko:djən]*
- trubku	- **the trumpet**	*[ðə 'trampit]*
- housle	- **the violin**	*[ðə ,vaiə'lin]*

KINO
CINEMA

Šla bys se mnou do kina?	Would you go to the cinema with me?	[wud ju: gəu tu ðə 'sinimə wið mi:]
Co dávají dnes v kině?	What's on at the cinema tonight?	[wots on ət ðə sinimə tə'nait]
V jakém jazyce je tento film?	In which language is the film?	[in wič 'læŋgwič iz ðə film]
Tento film je v angličtině s českými titulky.	The film is in English with Czech subtitles.	[ðə film iz in iŋgliš wið ček 'sab,taitls]
Tento film je dabovaný do češtiny.	The film is dubbed into Czech.	[ðə film iz dabt intu ček]
Kdo je režisérem?	Who is the director?	[hu: iz ðə direktə]
Kdo v tom hraje?	Who's in it?	[hu:s in it]
Kdo hraje hlavní roli?	Who plays the lead?	[hu: pleis ðə li:d]

animovaný film	a cartoon	[ə ka:tu:n]
barevný film	a colour film	[ə 'kalə film]
celovečerní film	a full length film	[ə ful leŋθ film]
černobílý film	a black and white film	[ə blæk ænd wait film]
detektivka	a detective film	[ə di'tektiv film]
dobrodružný film	an adventure film	[ən əd'venčə film]
dokumentární film	a documentary film	[ə ,dokju'mentəri film]
film pro děti	a film for children	[ə film fo: 'čildrən]
groteska	a grotesque	[ə grəu'tesk]
horor	a horror	[ə horə]
komedie	a comedy	[ə komidi]
krátký film	a short film	[ə šo:t film]
loutkový film	a puppet film	[ə 'papit film]
němý film	a silent film	[ə 'sailənt film]
pohádka	a fairy tale	[ə 'feəriteil]
přírodovědný film	a film about nature	[ə 'film ə'baut neičə]
psychologické drama	a psychological drama	[ə ,saikə'lodžikl 'dra:mə]
seriál	a serial	[ə 'siəriəl]
širokoúhlý film	a wide screen film	[ə waid skri:n film]
vědeckofantastický film	a science fiction film	[ə 'saiəns fikšn film]
vědecký film	a scientific film	[ə ,saiən'tifik film]

RADIO A TELEVIZE
RADIO AND TELEVISION

Máte rádio / televizi?	Do you have a radio / a TV set?	[du: ju: hæv ə 'reidiəu / ə ti:vi: set]

Czech	English	Pronunciation
Jak často posloucháte rádio / se díváte na televizi?	How often do you listen to the radio / do you watch TV?	[hau 'ofn du: ju: lisn tu ðə 'reidiəu / du: ju: wočː tiːviː]
Rád poslouchám ...	I like listening to ...	[ai laik lisniŋ tu ...]
- hudební programy	- the musical programmes	[ðə mju:zikl 'prəugræms]
- zprávy	- the news	[ðə nju:z]
Zapni / vypni rádio.	Switch the radio on / off.	[swič ðə reidiəu on / of]
Prosím, zesil / zeslab rádio.	Turn the radio up / down, please.	[tə:n ðə reidiəu ap / daun pli:z]
Vylaď nějakou dobrou stanici.	Tune in to a good station.	[tju:n in tu ə gud steišn]
V kolik hodin jsou zprávy?	What time is the news?	[wot taim iz ðə nju:z]
Jakou stanici posloucháte?	What station do you listen to?	[wot steišn du ju: lisn tu]
Vysílání pokrývá celou republiku.	The broadcast covers the whole republic.	[ðə 'bro:dka:st kavəs ðə həul ri'pablik]
Je špatný příjem.	The reception is bad.	[ðə ri'sepšn iz bæd]
Tato stanice vysílá ...	This station broadcasts ...	[ðis steišn 'bro:dkasts ...]
- na velmi krátkých vlnách	- on high frequency waves	[on hai 'fri:kwənsi weivs]
- na krátkých vlnách	- on short frequency waves	[on šo:t 'fri:kwənsi weivs]
- na středních vlnách	- on medium frequency waves	[on mi:diəm 'fri:kwənsi weivs]
- na dlouhých vlnách	- on long frequency waves	[on loŋ 'fri:kwənsi weivs]
Chtěl byste se dívat na televizi?	Would you like to watch TV?	[wud ju: laik tu wočː tiːviː]
Co je dnes v televizi?	What's on (TV) tonight?	[wots on (ti:vi:) tə'nait]
Máte televizní program?	Have you got a TV guide?	[hæv ju: got ə ti:vi: gaid]
Chtěl bych vidět ...	I'd like to watch ...	[aid laik tu wočː ...]
- televizní noviny	- the TV news	[ðə ti:vi: nju:z]
- nějaký pěkný film	- a good film	[ə gud film]
- přímý přenos z fotbalového utkání	- a live broadcast from a football match	[ə laiv 'bro:dkast from ə 'futbo:l mæč]
Dnes je špatný obraz.	The picture is bad today.	[ðə 'pikčə iz bæd tə'dei]
Podej mi, prosím, dálkový ovladač.	Pass me the remote control, will you?	[pa:s mi: ðə ri'məut kən'trəul wil ju:]
Přepnu na jiný program / na BBC 1.	I'll switch over to another channel / to BBC 1.	[ail swič 'əuvə tu ə'naðə čænl / tu bi:bi:si: wan]
Podívám se, co dávají na třetím kanálu.	I'll check what's on the channel three.	[ail ček wots on ðə 'čænl θri:]
Máte satelitní přijímač / kabelovou televizi?	Have you got a satellite receiver / a cable TV?	[hæv ju: got ə 'sætəlait risi:və / ə keibl ti:vi:]
Kolik programů přijímáte?	How many channels do you receive?	[hau meni 'čænls du: ju: risi:v]

Czech	English	Pronunciation
filmová hvězda	a film star	[ə film sta:]
herec / herečka	an actor / actress	[ən 'æktə / 'æktris]
hlasatel	an announcer	[ən ə'naunsə]
kameraman	a camera man	[ə 'kæmərə mæn]
kaskadér	a stuntman	[ə stantmæn]

KULTURA

komentátor	a commentator	[ə 'kɔmənteitə]
producent	a producer	[ə prə'dju:sə]
režisér	a film director	[ə film di'rektə]
scénárista	a script writer	[ə skript raitə]
štáb	staff	[sta:f]
anténa	an aerial / an antennas	[ən 'eəriəl / ən æn'tenəs]
televizní přijímač	a TV set	[ə ti:vi: set]
obrazovka	a TV screen	[ə ti:vi: skri:n]
dálkový ovládač	a remote control	[ə ri'məut 'kəntrəul]
jas	a brightness	[ə braitnes]
kontrast	contrast	[kɔn'tra:st]
hlasitost	volume	['vɔljum]
televizní kamera	a TV camera	[ə ti:vi: 'kæmərə]
rádiový přijímač	a radio receiver	[ə 'reidiəu ri'si:və]
rádiový příjem	a radio reception	[ə reidiəu ri'sepšən]
gramofón	a tape recorder	[ə teip ri'kɔ:də]
zesilovač	an amplifier	[ən 'æmplifaiə]
CD-přehrávač	a CD player	[ə si:di: pleiə]
gramofonová deska	a gramophone record	[ə 'græməfəun ri'kɔ:d]
magnetofonová kazeta	a tape	[ə teip]
videokazeta	a video tape	[ə 'vidiəu teip]
elektrická zásuvka	a socket	[ə 'sɔkit]
síťová šňůra	a flex / a cord	[ə fleks / ə kɔ:d]
baterie	a battery	[ə 'bætəri]
reproduktor	a speaker	[ə spi:kə]
sluchátka	headphones	['hedfəunz]
vysílací stanice	a broadcasting station	[ə brɔ:dkastiŋ steišn]
ovládací knoflíky	controls	['kəntrəuls]
ladění výšek	treble control	['trebl 'kəntrəul]
ladění basů	bass control	[beis 'kəntrəul]
zapojit do sítě	to plug in	[tu plag in]

KNIHY
BOOKS

Zajímám se o literaturu.	I am interested in literature.	[ai æm 'intristid in 'litričə]
Moc rád čtu knihy.	I am keen on / I love reading books.	[ai æm ki:n ɔn / ai lav ri:diŋ buks]
Chodíš do knihovny?	Do you go to the library?	[du: ju: gəu tu ðə 'laibrəri]
Je to ... kniha.	It is a ... book.	[it iz ə ... buk]
- napínavá	- thrilling	['θriliŋ]
- nudná	- boring	[bɔ:riŋ]
- zábavná	- amusing	[ə'mju:ziŋ]
- vzrušující	- exciting	[ik'saitiŋ]
Ta kniha má pokračování.	There is a sequel to this book.	[ðeə iz ə 'si:kwəl tu ðis buk]

Culture

Czech	English	Pronunciation
Co rád čtete?	What do you like reading?	[wot du: ju: laik ri:diŋ]
Nejraději čtu romány.	I like reading novels.	[ai laik ri:diŋ novls]
Máte raději prózu nebo poezii?	Do you prefer prose or poetry?	[du: ju: pri'fɜ: prəuz o: 'pəuitri]
Čtete cizí literaturu v originále nebo v překladu?	Do you read foreign literature in original or in translation?	[du: ju: ri:d 'forin 'litričð in o'ridžənl o: in trænsleišn]
Za chvilku jsem tu knihu proletěla.	I've skimmed the book in a minute.	[aiv skimd ðə buk in ə 'minit]
Jste velmi sečtělý člověk.	You are a well-read man.	[ju: a: ə wel red mæn]
Jenom jsem tu knihu prolistovala.	I've only leafed the book through.	[aiv 'əunli li:fd ðə buk θru:]
Je to umělecký překlad.	It's an artistic translation.	[its ən a:'tistik trænsleišn]
Je to doslovný překlad.	It's a literal translation.	[its ə 'litərəl trænsleišn]
Je to poučná kniha.	It's an instructive book.	[its ən in'straktiv buk]
Kdo vydal tuto sbírku básní od ...?	Who published this collection of poems by ...?	[hu: pablišd ðis kolekšn ov pəuims bai ...]
Kdo ilustroval tuto knihu?	Who illustrated this book?	[hu: 'iləstreitid ðis buk]
Je to poslední vydání?	Is it the last edition?	[is it ðə la:st i'dišn]

Czech	English	Pronunciation
autor	an author	[ən 'o:θə]
báje	a saga	[ə sa:gə]
bajka	a fable	[ə feibl]
balada	a ballad	[ə bæləd]
báseň	a poem	[ə 'pəuim]
básník	a poet	[ə 'pəuit]
beletrie	fiction	[fikšn]
cestopis	a book of travels	[ə buk ov 'trævls]
citát	an excerpt	[ən ek'sə:pt]
detektivka	a detective story	[ə di'tektiv 'sto:ri]
encyklopedie	an encyclopedia	[ən in,saiklə'pi:djə]
historický román	a historical novel	[ə hi'storikl 'novl]
kapitola	a chapter	[ə 'čæptə]
legenda	a legend	[ə 'ledžənd]
nakladatel	a publisher	[ə 'pablišə]
nakladatelství	a publishing house	[ə 'pablišiŋ haus]
nauková literatura	a non-fiction	[ə non'fikšn]
novela	a short novel	[šo:t novl]
obsah	contents	[kən'tents]
poezie	poetry	[pəuitri]
pohádka	a fairy tale	[ə 'feəri teil]
pořekadlo	a saying	[ə seiiŋ]
pověst	a folk tale	[ə fəuk teil]
povídka	a short story	[ə šo:t 'sto:ri]
próza	prose	[prəuz]
předmluva	a preface	[ə prefis]
román	a novel	[ə 'novl]
satira	satire	['sætaiə]

spisovatel	a writer	[ə ˈraitə]
úvod	an introduction	[ðn ˌintrəˈdakšn]
vědecko-fantastická literatura	a science-fiction	[ə ˈsaiðnsˈfikšn]
vydavatel	an editor	[ðn ˈeditə]

NOVINY A ČASOPISY
NEWSPAPERS AND MAGAZINES

Chtěl bych dnešní vydání novin Times.	I'd like today's edition of The Times, please.	[aid laik tə'deis edišn ov ðə taims, pli:s]
Vyšel již Time Out?	Has Time Out come out yet?	[hæz taim aut cam out jet]
Máte ještě poslední číslo ... ?	Have you got the latest copy of ... yet?	[hæv ju: got ðə leitist ˈkopi ov ... jet]
Máte nějaké časopisy o sportu?	Have you got any sport magazines?	[hæv ju: got ˈeni spo:t ˌmægəˈzi:ns]
Četl jste už dnešní noviny?	Have you read today's papers?	[hæv ju: red tə'deis ˈpeipəs]
Je tam něco zajímavého?	Is there anything interesting?	[iz ðeə ˈeniθiŋ ˈintristiŋ]
Odebíráte Times?	Do you take The Times?	[do ju: teik ðə taims]
Ne, předplatil jsem si Guardian.	No, I have subscribed the Guardian.	[nəu, ai hæv səbˈskraibd ðə gaːˈdiən]

PROHLÍŽENÍ PAMĚTIHODNOSTÍ
SIGHTSEEING

Kde jsou turistické informace?	Where is the tourist office?	[weə iz ðə ˈtuərist ˈofis]
Máte průvodce Londýna?	Have you got a guide of London?	[hæv ju: got ə gaid ov ˈlandən]
Máte mapu Londýna?	Have you got a street map of London?	[hæv ju: got ə striːt mæp ov ˈlandən]
Máte program kulturních akcí?	Have you got a programme of culture events?	[hæv ju: got ə ˈprəugræm ov ˈkalčə ˈivents]
Která jsou nejzajímavější místa v zemi?	What are the main places of interest in the country?	[ˈwot a: ðə mein pleisiz ov intrist in ðə kantri]
Měli byste navštívit hrad.	You should visit the castle.	[ju: šud vizit ðə ka:sl]
Stojí opravdu za vidění.	It is really worth seeing.	[it iz riəli wəːθ siːiŋ]
Z věže je nádherný výhled na hory.	The tower commands a beautiful view of the mountains.	[ðə tauə kəˈmaːnds ə bjuːtəful vjuː ov ðə ˈmauntins]
Jak se Vám to líbí?	How do you like it?	[hau do ju: laik it]
Prohlížení památek mě strašně unavuje.	Sightseeing makes me feel horribly tired.	[saitsiːiŋ meiks mi: fiːl ˈhorəbli ˈtaiəd]

Czech	English	Pronunciation
Zbožňuji památky.	I am keen on / I love sights.	[ai æm ki:n on / ai lav saits]
Můžete nám doporučit vyhlídkovou cestu?	Could you recommend us a sightseeing tour?	[kud ju: ˌrekəˈmend as ə saitsi:iŋ tuə]
Odkud to odjíždí?	Where does it leave from?	[weə daz it li:v from]
V kolik hodin budeme zpátky?	What time are we going to be back?	[wot taim a: wi: gəuiŋ tu bi: bæk]
Pořádáte výlety do jiných měst?	Do you run excursions to other towns?	[do ju: ran ikˈskə:šns tu ˈaðə tauns]
Je tam česky mluvící průvodce?	Is there a Czech speaking guide?	[iz ðeə ə ček spi:kiŋ gaid]
Mohu si najmout na den soukromého průvodce?	Can I hire a private guide for one day?	[kæn ai ˈhaiə ə ˈpraivit gaid fo: wan dei]
Kde je ...?	Where is / are ...?	[weə iz / a: ...]
- botanická zahrada	- the botanical garden	[ðə bəˈtænikl ˈga:dn]
- centrum města	- the centre of the town	[ðə sentə ov ðə taun]
- čtvrť umělců	- the artist's quarter	[ði: ˈa:tists ˈkwo:tə]
- divadlo	- the theatre	[ðə ˈθiðtə]
- fontána	- the fountain	[ðə ˈfauntin]
- hrobka	- the crypt	[ðə kript]
- jeskyně	- the caves	[ðə keivs]
- kaple	- the chapel	[ðə ˈčæpl]
- katakomby	- the catacombs	[ðə kætdkombs]
- katedrála	- the cathedral	[ðə kəˈθidrl]
- klášter	- the convent	[ðə konvnt]
- koncertní síň	- the concert hall	[ðə ˈkonsət ho:l]
- kostel	- the church	[ðə ˈčə:č]
- palác	- the palace	[ðə ˈpælis]
- muzeum	- the museum	[ðə mjuˈziəm]
- nábřeží	- the embankment	[ði: imˈbæŋkmənt]
- náměstí	- the square	[ðə skweə]
- obchodní čtvrt	- the shopping area	[ðə šopiŋ ˈeəriə]
- opatství	- the abbey	[ði: ˈæbi]
- operní divadlo	- the opera	[ði: ˈopərə]
- památník	- the monument	[ðə ˈmonjumənt]
- park	- the park	[ðə pa:k]
- pevnost	- the fortress	[ðə ˈfo:tris]
- planetárium	- the planetarium	[ðə ˌplæniˈteəriəm]
- pomník	- the memorial	[ðə miˈmo:riəl]
- pouť	- the fair	[ðə feə]
- přístav	- the harbour	[ðə ˈha:bə]
- radnice	- the town hall	[ðə taun ho:l]
- socha	- the statue	[ðə stætju:]
- stadión	- the stadium	[ðə ˈsteidiəm]
- umělecká galerie	- the art gallery	[ði: a:t ˈgæləri]
- věž	- the tower	[ðə ˈtauə]
- zahrady	- the gardens	[ðə ˈga:dns]
- zámek	- the castle	[ðə ˈka:sl]
- zoologická zahrada	- the ZOO	[ðə zu:]
- zřícenina	- the ruins	[ðə ˈruins]

KULTURA

Czech	English	Pronunciation
Je ten zámek otevřen?	Is the castle open now?	[iz ðə ka:sl ɘupn nau]
Jaká je otevírací doba?	What are the opening hours?	[wot a: ði: ɘupniŋ 'auəs]
V kolik se zavírá?	When do they close?	[wen du ðei klɘus]
Kolik stojí vstupné?	How much is the admission?	[hau mač iz ði: əd'mišn]
Je tu sleva pro ...?	Is there a discount for ...?	[iz ðeə ə 'diskaunt fo: ...]
- děti	- children	['čildrən]
- tělesně postižené	- disabled	[dis'eibld]
- důchodce	- pensioners	['penšnəs]
- studenty	- students	['stju:dnts]
Máte průvodce v češtině?	Have you got a guide in Czech?	[hev ju: got ə gaid in ček]
Může se tu fotografovat?	Am I allowed to take pictures?	[æm ai ə'laud tu teik 'pikčəs]
Co je to za budovu?	What's that building?	[wots ðæt bildiŋ]
To je egyptská pyramida.	It is an Egyptian pyramid.	[it iz ðn i'džipšn 'pirəmid]
- románská rotunda	- a Romanesque rotunda	[ə ,rɘumə'nesk rɘu'tandə]
- gotická katedrála	- a gothic cathedral	[ðə 'goθik kə'θidrl]
- barokní kostel	- a baroque church	[ðə bə'rɘuk čə:č]
Jak se jmenuje architekt, který navrhl tento kostel?	What's the name of the architect who designed the church?	[wots ðə neim ov ði: 'a:kitekt hu: di'zaind ðə čə:č]
Kdo namaloval ten obraz?	Who painted the picture?	[hu: peintid ðə 'pikčə]
Je to originál nebo kopie?	Is it an original or a copy?	[iz it ðn o'ridžənl o: ə 'kopi]
Kde se nachází originál?	Where is the original?	[weə iz ði: o'ridžənl]
Kdo vytvořil tuto sochu?	Who created the sculpture?	[hu: kri'eitid ðə 'skalpčə]
Kdo to postavil?	Who built it?	[hu: bilt it]
Kdy žil/a?	When did she / he live?	[wen did ši: / hi: liv]
Kdy to bylo postavené?	When was it built?	[wen woz it bilt]
V kterém století byla ta budova postavena?	What century was it built in?	[wot senčuri woz it bilt in]
V jakém architektonickém stylu je to postaveno?	What architectural style is it?	[wot ,a:ki'tekčərəl stail iz it]
Kdo vlastní tento hrad?	Who is the owner of the castle?	[hu: iz ði: ɘunə ov ðə 'ka:sl]
Gotická katedrála má okna s lomeným obloukem.	The gothic cathedral has windows with a pointed arch.	[ð 'goθik kə'θidrl hæz 'windəus wið ə pointid a:č]
Kdo bydlel v tomto domě?	Who lived in this house?	[wo: livd in ðis haus]
To je ...	That's ...	[ðæts ...]
- úžasné / ohromné	- amazing / superb	[ə'meiziŋ / su:'pə:b]
- příšerné / ošklivé	- awful / ugly	['o:fl / 'agli]
- nádherné / působivé	- beautiful / impressive	['bju:təful / im'presiv]
- nudné / ponuré	- boring / gloomy	[bo:riŋ / glu:mi]
- velkolepé / obrovské	- magnificent / tremendous	[mæg'nifisnt / trə'mendəs]
Líbí se mi tady.	I like it here.	[ai laik it hiə]
Musíme sem přijet znovu.	We must come here again.	[wi: mast kam hiə ə'gein]

Culture

SPORTY A HRY
SPORTS AND GAMES

Máte rád sport?	Do you like sport?	[do ju: laik spo:t]
Děláte nějaký sport?	Do you practise any sport?	[do ju: 'præktis 'eni spo:t]
Rád sportuji.	I am keen on / I like sport.	[ai æm ki:n on / ai laik spo:t]
Můj nejoblíbenější sport je ...	My favourite sport is ...	[mai feivrit spo:t iz]
Pěstuji ...	I practise ...	[ai 'præktis]
Mám radši zimní sporty než letní, a ty?	I prefer winter sports to summer sports, and you?	[ai pri'fə: 'wintə spo:ts tu 'samə spo:ts, ænd ju:]

CYKLISTIKA
CYCLING

Rád bych si vyjel na kole.	I'd like to have a ride on my bicycle.	[aid laik tu hæv ə raid on mai 'baisikl]
Rád bych se zúčastnil cyklistického závodu.	I'd love to take a part in a cycling race.	[aid lav tu teik ə pa:t in ə saikliŋ reis]
Jezdím na kole každý den.	I ride my bike every day.	[ai raid mai baik 'evri dei]
Přeji si ...	I wish to have ...	[ai wiš tu hæv ...]
- horské kolo	- a mountain bike	[ə 'mauntin baik]
- silniční kolo	- a road bike	[ə rəud baik]
Potřebuji nové ...	I need new ...	[ai ni:d nju: ...]
- brzdy	- brakes	[breiks]
- odrazové světlo	- reflector	[ri'flektə]
- přední světlo	- front light	[frant lait]
Píchl jsem.	I've had a puncture.	[aiv hæd ə paŋkčə]
Mám píchlé kolo.	My tyre is flat.	[mai 'taiə iz flæt]

FOTBAL
FOOTBALL

Hraješ fotbal?	Do you play football?	[du ju: plei futbo:l]
Raději se na fotbal dívám, než ho hraji.	I prefer watching football to playing it.	[ai pri'fə: wočiŋ futbo:l tu pleiiŋ it]
Kdo hraje?	Who is playing?	[hu: iz pleiiŋ]
Anglie proti Brazílii.	England versus Brasil.	['iŋglənd və:səs brə'zil]
Anglie hraje proti Brazílii.	England is playing Brasil.	['iŋglənd iz pleiiŋ brə'zil]
Komu fandíš?	Who do you support?	[hu: du ju: sə'po:t]
Fandím Anglii.	I support England.	[ai sə'po:t 'iŋglənd]
Jak skončil včerejší zápas?	What's the result of yesterday's match?	[wots ðə ri'zalt ov 'jestədeis mæč]
Anglie vyhrála 2:1.	England won two to one.	['iŋglənd wan tu: tu wan]

Czech	English	Pronunciation
Brazílie prohrála zápas.	Brasil lost the match.	[brə'zil lost ðə mæč]
Zápas skončil remízou 0:0.	The match ended in a draw nil to nil.	[ðə mæč endid in ə dro: nil tu nil]
Brazílie prohrála 1:2.	Brasil lost one to two.	[brə'zil lost wan tu tu:]
Anglie porazila Brazílii.	Brasil was beaten by England.	[brə'zil woz bi:tn bai 'iŋglənd]
Anglie postupuje do semifinále.	England has qualified for the semifinals.	['iŋglənd hæz ,kwoli'faid fo: ðə 'semi'fainls]
Kdo dal první gól?	Who scored the first goal?	[hu: sko:d ðə fə:st gəul]
Kdo dal vyrovnávací gól?	Who scored the equalizer?	[hu: sko:d ði: ,ikwəlai'zə]
Dal vlastní gól.	He put the ball into their own goal.	[hi: put ðə bo:l in tu ðeə əun gəul]
Byl zraněn.	He was hurt.	[hi: woz hə:t]
Byl vyloučen ze hry.	He was sent off the field.	[hi: woz sent of ðə fi:ld]
Dostal se do ofsajdu.	He was off-side.	[hi: woz ofsaid]
Atakoval protivníka.	He tackled an opponent.	[hi: 'tækld ən ə'pəunənt]
Byl potrestán.	He was penalized.	[hi: woz pi:nəlaizd]
Zachytil přihrávku.	He picked up a pass.	[hi: pikt ap ə pa:s]
Kdy se hraje odvetný zápas?	When will the return match be played?	[wen wil ðə ri'tə:n mæč bi: pleid]
Naše družstvo získal v prvním poločase vedení.	Our team gained the lead in the first half.	['auə ti:m geind ðə li:d in ðə fə:st ha:f]
První poločas skončil 1:0.	The score of the first half was one to nil.	[ðə sko: ov ðə fə:st ha:f woz wan tu nil]
Rozhodčí odpískal konec prvního poločasu.	The referee whistled the end of the first half.	[ðə ,refə'ri: wislt ði: end ov ðə fə:st ha:f]

TENIS
TENNIS

Jsou tu někde tenisové kurty?	Are there tennis courts around here?	[a: ðeə 'tenis ko:ts ə'raund hiə]
Pronajímáte tenisové míčky a pálky?	Do you hire tennis balls and rackets?	[du ju: haiə 'tenis bo:ls end rækits]
Je dobrý ve dvouhře / čtyřhře / smíšené čtyřhře.	He is good at singles / doubles / mixed doubles.	[hi: iz gud et siŋgls / 'dabls / mikst 'dabls]
Kolik to je?	What's the score?	[wots ðə sko:]
Je to 40:0 pro Samprase.	It's forty love for Sampras.	[its fo:ty lav fo: sempres]
Je to shoda.	It's a deuce.	[its ə dju:s]
Henman má výhodu.	Advantage Henman.	[əd'va:ntidž henmen]
Kdo vyhrál první set?	Who won the first set?	[hu: wan ðə fə:st set]
To byl / byla / bylo ...	It was ...	[it woz ...]
- dvojitá chyba	- a double fault	[ə dabl fo:lt]
- eso	- an ace	[ən eis]
- vynikající podání	- an excellent service	[ən eksələnt sə:vis]
- tečovaný míč	- a net ball	[ə net bo:l]
Hrají od zadní čáry.	They are playing from the service line.	[ðei a: pleiiŋ from ðə sə:vis lain]

VODNÍ SPORTY
AQUATIC SPORTS

Umíš plavat?	Can you swim?	[kæn ju: swim]
Jsem neplavec.	I am a non-swimmer.	[ai æm ə non 'swimə]
Pojďme si zaplavat.	Let's go swimming.	[lets gəu swimiŋ]
Kde je ... ?	Where is ... ?	[weə iz ...]
- bazén	- a swimming pool	[ə swimiŋ pu:l]
- koupaliště	- bathing pool	[beiðiŋ pu:l]
Umíš plavat ... ?	Can you swim ... ?	[kæn ju: swim ...]
- kraula / motýlka	- crawl / butterfly	[kro:l / 'batəflai]
- prsa / znak	- breast / back	[brest / bæk]
Je tady moc hluboká voda.	It's deep water here.	[its di:p 'wo:tə hiə]
Provozuješ ...?	Do you practise ... ?	[du ju: 'præktis ...]
- potápění s dýchací trubičkou	- snorkelling	[sno:keliŋ]
- potápění se skafandrem	- skuba-diving	[skju:ba daiviŋ]
- vodní lyžování	- water skiing	['wo:tə skiiŋ]

ODBÍJENÁ
VOLLEYBALL

Pojďme si zahrát odbíjenou.	Let's play volleyball.	[lets plei 'volibo:l]
Máš podání.	It's your turn to serve.	[its jo: tə:n tu sə:v]
To byla dobrá smeč.	It was a good smash.	[it woz ə gud smæš]
To je ztráta.	It's a loss.	[its ə los]
Získali jsme bod.	We've scored a point.	[wi:v sko:t ə point]
Osm jedna pro nás.	Eight points to one for us.	[eit points tu wan fo: as]

ZIMNÍ SPORTY
WINTER SPORTS

Máš rád lyžování / bruslení / jezdění na snowboardu?	Do you like skiing / skating / snowboarding?	[du ju: laik skiiŋ / skeitiŋ / snəubo:diŋ]
Máš raději sjezdové lyžování nebo běh na lyžích?	Do you prefer down hill skiing or cross country skiing?	[du ju: pri'fə: daun hil skiiŋ o: kros 'kantri skiiŋ]
Jaký je sníh?	What's the snow like?	[wots ðə snəu laik]
Sníh je ...	The snow is ...	[ðə snəu iz ...]
- mokrý / zrnitý	- wet / granular	[wet / grænju:lə]
- prachový	- dry and powdery	[drai ənd 'paudəri]
Dostal jsem ...	I got ... as a present.	[ai got ... æs ə preznt]
- brusle	- skates	[skeits]
- lyžařské brýle / hole	- goggles / sticks	[gəglz / stiks]
- nové boby / sáňky	- a new bobsleigh / sledge	[ə nju: bobslei / sledž]

Czech	English	Pronunciation
Měl bys navoskovat lyže.	**You should wasp the skis.**	*[ju: šud wosp ðð ski:s]*
Jak se dostanu k/ ke ...	**How can I get to ...**	*[hau kæn ai get tu ...]*
- kabinové lanovce	**- a cabin lift**	*[ə 'kæbin lift]*
- sedačkové lanovce	**- chair-lift**	*[čeə lift]*
- sjezdovce	**- a running track / ski slope**	*[ə raniŋ træk / ski: sləup]*
- vleku	**- a ski-tow**	*[ə ski: təu]*
Chtěl bych se zúčastnit ...	**I'd like to take part in ...**	*[aid laik tu teik pa:t in ...]*
- závodu v obřím slalomu	**- a giant slalom race**	*[ə 'džaiənt 'sla:ləm reis]*
- závodu ve sjezdu	**- a down hill race**	*[ə do:n hil reis]*
- závodu ve skoku na lyžích	**- a ski jump competition**	*[ə ski: džamp ˌkompi'tišn]*
- závodu ve slalomu	**- a slalom race**	*[ə 'sla:ləm reis]*

Czech	English	Pronunciation
atletika	athletic	[æθ'letik]
desetiboj	the decathlon	[ð 'di'kæθlən]
běh na krátkou trať	sprinting events	[sprintiŋ i'vents]
běh na dlouhou trať	a long distance race	[ə loŋ 'distəns reis]
pozemní hokej	field hockey	[fi:ld 'hoki]
překážkový běh	a hurdle race	[ə 'hə:dl reis]
běh na 100 m	one hundred meter sprint	[wan 'handrəd 'mi:tə sprint]
maratón	the Marathon race	[ðð 'mærəθn reis]
štafetový běh	a relay race	[ə ˌri:'lei reis]
přespolní běh	a cross country race	[ə kros 'kantri reis]
skok vysoký	a high jump	[ə hai džamp]
skok o tyči	a pole vault	[ə pəul vo:lt]
skok daleký	a long jump	[ə loŋ džamp]
trojskok	a triple jump	[ə 'tripl džamp]
hod oštěpem	a javelin throw	[ə 'džævlin θrəu]
horolezectví	rock climbing	[rok klaimiŋ]
vrh koulí	a shot put	[ə šot put]
golf	golf	[golf]
házená	handball	[hændbo:l]
hod diskem	a discus throw	[ə 'diskəs θrəu]
šerm	fencing	[fensiŋ]
střelba	shooting	[šu:tiŋ]
lukostřelba	archery	['a:čəri]
veslování	rowing	[rəuiŋ]
vzpírání	weight lifting	[weit liftiŋ]
boxování	boxing	[boksiŋ]
rugby	rugby	[ragbi]
lední hokej	ice hockey	[ais hoki]
jízda na koni	horse riding	[ho:s raidiŋ]
košíková	basketball	['ba:skitbo:l]
kriket	cricket	['krikit]
kroket	croquet	[kroukei]
stolní tenis	table tennis	[teibl 'tenis]
turistika	hiking	[haikiŋ]
gymnastika	gymnastics	[džim'næ:stiks]

ČAS
TIME

1:00 hodina	It's one o'clock	[its wan əˈklok]
3:00 hod.	It's three o'clock	[its θri: əˈklok]
3:05 hod.	It's five past / after three	[its faiv pa:st / a:ftə θri:]
3:10 hod.	It's ten past three	[its ten pa:st θri:]
3:15 hod.	It's a quarter past three	[its ə ˈkwo:tə pa:st θri:]
3:20 hod.	It's twenty past three	[its ˈtwenti pa:st θri:]
3:30 hod.	It's half past three	[its ha:f pa:st θri:]
3:35 hod.	It's twenty-five to four	[its ˈtwenti faiv tu fo:]
3:40 hod.	It's twenty to / till four	[its ˈtwenti tu / til fo:]
3:45 hod.	It's a quarter to four	[its ə ˈkwo:tə tu fo:]
3:50 hod.	It's ten to four	[its ten tu fo:]
3:55 hod.	It's five to four	[its faiv tu fo:]

Kolik je hodin?	What's the time?	[wots ðə taim]
Mohl byste mi říci přesný čas?	Could you tell me the exact time?	[kud ju: tel mi: ði: igˈzækt taim]
Promiňte, prosím, můžete mi říct, kolik je hodin?	Excuse me, can you tell me what time it is?	[ikˈskju:z mi: kæn ju: tel mi: wot taim it iz]
Kolik máte hodin?	What time do you have?	[wot taim du ju: hæv]
Je právě poledne.	It's just noon.	[its dʒast nu:n]
Před chvílí bylo šest.	It's just gone six.	[its dʒast gon siks]
Brzy bude půlnoc.	It'll be midnight soon.	[itl bi: ˈmidnait su:n]
Hodiny odbíjejí devět.	The clock is striking nine.	[ðə klok iz straikiŋ nain]
Jsou už dvě pryč.	It's past two.	[its pa:st tu:]
Moje hodinky jdou přesně.	My watch keeps perfect time.	[mai woč ki:ps ˈpə:fikt taim]
Zastavily se mi hodinky.	My watch has stopped.	[mai woč hæz stopt]
Máte chvíli čas?	Have you got time for a while?	[hæv ju: got taim fo: ə wail]
Bohužel ne.	I am afraid not.	[ai æm əˈfreit not]
Nemám vůbec čas.	I have absolutely no time.	[ai hæv ˈabsəˈlu:tli nəu taim]
Jsem celou dobu zaneprázdněn.	I am busy the whole time.	[ai æm ˈbizi ðə həul taim]
Dostáváme se do časové tísně.	We are running out of time.	[wi: a: raniŋ aut of taim]
Podívej, kolik je hodin, raději bychom měli jít.	Oh look at the time - we'd better get moving.	[əu luk æt ðə taim wi:d ˈbetə get muːviŋ]
Je nejvyšší čas, abychom šli.	It's the highest time to go.	[its ðə haidst taim tu gəu]
Je čas, abys šel.	It's time you went.	[its taim ju: went]
Čas jsou peníze.	Time is money.	[taim iz ˈmani]
Máte dnes večer čas?	Have you got time tonight?	[hæv ju: got taim təˈnait]

ČAS / Time

Czech	English	Pronunciation
Kdy se sejdeme?	When shall we meet?	[wen šel wi: mi:t]
Za hodinu.	In an hour.	[in ðn 'auð]
Za půl hodiny.	In a half an hour.	[in ð ha:f ðn 'auð]
Za čtvrt hodiny.	In a quarter of an hour.	[in ð 'kwo:tð ov ðn 'auð]
Za deset minut.	In ten minutes.	[in ten minits]
V devět večer.	At nine in the evening.	[æt nain in ði: 'i:vniŋ]
Zítra ráno.	Tomorrow morning.	[tð'morðu 'mo:niŋ]
V kolik hodin mám na Vás počkat?	What time should I wait for you?	[wot taim šud ai weit fo: ju:]
Budu na vás čekat od devíti do čtvrt na deset.	I'll be waiting for you from nine to a quater past nine.	[ail bi: weitiŋ fo: ju: from nain tu ð 'kwo:tð pa:st nain]
Strávili spolu hodně času.	They spent a lot of time together.	[ðei spent ð lot ov taim tð'geðð]
Potřebuji nějaký čas pro sebe.	I need some time to myself.	[ai ni:d sam taim tu maiself]
Do té doby, než přijdeme domů, se bude rozednívat.	It will be daylight by the time we reach home.	[it wil bi: dei'lait bai ðð taim wi: ri:č hðum]
Teď má dost času věnovat se zahradě a hrát si s vnukem.	He now has enough time for his garden and time to play with his grand-son.	[hi: nau hæz i'naf taim fo: his 'ga:dn ænd taim tu plei wið his 'grænd-san]
To je ztráta času.	It's a waste of time.	[its e weist ov taim]
Mluvili jsme o starých časech.	We talked about old times.	[wi: to:kt ð'baut ðuld taims]
Některé časy jsou dobré, některé špatné.	There are good times and bad times.	[ðed a: gud taims ænd bæd taims]
Měj se pěkně.	Have a good time.	[hæv ð gud taim]
Pohroma může přijít kdykoliv.	Disaster could strike at any time.	[di'za:stð kud straik æt æni taim]
Příště, když budeš chtít někam zavést, zavolej.	Call me next time you need a lift anywhere.	[kol mi: nekst taim ju: ni:d ð lift 'eniweð]
Naposledy, když jsem ho viděl, byl opilý.	The last time I saw him he was drunk.	[ðð la:st taim ai so: him hi: woz draŋk]
Riskuješ pokaždé, když přecházíš vozovku.	You take a risk every time you cross the road.	[ju: teik ð risk 'evri taim ju: kros ðð rðud]
Myslím, že je načase uspořádat večírek.	I think it's time for a party.	[ai θiŋk its taim fo: ð 'pa:ti]
V zimním období se brzy stmívá.	It's getting dark early in the winter time.	[its getiŋ da:k 'ð:li in ðð 'wintð taim]
To bylo jedinkrát, co jsem ho kdy viděl plakat.	It was the only time I ever saw him crying.	[it woz ði: 'ðunli taim ai 'evð so: him kraiiŋ]
V době vánoc bude doma.	He will be home at Christmas time.	[hi: wil bi: hðum æt 'krismðs taim]
Můžeš změřit, jak dlouho oběhnu tu trasu?	Could you time me running once round the track?	[kud ju: taim mi: raniŋ wans raund ðð træk]
Letadlo přistálo o pět minut dříve.	The plane landed five minutes ahead of time.	[ðð plein lændid faiv 'minits ð'hed ov taim]
Vlak přijel na čas.	The train came on time.	[ðð trein keim on taim]
Přišel jsem tam včas.	I got there in time.	[ai got ðed in taim]

DNY V TÝDNU, MĚSÍCE, ROKY
DAYS OF THE WEEK, MONTHS, YEARS

pondělí	Monday	[mandei]
úterý	Tuesday	[tju:zdei]
středa	Wednesday	[wenzdei]
čtvrtek	Thursday	[θə:zdei]
pátek	Friday	[fraidei]
sobota	Saturday	[sætədei]
neděle	Sunday	[sandei]
v pondělí	on Monday	[on mandei]

leden	January	[džænjuðri]
únor	February	[februðri]
březen	March	[ma:č]
duben	April	[eiprəl]
květen	May	[mei]
červen	June	[džu:n]
červenec	July	[džu'lai]
srpen	August	[o:gəst]
září	September	[sep'tembə]
říjen	October	[ok'təubə]
listopad	November	[nəu'vembə]
prosinec	December	[di'sembə]
v lednu	in January	[in džænjuðri]
od ledna	from January	[from džænjuðri]
na začátku ledna	in early January	[in 'ə:li džænjuðri]
uprostřed ledna	in mid-January	[in mid-džænjuðri]
na konci ledna	in late January	[in leit džænjuðri]
	at the end of January	[æt ði: end ov džænjuðri]

Jaký je dnes den?	What day is it today?	[wot dei iz it tə'dei]
Dnes je středa.	It is Wednesday today.	[it iz wenzdei]
Kdy se vrátíte?	When are you coming back?	[wen a: ju: kamiŋ bæk]
Vrátíme se ...	We are coming back ...	[wi: a: kamiŋ bæk ...]
- za týden / měsíc / rok	- in a week / month / year	[in ə wi:k / manθ / jiə]
- příští týden / měsíc / rok	- next week / month / year	[nekst wi:k / manθ / jiə]
- za dva dny / týdny / roky	- in two days / weeks / years	[in tu: deis / wi:ks / jiəs]
- asi za tři měsíce	- in about three months	[in ə'baut θri: manθs]
- příští středu	- next Wednesday	[nekst wenzdi]
- pozítří	- the day after tomorrow	[ðə dei 'a:ftə tə'morəu]
- zítra ráno	- tomorrow morning	[tə'morəu mo:niŋ]
- v pondělí (večer)	- on Monday (evening)	[on mandi (i:vniŋ)]
- do půlnoci	- until midnight	[ən'til midnait]
- do tří dnů	- until three days	[ən'til θri: deis]

ČAS

Viděla jsem ho ...	I saw him ...	[ai so: him ...]
- minulý týden / měsíc / rok	- last week / month / year	[la:st wi:k / manθ / jiə]
- včera	- yesterday	['jestədei]
- včera ráno	- yesterday morning	['jestədei mo:niŋ]
- v neděli odpoledne	- on Sunday afternoon	[on sandi ,a:ftə'nu:n]
- předvčerejškem	- the day before yesterday	[ðə dei bi'fo: 'jestədei]
- před dvěma dny / týdny	- two days / weeks ago	[tu: deis / wi:ks ə'gəu]
- před pár dny	- a couple of days ago	[ə 'kapl ov deis ə'gəu]
Letos je přestupný rok.	It's a leap year this year.	[its ə li:p jiə ðis jiə]

během dne	by day	[bai dei]
	during the day	[dju:riŋ ðə dei]
celý den	all day	[o:l dei]
denně	daily	[deili]
nedávno	the other day	[ði: 'aðə dei]
ob den	every second day	['evri 'sekənd dei]
po celý den	all day long	[o:l dei loŋ]
pracovní den	working day	[wo:kiŋ dei]
ve dne v noci	night and day	[nait ænd dei]
volno (bez práce)	day off	[dei of]
všední den	ordinary day	['o:dnri dei]
za úsvitu	at daybreak	[æt deibreik]

ROČNÍ OBDOBÍ
THE SEASONS OF THE YEAR

jaro	spring	[spriŋ]
léto	summer	['samə]
podzim	autumn	['o:təm]
zima	winter	[wintə]
na jaře	in spring	[in spriŋ]
uprostřed léta	at the height of summer	[æt ðə hait ov samə]
uprostřed zimy	in the depth of winter	[in ðə depθ ov wintə]

21. března je jarní rovnodennost.	It's the vernal equinox on 21st March.	[its ðə və:'nl i':kwinoks on the twenti fə:st ov ma:č]
22. září je podzimní rovnodennost.	It's the autumnal equinox on 22nd September.	[its ði: o:'təmnl i':kwinoks on the twenti 'sekənd ov sep'tembə]
22. prosince je zimní slunovrat.	It's the winter solstice on the 22nd December.	[its ðə wintə solstis on the twenti 'sekənd ov di'sembə]
22. června je letní slunovrat.	It's the summer solstice on the 22nd June.	[its ðə samə solstis on the twenti 'sekənd ov džu:n]
Noc svatojánská je 24. června.	Midsummer day is on 24th June.	[mid,samə dei iz on the twenti fo:θ ov džu:n]
Dny se krátí / prodlužují.	The days draw in / out.	[ðə deis dro: in / aut]

Time

POČASÍ
WEATHER

Chtěla bych se podívat na předpověď počasí.	I'd like to watch the weather forecast.	[aid laik tu woč ðə 'weðð 'fo:ka:st]
Jaká je předpověď počasí na zítra?	What's the weather forecast for tomorrow?	[wots ðə 'weðð 'fo:ka:st fo: tə'mordu]
Výhled na zítra.	The outlook for tomorrow.	[ði: 'autlukh fo: tə'mordu]
Jaké je dnes počasí?	What's the weather like today?	[wots ðə 'weðð laik tə'dei]
Je ...	It is ...	[it iz ...]
- nestálé počasí	- unsettled weather	[ansetld 'weðð]
- proměnlivé počasí	- changeable weather	[čeindžəbl 'weðð]
- nádherně	- lovely	[lavli]
- krásně teplo	- nice and warm	[nais ənd wo:m]
- jasno	- bright	[brait]
- horko	- hot	[hot]
- dusno	- close	[kləus]
- sucho/ý	- drought / dry	[draut / drai]
- vlhko	- humid	['hju:mid]
- mlha	- foggy	['fogi]
- opar	- misty	['misti]
- oblačno	- cloudy	[klaudi]
- zataženo s přívaly deště	- cloudy with outbreaks of rain	[klaudi wið 'autbreiks ov rein]
- bláto	- muddy	['madi]
- škaredě	- nasty	['na:sti]
- pošmourno	- dull	[dal]
- větrno	- windy	['windi]
- chladno	- cool	[ku:l]
- zima	- cold	[kəuld]
- mrazivo	- freezing	[fri:ziŋ]
- náledí	- icy	['aisi]
- obleva	- thawing	[θo:iŋ]
Je úplné bezvětří.	It's dead calm.	[its ded ka:m]
Svítí slunce.	The sun is shining.	[ðə san iz šainiŋ]
Z moře vane mírný vánek.	There is a gentle breeze coming out of the sea.	[ðeə iz ə 'džentl bri:z kamiŋ aut ov ðə si:]
Nebe je jasné.	The sky is clear.	[ðə skai iz kliə]
Zvedá se vítr.	The wind is rising.	[ðə wind iz raiziŋ]
Ochlazuje se.	It's getting cold.	[its getiŋ kəuld]
Zatahuje se.	It's getting overcast.	[its getiŋ 'euvəka:st]
Bude pršet.	It's going to rain.	[its gəuiŋ tu rein]
Začíná pršet.	It's beginning to rain.	[its bi'giniŋ tu rein]
Poprchává.	It's spitting.	[its spitiŋ]
To je jenom přeháňka.	It's only a shower.	[its 'əunli ə 'šəuə]

POČASÍ / Weather

Czech	English	Pronunciation
Prší.	It's raining.	[its reiniŋ]
Lije.	It's pouring.	[its po:riŋ]
Je to obrovský liják.	It's a heavy rain.	[its ə 'hevi rein]
Lije jako z konve.	It's raining cats and dogs.	[its reiniŋ kæts ənd dogs]
Padají kroupy.	It's hailing.	[its heiliŋ]
Je silný vítr.	The wind is strong.	[ðə wind iz stroŋ]
Venku je silný nárazový vítr.	There are strong gusts of wind outside.	[ðeə a: stroŋ gasts ov wind autsaid]
Venku je vichřice.	It's a gale outside.	[its ə geil autsaid]
- větrná smršť	- a whirlwind	[ə 'wə:lwind]
Bude bouřka.	It's stormy.	[its 'sto:mi]
Blýská se.	It's lightning.	[its 'laitniŋ]
Hřmí.	It's thundering.	[its 'θandəriŋ]
Bouřka ustává.	The thunder-storm is dying down.	[ðə 'θandə sto:m iz daiiŋ daun]
Vítr se utišuje.	The wind is getting calm.	[ðə wind iz getiŋ ka:m]
Je po bouřce.	The storm is over.	[ðə sto:m iz ðə əuvə]
Vyjasňuje se.	It's clearing up.	[its kli:riŋ ap]
Na nebi je duha.	It's a rainbow on the sky.	[its ə 'reinbəu on ðə skai]
Sněží.	It's snowing.	[its snəuiŋ]
Venku je vánice.	It's a snowstorm outside.	[its ə 'snəusto:m autsaid]
Na horách je hodně sněhu.	There is a lot of snow in the mountains.	[ðeə iz ə lot ov snəu in ðə 'mauntins]
Mrzne.	It is freezing.	[it is fri:ziŋ]
Přes noc sníh roztál.	It thawed overnight.	[it θo:d ˌəuvə'nait]
Je mi hrozná zima.	I am freezing.	[ai əm fri:ziŋ]
To je kouzelný den, že?	It's a wonderful day, isn't it?	[its ə 'wandəful dei, 'iznt it]
Mám rád dny, jako je tento.	I love days like this.	[ai lav deis laik ðis]
Doufám, že to vydrží.	I hope it will keep fine.	[ai həup it wil ki:p fain]
Dnes je docela hezky, nemyslíte?	It's quite a nice day today, isn't it?	[its kwait ə nais dei tə'dei, 'iznt it]
To je příšerné počasí!	It's awful weather!	[its 'o:fl weðə]
Vypadá to, že snad nikdy nepřestane pršet.	The rain seems as if it never stops.	[ðə rein si:ms æz if it 'nevə stops]
Takové počasí mě unavuje.	The weather like this makes me feel tired.	[ðə 'weðə laik ðis meiks mi: fi:l 'taiəd]
Kolik je stupňů?	What is the temperature?	[wot iz ðə 'tempritʃə]
Je ...	It is ...	[it iz ...]
- nula stupňů Celsia	- zero degrees centigrade (degrees Celsius)	[ziərəu di'gri:s 'sentigreid (di'gri:s selsiəs)]
- 32 stupňů Fahrenheita	- thirty two degrees Fahrenheit	['θə:ti tu: di'gri:s færənhait]
- deset stupňů pod nulou	- minus ten / ten (degrees Celsius) below zero	['mainəs ten / ten (di'gri:s selsiəs) bi'ləu ziərəu]
- deset stupňů nad nulou	- plus ten / ten (degrees Celsius) above zero	[plas ten / ten (di'gri:s selsiəs) ə'bav ziərəu]
Je třicet stupňů na slunci/ ve stínu.	It is thirty degrees in the sun / in the shade.	[it iz 'θə:ti di'gri:s in ðə san / in ðə šeid]

ČÍSLOVKY
NUMERALS

NÁSOBNÉ
MULTIPLE NUMERALS

jednou	**once**	*[wans]*
dvakrát	**twice / two times**	*[twais / tu: taims]*
třikrát	**three times**	*[θri: taims]*
dvojnásobný	**double / twofold**	*[dabl / tu:fəuld]*
trojnásobný	**triple / threefold**	*[tripl / θri:fəuld]*
čtyřnásobný	**quadruple / fourfold**	*[kwodrupl / fo:fəuld]*
padesátinásobný	**fiftyfold**	*[fifti'fəuld]*
poprvé	**for the first time**	*[fo: ðə fə:st taim]*
za prvé	**firstly / in the first place**	*[fə:stli / in ðə fə:st pleis]*
za padesáté	**fiftiethly / in the fiftieth place**	*[fiftiθli / in ðə fifti:θ pleis]*

ZLOMKY, MOCNINY, ODMOCNINY
FRACTIONS, POWER, ROOT

1/2	**a half**	*[ə ha:f]*	4^2	**four squared**	*[fo: skweəd]*
1/3	**a third**	*[ə θə:d]*	4^3	**four cubed**	*[fo: kju:bd]*
1/4	**a quarter**	*[ə kwo:tə]*	4^4	**four to the fourth**	*[fo: tu ðə fo:θ]*
1/5	**a fifth**	*[ə fifθ]*	$^2\sqrt{4}$	**the square root of four**	*[ðə skweə ru:t ov fo:]*
1/6	**a sixth**	*[ə siksθ]*			
5/6	**five sixths**	*[faiv siksθs]*	$^3\sqrt{4}$	**the cube root of four**	*[ðə kju:b ru:t ov fo:]*
11/9	**eleven ninths**	*[ilevn nainθs]*	$^4\sqrt{4}$	**the fourth root of four**	*[ðə fo:θ ru:t ov fo:]*

ZNAMÉNKA
MARKS

+	**plus**	*[plas]*
-	**minus**	*[mainəs]*
x	**times**	*[taims]*
:	**divided by**	*[di'vaidid bai]*
=	**equals**	*['i:kwəls]*
,	**comma**	*['komə]*
( )	**round brackets**	*[raund 'brækits]*
	parenthesis	*[pə'rənθisiz]*
[ ]	**square brackets**	*[skweə 'brækits]*
{ }	**braces**	*[breisis]*

UŽITÍ ČÍSLOVEK
USAGE OF NUMERALS

Stálo to 5 liber 32 pencí.	It cost £5.32	[it kost faiv 'θɜ:ti tu: / faiv paund 'θɜ:ti tu:]
Je to třicátník.	He is in his thirties.	[hi: is in his 'θɜ:ti:s]
Rozdělila nás do čtveřic.	She divided us into fours.	[ši: di'vaidid as intu fo:s]
Je 30. listopadu 1998.	It's the thirtieth of November nineteen-ninety-eight today.	[its ðə 'θɜ:ti:əθ ov nəu'vembə ,nain'ti:n 'nainti eit tə'dei]

VÁHY A MÍRY
WEIGHTS AND MEASURES

DÉLKOVÉ JEDNOTKY
UNITS OF LENGTH

1 inch (in.) 1"		= 2.54 centimetres (cm)
1 foot (ft.) 1'	= 12 inches	= 30.48 centimetres
1 yard (yd.)	= 3 feet	= 91.44 centimetres
1 chain	= 22 yards	= 20.12 metres
1 furlong	= 10 chains	= 0.2012 kilometres
1 mile (m.)	= 1.760 yards	= 1.609 kilometres
1 millimetre	= 0.03937 inch	
1 centimetre	= 0.3937 inch	
1 metre	= 39.37 inch	
1 kilometre	= 0.6214 mile	

Jak je to daleko?	How far is it?	[hau fa: iz it]
Je to odsud asi 30 mil.	It's about thirty miles from here.	[its ə'baut 'θɜ:ti mails from hiə]
Kolik měříš?	How much do you measure?	[hau mač du ju: 'mežə]
Jsem vysoká 5 stop a 4 palce.	I am five feet and four inches tall.	[ai æm faiv fi:t ænd fo: inči:z to:l]
Jak je vysoká tato hora?	How high is the mountain?	[hau hai iz ðə 'mauntin]
Ta hora je vysoká 100 yardů.	The mountain is one hundred yards high.	[ðə 'mauntin iz wan 'handrəd ja:ds hai]
Kolik měříš kolem pasu?	How much do you measure round the waist?	[hau mač du ju: 'mežə raund ðə weist]
24 palců.	Twenty four inches.	[twenti fo: inči:z]
Už jsme ujeli 100 mil.	We've travelled one hundred miles already.	[wi:v 'trævld wan 'handrəd mails o:l'redi]

VÁHA
UNITS OF WEIGHT

1 grain (gr.)		= 0.0648 grams (g)
1 dram (dr.)	= 27.3438 grains	= 1.772 grams
1 ounce (oz.)	= 16 drams	= 28.35 grams
1 pound (lb.)	= 16 ounces	= 453.59 grams
1 stone (st.)	= 14 pounds	= 6.348 kilograms (kg)
1 quarter	= 28 pounds	= 12.701 kilograms
1 UK hundredweight (cwt.)	= 8 stones	= 50.8 kilograms
1 US cwt.	= 100 pounds	= 45.36 kilograms
1 UK ton	= 20 hundredweight	= 1016 kilograms
1 US ton	= 2000 pounds	= 907.185 kilograms
1 milligram (mg)	= 0.015 grain	
1 gram	= 15.43 grains	= 0.035 ounces
1 kilogram	= 2.205 pounds	
1 tonne (metric tonne)	= 0.984 ton	= 2,204.62 pounds

Dejte mi, prosím, dvě stě gramů sýra.	**Give me two hundred grams of cheese, please.**	*[giv mi: tu: 'handrǝd græms ov či:s, pli:s]*
Chtěla bych jednu libru mandarinek.	**I'd like one pound of clementines.**	*[aid laik wan paund ov klementi:ns]*
Kolik vážíš?	**How much do you weigh?**	*[hau mač du ju: wei]*
Vážím 8 kamenů a 3 libry.	**I weigh eight stones and three pounds.**	*[ai wei eit stǝuns ænd θri: paunds]*

OBJEMOVÉ MÍRY
UNITS OF CAPACITY

1 fluid ounce		= 0.02841 litres
1 gill	= 5 fluid ounces	= 0.1421 litres (l)
1 pint (pt)	= 4 gills	= 0.5683 litres
1 quart (gt)	= 2 pints	= 1.137 litres
1 UK gallon (gal)	= 4 quarts	= 4.546 litres
1 US gallon		= 3.785 litres
1 barrel	= 35 UK gallons (pro ropu)	= 159.106 litres
	= 36 UK gallons	= 163.656 litres
1 millilitre	= 0.00176 pint	
1 litre	= 1.76 pint	= 0.22 UK gallon

Podej mi, prosím, z ledničky pintu mléka.	**Pass me, please, one pint of milk from the fridge.**	*[pa:s mi: pli:s wan paint ov milk from ðǝ fridž]*
Dám si malé pivo Guinness (půl pinty).	**I'll have half of Guinness.**	*[ail hæv ha:f ov 'ginǝs]*
Načerpuj 2 galony benzínu.	**Fill up two gallons of petrol.**	*[fil ap tu: 'gælǝns ov 'petrǝl]*

TURISTICKÝ PRŮVODCE ANGLIÍ

ZÁKLADNÍ ÚDAJE O ZEMI

Oficiální název: **United Kingdom of Great Britain and Northern Ireland** (Spojené království Velké Británie a Severního Irska, v odkazech zkráceně Velká Británie, resp. jen Británie).

Rozloha: **244 110 km^2.**

Počet obyvatel: **asi 58 milionů.**

Mezinárodní trojmístný kód: **GBR**

Mezinárodní poznávací značka pro automobily: **GB**

Státní zřízení: (parlamentní) **konstituční monarchie** (království), hlavou státu je **král** (nyní královna **Alžběta II.** - od r. 1952), výkonným orgánem je **vláda** (kabinet) v čele s **ministerským předsedou**. Zákonodárným orgánem je dvoukomorový **parlament** složený z **Dolní sněmovny** (House of Commons) a **Horní sněmovny** (Sněmovna lordů, House of Lords).

Správní rozdělení: **4** historické krajiny: **Anglie** (England) rozdělená na **6** metropolitních hrabství, **Velký Londýn** (Greater London) a **39** hrabství, **Skotsko** (Scotland) rozdělené na **9** krajů a **3** ostrovní oblasti (Outer and Inner Hebrides, Shetlands Islands, Orkney Islands), **Wales** rozdělený na **8** hrabství, **Severní Irsko** (Northern Ireland) rozdělené na **26** okresů. Autonomními částmi království jsou **Normanské ostrovy** (Channel Islands) a **Isle of Man**. Hrabství se dělí na okresy, okresy na obce.

Úřední jazyk: **angličtina**. Ve Skotsku se mluví i keltským jazykem **gaeltštinou**, ve Walesu keltským jazykem **velštinou**.

Složení obyvatelstva: **80%** Angličané, **10%** Skoti, **4%** Irové, **2%** Walesané, **1,5%** Indové a další.

Náboženská příslušnost: **56,8%** anglikáni, **13,1%** římští katolíci, **8,8%** bez vyznání, **7%** skotští presbyteriáni, **4,3%** metodisté, **5,7%** jiní křesťané, **1,4%** muslimové, **0,8%** židi, **0,7%** hinduisté, **0,4%** zikhové, **1%** ostatní.

Předpokládaná délka života: **73,9** let muži a **79,7** let ženy.

Hlavní město: **Londýn** (London, asi **6,8** mil. obyvatel, region hlavního města **12** mil.).

Další velká města: Birmingham, Leeds, Glasgow, Sheffield, Liverpool, Bradford,

Edinburgh, Manchester, Bristol, Kirklees, Wirral, Wakefield, Dudley, Coventry, Sunderland, Sefton, Belfast, Sandwell, Doncaster, Cardiff, Stockport, Leicester, Nottingham, Bolton, Rotherdam.

Měna: **1 libra šterlingů** (pound sterling, zkratka **GBP**) = **100 pencí** (jednotné číslo *penny*, množné číslo *pence*).

Zeměpisná poloha: **Velká Británie** leží na evropských ostrovech oddělených od kontinentu kanálem **La Manche**. Pod tímto kanálem je postaven největší tunel na světě (mezi **Folkestone** v Anglii a **Calais** ve Francii). Je dlouhý 49,94 km a má průměr 7,6 m. Anglie je omývána **Atlantickým oceánem**, **Severním**, **Irským** a **Keltským** mořem. Časové pásmo je celoročně o hodinu posunuto oproti našemu času.

Největší nížina: **Středoskotská nížina** (Central Lowlands of Scotland).

Největší pohoří: **Grampian Mountains**, **North West Highlands**, **Penniny** (Pennine Chain), **Cumbrian Mountains**.

Nejvyšší hora: **Ben Nevis** (1 343 m) v pohoří **Grampian Mountains** ve Skotsku.

Největší řeky: **Temže, Severn**

Největší jezero: **Lough Neagh** (296 km^2) v Severním Irsku.

Podnebí: oceánské (mírné zimy a chladnější léta) s velkým množstvím srážek (až 5 000 mm ročně). Celý ostrov je vystaven velkým větrům a častým mlhám.

Mentalita: klasický konzervativizmus, smysl pro tradici, na druhé straně jsou Briti velmi moderní. Zajímají se o umění, hudbu i o nové vědecké poznatky.
K cizincům jsou nevtíraví, slušní a přátelští. Ve vyšší společnosti je vhodné, aby byl přicházející někým představen. V posledních letech některé tradiční jevy ustupují (např. místo tradiční bohaté anglické snídaně se jí zdravější obilniny). Mají smysl pro humor, mají rádi pokojnější životní styl, sporty jako kriket a golf.

Zajímavosti: Na cestách se jezdí po levé straně. Nepoužívá se metrický systém měr a vah. V městech poutají pozornost dvojposchoďové červené autobusy, černé taxíky. Slavní jsou strážci pořádků - ***bobby***, přehlídky stráže před Buckinghamským palácem, a Whitehallem. Velmi známá je skotská whisky. V zemi je mnoho galerií, muzeí, kostelů, slavných univerzit se staletými tradicemi.

Hospodářství: Velká Británie je jedním z průmyslově nejvyspělejších států světa. Vyniká v mezinárodním obchodě, bankovnictví a financích, ve vývozu kapitálu a investic.

Hlavní zdroje a oblasti hospodářství: **těžba nerostů** (černé uhlí na předním místě ve světě, ropa, železná ruda, kamenná sůl, mramor, kaolín), **energetický průmysl** (jaderné elektrárny na předním místě ve světě, hydroelektrárny), **metalurgický průmysl** (metalurgie barevných kovů s produkcí hliníku, olova, zinku, uranu), **strojírenství** (výroba obráběcích strojů, jemné mechaniky, textilních strojů, elektrotechniky, dopravních zařízení, osobních automobilů - Ford, Chrysler, Leyland Motor, Rolls-Royce, Jaguar, Bristol, Rover, výroba letadel Concorde, lodí), **chemický průmysl** (výroba umělých hmot, syntetických vláken), **textilní průmysl** (vlněné látky), **doprava** (letecká, lodní, silniční a železniční).

Architektura: Na území se vyskytují prehistorické stavební památky z obrovských kamenů (*megalitů*), a to *dolmeny* (náhrobní mohyly či obětní kameny, stavby tvaru kamenného stolu - vrchní plochý kámen stojí na dvou nebo čtyřech menších kamenech), *menhiry* (svisle postavené neopracované nebo jen přizpůsobené kameny neznámého účelu) a *kromlechy* (do přímek nebo oblouků řazené kameny nahoře spojené vodorovným kamenem). Vlastní stavební památky mají své slohové zvláštnosti nebo označení. **Normanský stavební sloh** je variantou románského slohu, stavby v tomto stylu vznikají od **11.** stol. (např. *Bílá věž* londýnského **Toweru**). Od **12.** stol. následuje *gotický sloh*. První etapa, zvaná *raný anglický sloh*, zdůrazňuje horizontální účinek (katedrály ve **Wellsu** nebo **Salisbury**). Od **14.** stol. je to *dekorativní sloh*, má jemné kamenické práce, hojné ornamentální výzdoby, zdůrazňuje prostor (katedrály v **Exeteri** nebo **Yorku**). V **15.** stol. následuje *perpendikulární sloh* s čistými vodorovnými a svislými liniemi, velkými okny, nádhernými žebrovými klenbami (kaplička při **King's College** v **Cambridgi**). V **16.** stol. spojuje *tudorovský sloh* gotické a renesanční prvky (šlechtické paláce z červených cihel). Pro *alžbětínský sloh*, který následuje sloh tudorovský, jsou typické bohatě zdobené hrázděné domy (**Chester**). *Palladiánský sloh* (podle italského architekta *Andrea Palladia*) se vrací ke klasickým formám (*Queen's House* v **Greenwichi**). Významný architekt **Christopher Wren** v **17.** stol. používá tolik rozmanitých forem, že díla se nedají řadit k jednomu stavebnímu slohu. *Klasicistní epocha* na přelomu **18.** a **19.** stol. má *georgiánský sloh* a *sloh regency* (**Londýn**). V **19.** stol. převažuje *historismus* nebo *viktoriánský sloh* (parlamentní budovy v **Londýně**). Mezi významnými architekty součastnosti jsou **James Stirling** (*Tate Gallery* v **Londýně**), **Norman Foster**, **Richard Rogers**.

Historie: První stopy pocházejí ze starší doby kamenné. V 4. tisíciletí př. Kr. osídlují ostrov snad **Iberé**. Od 8. stol. př. Kr. pronikají do *jižní* Anglie **keltské** kmeny, asi od 4. stol. př. Kr. i do *východní* a *severní* Anglie. Staré římské zmínky nazývají obyvatele severu ostrova *Pikty*, možná se jedná o keltské obyvatelstvo nebo obyvatelstvo Kelty ovlivněné, nejdřív splynuli se *Skoty*. V roce **43** za císaře Claudia se zem stává součástí *Římské říše*. V **1.** polovině **5.** stol. odchází římská správa i armáda, r. **449** pronikají do země germánské kmeny **Anglů**, **Sasů** a **Jutů** a časem vzniká 7 království. Keltské kmeny jsou zatlačeny na západ a sever ostrova, jejich část odchází do dnešní *Bretaně* ve Francii a *Galície* ve Španělsku. V r. **563** založil **sv. Kolumbán** na ostrově *Iona* (Vnitřní Hebridy) klášter, je to počátek pronikání křesťanství do *Británie*. V r. 827 král **Wessexu** (jihozápadní Anglie) **Egbert** sjednocuje *anglosaské* kmeny. Časem pronikají na ostrov kmeny *Vikingů (Normanů)*, zem se dostává pod nadvládu *Dánů*. R. **871** se vymaňuje oblast Wessex a jejím králem se stává **Alfréd Velký**, v následujících obdobích pokračuje postupné vymaňování se dalších částí zpod dánské nadvlády. Král **Athelstan** vytváří po r. **924** jednotný stát s názvem Anglie. Následovalo další podrobení *Dány* i vymanění se z něho. V r. **1066** dobývá Anglii normanský vojevůdce **Vilém Dobyvatel** a stává se králem. Za **normanské** epochy se začínají stavět velké gotické katedrály (Winchester, Chichester, Salisbury, Exeter, Wells, Lincoln a Ely). V roce **1154** nastupuje králem **Jindřichem II**. dynastie *Plantagenetů* a dochází ke smíření *Anglosasů* a *Normanů*. Tento panovník si nárokuje svrchovanost nad církví, v důsledku toho je zavražděn i arcibiskup **Thomas Becket**. V roce **1215** podepisuje pod nátlakem šlechty král **Jan Bezzemek** *Velkou listinu svobod* (Magna charta libertatum) zajišťující práva šlechtickému stavu. Je to jakýsi zárodek parlamentní demokracie. V letech **1282-84**, za vlády krále **Eduarda I.**, dochází k připojení *Walesu* k *Anglii*. Král **Eduard III.** vznáší dynastické nároky vůči *Francii*, francouzský král zase zabírá *anglické državy* v jižní Francii, nastupuje éra *stoleté války* (1337-1453, krátké bitvy, dlouhé příměří), na konci které Anglii zůstává jen fraunrouzský přístav *Calais*. V období **1455-85** zuří v Anglii *válka dvou růží*. Dynastie *Yorků* (bílá růže) bojuje o trůn s příbuznou dynastií *Lancasterů* (červené růže). Po válce se králem stává **Jindřich Tudor** z rodu Lancastrů (jako král **Jindřich VII.**). V **16**. stol. dochází k zabírání obecné půdy a její přeměnění na pastviny a k prvotní akumulaci kapitálu. Za vlády šestkrát ženatého **Jindřicha VIII.** (1509-47) vzniká odčleněním se od katolické anglikánská církev v čele s panovníkem, sekularizují se kláštery, je popravený významný humanista lord kancléř **Thomas More**, v r. **1541** je **Jindřich** parlamentem v Dublině vyhlášen za *irského krále*. V období **1558-1603**, za vlády královny **Alžběty I.**, dcery **Jindřicha VIII.**, nastává období expanze a relativní politické stability, vítězstvím nad Španěly se stává Anglie *námořní mocností*, je popravena skotská královna **Marie Stuartovna** (1587). Po Alžbětě nastupuje na trůn *skotský* král **Jakub VI.** (syn **Marie Stuartovny**), vzniká *personální unie* mezi *Anglií* a *Skotskem*, začíná kolonizace *Ameriky*. V období **1642-60** probíhá občanská válka mezi králem **Karlem I.** a **Oliverem Cromwellem**, r. **1649** je král popraven, zem se stává *republikou* v čele s Cromwellem (od **1653** jako lord protektor), nastupuje *kapitalismus*. V tomto období dochází k porážce *Skotů*, potlačení vzpoury v *Irsku* a jeho připojení k *Anglii*. V roce **1660** se koná restaurace království, králem se stává Stuartovec **Karel II.** (syn popraveného **Karla I.**). V letech **1665-66** zuří v Londýně obrovský *mor* (70 tis. obětí) a obrovský *požár* (zničeno 13 tis. domů a 90 kostelů), při nové výstavbě vynikl architekt **Christopher Wren**. V letech **1688-89** probíhá nekrvavý *státní převrat* (tzv. slavná revoluce), král **Jakub II.** utíká do Irska, potom do Francie, vlády se ujímá **Wilém III. Oranžský**, je vydáno *Vyhlášení práv* (Bill of Rights), posiluje se parlamentarismus, vzniká *konstituční monarchie*. V roce **1707** vzniká vyhlášením unie Anglie a Walesu se Skotskem *Velká Británie*, r. **1801** je irská autonomie zrušena a *Aktem o unii* je Irsko spojeno s Velkou Británií. Probíhá *průmyslová revoluce*. R. **1745** se jakubským povstáním neúspěšně pokoušejí Stuartovci znovu získat moc. R. **1805** vítězí admirál **Nelson** u *Trafalgaru* nad *Francouzi*, r. **1815** vojevůdce **Wellington** poráží **Napoleona** u *Waterloo*, postavení Británie jako světové mocnosti se posiluje. Obzvlášť za královny

Viktorie **1837-1901** se zintenzivňuje industrializace a probíhají nové kolonizace. R. **1851** se v *Crystal Parku* v Londýně koná *první světová výstava*. V *první světové válce* je Británie spojencem Francie a Ruska, brzy i Itálie, Japonska a USA. Po válce dále rozšiřuje území, r. **1922** se odtrhává *Irsko* (s vyjímkou severní části) a ustanovuje se dnešní název státu. V *druhé světové válce,* při leteckých náletech, přichází v *Londýně* o život **30** tis. lidí, město **Coventry** je téměř zničeno. Po válce do r. **1956** získávají nejdůležitější britské kolonie nezávislost, vzniká *Společenství národů* (Commonwealth of Nations) jako forma užší spolupráce mateřské krajiny a bývalých kolonií. Od roku **1969** jsou v *Severním Irsku* nasazeni britští vojáci na tlumení náboženského a separatistického napětí. V roce **1973** se Británie stává členem *Evropské unie* (tehdy EHS). V roce **1994** je slavnostně otevřen *tunel pod kanálem La Manche.*

Kapitoly popisu oblastí se drží historických zemí, popis Anglie je rozdělen do více kapitol. Pořadí kapitol: **Jižní a západní Anglie** (oblasti South West a South East), **Londýn**, **Střední Anglie** (East a West Midlands, North West), **Severní Anglie** (Yorkshire, Humberside, Northern), **Wales**, **Skotsko** a **Severní Irsko**.

JIŽNÍ A ZÁPADNÍ ANGLIE

Tato oblast je vstupním místem do Británie z Evropy. Popisovanou oblast ohraničujeme na severní straně přibližně spojnicí měst Bristol a Londýn, na ostatních stranách mořem. Na pobřeží jsou hlavní anglické přístavy, přímořské lázně a rekreační prostory. Jižně od Londýna, k *Doverské úžině* se táhne pohoří *North Downs*, které připomíná křídové duny. Podobnou křídovou pahorkatinou je *South Downs* mezi městy **Winchester** a **Eastbourne** nebo *Chiltern Hills* s pěknými bukovými lesy. Tato pahorkatina se nachází severně od Londýna. Přírodní zajímavostí jsou i křídové kopce *Wealds*, *Leith Hill*, vrchol *Hog's Back*. Západní část (oblast Cornwall) s mírným podnebím má fjordy, vřesoviska, bizarní útesy, vyhlídky na zálivy, megalitické kameny, pěkné pláže a vhodné podmínky na koupání.

Město **Rochester** (asi 30 tis. obyvatel) má katedrálu s největší vnitřní kryptou v Anglii, kostel *sv. Mikuláše* (St. Nicholas), obilní burzu, hostinec *Bull Inn*.

Arcibiskupské sídlo **Canterbury** má raně gotickou katedrálu, *Římské muzeum*, bránu v perpendikulárním slohu *Christ Church Gate*, tudorovské hrázděné domy a jiné. V kapličce *Svaté Trojice* je pochován hrdina stoleté války *Černý princ* a byl v ní zavražděn *sv. Tomáš Becket.*

Město **Dover** je nejfrekventovanějším přístavem osobní dopravy a vstupní bránou do Británie. Západně od města leží křídová skála *Shakespearův útes* a hrad *Dover Castle*. Mezi **Doverem** a městem **Folkestone** ústí tunel zpod kanálu *La Manche*.

Město **Hastings** má hrad, kostel *sv. Klementa* (St. Clement' s Church), muzea a další. Do historie vstoupilo bitvou mezi normandským vojevůdcem *Vilémem Dobyvatelem* a anglickým králem *Haroldem*, který v bitvě prohrál u nedalekého městečka *Battle*. Na místě bitvy stojí zříceniny opatství *Battle Abbey*.

Přímořské lázně *Eastbourne* mají 5 km čistých okrouhlých pláží, věž *Wish Tower*, malé *Vojenské muzeum*, až 200 m vysoké křídové útesy. Při obci *Wilmington* je už od raně historických časů vysekána do vápencové skály 70 m dlouhá postava bílého dlouhého muže *Long Man*, jde asi o kultovní objekt.

Lázeňské město *Brighton* (asi 140 tis. obyvatel) má krásné promenády, výstřední *Královský pavilon* (Royal Pavilion), kamennou zahradu, akvárium, ZOO. V létě se zde konají divadelní festivaly.

V městě *Chichester* je gotická katedrála, biskupský palác se starými malbami v kapličce, staré měšťanské domy a nemocnice, divadlo, muzeum s římskými vykopávkami (další nálezy v muzeu z blízké obce *Fishbourne*). V okolí je zámek s galerií *Goodwood House*.

Přístav *Portsmouth* (asi 180 tis. obyvatel) má přístavní muzeum *Historic Dockyard* s exponáty skutečných historických lodí, další muzea, dům *Buckingham House*, kostel *St. Thomas*, hrad *Southsea Castle* a jiné. Působil zde také autor postavy detektiva Sherlocka Holmese, spisovatel *A. C. Doyle*.

Z přístavního města *Southampton* (asi 210 tis. obyvatel) vyplouval kdysi parník Titanic. Je tu námořní muzeum. Nedaleko města je přírodní oblast *New Forest* s nejstaršími lesy v Anglii a s rozsáhlými močály a bažinami. Území sloužilo jako královský lovecký revír a je oblíbeno mezi turisty především v období, kdy kvete břes. V dědince Beaulieu je největší automobilové muzeum Británie.

Starobylé město *Winchester* (asi 100 tis. obyvatel) má nejdelší katedrálu v Evropě (170 m) postavenou v bažinách na dřevěných trámech. K dalším významným památkám města patří brána *West Gate*, budovy *Great Hall* a *Winchester College*, klášter *Abbey Grounds* a jiné.

Město *Bournemouth* (asi 160 tis. obyvatel) má více muzeí, mnoho parků, 10 km písečné pláže a lodní spojení na ostrov *Wight* s kamennými plážemi. K nejkrásnějším pobřežím Anglie patří břehy poloostrova *Purbeck* v hrabství *Dorset*. Celé pobřeží je lemováno vápencovými útesy s hnízdy kormoránů.

Ve městě *Salisbury* je středověký trh, raně gotická katedrála s vystaveným originálem listiny *Magna Charta*, římské hradiště *Old Sarum*. Asi 12 km severně od *Salisbury* leží jedna z největších evropských předhistorických lokalit v *Stonehenge*. Jedná se o velké seskupení kamenných monolitů do dvojitého prstence s oltářovým kamenem uprostřed. Na blízké *Salisburské pláni* (Salisbury Plain) je mnoho pohřebních pahorků a křížů.

Město *Dorchester* (asi 137 tis. obyvatel) má známý kostel, domy z 18. stol., římský amfiteátr. V okolí města leží největší neolitické opevněné evropské sídlo *Maiden Castle*, zámek **Athelhampton** s rododendronovým parkem. Z blízkých přímořských lázní **Weymouth** je možné navštívit lodí ostrovy **Jersey** a **Portland**.

Univerzitní město **Exeter** (asi 110 tis. obyvatel) má starobylou katedrálu přestavenou v dekorativním stylu, hrázděný dům **Mol's House**, zříceniny hradu **Rougemont Castle**, muzea a jiné.

Přímořské letovisko **Torquay** (asi 80 tis. obyvatel) má krásné parky jako **Abbey Garden's** s velkými vodními plochami a květinovými záhony, klášter **Torre Abbey**. V okolí města jsou lázně **Paingnton**, které mají pěkné pláže a zámek **Oldway** s parkem nazývaným **Malé Versailles**, jednu z nejlepších ZOO v Británii.

Město **Plymouth** (asi 230 tis. obyvatel) je jedním z největších historických přístavů Británie, ze kterého vyplouvaly vojenské a výzkumné výpravy. K významným stavbám města patří pevnost **Royal Citadel**. Nedaleko od pevnosti je nejvýznamnější akvárium v Anglii. Na náměstí **St. Andrew's Cross** je kostel **St. Andrew's Church** se zajímavými malbami na skle. Také je možné prohlédnout si nejstarší dům města **Prysten House** ze 16. stol. a terasovou zahradu **The Hoe** se sochou **Francisa Drakea**. V okolí města je klášter **Buckland Abbey** a zámek **Cotehele House**. V oblasti leží **Dartmoorský národní park** (Dartmoor national Park) proslavený legendou o psovi Baskervillském. Krajina je poměrně ponurá, plná močálů a vřesovišť, ze kterých vyčnívají žulové kameny. Na malém prostoru se nachází poměrně mnoho pravěkých a raně historických památek (kamenné kruhy, dolmeny, obětní kameny, mohyly). Městský historický celek se nachází ve městě **Postbridge**.

Lázeňské město **Penzance** má palmami lemované ulice, egyptský dům, **Muzeum majáků**. Východně u pobřeží se nachází přílivový ostrov **St. Michael's Mount** s pevností. Jihovýchodně leží rekreační oblast **Lizard** s pěknými plážemi, jeskyně **Kynance Cave** a naleziště polodrahokamu serpentínu. V okolí města se vyskytují keltské kříže, menhiry a dolmeny. Nejzápadnějším výběžkem země je **Konec země** (Land's End) se známým majákem. V obci **Porthcurno** existuje divadlo **Minack Theatre** vytesané nad mořem do příkrého pobřeží. Po pěkném pobřeží vede veřejná cestička k malebné rybářské obci **St. Ives**, ve které je výstavní síň **Tate Gallery St. Ives** i se zahradou se skulpturami. Další cesta pobřežím nás dovede ke zbytkům tajemného hradu **Tintangel** - údajného rodiště krále **Artuše**.

Městečko **Moretonhapmstead** je zachovalým městským historickým celkem.

Městečko **Barnstaple** má velký přístav a zachovalé domy a uličky z 18. stol. V zámku **Aglington Courth** je sbírka mušlí, lodních modelů, historických kočárů. V okolí města rostou i palmy. Severovýchodně, na pobřeží **Bristolského zálivu**, leží národní park **Exmoor National Park**, díky břidlicovým útvarům různého věku a barev je jednou z nejkrásnějších přírodních rezervací v Anglii.

Historické město **Glastonbury** je opředeno legendami o králi **Artušovi**, který tady byl pochován údajně i se svou ženou **Guinevere**. Podle další legendy sem přišel tajný

Kristův učedník *Josef z Arimatie* a zakopal tu svatý *Grál* (kalich z poslední večeře). Ve městě se schází množství poutníků.

Ve starobylém městečku **Wells** je mohutná biskupská katedrála ozdobená **300** sochami, orlojem v interiéru apod. Ve stavbě jsou použity i ojedinělé obrácené lomené oblouky. *Kapitulní dům* (Chapter House) je považován za nejkrásnější v Anglii. Ve městě jsou mnohé domy ze 14. stol.

Přístavní město **Bristol** (asi 400 tis. obyvatel) bylo ve středověku druhým největším městem Anglie. Dnes se tu vyrábějí i letadla *Concorde*. Z památek je významná katedrála *Deanery Road* s množstvím stavebních slohů s bohatě zdobenými okny, náhrobky opatů a zajímavou žebrovou klenbou. Další významnou stavbou je mariánský chrám *Chruch of St. Mary Redcliffe*, gotický kostel *sv. Marka* (St. Mark' s Church), královské divadlo *Royal Theatre*, zajímavé měšťanské domy, muzeum skla, porcelánu, keramiky a pod. V hospůdce *The Lladdoger Throw* si údajně spisovatel **Daniel Defoe** vyslechl od námořníků příběh o *Robinsonu Crusoovi*. Přes řeku *Avon* je postaven jedinečný lanový most *Clifton Suspension Bridge*, který je dlouhý 400 m a vysoký 80 m.

Město **Bath** (asi 80 tis. obyvatel) má krásné a zachovalé lázně s horkými prameny. Za pozornost stojí klášter *Bath Abbey* s rozměrnými okny v průčelí, lázeňská budova *Pump Room*, bílé domy s dórskými sloupy, náměstí *St. James Square*, divadlo *Theatre Royal*, kolonády, zámek *Prior Park*. V okolí města je zámek *Claverton Manor* s Americkým muzeem. Nedaleko města v hrabství *Avon* stojí nejstarší vodní mlýn na světě *Priston Mill*, který je stále v provozu. První zmínka o něm je už z roku 931.

Město **Bradford-on-Avon** má zajímavý most s kapličkou uprostřed. Kostel *sv. Vavřince* (St. Lawrence' s) je ukázkou anglosaského stavitelství **8**. století.

Městečko **Basingstoke** má staré domy pokryté vysokými šindelovými střechami ze 17. stol. V okolí je zámek *The Vyne*, *Heriard Park* se skanzenem a další.

Město **Windsor** v západním okolí **Londýna** má královský zámek *Windsor Castle* s krásným parkem, ve kterém rostou stovky let staré stromy. Park je zároveň safari parkem. Zámek patří k největším v Evropě a je největší obývanou rezidencí na světě.

LONDÝN

London (Londýn, asi **6,8** mil. obyvatel, s aglomerací **12** mil.) je hlavním městem *Velké Británie* a *Severního Irska*, největším britským přístavem, centrem obchodu, průmyslu a kultury. Rozlohou téměř 1 600 km^2 patří k největším městům světa. Leží na obou březích řeky *Temže* v jihovýchodní části Anglie. V Londýně je nejrozsáhlejší síť podzemních drah na světě s délkou 408 km. Je tu mnoho vysokých škol, muzeí, galerií, divadel, staveb všech slohů a období, mnoho parků a lesů. V současné době je Londýn rozdělen na samosprávnou oblast *City of London* a *32 obvodů* (borough). Dvanáct těchto obvodů ležících těsně okolo *City of London* vytváří *vnitřní Londýn*, ostatní tvoří *venkovní Londýn*. Obvody vnitřního Londýna jsou: **City of Westminster, Camden, Islington, Hackney, Tower Hamlets, Greenwich, Lewisham, Southwark, Lambeth, Wandsworth, Hammersmith and Fulham, Kensigton and Chelsea**.

Budovy **Parlamentu** (House of Parliament) byly postaveny v letech 1840-60 v novogotickém slohu. Mají množství věžiček a čtyři věže. Na severním konci komplexu je věž *Big Ben*, stejnojmenný zvon v ní váží 13,8 tuny, jeho zvuk je znělkou stanice *BBC*. Do komplexu se vstupuje z jižního konce *Viktoriinou věží* (Victoria Tower), za ní je *Normandská brána* (Norman Porch). Královské schodiště vede do šatny panovníka. Šatna má mramorový krb a dřevěný strop. Před plochou s královskými erby je trůn královny Viktorie. Dalšími reprezentačními prostorami jsou *Královská galerie* (Royall Gallery), *Princova komnata* (Prince' s Chamber) se *sochou královny Viktorie*, *Sněmovna lordů* s erby lordů, ústřední prostor *Central Lobby* s chodbou do sálu *Dolní sněmovny*. Za bránou *St. Stehpen' s Porch* je významný areál - *Westminster Hall*.

Pevnost **Tower of London** byla královskou rezidencí, později vězením, dnes muzeum. Její stavbu zahájil *Vilém Dobyvatel*. Na nádvoří je kaplička *sv. J. Evangelisty* (St. John the Evangelist Chapel) a *Royal Chapel of St. Peter*. V *Jewel House* je klenotnice se státními a korunovačními klenoty. Ke skvostům patří nádherná koruna *Imperial State Crown* královny *Viktorie*, do které je vsazen jeden ze dvou největších diamantů světa, *Hvězda Afriky* (Star of Africa), a dalších 3 000 ks diamantů. Žezlo je ozdobeno druhým největším diamantem světa. Také *Koruna královny Alžběty* (Queen Elizabeth' s Crown) je nádhernou zlatnickou prací s pověstným diamantem *Koh-i-noor*. Ve vnitřním dvoře *Inner Ward* a venkovním dvoře *Outer Ward Toweru* je celkem 19 věží. *Bílá věž* (White Tower) je nejstarší věží, pod *Prostřední věží* (Middle Tower) je jeden z padacích mostů, které zabezpečovaly nedobytnost pevnosti. V *Krvavé věži* (Bloody Tower) se konaly popravy a těla popravených se házela do Temže z *Brány zrádců* (Traitor's gate). V muzeích Toweru jsou galerie orientálního umění a vojenské muzeum. Atrakcí je také *stráž Toweru* v tudorovských uniformách nazývaná *beefeaters* (klíčníci), která každý večer zamyká jeho brány.

Padací most **Tower Bridge** má dvě **65 m** vysoké věže se zdvihacím zařízením, které umožňuje zaoceánským lodím vplouvat až do přístavu. Z horní části mostu je krásný výhled na město. Na pozemku parku **Green Park** stojí **Buckinghamský Palác** (Buckingham Palace). Byl postavený *vévodou z Buckinghamu* v r. 1703, krátce na to se stal oficiálním královským sídlem. Není přístupný pro veřejnost. Před palácem stojí památník královny Viktorie *Victoria Monument*. Turisty láká každodenní střídání královských stráží v 11.30 hod. První sobotu po královniných narozeninách se tu koná velká slavnost **Trooping the Colour**.

K dalším atrakcím Londýna patří přehlídka královské jízdy **Horse Guards** u budovy **White Hall** vždy v 11. hod. O trochu dále si můžete vyfotografovat nejfotografovanější dveře v Evropě na ulici **Downing Street No. 10**, kde je sídlo ministerského předsedy.

Nejvýznamnější stavbou Lodnýna je **Westminsterské opatsví** (Westeminster Abbey). Korunovační chrám anglických králů má délku 129 m, šířku 52 m a výšku 35 m. Ze stavby je nejkrásnější západní průčelí se vstupním portálem. Uvnitř je nádherná vějířovitá klenba podpíraná pilíři v mohutném prostoru, bohatá sochařská výzdoba, hrobky anglických panovníků (i hrobka manželky **Richarda II. - Anny české, dcery Karla IV.**), pamětní desky, kapličky (doporučuje se vidět kapličku **Jindřicha VII.**), památníky nebo sochy osobností anglické historie a kultury. Největší poctou pro Angličana je být pochován právě v tomto chrámu. K opatství patří **Hyde Park**, který je spojen mostem s **Kensingtonskými zahradami**. V části parku nazvané **Speaker' s Corner** (řečnický koutek) je možné veřejně vyslovovat své názory. Na jižní straně je oblouk **Wellington Arch**, palác **Apsley House**. Ve středu parku je budova **Kensington Palace**. Nachází se tu také posvátná a největší koncertní hala na světě **Royal Albert Hall**. Severně od Hyde Parku je vítězný oblouk **Marble Arch** postavený podle vzoru **Konstantinova oblouku v Římě**.

Hlavním římskokatolickým chrámem Anglie je **Westminsterská katedrála** s 94 m vysokou věží. Je postavena z červených cihel a z uvedené věže je pěkný pohled na město. Uvnitř katedrály jsou zajímavé mozaiky, kazatelna z bílého mramoru. Druhým nejvýznamnějším kostelem města je katedrála **sv. Pavla** (St. Paul' s Cathedral) s monumentálním průčelím s velkolepou **Wrenovou kopulí**. Významnou katedrálou je **South Wark Cathedral** s normandským portálem, kůrem a kapličkou **Lady Chappel**. Dále můžeme jmenovat kostel všech svatých **All Saints Church**, **Kristův kostel** (Chtist Church), **Old Church**, **St. Andrew**, **St. Bartholomen - the Great**, **St. James - the Less Church**.

Národní galerie (National Gallery) shromažďuje díla všech světových malířů. Galerie **Tate Gallery** má obrazy anglických a francouzských mistrů, např. **Reynoldse**, **Cézanna**, **Moneta**, **Turnera** a jiných. Je tu také zastoupeno umění 20. stol. od **Picassa**, **Rodena**, **Moora**. Významná kolekce impresionistických a postimpresionistických obrazů je v galerii **Courtauld Institute Galleries**. **National Portrait Gallery** vystavuje obrazy, sochy a fotografie nejslavnějších osobností britské historie.

Z muzeí je vyhledáváno **Britské muzeum** (British Museum) s největší a nejznámější sbírkou egyptských, starořeckých a starořímských památek a soch, muzeum uměleckých předmětů ze všech světadílů **Victoria and Albert Museum**, **British Museum of Natural History**, muezum voskových figurín **Madama Tussaud's Museum** a mnoho dalších.

Mezi významnou kulturní oblast patří **South Bank Arts Complex** na jižním břehu Temže, v komplexu staveb je koncertní hala **Royal Festival Hall**, výstavní síň **Hayward Gallery** s výstavami děl umělců 20.stol., kino **National Film Theatre**, Národní divado (National Theatre) a další. Dalším velkým střediskem institucí je **Barbican Centre**, je v něm např. divadlo **Barbican Theatre**, největší výpůjční londýnská knihovna **Barbican Library**. Čtvrť je také pozoruhodná svou moderní architekturou. V bývalé tržnici **Covent Garden** jsou i muzea, v blízkosti scéna **Královské opery**.

Mezi nejvýznamnější náměstí patří **Trafalgar Square** se 6-metrovou sochou admirála **Nelsona**,která stojí na stupni vysokém 55 m. Stojí tu také *Národní galerie*, **kostel sv. Martina** a další významné budovy. Na sousedním náměstí **Charing Cross** s jezdeckou **sochou Karla I.** je tabulka označující nultý poledník, od kterého se měří všechny vzdálenosti. V blízkosti je triumfální oblouk **Amirality Arch**. Na ulici **Charing Cross Road** sídlí knihkupectví firmy **W & G Foile Ltd**, které uchována na ploše 7 044 m^2 nejvíce knižních titulů na světě. Délka regálů pro jejich uskladnění je 48 km.

Hlavní ulice **Regent Street**, **Piccadilly**, **Haymarket** a **Shaftesbury Avenue** se protínají na náměstí **Piccadily Circus**, na kterém se s oblibou střetávají Londýňané na schodech pod sochou **Erosova pramene**. Obchodní pasáž **Burlington Arcade** se 75 obchody je známá stráží v elegantních oblecích a cylindrech, která přeje návštěvníkům dobrý den. Třída drahých obchodů **Regent Street** směřuje k parku **Regent' s Park** s umělými jezírky, ZOO, klasicistními domy a terasami a možnostmi na sportování. Drahé obchody jsou i na **Oxford Street** a **New York Oxford Street**. Čtvrt **Soho** je vyhlášenou čtvrtí podsvětí, prostitutek a veřejných domů s množstvím restaurací, divadel a kin.

Na **Brompton Road** je obchodní dům **Harrods**, **Harvey Nichols**, do kterého chodila nakupovat i lady Diana. K dalším neopakovatelným zážitkům patří návštěva trhu na **Portobello Road** a **Petticoat Lane**, bleší trh **Camden Market** ve čtvrti **Camden Town**, který se koná každou neděli dopoledne.

V bývalých přístavech **Docklands**, od mostu **Tower Bridge** po proudu Temže, se realizuje rozsáhlý projekt přestavby a výstavby, má tady vzniknout město 21. stol. Jsou tu prostory pro obchodní podnikání o rozloze **2,2 mil.** km^2 a více než 19 000 nových bytů.

Asi 25 km jihozápadně od centra leží nejkrásnější a nejzajímavější anglický královský palác **Hampton Court Palace**, postavený v letech 1514-20 kardinálem **Woleym** a darovaný králi **Jindřichovi VIII.**, žili tu mimo jeho první ženy všechny jeho manželky. Původní styl byl tudorovský, některé části obnovil **C. Wren** v renesančním slohu. Prohlédnout si můžete **Hodinový dvůr** (Clock Court), některé komnaty včetně **Haunted Gallery** (galerie duchů), zámeckou kapličku, **Velký sál** s vyřezávaným stropem a nástěnnými koberci, kuchyni, pivnici, tenisový kurt, park.

Světoznámá městská část **Greenwich** leží na jižním břehu Temže po proudu asi

10 km od **Tower Bridge**. K nejznámějším místům města patří **Greenwich Park**, v jehož centru je budova **Flamsteed House**. Bývala v ní **Královská observatoř** (Royal Observatory), která musela být přestěhována do **Sussexu**, protože tu nebyly vhodné podmínky na pozorování. Zůstala tu jen nejstarší část **Old Royal Observatory**. Na nádvoří hvězdárny je možné se postavit na **Greenwichský nultý poledník** (označený železnou kolejnicí), oddělující východ od západu. K prohlídce doporučujeme nádherný královský palác **Queen' s House**, námořní muzeum **National Maritime Museum**, kde je největší kolekce modelů lodí na světě.

Po proudu Temže, asi 13 km východně od centrální části City, jsou vystavené ochranné bariéry **Thames Flood Barrier**. V případě potřeby uzavře největší zařízení tohoto druhu na světě koryto řeky a ochrání město před mořským přílivem. Bariéra je dlouhá 520 m, vysoká asi 15 m a těžká 3 700 tun. Zařízení je nazývané osmým divem světa.

Asi 10 km jižně od centra leží předměstí **Wimbledon** známé především konáním *mezinárodních tenisových turnajů*. V městské části je tenisové muzeum, divadlo pro děti, větrný mlýn, rekreační prostory.

V jihozápadní části města na jižním břehu Temže, asi 80 km od centra, leží rozsáhlá botanická zahrada **Kew Gardens**. V její sbírce místních a exotických dřevin a rostlin (i anglické rododendrony a palmy) je celkem asi 45 tisíc druhů.

STŘEDNÍ ANGLIE

Popisovanou oblast ohraničujeme z jihu už uvedenými oblastmi *jižní a západní Anglie a Londýna*, na západě krajinou **Wales**, na severu přibližně spojnicí města **Liverpool** a ústí řeky **Humber**, na východě **Severním mořem**. Oblast je velmi hustě osídlena a leží v ní největší britská průmyslová centra. U pobřeží se zachovalo množství větrných mlýnů s květinovými poli (tulipány).

V oblasti leží krásná pahorkatina **Cotswolds Hills**. Je tu také 1. anglický park **Peak District National Park** s rozsáhlými rašeliništi a čarovnými údolími s jasanovými lesy. Jeho severní část tvoří pohoří **Penniny** s množstvím krasových útvarů a rašelinišť. Z přírodních útvarů stojí za pozornost skalní brána **High Gate**, skalní útvary **Heigh of Abraham**, vodopády **Speedwell Mine**, jeskyně **Peak Cavern**, **Blue John Cavern**.

Světoznámé univerzitní město **Oxford** (asi 110 tis. obyvatel) má velké množství historických památek, staré budovy ve viktoriánském slohu, školní kapličky, mezi kterými jsou velké zelené plochy parků. Z internátních fakult můžeme jmenovat **Pembroke College**, **Christ Church College**, **New College**, **Worchester College** a mnoho dalších. Jsou tu kostely, divadlo, botanická zahrada, katedrála a pod. Je tu i nejstarší muzeum na světě *Ashmolean Museum*, vybudované v letech 1679-83. Severozápadně od města leží *Blenheim Palace*, rodový zámek vévodů z Malborough, který je rodištěm sira *Winstona Churchila*. Ještě dále, u obce *Chipping Norton* v pahorkatině *Cotswolds Hills,* se nachází kopec *Rollroght Stones*, který je kultovním místem s megalitickými kruhy se 60 kameny, nedaleko od něho je skupina dalších 2 kamenů *King' s Men* a osamělý kámen *Kong' s Stone*.

Město **Glouvester** (asi 106 tis. obyvatel) si zachovalo několik středověkých památek. Je tu katedrála normanského původu přestavěná v perpendikulárním slohu, ve stejném slohu *kaplička P. Marie* s obrovským oknem v průčelí (22 x 12 m), kanálový přístav *Docks*, *kostel P. Marie* (Church of St. Mary-de-Lode), muzea.

Staré město *Worchester* (asi 75 tis. obyvatel) je známé výrobou pověstné omáčky. Nejzajímavější památkou je katedrála se vstupním portálem v perpendikulárním slohu. Klenba interiéru je podpírána vysokými sloupy. Je tu několik budov velmi starého původu.

Historické město **Stratford-upon-Avon** (asi 20 tis. obyvatel) je největším turistickým městem Británie. K významným objektům města patří rodný dům *W. Shakespeara*, ve kterém jsou uložena jeho díla, včetně prvního originálu jeho her. V nové budově *Shakespeare Centre* je velká knihovna. Ve slavném domě *Quiney House* žila spisovatelova dcera. Nejkrásnějším domem v městě je *Harvard House*, žila v něm matka zakladatele proslulé americké univerzity *J. Harvarda*. Blízko domu jsou pozoruhodné stavby *Garrick Inn* a *Rudor House*, *Town Hall*, *Nash House* a další domy, kostel *Holy Trinity*, *Shakespearovo divadlo* (Royal Shakespeare Theatre), knihovna s 10 tisíci svazky mistrovských děl, divadelní muzeum a další.

Město **Birmingham** (asi 1. mil. obyvatel) je druhým největším městem Anglie a centrem průmyslu a obchodu. Z památek upoutává tamější radnice *Town Hall*, *Council House*, katedrála *Cathedral of St. Chad*, kostely, muzea.

Město **Shrewsbury** (asi 90 tis. obyvatel) patří mezi nejkrásnější v Anglii. K zajímavým stavbám patří *kostel P. Marie* (St. Mary' s Church) s pěknými malbami na skle, *kostel sv. Petra a Pavla* (Abbey Church, součást benediktního kláštera), hrad, měšťanské domy v tudorovském stylu, mezi nimi i rodný dům *C. Darwina*. Navštěvovaný je i park *The Quarry*.

Město **Chester** má velmi zachovalé historické památky, nejvýznamnější jsou: katedrála, *kostel sv. Jana* (St. John' s church), hrad, hrázděné domy s vysokými štíty a další.

Město **Liverpool** (asi 78 tis. obyvatel) má římskokatolickou *katedrálu Krista krále* (Metropolitan Cathedral of Christ The King) ve tvaru lucerny. Byla postavena r. 1967 a má kapacitu 3 000 míst. Blízko náměstí *St. James Road* stojí anglikánská katedrála sloužící od roku 1978. Ve městě je největší koncertní hala na světě *Philharmonic Hall*, neznámější dostihová dráha světa *Grand National Steeplechase*, moderní obchodní středisko *St. John' s Shopping Centre and Market*, muzea, galerie a další. Z města pocházejí členové skupiny *Beatles*.

Město **Manchester** (asi 920 tis. obyvatel) patří k největším průmyslovým střediskům Anglie. Má katedrálu v perpendikulárním stylu, radnici v novogotickém slohu, velkou knihovnu, několik muzeí, galerii *City Art Gallery* nebo nejstarší osobní stanici světa z roku 1830. V okolí leží *Peak District National Park*.

Město **Sheffield** (asi 545 tis. obyvatel) má regotizovanou katedrálu, klasicistní budovu *Cutlers Hall*, radnici s 59 m vysokou věží, muzea, galerie a další.

Město **Derby** (asi 216 tis. obyvatel) je střediskem automobilového průmyslu (Rolls Royce), má katedrálu všech svatých *All Saints Cathedral*, množství domů ze 17. tol. a 18. stol., muzea a galerie. V okolí města je jeden z nejkrásnějších britských zámků *Kedleston Hall*.

Město **Nottingham** (asi 280 tis. obyvatel) je významné průmyslové centrum. Je spojeno s pověstmi o Robinu Hoodovi. Ve staré části leží náměstí *City Centre* s novoklasicistickou budovou *Council House*, radnicí *Guildhall* a budovou *Technical College*, které patří k největším v Anglii. Významnou památkou je i hrad s muzeem, katedrála a další.

Město **Lincoln** (asi 80 tis. obyvatel) je považováno za jedno z nejkrásnějších míst Anglie. Skládá se z *Dolního a Horního města*. Významnou stavbou je katedrála s nedalekým hradem, římská brána *Newport Arch*, nejstarší most Anglie *High Bridge*, židovské domy, muzea.

Ve městě **Boston** je *kostel St. Botolph* s 90 m vysokou věží, patřící k největším v Anglii.

Město **King' s Lynn** má zachovalé hradby, *kostel sv. Margarety* (St. Margaret' s), *kapličku sv. Mikuláše* (Chapel of Saint Nicholas), budovu *Guildhallof The Holy Trinity*, měšťanské domy a další.

Město **Peterborough** (asi 110 tis. obyvatel) má normanskou katedrálu, radnici ze 17. stol., perpendikulární *kostel St. John' s*, muzeum.

Město **Norwich** (asi 120 tis. obyvatel) patří k nejstarším v Anglii. Má 32 kostelů, významnou katedrálu, hrad, zbytky opevnění s věžemi, muzea, nejstarší anglický most *Bishop' s Bridge*. V okolí leží přírodní oblast *Norfolk Broads*. Západně od města leží přímořské lázně *Lowestoft* s plážemi, v okolí zámek *Sommerleyton Hall*, safari park.

Město **Ipswich** má *kostel sv. Margarety* (Church of St. margaret) s pěknou klenbou, původně tudorovský zámek *Christchurch Mansion* s galerií, písečné pláže v okolí.

Město **Colchester** se řadí k nejstarším anglickým městům. Má zachovalé hradby a brány, částečně ještě z římských časů, benediktinský klášter s perpendikulárním kostelem, kostel **Nejsvětější Trojice**, radnici so **sochou sv. Heleny** ve věži a další. V okolí v obce **Lavenham** je velký **kostel sv. Petra a Pavla**.

Univerzitní město **Cambridge** (asi 100 tis. obyvatel) má asi 23 internátních fakult (**colleges**, dále *škola*) s kapličkami. Vznikaly původně jako klášterní školy, později se měnily na univerzity. V historickém středu na **Market Hill** stojí **kostel P. Marie** (St. Mary' s The Great) v perpendikulárním stylu. Vedle **Peterhouse College** je v klasicistní budově umístěna obrazová galerie **Fitzwilliam' s Museum**, blízko je také **Muzeum klasické archeologie** (Museum of Classical Archeeology). Nádvoří **Old Court** školy **Corpus Christi College** je příkladem středověkých školských nádvoří. Za nejkrásnější školu je považována **Queen's College** s nádvořím **Principle Court**. Škola **King' s College** má raně gotickou kapličku z bílého mramoru. Největší školou je **Trinity College**, její absolventi jsou mimo jiných **Newton**, **Nehru**, **Chamberlain**. První školou, na které mohly studovat i ženy, je **Christ's College**, vystudoval na ní i **C. Darwin**. Nejstarší vydavatelství na světě je tiskové oddělení **Cambridgské univerzity**. Knihy vydává nepřetržitě od r. 1584. Severně od města, v městě **Ely,** je katedrála normanského slohu se zajímavými portály, centrální věží, freskami a bohatou hvězdicovou klenbou v interiéru.

SEVERNÍ ANGLIE

Popisovanou oblast ohraničujeme z jihu už uvedenou oblastí **střední Anglie**, na severu **Skotskem**, na zbylých stranách mořem. V oblasti je mnoho zachovalých středověkých hradů. V západní části oblasti se rozkládá oblast jezer **Lake District** se 16 jezery. Nejvyhledávanější jsou **Windermere** s lesnatými břehy, **Wastwater**, **Conistom** se skalnatým pobřežím, **Derwentawater** s kaňony a soutěskami v okolí. Jihovýchodně od jezer leží národní park **Yorkshire Dales National Park** s údolím **Swaledale** s divokými skalami. Na severovýchodě oblasti leží národní partk **Nort York Moors National Park** s vřesovišti, bažinami, útesy a borovicovými lesy. Od města **Newcastle-upon-Tyne** na pobřeží **Severního moře** se až k zálivu **Solway Forth** v Irském moři táhnou zbytky **Hadriánova valu**, ochranného systému proti nájezdům skotských kmenů, postaveného za vlády římského císaře **Hadriána**.

Ve městě **Bradford** je zajímavý zámek **Bolling Hall**, kraj západně od města se jmenuje **Brontë Country,** podle sester Brontëových, které tu žily.

Univerzitní město **Leeds** (asi 500 tis. obyvatel) má novogotickou radnici **Town Hall**, galerii **City Art Gallery**, **kostel sv. Jana** (St. John' s Church), **kostel sv. Petra** (St. Peter' s Church) a další.

Lázeňské město **Harrogate** má 88 pramenů sirnaté a železité vody, muzeum, městské parky. V okolí je zámek *Newby Hall*, romantická zřícenina cisterciáckého kláštera *Fountains Abbey*, hrad *Ripley* s parkem, starobylé městečko *Ripon* s regotizovanou katedrálou *St. Peter and Wilfrid*, obeliskem nebo novogotickým biskupským palácem.

Město **York** (asi 120 tis. obyvatel) bylo svého času hlavním městem římské provincie Britannia. Bylo vždy centrem vzdělanosti. Je tu téměř 50 kostelů a klášterů. Největší zajímavostí je gotická katedrála *The Minster*. Okno ve východním průčelí *Great East Window* s výškou 26 m a šířkou 10 m je největší středověkou vitrínou na světě. Zajímavé okenice má i kostel *archanděla Michala* (St. Michael de Belfry) a kostel *Nejsvětější Trojice*. Jsou tu dochované hradby a brány *Monk Bar*, *Micklegate Bar*, zřícenina benediktinského kláštera *Saint Mary's Abbey*, hrad, středověké domy atd. Ve městě je i Muzeum lokomotiv *National Railway Museum*.

Město **Beverly** má gotickou katedrálu *sv. Jana Evangelisty*, která je jednou z nejvýznamnějších staveb Evropy. Obdivuhodné je zejména západní průčelí.

Město **Kingston-upon-Hull** má kostel *Nejsvětější Trojice* (Holly Trinity), kupecký dům *Maister' s House*, 510 m dlouhý most *Humber Bridge*, který je nejdelším samonosným mostem na světě. V okolí města je zámek *Burton Constable Hall*, dnes muzeum loutek, větrný mlýn v *Skidby*, dnes zemědělské muzeum.

Přímořské lázně **Scarborough** mají hrad z 12. stol., kostel *St. Mary' s Church*, muzea, na hřbitově *hrob spisovatelky Anny Bronntěové*.

Přímořské lázně **Whitby** mají pevnost u přístavu, kostel na kopci, ke kterému vede **198** schodů, zříceninu kláštera *Whitby Abbey*. Na nádvoří kostela *St. Mary' s Church* je 6 m vysoký kříž *Caedmon Memorial Cross*. V okolí leží národní park *North York Moors*. Asi 10 km severovýchodně u pobřeží je národní park North York Moors. Asi 10 km severovýchodně jsou malebné útesy *Boulby Cliffs*.

Město **Darlington** má farní kostel ze 12. stol., železniční muzeum. V okolí je obnovený hrad *Raby Castle*, renesanční *Bowes Museum* se sbírkou porcelánu a díly *El Greca*, *Tiepola*, *Goyí*, *Couberta* a jiných.

Univerzitní město **Durham** má raně gotickou katedrálu, hrad, muzeum *Gulbenkian Museum* se sbírkou orientálního umění a muzeum vojenství *Durham Ligh Ifantery Museum*.

Ve městě **Newcastle-upon-Tyne** (asi 290 tis. obyvatel) jsou charakteristickým znakem tři vedle sebe stojící mosty. Významná je i katedrála *St. Nicholas* v perpendikulárním stylu, hrad s *Černou věží* (Black Tower) s muzeem dudlíků, klasicistní kostel *Všech Svatých*, zbytky středověkého opevnění, radnice, divadlo, muzea. *Georg Stephenson* ve městě kdysi začal vyrábět jako první parní lokomotivy.

Historické město **Carlisle** má katedrálu se směsí několika stavebních epoch, s 19 m vysokým a 10 m širokým oknem na východní straně, hrad s vojenským muzeem, domy na **Market Place**, radnici. Jižně od města leží jezerní oblast **Lake District**.

Město **Lancaster** má hrad, **kostel P. Marie** (St. Mary's Church) v perpendikulárním stylu, starou a novou radnici, památník **Ashton Memorial**.

V okolí leží močálová krajina **Forest of Bowland**, premonstrátský klášter **Cockersand Abbey**.

WALES

V jižní části je přitažlivá především příroda na pobřeží mezi **St. David's a Cardinganom** s pěknými plážemi a malebnými skalisky. Část malebného pobřeží spadá do národního parku **Pembrokeshire Coast National Park**. Chráněnou přírodní oblastí je poloostrov **Gower**. Další národní park je **Brecon Beacons National Park** s červenou zeminou, vodopády **Henryd** a pohořím **Black Mountains** s největším jeskyňovým systémem v Británii. Na severu leží národní park **Showdonia National Park** s pohořím **Snowdonia**. Na nejvyšší horu **Snowdon** (1 085 m, velšský Eryr) vede nejstarší úzkokolejná parní železnička na světě (postavená r. 1836). V parku je mnoho jezer, např. **Llyn Ogwen**. Pěkné scenérie jsou i v pohoří **Rhinog Fawr**. V oblasti existuje mnoho prehistorických památek (dolmenů a menhirů, megalitické kruhy), památky z římského období, hrady, katedrály a kláštery. Na mnohých místech se udržuje folklór.

Město **Cardiff** (asi 280 tis. obyvatel) je hlavním městem Walesu, obchodním a společenským centrem oblasti. Významná je katedrála postavená v 6. stol., s keltským křížem a plastikami v interiéru, hrad, národní velšské muezum **National Museum of Wales** s prehistorickými i historickými sbírkami a díly **Rembranta**, **Botticelliho**, **Renoira** a **Moneta**. V okolí města je hrad **Caerphilly**, megalitické památky u obce **Saint Nicholas**, vykopávky největšího římského tábora ve Walesu u obce **Caerlon**, římský amfiteátr ve městě **Newport**, největší britský dolmen **Pentr Ifan** jižně od Newportu, cisterciácký klášter **Abbey Dore** s dochovanými plastikami, klášter **Tintern**.

Přístav **Swansea** (asi 173 tis. obyvatel) má hrad, muzea a galerie, pěkné parky. Je výchozím bodem návštěv poloostrova **Gower** s bizarními skalnatými útvary.

Město **Carmarthein** má **kostel sv. Petra** (St. Peter' s Church) ze 13. stol., radnici, pozůstatky normanského hradu. Podle pověstí tu měl svou vlast kouzelník **Merlin** a svůj hrad král **Artuš**.

Ve městečku **Aberaeron** s mořskými plážemi stojí zřícenina hradu **Cadwgan Castle**. Univerzitní město **Aberystwyth** má zříceninu hradu, zajímavé sbírky v muzeu **Ceredigion Museum** a galerii **Great Hall Gallery**, několik tisíc rukopisů s prvotiskem ve

***Velšské národní knihovně**. V okolí je několik hradů, menhiry v **Ysbyty Cynfin**, propast **Mynach** v údolí **Devil's Bridge**, zřícenina kláštera **Strata Florida**.

U přímořských lázní **Llanaber** jsou vykopávky keltských hrobů, kamenné kříže a římské schody na horu **Llyn Crom Bychan**. Severněji, v **Llanddwywe** je kostel v perpendikulárním stylu, zámek **Cors-y-Gedol**, dolmen a dvě megalitické hrobky. V městečku **Harlech** je pěkný hrad.

Město **Caernarfon** si uchovalo středověký charakter s hradbami a bránami, velmi zachovalý je i hrad, ve kterém byl korunován princ **Charles** na *prince z Walesu*. **Kostel P. Marie** (St. Mary's Church) pochází ze 14. stol. Na kopci u města je keltské sídliště. V okolí jsou pozůstatky římské pevnosti **Fort Segotium**.

Univerzitní město **Bangor** (do 20. tis. obyvatel) má katedrálu, zámek *Penrhyn Castle* se světoznámou expozicí loutek. V okolí u obce **Bethesda** jsou břidlicové domy, z materiálu se vyrábějí i typické velšské suvenýry. Na ostrov **Anglesey** do **Menai Bridge** vedou tři zajímavé mosty (Menai Bridge, Menai Suspension Brige a Britannia Tabular Bridge), tady v blízkosti leží hrobka **Bryn-Celli-Ddu** ze 3. tis. př. Kr. a víc na jihozápad pozůstatky pevnosti asi z r. 3 000 př. Kr. a komorový hrob z mladší doby kamenné.

Město **Conwy** má hrad s mohutnými hradbami a zesílenými věžemi. Samotné město má také zachovalé hradby s městskou bránou **Upper Gate**, **kostel P. Marie** ze 13. stol. V budově **Plas Mawr** z 16. stol. sídlí *Královská akademie*. Zachovalo se několik rybářských domečků z 18. a 19. stol. V okolí jsou i přímořské lázně s písečnými plážemi **Llandudno** a **Colwyn Bay**, v druhých je i ZOO.

SKOTSKO

Skotsko zabírá severní hornatou část britského ostrova. Osídlení je velmi staré. V celé oblasti je velké množství jezer. Jih Skotska je převážně vyplněný pohořím *Uplands* s výškami na jihu pohoří okolo 800 m. V údolích jsou pastviny. Severněji navazuje nížinatá část *Lowlands*, ve které žije převážná většina obyvatelstva Skotska. Mezi zálivem **Firth of Clyde** na západním pobřeží a zálivem **Firth of Forth** na východním pobřeží se táhnou římské pevnostní hradby *Antoniův Val* (Antonine Wall, nazývaný i Grim's Dyke), postavený za vlády stejnojmenného římského císaře po r. 80, který měl chránit britskou provincii před nájezdy severských kmenů. Severně od *Lowlands* je pohoří *Grampiány* (Grampian Mountains) s nejvyšší horou Británie *Ben Nevis* (1 343 m), na východním pobřeží jsou pláže. Nejsevernější, řídce osídlená část v oblasti tektonického zlomu s jezery **Loch Ness** a **Loch Linnhe**, je vyplněná pohořím *North West Hifhlands* (také nazývané Kaledónskými horami, dále jen Vysočina). Západní pobřeží je tu velmi členité a sousedí se souostrovím **Vnitřní Hebridy** (Outer Hebrides). U severovýchodního cípu se rozkládají **Orknejské ostrovy** (Orkney Islands), severněji **Shetlandy** (Shetland Islands). Celkový počet všech ostrovů je 790, obývaných je 130. Příroda, především na severu, je téměř nedotknutá.

Podnebí je oceánské (hlavně na severozápadě) s mírnou zimou a chladnějším létem s velkým množstvím srážek (až 5 000 mm ročně) a silnými větry. Počasí se mění téměř každou hodinu. Vlivem mořských proudů teplota na pobřeží málokdy klesne pod nulu. Na západním pobřeží se vyskytují i subtropické rostliny a stromy. V létě jsou hory zarostlé do fialova zbarvenými vřesy. V polohách nad 900 m n. m. se rozkládá už **alpínsko-arktické pásmo**.

Skoti dodržují své tradice a zvyky. Část obyvatelstva **Vysočiny** a **Hebrid** hovoří keltským jazykem (gealtštinou), ale téměř všichni ovládají angličtinu. Nejznámější symboly Skotů jsou sukně, dudy a hry, které mají své kořeny ve **Vysočině**. Typickým jídlem je ovesná kaše - **porridge**. Po celém území, zejména v okolí řek **Dee**, **Spey**, **Ugie** a **Avon**, najdete palírny whisky. Jejich prohlídky s degustací jsou zdarma. Ve Skotsku se nacházejí památky všech slohových období, hradů je více než 70.

Univerzitní město **Glasgow** (asi 900 tis. obyvatel) je největším městem Skotska, centrem obchodu a průmyslu s největší loděnicí na světě. Gotická katedrála **Cathedral of St. Mungo** patří k nejkrásnějším ve Skotsku. Vedle katedrály je hřbitov, kde je pochováno mnoho slavných osobností, včetně reformátora **Johna Knoxe**. Na **náměstí sv. Jiří** (St. George s Square) stojí sochy osobností skotských dějin, budova obchodní komory **Merchats' s House**. Dalšími historickými budovami jsou **Kibble Palace**, **Provand's Lordship**, radniční věž. Je tu několik muzeí, připomeňme například **City Art Gallery and Museum**.

Město **Greenock** (54 tis. obyvatel) leží severovýchodně od Glasgowa na jižním břehu zálivu **Firth of Clyde**. Má kostel **Old West Kirk** z r. 1591, který byl r. 1920 na původním místě rozebrán a znovu postaven na nynějším místě. Nad městem se tyčí památník námořníkům padlým za 2. svět. války **Lyle Hill**. V budově **James Watt Memorial Building** jsou umístěny památky na rodáka **Jamese Watta**, vynálezce parního stroje.

Východně od **Glasgowa** u obcí **Bearsden** a **Kirkintilloch** jsou zbytky pevností **Antoniova valu**.

Edinburgh (asi 450 tis. obyvatel), hlavní město Skotska, patří k nejkrásněji položeným městům světa. Skoti si ho velmi váží. Dominantou města je hrad se vstupní branou, u které je socha národního hrdiny **Roberta Bruseho**. Na nejvyšším místě hradu je **Královská hradní věž** (King's Bastion), z místa **Hill's Mount Battery** se od roku 1861 oznamuje výstřelem 13. hodina. Nejstarší stavbou města je kaplička **Margaret's Chapel**. Další významnou památkou měst je katedrála, parlamentní budova,

budova *Staré univerzity*, *kostel Gryfriars Church*, domy, klášter *Holyrood* s *Královským palácem*, *Scottov památník*, náměstí *Charlotte of Scotland* a mnoho dalších. Za prohlídku stojí královské muzeum *Royal Scottisch Museum*, patřící k největším v Británii, významná evropská galerie *National Gallery of Scotlands*, voskové muzeum *Wax Museum* a další muzea.

Hornatá oblast jižně od spojnice míst **Glasgowa** a **Edinburghu** se jmenuje *Uplands*. Města v oblasti mají zpravidla dobře zachované staré jádro. K zajímavým místům patří jezera, ze kterých je nejkrásnější *Loch Enoch*, ležící ve výšce 503 m. V západní části *Uplands*, v národním parku *Glen Trool National Forest Park* leží vysoko v horách jezero *Loch Trool*. Rájem rybářů je údolí řeky *Cree*, která pramení v parku. Z hory *Griffel* (569 m) u pobřeží zálivu *Solway Firth* je pěkný výhled až do parku *Lake District* v severní Anglii. V této pobřežní oblasti je několik hradů a klášterů, např. *Dundrennan Abbey*, *Sweetheart Abbey* nebo *Caeraverock Catle*. Zajímavou částí je údolí řeky *Tweed* (kraj Waltera Scotta). V obci **Kelso** je škola, kterou Scott navštěvoval. V údolí se nacházejí kláštery *Melrose Abbey*, *Dryburgh Abbey* s hrobem W. Scotta a další.

Město **Perth** ve středním Skotsku u ústí řeky *Tay* bývalo v minulosti hlavním městem země. Množství jeho památek bylo zničeno ve středověkých nepokojích. Nejzajímavější stavbou je klášter *Scone Abbey* uctívaný všemi Skoty. Je to bývalé korunovační místo skotských králů. V okolí proti proudu řeky *Tay*, v obci **Meikleour**, se nachází největší živý plot v Evropě vysoký 26 metrů. Je možné také navštívit údolí *Tummel* s jezerem, nebo hrad *Bleir Castle* v údolí řeky *Garr*. Od něho můžeme prokračovat do obce **Newtonmore** na horním toku řeky *Spey* a navštívit 50 minutovou show tancující vody *Walzing Waters*. Z obce **Aviemore** pod masívem *Cairn Gorm* je dostupný národní park *Glen More National Forest Park* s horou *Cairn Gorm* (1 241 m) a jezerem *Loch Morlich* s možností koupání a vodních sportů. S parkem souvisí největší britská přírodní rezervace *Cairngorms,* která zahrnuje 5 ze 6 nejvyšších britských hor.

Město **Dundee** leží na severním břehu zálivu *Firth of Tay*. Má zajímavou kostelní věž *St. Mary's Tower* 47 m vysokou, muzeum *City Museum and Art Gallery* s archeologickou a národopisnou sbírkou. Blízko města je zámek *Claypotts Castle* s mnoha věžemi. V severním okolí je několik hradů, např. *Glamis Castle*, v **Edzell** je francouzská zahrada. Městečko na pobřeží **Arbroath** je zajímavým městským celkem, v blízkosti je hrad *Kellie Castle*. Cesta z **Arbroath** do **Montrose** prochází okolo bizarních skalních útesů, chráněnými ptačími hnízdy a okolo hradu *Redcastle*. Dále směrem **Aberdeen** narazíme na hrady *Dunnottar Castle* a *Michollas Castle*.

Město **Aberdeen** (asi 186 tis. obyvatel) má katedrálu *St. Machar's Cathedral*, která je nejstarším žulovým kostelem Skotska, budovy *Marischal College* a *King's College* s věží ve tvaru královské koruny, obytné domy v ulici *Castle Street*, most *Brig o' Dee* přes řeku **Dee** dlouhý 120 m se 7 oblouky, nejstarší kamenný most Skotska *Brig* *o' Belgownie* z r. 1320. Pěkným údolím řeky **Dee** je možné se z obce **Ballater** dostat do údolí **Glen Muick**, odtud jsou možné pěší túry k jezeru **Loch Muick** a k více vrcholům, např. na **Lochnagar** (1 154 m). Výše po řece **Dee** se dostaneme k letnímu královskému sídlu **Blamoral Castle**, odtud do obce **Braemar**. Turistům se nabízí možnost vysokohorských pěších túr do oblastí **Cairgomors** a **Glen More**.

Město **Inverness** u zálivu **Moray Firth** má starobylý charakter. V minulosti bylo hlavním střediskem **Piktů**. Konají se zde dudácké soutěže. Jihozápadně leží jezero **Loch Ness** opředené pověstmi o příšeře **Nessie**. Severozápadně, směrem na obec **Ullalpool**, leží rekreační oblast **Beinn Dearg**, ze které je možné se vydat na západní pobřeží k fjordu **Loch Ewe**. Na jeho pobřeží je jedna z nejkrásnějších skotských botanických zahrad **Inverewe Gardens**, ve které se daří i subtropickým rostlinám.

Ve městě **Dornoch** je pěkná katedrála ze 13. stol., v okolí pěkné jezero **Loch Shin** a další horská jezera. V obci **Golspie** je kostel, směrem na letovisko **Brora** hrad **Dunrobin Castle** se 150 let starou zahradou. U pobřeží jsou další hrady v **Helmsdale** a **Dunbeath**. Centrem severovýchodního cípu pevninského Skotska je město **Wick**, blízko kterého je u obce **John O' Grots** nejvysunutější bod **Duncasby Head**. Při dobré viditelnosti je možné dohlédnout na **Orknejské ostrovy**.

Orknejské souostroví se skládá ze 67 ostrovů, 29 je trvale obývaných. Lodí jsou dostupné např. z obce **John O' Groats**. Střediskové město **Kirkwall** největšího ostrova **Mainland** má přitažlivé úzké středověké uličky a pěknou katedrálu. V okolí je několik významných prehistorických památek. Na ostrově **Papa Westry** jsou nejstarší dochované domy v Evropě. Na ostrově **Scapa Flow** přitahuje návštěvníky divoké pobřeží. Ostrov **Hoy** má také zajímavé pobřeží, do moře spadající 348 m vysokou skalní stěnu **St. John' s Head** a osamělou, z moře vyčnívající 137 m vysokou skálu **Old Man of Hoy**.

Severně od **Glasgowa** se nachází národní park **Loch Lomond**, který je malebnou oblastí s dlouhými údolími, vrchem **Ben Lomond** (973 m), jezery **Katrin** a **Venachar**. Po západním břehu jezera **Lomond** je možné dostat se k jezeru **Long** s upravenými vyhlídkami. Jižně od jezera **Long** na poloostrově **Cowall** ve městě **Dunoon** se nachází botanická zahrada **Younger Botanic Garden** s rododendrony a s největšími stromy v Británii. Od jezera **Long** je možné pokračovat k zálivu **Loch Fyne**, který se zařezává do pevniny délkou 60 km. Pokračováním po jeho břehu narazíme na hrad **Minard Castle**, později na hrad **Carnassarie Castle** v blízkosti jezera **Awe**, na pobřeží zálivu **Loch Linnhe** na hrad **Dunstagfnage Castle** s třemi mohutnými věžemi a hradbami, na hrady **Barcaldine Castle** a **Stalker Castle** a na město **Fort William**.

Město **Forth William** (asi 42 tis. obyvatel) vyrostlo kolem pevnosti ze 17. stol., ze které je dnes lokomotivové depo. Severovýchodním směrem leží atraktivní turistické místo **Kaledonský průplav** se systémem **Neptunové schody** (Neptune' s Staircase), na kterých je 8 plavebních komor k vyrovnání vodní hladiny mezi jezery a mořem (28 m). Průplav spojuje východní a západní pobřeží od zálivu **Linnhe** k **Inverness** v zálivu

Moray Firth a prochází i jezy *Lochy* a *Ness*. Město je výchozím bodem cest k jezerům nebo na vrch *Ben Nevis* (1 343 m). V oblasti tohoto vrchu existují oficiálně trekingové chodníky. Západně leží obec *Glenfinnan* s památníkem jakubovské vzpoury v r. 1745.

Cesta od *Fort William* vedle jezera *Lochy*, potom na severozápad vede k malebnému hradu *Eilean Donan Castle*, obnovenému v 20. stol. do romantické podoby. V blízkosti leží ostrov *Skae* ze souostroví *Vnitřních Hebrid*. Má krásné údolí s mnoha vodopády, soutěskami a možnostmi výstupů na hory, skalnaté pobřeží (Storrové útesy), skalnaté útvary *Tři dívky* (MasLeod's Maidens), v zálivech příjemné pláže, jezera *Loch Scavaig*, *Loch Slapin*, vrch *Blaven* (927 m), nejmalebnější pohoří v Británii *Cuillins*, hrady *Dunvegan Castle* nebo *Armadale Castle*. Na skalnatém ostrově **Mull** jsou zámky *Aros* a *Mingary*, pevnost *Duart*. Na dalším skalnatém ostrově **Islay** přitahují keltské kříže, na ostrově *Oronsay* velký vikingský hrob.

Souostroví *Vnějších Hebrid* je tvořené zejména rulou. Na ostrově **Lewis** láká město *Sotnoway* s hradem, venkovské domy s charakteristickou výzdobou, hora *Cliham* (800 m), megalitický kruh *Standing Stones*. Na ostrově *South Uist* jsou krásné lesy, na ostrově *North Uist* množství jezer.

SEVERNÍ IRSKO

Díky trvalému politickému napětí zemi nyní turisté méně vyhledávají. Je velmi přitažlivým krajem s přímořskými útesy, vnitrozemskými jezery *Lough Neagh*, *Lower Lough Erne*, *Upper Lough Erne*, přírodní hračkou *Cesta obrů* (Giant' s Couseway) tvořenou 40 tis. šestihrannými kouřovými sloupy sopečného původu připomínajícími amfiteátr nebo schody. Dalším podobným místem je *Obrovy varhany* (Giant's Organ). Na severovýchodě leží oblast *Glens of Antrim* s 9 hlubokými údolími a lesnatým parkem *Glenariff Forest Park*, kde jsou překrásné vodopády na řece *Glenariff River*. Poloostrov **Renicula** s plážemi vytváří záliv *Strangford Lough*, který je chráněným přírodním územím. Žijí zde desítky druhů mořských ptáků, kolonie tuleňů, často je vidět i delfíny. Z prehistorických památek jsou to dolmeny, menhiry a hrobky. Oblast má pozoruhodné památky z raně křesťanské doby, které se jinde nevyskytují. Jsou to věže kostelů na základech kruhového půdorysu, často kuželového tvaru a zvláštní kamenné kapličky. Také se zde vyskytují zajímavé kříže. Za návštěvu stojí tamější hrady, větrné mlýny, pláže s moderními letovisky a lázeňské zařízení. Severní Irsko je opředené mnoha legendami o obrovi, známém **Finn MacCool** a o patronovi Irska *svatém Patricovi*. V oblasti se na mnohých místech udržují staré tradice.

Univerzitní město **Belfast** (asi 400 tis. obyvatel) je hlavním městem Severního

Irska, významným přístavem, kulturním a průmyslovým centrem země. Z památek stojí za prohlídku **katedrála Sv. Anny** (St. Anne' s Cathedral), radnice **City Hall**, justiční palác **Royal Courts** s věží **Big Ben Belfast** a knihovnou, klasicistní budova parlamentu, zámek **Castle Cave Hill**, kostely, chrám **Sinclair Seamen' s Church** s kazatelnou s výjevem **Bílé velryby**. V sousedství královské univerzity je botanická zahrada a historické muzeum **Ulster Museum and Art Gallery** s kolekcí zlatých a stříbrných špekrů.

Vyhýbejte se západní části Belfastu, zejména místům Fall' s road, Andersonstown, Shankill road a přístavu.

Severně od **Belfastu** je hrad **Carrickfergus**, odtud vede cesta podél pobřeží vedle letovisek a lázeňských zahrad **Larne**, **Ballygally**, **Cushendall**, **Cushendun**. Cestou je možné navštívit **Glenariff Forest Park**. Na severním pobřeží u obce **Ballintoy** se nachází přírodní útvar **Obrovy varhany**, dále u obce **Bushmils** přírodní útvar **Cesta obrů** a v blízkosti zřícenina **Dunluce Castle**. U dopravního **Coleraine** je rozlehlý zámecký areál **Downhill** s mnoha zříceninami, pomníky a svatyněmi.

Město **Londonderry** (také Derry, asi 55 tis. obyvatel) je druhým největším městem Severního Irska. Má **katedrálu sv. Kolumbána** (St. Columb' s Cathedral) v pozdějším perpendikulárním stylu s 13 zvony na věži, hradby s věžemi a bránami, muzeum, novogotickou univerzitu, radnici s klenotnicí a další. V okolí je hrad **Downhill Castle** sloužící jako hotel.

Ve městečku **Strabane** je ruční tiskárenský lis **Gray' s Printing Press** s kompletně vybavenou tiskárnou z 19. století. V okolí je pohoří **Sperrin Mountans**, ve kterém v potocích prospektoři příležitostně hledají zlato.

Pěkné městečko Omagh leží uprostřed jezerní oblasti mezi nádhernými a rozlehlými jezery **Upper Lough Erne** a **Lower Lough Erne**. Město má pozůstatky hradu se hřbitovem z 15. stol., protestantskou katedrálu ze 17. - 18. stol. se standartami významných královských pluků v interiéru, školu **Portora Royal School**. Blízko města stojí klasicistní palác **Castle Cool**. Severně u obce **Kesh** je naleziště prehistorických památek.

Ve městě **Dunganoon** je pěkný hrad a v jeho okolí v **Donaghmore** stojí kamenný kříž z 2. stol. U **Beaghmore** je velký prehistorický kultovní kruh. Na hřbitově v **Arboe**, na západním břehu jezera **Lough Neagh**, je 5 m vysoký kříž z 9. stol.

V severozápadní části vytéká z jezera **Lough Neagh** řeka **Bann** a protéká pěkným údolím. Na severním břehu jezera u obce **Randalstown** je zřícenina hradu **Shane's Castle**.

Město **Antrim** u severovýchodního cípu jezera **Lough Neagh** má okrouhlou věž kostela z 10. stol., vysokou 27 m, zříceninu hradu **Antrim Castle** s pěkným parkem.

U **Templepatricku** je hrad *Upton Castl*e s mauzoleem v jeho parku, u **Browdod** jsou prehistoriské hroby.

Jižně od **Belfastu** na poloostrově **Peninsula** v parku *Mount Stewart* stojí panské sídlo se zajímavým vnitřním vybavením. Poloostrov je možné opustit na jihu u **Ponraferry** trajektem do **Strangfordu**. Vedle působivé zříceniny hradu *Dundrum Castle* je možné se dostat do aktraktivního městečka **Newcastle** na úpatí pohoří *Mourne ountains*. Je tu možné navštívit arboretum *Castlewellan Forest Park* nebo vystoupit po chodníku na některý z vrcholů pohoří, nejvyšší je vrchol *Slieve Dorand* (852 m). U obce **Rostrevor** se nachází na kopci kruh až 30 tun těžkých prehistorických kamenů. Podle pověsti je tam naházel obr **Finn MacCoul**. Jižně od pohoří je hrad *Green Castle*.

Přístavní město **Newry** má zříceninu hradu, *kostel sv. Patrika* (St. Patrick's Church) s velmi starou věží a měšťanské domy. Je výchozím místem pro návštěvu mnoha hradů, např. *Narrow Water Castle*, *Moiry Castle*.

TURISTICKÝ PRŮVODCE KANADOU

ZÁKLADNÍ ÚDAJE O ZEMI

Oficiální název: **Canada (Kanada)**.
Rozloha: **9 976 139** km^2.
Počet obyvatel: asi **28** mil.
Státní zřízení: nezávislá pluralitní federální monarchie, dvoukomorový parlament. Člen Britského společenství.
Správní rozdělení: **10** provincií, **2** teritoria.
Hlavní město: **Ottawa** (cca 921 tis. byvatel).
Národnostní složení: **40**% Angličané, **27**% Francouzi, **20**% ostatní Evropané, **1,5**% domorodí Indiáni a Inuiti, **11,5**% ostatní.
Náboženská příslušnost: **46,5**% římští katolíci, **41,2**% protestanti, **1,5**% východní ortodoxní, **1,2**% židi, **9,6**% ostatní.
Předpokládaná délka života: **74,7** let muži, **81,7** let ženy.
Úřední jazyk: angličtina a francouzština.

Měna: **1 kanadský dolar** - 100 **centů**.

Zeměpisné objekty: nejvyšší vrch **Mount Logan** 5 951 m, nejdelší řeka **McKenzie** 4 240 km, největší jezero **Horní jezero** (část) 83 270 km^2.

Hlavní hospodářské zdroje: ropa, zemní plyn, uhlí, dřevo, pšenice, nikl, zinek, měď, rybolov.

Historie: první lidé osídlili zem už možná před 30 tis. lety tak, že prošli **Beringovou úžinou z Asie**. První kontakt domorodců s Evropany - severskými Normany byl pravděpodobně před 1 000 lety na ostrově **Newfoundland**. V éře zeměpisných objevů Angličané obsadili území okolo **Hudsonova zálivu** a **atlantické pobřeží**, Francouzi území podél řek **St. Lawrence**, **Mississippi** a **Velkých jezer**. Francouzsko-anglický boj o převahu na území Kanady vrcholí **sedmiletou válkou** v letech 1756-63. Británii připadlo na základě **Pařížské dohody** z r. 1763 celé území na východ od **Mississippi** mimo ostrov **St. Pierre**, **Miquelon** a **Newfoudland**. V roce 1774 Británie oficiálně zaručuje respektování občanských práv, náboženských a jazykových svobod pro Francouze. V roce 1791 byly utvořeny provincie **Horní Kanada** (nyní Ontário) a **Dolní Kanada** (nyní Quebec) s vlastními reprezentačními vládními institucemi. Vzpoury v letech 1837-38 přinutily Británii utvořit sjednocenou **Provincii Kanada**, od roku 1848 s autonomní vládou. Rozvoj možného jižního souseda - USA motivuje provincie **Západní Kanada**, **Východní Kanada**, **Nové Skotsko**, **Nový Brunswick**, aby se spojily, a tak v roce 1867 vzniká **Dominium Kanada**. Postupně se přidávají ostatní provincie, naposledy **Newfouland** v roce 1949. V roce 1931 získává Kanada plnou nezávislost. V 80-tých letech 20. století hrozilo rozdělení země na anglofonní a frankofonní stát, události vyústily do reformy senátu a ústavy se zachováním státu.

TURISTICKÝ PRŮVODCE USA

ZÁKLADNÍ ÚDAJE O ZEMI

Oficiální název: **United States of America** (Spojené státy americké, oficiální zkratka **USA**).

Rozloha: **9 372 614** km^2.

Počet obyvatel: asi **261** mil.
Státní zřízení: pluralitní federativní republika, dvoukomorový parlament.
Správní rozdělení: 50 federálních států a 1 federální distrikt hlavního města.
Hlavní město: **Washington** (okolo **585** tis. obyvatel, metropolitní oblast 6,92 mil.).
Další města: (počet obyvatel vlastního města je před lomítkem, počet obyvatel celé soustavy blízkých okolních míst (metropolitní oblasti) za lomítkem, oba údaje jsou v milionech).

New York	7,3 / 16,7	Dallas	1 / 4,2
Los Angeles	3,5 / 15	Phoenix	1 / 2,3
Chicago	1,7 / 4	Detroit	1 / 5,24
Houston	1,7 / 4	San Francisco	0,7 / 6,4
Philadephia	1,6 / 5,9	Boston	0,5 / 5,4
San Diego	1,1 / 2,6		

Národnostní složení: **83,4**% běloši, **12,4**% černoši, **3,3**% Asijci, **0,5**% domorodí Indiáni.

Náboženské příslušenství: **56**% protestanti, **28**% římští katolíci, **2**% židi, **4**% ostatní, **10**% bez vyznání.

Předpokládaná délka života: **72,6** let muži, **79,4** let ženy.

Úřední jazyk: angličtina.

Měna: 1 americký **dolar** = 100 **centů**.

Zeměpisné objekty: nejvyšší vrch **Mount McKinley** 6 194 m, nejdelší řeka **Mississippi-Missouri** 6 020 km, největší jezero **Horní jezero** (část) 83 270 km^2.

Hlavní hospodářské zdroje: uhlí, ropa, zemní plyn, dřevo, měď, olovo, molybden, fosfáty, uran, bauxit, zlato, železo, rtuť, stříbro, wolfram, zinek.

Historie: první lidé osídlili zem už asi před 30 tis. lety z Asie přechodem přes **Beringovu nížinu**. Po objevech Kryštofa Kolumba zakládají postupně Španělé, Angličané, Holanďané a Francouzi od poloviny **16**. stol. svoje kolonie. Roku 1620 vzniká pod názvem **Massachusetts Bay** v okolí **Bostonu** typická britská puritánská kolonie. Od začátku **17**. stol. se do Ameriky začali dovážet černoši z Afriky, kteří se stali otroky na plantážích. Po rozběhu obchodů mezi koloniemi a Británií vzniká hospodářské napětí, které Británie řeší uvalováním cel na zboží z kolonií. Události vrcholí tzv. **Bostonským pitím čaje** dne 16. 12. 1773, kdy kolonisté v **Bostonském přístavu** vysypou na protest tisíce kilogramů čaje do moře. Událost odstartovala boj 13 kolonií z dnešního severovýchodu USA za nezávislost vůči Británii. První skutečná bitva války za nezávislost propuká v roce **1775**, boje pokračují až do roku **1781**. Dne **4. 7. 1776** vydal druhý kontinentální kongres ve Filadelfii **Deklaraci nezávislosti**, která mimo nezávislosti na Velké Británii deklaruje i všeobecnou rovnost všech lidí. V r. **1777** kongres podal návrh

Konfederačních článků Spojených států amerických - první Ústavu USA, kterou jednotlivé státy postupně přijímají. Po válce zaručuje Británie *Versaillským mírem* z roku **1783** koloniím na východ od Mississippi úplnou nezávislost. Vůdce osvobozeneckého hnutí **George Washington** je r. **1789** zvolen prvním prezidentem USA. K USA se postupně přidávají další nově vzniklé státy. V severních státech se do začátku 19. stol. ruší nebo omezuje otroctví, v jižních se naopak upevňuje. V roce **1861** vystoupilo z USA 11 jižních států a založilo *Konfederativní státy americké*, tím začala *občanská válka* známá jako *Sever proti Jihu*. Prezident USA **Abraham Lincoln** vydává r. **1863** dekret o úplném zrušení otroctví. Po tomto aktu přechází rozhodující iniciativa ve vojně na **Sever**, který r. **1865** zvítězil. Po válce nastává rychlý hospodářský rozvoj, buduje se pluralitní demokratický systém, do země proudí z Evropy miliony přistěhovalců, z USA se stává přední světová mocnost. Do *1. světové války* zem vstupuje r. **1917** na straně států *Dohody*, které už i předtím finančně a materiálně podporovala. Po válce se USA izolují od evropské politiky. V prosinci **1941** po leteckém útoku Japonců na tichomořskou základnu **Pearl Harbor** vstupuje země do *2. svět. války* vyhlášením války *Japoncům*, krátce na to i *Německu* a *Itálii*. V červnu **1944** se USA spolu s ostatními spojeneckými vojsky vyloďují v **Normandii** a pronikají až do západních Čech a Rakouska. **6. 8. 1945** shazují atomovou bombu na **Hirošimu**, o tři dny později i na **Nagasaki**. Následnou kapitulací Japonska se definitivně končí světová válka. Po ní se USA stávají nejsilnější světovou *mocností*. Zúčastňují se několika vojenských intervencí (v korejské válce 1950-53 jako hlavní složka sil OSN, vietnamská válka 1961-73, osvobození Kuvajtu zpod irácké okupace 1991 aj.).

TURISTICKÝ PRŮVODCE AUSTRÁLIÍ

ZÁKLADNÍ ÚDAJE O ZEMI

Oficiální název: **Commonwealth of Autralia** (Australský svaz)
Rozloha: **7 686 848** km^2.
Počet obyvatel: asi **18** mil.
Správní rozdělení: 6 států a 3 teritoria.

Hlavní město: **Canberra** (okolo 310 tis. obyvatel).

Další města: Sidney (3,7) mil, Melbourne (3 mil.), Brisbane (1,3 mil.), Perth (1,2 mil.).

Národnostní složení: **95**% běloši, **4**% Asijci, **1**% domorodci a ostatní.

Náboženská příslušnost: **26,1**% anglikáni, **26**% římští katolíci, **24,3**% ostatní křesťané.

Předpokládaná délka života: **74,5** let muži a **80,1** let ženy.

Úřední jazyk: angličtina.

Měna: 1 australský **dolar** - 100 **centů**.

Zeměpisné objekty: Nejvyšší vrch **Kosciusko** 2 230 m, nejdelší řeka **Murray-Darling** 3 780 km.

Hlavní hospodářské zdroje: uhlí, železná ruda, měď, stříbro, uran, diamanty, zemní plyn, ropa.

Historie: Původní obyvatelé se nazývají *Aborigeni*, do **20**. stol. žili v kmenových společenstvích na úrovni doby kamenné. V r. **1606** jako první Evropané prozkoumali pobřeží *Holanďané* a nazvali zemi *Novým Holandskem*. V r. **1770** přistává u břehů Angličan **James Cook**, od té doby se používá název *Austrálie* nebo *Jižní země*. Od roku **1788** se Austrálie stává anglickou trestaneckou kolonií, původní obyvatelé jsou vytlačeni do polopouště. Po objevení zlata v r. **1851** přicházejí masy nových přistěhovalců. V 2. polovině **19**. stol. se objevuje myšlenka nezávislosti, kolonie se sjednocují do federace a k **1. 1. 1901** je vyhlášen *Australský svaz* se statutem dominia v rámci *Britského společenství*. Hlavním městem bylo zpočátku **Melbourne**, od r. **1927** zasedá parlament v **Canbeře**.

TURISTICKÝ PRŮVODCE NOVÝM ZÉLANDEM

ZÁKLADNÍ ÚDAJE O ZEMI

Oficiální název: **New Zealand** (Nový Zéland).

Rozloha: **258 675** km^2.

Počet obyvatel: asi **3,4** mil.

Státní zřízení: pluralitní konstituční monarchie, jednokomorový parlament.
Správní rozdělení: **13** oblastí, zámořská teritoria.
Hlavní město: **Wellington** (okolo 325 tis. obyvatel)
Další města: Auckland(885 tis.), Christchurch (307 tis.), Hamilton (148 tis.).
Národnostní složení: **88**% Evropané, **8,9**% Maoři, **2,9**% ostatní Polynézané, **0,2**% ostatní.
Náboženská příslušnost: **24,3**% anglikáni, **18,3**% presbyteriáni, **18**% bez vyznání, **16,4**% římští katolíci, **4,7**% metodisté, **21,4**% ostatní.
Předpokládaná délka života: **72,7** let muži a **80,2** let ženy.
Úřední jazyk: angličtina, maorština.
Měna: 1 novozélandský **dolar** = 100 **centů**.
Zeměpisné objekty: Nejvyšší vrch **Kościuszko** 2 230 m, nejdelší řeka **Murray-Darling** 3 780 km.
Hlavní hospodářské zdroje: zemní plyn, železná ruda, písek, uhlí, dřevo, hydroelektrárny, zlato, vápenec.
Historie: Ve **14.** stol. bylo území osídleno polynézským národem *Maorů*. Pro Evropu ostrovy objevil v r. **1642** Holanďan **Abel Tasman**. V roce **1769** je zmapoval **James Cook**. V roce **1840** se staly ostrovy britskou kolonií, v **1852** získávají vnitřní samosprávu. Do země proudí množství přistěhovalců, vznikají tahanice mezi nimi a Maory, které vedou v r. **1843-72** k několika maorským vzpourám. V roce **1907** získává Nový Zéland *statut britského domínia*, v r. **1931** zaručuje britská vláda plnou nezávislost. Země se zúčastňuje 1. světové války po boku *Dohody*, 2. světové války po boku *Spojenců*, korejské války **1950-53** v rámci vojsk *OSN* a indočínské války **1965-71** po boku *USA*.

TURISTICKÝ PRŮVODCE JIŽNÍ AFRIKOU

ZÁKLADNÍ ÚDAJE O ZEMI

Oficiální název: **Republik van Suild-Afrika**, **Republic of South Afrika** (Jihoafrická republika).

Rozloha: **1 221 037** km².
Počet obyvatel: asi **40** mil.
Státní zřízení: pluralitní republika.
Správní rozdělení: 4 provincie a 8 bantustanů
Hlavní město: **Pretoria** (okolo 23 tis. obyvatel).
Další města: Cape Town (Kapské město 1, 9 mil.), Bloermfontein (233 tis.)
Národnostní složení: **23,8%** Zulové, **10,5%** míšené rasy, **10,2%** Afrikánci, **9,8%** severní Sothové, **9,8%** Xhosové, **7,3%** jižní Sothové, **6,5%** Angličané, **5,7%** Tswanové, **3,3%** Asijci, **13,2%** ostatní.
Náboženská příslušnost: **20,8%** nezávislí černí křesťané, **15,5%** afrikánští reformovaní, **9,6%** římští katolíci, **32,2%** ostatní křesťané, **2,1%** hinduisté, **1,4%** muslimové, **18,4%** ostatní.
Předpokládaná délka života: **62,3** let muži a **67,9** let ženy.
Úřední jazyk: afrikánština, angličtina, ndeblština, pedi, tswanština, sotština, swažiština, vendština, xhoština, tsongština, zuluština.
Měna: 1 **rand** = 100 **centů**
Zeměpisné objekty: Nejvyšší vrch **Cathkin Peak** 3 482 m, nejdelší řeka **Orange** (část) 1 600 km.
Hlavní hospodářské zdroje: zlato, diamanty, platina, zemní plyn, uran, uhlí, další nerosty.
Historie: Země byla původně osídlena kmeny *Kungů* a *Hotentotů*. Portugalci obepluli v r. **1488** *mys Dobré naděje* a začali s průzkumem pobřežního území. V **16.** a **17**. stol. sem proniká ze severu lid *Bantu*, z jihu bílí kolonisté. V r. **1652** zakládají Holanďané **Kapské město**, objevují se i francouzští a němečtí kolonisté. Koncem **18** a v **1**. polovině **19**. stol. probíhají boje mezi *Bury* (Holanďané) a domorodými *Zuly*, Burové pronikají hlouběji do vnitrozemí. V r. **1806** prohlašuje Británie *Kapsko* za svoji kolonii, v r. **1843** anektuje oblast **Natal** (pobřežní oblast okolo města **Durban**). V roce **1836** zakládají *Burové* republiku *Transvaal* (severovýchodně od dnešní JAR) a *Svobodný oranžský stát* (jižně od *Traansvaalu* a západně od *Natalu*). Po r. **1860** jsou na burských územích objevena velká naleziště *diamantů* a *zlata*. Britské pokusy o okupaci těchto území vedou k **Burské válce** 1899-1902, ve které vítězí *Británie*. V roce **1910** byla utvořena *Jihoafrická únie* (JAÚ) jako britské dominium, její vojska obsazují v r. **1915** německou kolonii *Jihozápadní Afriku* (Namíbii), v r. **1920** je vyhlášena *mandantní správa JAÚ* nad **Namíbií**, nová anexe je z r. **1949**. Po vzniku unie vzrůstá diskriminace nebělošského obyvatelstva. *2 světové války* se JAÚ zúčastňuje po boku protiněmecké koalice. Po válce je na základě politiky *apartheidu* déle prohlubován rasová diskriminace, která koncem **50**-tých let vede k růstu odporu nebělošského obyvatelstva, k drastickým represím a omezení občanských práv. V r. **1961** je vyhlášena *Jihoafrická republika* (JAR), která se postupně kvůli svojí rasové politice dostává do mezinárodní izolace. V 2. polovině **70**-tých let zřizuje vedení JAR *bantustany*. Po

radikálním nárůstu odporu vůči apartheidu ohlašuje koncem **80**-tých let tehdejší prezident **Frederick de Klerk** politické reformy, které mají vést k jeho odstranění. Mezi jednotlivými politickými organizacemi černošského obyvatelstva propukají ozbrojené konflikty. *Nová ústava* z r. **1993** odstraňuje rasovou diskriminaci, po roce jsou vyhlášeny první všerasové parlamentní volby a éra apartheidu i éra mezinárodní izolace jsou ukončeny. Vítězem voleb se stal *Africký národní kongres* a prezidentem jeho vůdce **Nelson Mandela**.

TURISTICKÝ PRŮVODCE IRSKEM

ZÁKLADNÍ ÚDAJE O ZEMI

Oficiální název: **Poblacht Na h'Ereann**, **Republic of Ireland** (Irská republika)

Rozloha: **70 283** km².

Počet obyvatel: asi **3,5** mil.

Státní zřízení: pluralitní republika, dvoukomorový parlament.

Správní rozdělení: 4 provincie.

Hlavní město: **Dublin** (Baile Átha Cliath, 1 mil. obyvatel).

Další města: Corcaigh (174 its.), Luimneach (75 tis.), Gailimh (51 tis.), Port Lairge (42 tis.)

Národnostní složení: **97**% Irové, **7**% ostatní.

Náboženská příslušnost: **93**% římští katolíci, **3**% irská církev, **0,4**% presbyteriáni, **3,6**% ostatní.

Předpokládaná délka života: **72,8** let muži a **78,7** let ženy.

Úřední jazyk: irština a angličtina.

Měna: 1 irská **libra** = 100 **pencí**.

Zeměpisné objekty: nejvyšší vrch **Carrauntoohill** 1 041 m, nejdelší řeka **Shannon** 370 km.

Hlavní hospodářské zdroje: zemní plyn, rašelina, mléčné výrobky, cestovní ruch, rybolov, zinek.

Historie: Nejstarší doklady o přítomnosti pravěkých lovců a sběračů se datují k **7.** tisíciletí př. Kr. Po r. **3 000** př. Kr. tu už žijí usazeni zemědělci s vysokou kulturní úrovní. Po roce **5 00** př. Kr. je první prokázaná vlna *keltských* přistěhovalců z *Británie*. Žádná část irského ostrova nebyla začleněna do *římské říše*. R. **431** papež jmenuje **Palladia biskupem** a vysílá ho do Irska. Následujícího roku tady potom Palladius zahajuje misijní činnost (jako sv. Patric je nyní irským patronem). Možná už v **6.** stol. osídlují iršti Kelti *Skotsko* (název podle kmene Scottů). Od **7.** století putují z Irska do Skotska, Anglie i západní Evropy *misionáři*. V **9**. a **10**. stol. jsou časté nájezdy a rabování *Vikingů* a *Dánů*. Král **Munsteru Brian Boru** se r. **976** prohlašuje za krále Irska. Usídlují se tu mnozí Angličané, kolonizace se jim nedaří, vždy se poiršťují. Ve **14**. stol. se odehrává několik povstání proti anglické šlechtě. V r. **1536-37** probíhá násilná reformace Irů a konfiskace půdy katolíkům. R. **1541** se nechává anglický **král Jindřich VIII.** parlamentem v **Dublině** prohlásit za *irského krále* a začíná prosazovat anglickou svrchovanost nad irskými klanovými vůdci, následuje období častých protireformačních a protianglických povstání. V 1. polovině **17.** stol. se uskutečňuje plán osídlovat *Ulster* (sever Irska) protestanskými osadníky ze *Skotska* a *Anglie*, r. **1641** propuká *občanská válka*, kterou ukončuje **Cromwell** krutým potlačením irského odporu. V r. **1688** se sem uchyluje zesazený katolický **král Jakub II.**, u řeky **Boyne** prohrává s **Wilémem Oranžskym**. Tím začíná období protestantské nadvlády, katolické cirkevní orgány jsou postaveny mimo zákon a katolíkům se konfiskuje půda (to znamená i ztrátu volebního práva). Po roce **1782** se částečně obnovuje *autonomie dublinského patentu*. Po r. **1791** je pod vlivem francouzské revoluce ustanovené sdružení *Společnost jednotných Irů*, stojící r. **1798** v čele nového povstání, které bylo krutě potlačeno. *Zákonem o unii* je r. **1800** Irsko připojeno k Velké Británii, dublinský parlament je rozpuštěn a Irsko je zastupováno stovkou poslanců v londýnském *Westminsteru*. R. **1829** prosazuje katolický politik **Daniel O' Connell** zákon o emancipaci katolíků. V r. **1845-49** zuří v Irsku nesmírný hladomor vyvolaný neúrodou, následuje období masové emigrace (zejména do USA) a nárůstu nacionalistických hnutí, později hnutí za autonomii. V r. **1905** je založena strana *Sinn Féin,* požadující samosprávu a samostatnou irskou republiku, která vítězí ve volbách r. **1918**, svolává do Dublinu vlastní parlament. Británie posílá do Irska vojsko, vůči kterému se úspěšně postaví *dobrovolnická Irská republikánská armáda* (IRA, v 30. letech postaven mimo zákon). R. **1922** je vyhlášena ústava *Svobodného irského státu*. V r. **1937** je vyhlášena plná nezávislost a neutralita v rámci *Britského společenství národů*, přijata nová ústava a nový název státu *Ēire*. Během *2. světové války* je Irsko neutrální, po válce r. **1949** vystupuje ze Společenství národů a přijímá název *Irská republika*.

Severní část irského ostrova zůstává samosprávnou *součástí Velké Británie*. Roku **1967** založené *Hnutí za občanská práva* organizuje demonstrace, proti kterým vystupují loajalisté. Ilegální **IRA** zostřuje ozbrojený boj, r. **1969** sem vysílá londýnská vláda vojsko. V r. **1972** je parlament v **Belfastu** rozpuštěn a Severní Irsko přímo řízeno z Londýna. V r. **1985** byla podepsán britsko-irská dohoda o Severním Irsku, spolupráci v boji proti teroru.

PŘEHLEDNÁ GRAMATIKA

SEZNAM TABULEK

1. anglická abeceda
2. člen určitý a neurčitý
3. umístění členů v kontextu
4. přivlastňovací pád
5. množné číslo podst. jmen
6. stupňování přídavných jmen
7. nepravidelná přídavná jména
8. stupňování příslovcí
9. nepravidelná příslovce
10. zájmena osobní
11. zájmena přivlastňovací
12. zájmena zdůrazň. zvratná
13. zájmena vztažná
14. zájmena tázací
15. zájmena ukazovací
16. zájmena neurčitá
17. neurčité zájmeno "other"
18. složeniny neurčitých zájmen
19. výrazy množství
20. základní početní úkony
21. určování času a data
22. čas přítomný
23. čas minulý
24. čas budoucí
25. čas předpřítomný
26. čas předminulý
27. čas předbudoucí
28. podmiňovací způsob
29. neurčitý způsob
30. rozkazovací způsob
31. tvar na -ing
32. základní opisy způsob. sloves
33. gerundium
34. souslednost časová
35. slovosled
36. časování pravidelných sloves
37. časování pomocných sloves
38. nepravidelné sloveso "be" - být
39. nepravidelná slovesa
40. nepravidelná slovesa
41. nepravidelná slovesa
42. nepravidelná slovesa
43. nepravidelná slovesa
44. nepravidelná slovesa
45. nepravidelná slovesa
46. tázací dovětky
47. předložky
48. předložky (pokračování)
49. předložky (pokračování)
50. předložky (pokračování)
51. základní rozdělení spojek
52. spojky souřadící
53. spojky podřadící
54. věty jednoduché
55. souvětí
56. věty příslovečné

1 ANGLICKÁ ABECEDA

A	[ei]	F	[ef]	K	[kei]	P	[pi:]	U	[ju:]
B	[bi:]	G	[dži:]	L	[el]	Q	[kju:]	V	[vi:]
C	[si:]	H	[eič]	M	[em]	R	[a:]	W	[dablju:]
D	[di:]	I	[ai]	N	[en]	S	[es]	X	[eks]
E	[i:]	J	[džei]	O	[ǝu]	T	[ti:]	Y	[way]
								Z	[zed]

2 ČLEN URČITÝ A NEURČITÝ

	JEDNOTNÉ ČÍSLO	MNOŽNÉ ČÍSLO
ČLEN NEURČITÝ	a dog [ǝ dog] (nějaký) pes	dogs [dogz] (nějací) psi
	an orange [ǝn 'orindž] (nějaký) pomeranč	oranges ['orindžiz] (nějaké) pomeranče
ČLEN URČITÝ	the dog [ðǝ dog] (ten) pes	the dogs [ðǝ dogz] (ti) psi
	the orange [ði'orindž] (ten) pomeranč	the oranges [ði'orindžiz] (ty) pomeranče

3 UMÍSTĚNÍ ČLENŮ V KONTEXTU

An old man lived in **a** small house near **a** forest. One day **the** old man left **the** house and went into **the** forest to collect wood.

(**Jeden**) stařec žil v (**nějakém**) malém domku blízko (**nějakého**) lesa. Jednoho dne (**tento**) stařec opustil (**tento**) dům a šel do (**tohoto**) lesa nasbírat dříví.

4 PŘIVLASTŇOVACÍ PÁD

- my father's flat
- the expert's opinion
- Britain's foreign policy
- father-in-law's car
- a two weeks' holiday
- three hours' walk

- *byt mého otce*
- *odborníkův názor*
- *zahraniční politika Británie*
- *tchánovo auto*
- *dvoutýdenní dovolená*
- *tříhodinová chůze*

5 MNOŽNÉ ČÍSLO PODSTATNÝCH JMEN

PRAVIDELNÉ

- **koncovkami -s, -es**
  book - books (kniha)   bus - buses (autobus)   shoe - shoes (bota)

- **koncové -y po souhlásce se mění na -ie +s**
  lady - ladies (dáma)   fly - flies (moucha)   city - cities (město)

- **v některých případech se koncové -f mění na -ve +s**
  half - halves (polovina)   knife - knives (nůž)   leaf - leaves (list)

NEPRAVIDELNÉ

- **změnou v kmeni :**

child - children (dítě)	foot - feet (noha)	goose - geese (husa)
man - men (muž)	mouse - mice (myš)	tooth - teeth (zub)

- **stejný tvar podstatného jména v jed.i množném čísle :**

aircraft (letadlo/ a)	cod (treska/ y)	counsel (právní zástupce)
data (údaj/ e)	deer (vysoká zvěř)	fish (ryba/ y)
salmon (losos/ i)	sheep (ovce)	trout (pstruh/ zi)

- **podst. jm., která se vyskytují pouze v jed. čísle :**

advice (rada / y)	business (záležitost / i)	craft (loď, lodi)
evidence (důkaz / y)	furniture (nábytek)	hair (vlasy)
knowledge (znalost / i)	luggage (zavazadlo / a)	nonsense (nesmysl / y)

- **podst. jm., která se vyskytují pouze v množném čísle :**

archives (archív)	clothes (šaty)	contents (obsah)
hops (chmel)	lodgings (podnájem)	oats (oves)
people (lidé)	pyjamas (pyžamo)	riches (bohatství)
scissors (nůžky)	shorts (šortky)	sweepings (smetí)
trousers (kalhoty)	vegetables (zelenina)	wares (zboží)

- **podst. jm., která mají tvar mn.č., ale užívají se se slovesem v j.č.:**

athletics (atletika)	hysterics (hystérie)	politics (politika)

- **podst. jm., která mají v mn.č. vedle svého původního významu ještě jiný význam :**

arm - zbraň	arms - erb	colour - barva	colours - prapor
custom - zvyk	customs - clo	good - dobro	goods - zboží
iron - železo	irons - pouta	pain - bolest	pains - úsilí
part - část	parts - oblast	scale - šupina	scales - váhy

6 STUPŇOVÁNÍ PŘÍDAVNÝCH JMEN

	1. STUPEŇ	2. STUPEŇ	3. STUPEŇ
jednoslabičná, dvouslabičná*	long dlouhý	longer delší	the longest nejdelší
víceslabičná	important důležitý	more important důležitější	the most important nejdůležitější

* přídavná jména zakončená na "y": happy - happier - the happiest

7 NEPRAVIDELNÁ PŘÍDAVNÁ JMÉNA

bad [bæd]	worse [wə:s]	the worst [wə:st]	zlý
evil ['i:vl]	worse [wə:s]	the worst [wə:st]	zlý
far [fa:]	further / farther ['fə:tə / 'fa:ðə]	the furthest / the farthest ['fə:ðist / 'fa:ðist]	daleký
good [gud]	better ['betə]	the best [best]	dobrý
ill [il]	worse [wə:s]	the worst [wə:st]	nemocný
old [əuld]	elder ['eldə]	the eldest ['eldist]	starý

8 STUPŇOVÁNÍ PŘÍSLOVCÍ

	1. STUPEŇ	2. STUPEŇ	3. STUPEŇ
jednoslabičná	soon brzy	sooner dříve	soonest nejdříve
víceslabičná	quickly rychle	more quickly rychleji	most quickly nejrychleji

9 NEPRAVIDELNÁ PŘÍSLOVCE

badly [bædli]	worse [wə:s]	worst [wə:st]	špatně
far [fa:]	further / farther ['fə:tə / 'fa:ðə]	furthest / farthest ['fə:ðist / 'fa:ðist]	daleko
little ['litl]	less [les]	least [li:st]	málo
much [mač]	more [mo:]	most [məust]	mnoho
well [wel]	better ['betə]	best [best]	dobře

10 ZÁJMENA OSOBNÍ

PODMĚTOVÝ TVAR

I	I like Ann.
you	You like Ann.
he	He likes Ann.
she	She likes Ann.
it	It is nice.
we	We like Ann.
you	You like Ann.
they	They like Ann.

PŘEDMĚTOVÝ TVAR

me	Ann likes me.
you	Ann likes you.
him	Ann likes him.
her	Ann likes her.
it	Ann likes it.
us	Ann likes us.
you	Ann likes you.
them	Ann likes them.

11 ZÁJMENA PŘIVLASTŇOVACÍ

NESAMOSTATNÁ

my	It's my car.
your	It's your car.
his	It's his car.
her	It's her car.
its	The bird hurt its wing.
our	It's our car.
your	It's your car.
their	It's their car.

SAMOSTATNÁ

mine	It's mine.
yours	It's yours.
his	It's his.
hers	It's hers.
its	
ours	It's ours.
yours	It's yours.
theirs	It's theirs.

12 ZÁJMENA ZDŮRAZŇOVACÍ ZVRATNÁ

myself	I looked at myself.
yourself	You looked at yourself.
himself	He looked at himself.
herself	She looked at herself.
itself	
ourselves	We looked at ourselves.
yourselves	You looked at yourselves.
themselves	They looked at themselves.

13 ZÁJMENA VZTAŽNÁ

NA OSOBY:

who	který	- the man who wants to see you *ten muž, který s vámi chce mluvit*
whose	jehož	- Peter whose wife works here. *Petr, jehož manželka tu pracuje.*
whom	předmětový tvar	- the man, whom you gave it *muž, kterému jsi to dal*
who(m)	předložkový tvar	- the man who(m) we are speaking about - the man about whom we are speaking *muž, o kterém mluvíme*

NA VĚCI, ZVÍŘATA A POJMY:

which	který	- That is the hat which cost so much. *To je ten klobouk, který tolik stál.*
what	to, co	- What you are saying is interesting. *To, co říkáte, je zajímavé.*
whose (of which)	jehož	- the factory whose products were famous *továrna, jejíž výrobky byly proslavené*
that	který, co	- All, that glitters isn't gold. *Vše, co se třpytí, není zlato.*

14 ZÁJMENA TÁZACÍ

who?	kdo?	Who is at home?	*Kdo je doma?*
which (of)?	který?	Which player is that?	*Který je to hráč?*
who(m)?	koho?	Who(m) do you know?	*Koho znáte?*
what?	co?	What are you doing?	*Co děláš?*
whose?	čí?	Whose car is it?	*Čí je to auto?*

15 ZÁJMENA UKAZOVACÍ

	bližší objekt		vzdálenější objekt	
jednotné číslo	**this**	tento	**that**	tamten
množné číslo	**these**	tito	**those**	tamti

16 ZÁJMENA NEURČITÁ

all	celý	He worked all year round.
either		*Pracoval celý rok.*
either - or	oba	Either plan is corect.
		Oba plány jsou správné.
neither	buď - anebo	Either you are wrong or I am.
		Buď se mýlíš ty, anebo já.
neither - nor	ani jeden	Neither of the two is happy.
		Žádný z těch dvou není šťastný.
every	ani - ani	He neither drinks, nor smokes.
		Ani nepije, ani nekouří.
each	každý	She visits them every third week.
	bez výjimky	*Navštěvuje je každý třetí týden.*
	každý z počtu	They cost a pound each.
		Každý stojí libru.

17 NEURČITÉ ZÁJMENO "OTHER"

jednotné číslo	**other** pen	- jiné / další pero
	another pen	- jiné / další / ještě jedno pero
	the other pen	- (to) druhé pero

množné číslo	**other** boys	- jiní chlapci
	the other boys	- (ti) ostatní / druzí chlapci
	others* are swimming	- jiní plavou
	the others* went	- (ti) ostatní / druzí šli

*Užívá se, nenásleduje-li podstatné jméno.

18 SLOŽENINY NEURČITÝCH ZÁJMEN

	SOME	ANY	NO	EVERY
OSOBA	**somebody**	**anybody**	**nobody**	**everybody**
	someone	**anyone**	**no one**	**everyone**
	(někdo)	*(kdokoliv)*	*(nikdo)*	*(každý)*
VĚC	**something**	**anything**	**nothing**	**everything**
	(něco)	*(cokoliv)*	*(nic)*	*(všechno)*
MÍSTO	**somewhere**	**anywhere**	**nowhere**	**everywhere**
	(někde, někam)	*(kdekoliv, kamkoliv)*	*(nikde, nikam)*	*(všude)*
ČAS	**sometimes**	**(at) any time**	**never**	**every time**
	(někdy)	*(kdykoliv)*	*(nikdy)*	*(pokaždé)*

19 VÝRAZY MNOŽSTVÍ

VÝRAZY	S POČITATELNÝMI PODSTATNÝMI JMÉNY	S NEPOČITATELNÝMI PODSTATNÝMI JMÉNY
one jeden	one orange	-
each každý	each orange	-
every každý	every orange	-
two dvě	two oranges	-
both oba	both oranges	-
a couple of pár, několik	a couple of oranges	-
three (or more) tři (nebo více)	three oranges	-
a few několik	a few oranges	-
several několik	several oranges	-
many mnoho	many oranges	-
a number of několik, řada	a number of oranges	-
a great deal of hodně	-	a great deal of sugar
much mnoho	-	much sugar
a little trochu	-	a little sugar
all všechno	all oranges	all sugar
most většina	most oranges	most sugar
plenty of spousta	plenty of oranges	plenty of sugar
lots of hodně	lots of oranges	lots of sugar
a lot of hodně	a lot of oranges	a lot of sugar
some nějaký	some oranges	some sugar
not any / no žádný	not any / no oranges	not any / no sugar

20 ZÁKLADNÍ POČETNÍ ÚKONY

SČÍTÁNÍ	$2 + 3 = 5$	two plus three equals five
ODČÍTÁNÍ	$6 - 2 = 4$	six minus two equals four
NÁSOBENÍ	$2 \times 3 = 6$	two times three equals six
DĚLENÍ	$8 : 2 = 4$	eight divided by two equals four
MOCNINY	4^2	four squared
	4^3	four cubed
	4^4	four to the fourth
	4^n	four to the nth
ODMOCNINY	$\sqrt[2]{4}$	the square root of four
	$\sqrt[3]{4}$	the cube root of four
	$\sqrt[n]{4}$	the nth root of four
ZLOMKY	1/2	one half
	1/3	one third
	11/13	eleven thirteenths

21 URČOVÁNÍ ČASU A DATA

1:00 hod.	it's one o'clock	3:30 hod.	it's half past 3
3:00 hod.	it's three o'clock	3:35 hod.	it's 25 to 4
3:05 hod.	it's 5 past 3	3:40 hod.	it's 20 to 4
3:10 hod.	it's 10 past 3	3:45 hod.	it's a quarter to 4
3:15 hod.	it's a quarter past 3	3:50 hod.	it's 10 to 4
3:20 hod.	it's 20 past 3	3:55 hod.	it's 5 to 4

PÍŠEME:
8 th June 1986
June 8 th 1986

ČTEME:
the eighth of June nineteen eighty - six
June the eighth, nineteen eighty - six

22 ČAS PŘÍTOMNÝ

a) PROSTÝ
I take (he takes)
Do I take? (Does he take?)
I do not take (he does not take)

b) PRŮBĚHOVÝ
I am taking (he is taking)
Am I taking? (Is he taking?)
I am not taking (he is not taking)

c) TRPNÝ PROSTÝ
I am taken
Am I taken?
I am not taken

d) TRPNÝ PRŮBĚHOVÝ
I am being taken
Am I being taken?
I am not being taken

23 ČAS MINULÝ

a) PROSTÝ
I took
Did I take?
I did not take

b) PRŮBĚHOVÝ
I was taking (you were taking)
Was I taking?
I was not taking

c) TRPNÝ PROSTÝ
I was taken
Was I taken?
I was not taken

d) TRPNÝ PRŮBĚHOVÝ
I was being taken
Was I being taken?
I was not being taken

24 ČAS BUDOUCÍ

a) PROSTÝ
I will take
Will I take?
I will not take

b) PRŮBĚHOVÝ
I will be taking
Will I be taking?
I will not be taking

c) TRPNÝ PROSTÝ
I will be taken
Will I be taken?
I will not be taken

-

25 ČAS PŘEDPŘÍTOMNÝ

a) PROSTÝ I have taken (he has taken) Have I taken? I have not taken	**b) PRŮBĚHOVÝ** I have been taking Have I been taking? I have not been taking
c) TRPNÝ PROSTÝ I have been taken Have I been taken? I have not been taken	-

26 ČAS PŘEDMINULÝ

a) PROSTÝ I had taken Had I taken? I had not taken	**b) PRŮBĚHOVÝ** I had been taking Had I been taking? I had not been taking
c) TRPNÝ PROSTÝ I had been taken Had I been taken? I had not been taken	-

27 ČAS PŘEDBUDOUCÍ

a) PROSTÝ I will have taken Will I have taken? I will not have taken	**b) PRŮBĚHOVÝ** I will have been taking Will I have been taking? I will not have been taking
-	-

28 PODMIŇOVACÍ ZPŮSOB

a) PŘÍTOMNÝ
I would take
Would I take?
I would not take

b) MINULÝ
I should have taken
Should I have taken?
I should not have taken

c) PŘÍTOMNÝ TRPNÝ
I would be taken
Would I be taken?
I would not be taken

d) MINULÝ TRPNÝ
you should have been taken
Should you have been taken?
you should not have been taken

29 NEURČITÝ ZPŮSOB

a) RŘÍTOMNÝ PROSTÝ — to take   (zápor) not to take
b) PŘÍTOMNÝ PRŮBĚHOVÝ — to be taking   -
c) PŘÍTOMNÝ TRPNÝ — to be taken   -
d) MINULÝ PROSTÝ — to have taken   -
e) MINULÝ PRŮBĚHOVÝ — to have been taking   -
f) MINULÝ TRPNÝ — to have been taken   -

30 ROZKAZOVACÍ ZPŮSOB

a) PRO 2. OSOBU OBOU ČÍSEL
take (do take)   don't take

b) PRO 1. a 3. OSOBU OBOU ČÍSEL
let us take (let's take)   don't let us take
let him take   don't let him take

31 TVAR NA -ING

a) PŘÍTOMNÝ — taking
b) PŘÍTOMNÝ TRPNÝ — being taken
c) MINULÝ — having taken
d) MINULÝ TRPNÝ — having been taken

32 ZÁKLADNÍ OPISY ZPŮSOB. SLOVES

PŘÍTOMNÝ ČAS	MINULÝ ČAS	BUDOUCÍ ČAS
mohu		
I can	I could	I can
I am able to	I was able to	I will be able to
nemohu		
I cannot	I could not	I cannot
I am not able to	I was not able to	I will not be able to
smím		
I may	-	I may
I am allowed to	I was allowed to	I will be allowed to
nesmím		
I may not	-	I may not
I must not	-	I must not
I am not to *(nemám)*	-	-
I am not allowed to	I was not allowed to	I will not be allowed to
musím		
I must	-	I must
I have to	I had to	I will have to
nemusím		
I need not	-	I need not
I do not have to	I did not have to	I will not have to

33 GERUNDIUM

	ČINNÉ	TRPNÉ
PŘÍTOMNÉ	using buying	being used being bought
MINULÉ	having used having bought	having been used having been bought

- I don't mind **going** on foot.
- I remember **having read** about it.
- He complained of the matter **not being taken** seriously.
- You can rely on the goods **having been packed** carefully.

- Nevadí mi chodit pěšky.
- Pamatuju si, že jsem o tom četl.
- Stěžoval si, že tu věc neberu vážně.
- Můžete se spolehnout, že to zboží bylo pečlivě zabaleno.

34 SOUSLEDNOST ČASOVÁ

PŘÍMÁ ŘEČ:
He said, "I study English every day."
He said, "I studied English."
He said, "I will study English."

NEPŘÍMÁ ŘEČ:
He said (that) he studied English every day.
He said he had studied English.
He said he would study English.

Řekl, že studuje angličtinu každý den.
Řekl, že studoval angličtinu.
Řekl, že bude studovat angličtinu.

35 SLOVOSLED

1.	2.	3.	4.	5.	6.
PODMĚT	PŘÍSUDEK	PŘEDMĚT	PŘÍSLOV. URČENÍ ZPŮSOBU	PŘÍSLOV. URČENÍ MÍSTA	PŘÍSLOV. URČENÍ ČASU
Everybody	studies	languages	intensively	at school	now.
He	spoke	English	fluently	at this lesson	yesterday.

36 ČASOVÁNÍ PRAVIDELNÝCH SLOVES

Infinitiv: to work *pracovat*

Přít. prostý čas
1. I work
2. you work
3. he works
   she works
   it works
1. we work
2. you work
3. they work

Min. prostý čas
1. I worked
2. you worked
3. he worked
   she worked
   it worked
1. we worked
2. you worked
3. they worked

Bud. prostý čas
1. I will work
2. you will work
3. he will work
   she will work
   it will work
1. we will work
2. you will work
3. they will work

37 ČASOVÁNÍ POMOCNÝCH SLOVES

INFINITIV	Přítomný prostý čas	Minulý prostý čas	Budoucí prostý čas

to be	1. I am
	2. you are
	3. he is
	    she is
	    it is
	1. we are
	2. you are
	3. they are
		1. I was
		2. you were
		3. he was
		    she was
		    it was
		1. we were
		2. you were
		3. they were
			1. I will be
			2. you will be
			3. he will be
			    she will be
			    it will be
			1. we will be
			2. you will be
			3. they will be

to have	1. I have
	2. you have
	3. he has
	    she has
	    it has
	1. we have
	2. you have
	3. they have
		1. I had
		2. you had
		3. he had
		    she had
		    it had
		1. we had
		2. you had
		3. they had
			1. I will have
			2. you will have
			3. he will have
			    she will have
			    it will have
			1. we will have
			2. you will have
			3. they will have

to do	1. I do
	2. you do
	3. he does
	    she does
	    it does
	1. we do
	2. you do
	3. they do
		1. I did
		2. you did
		3. he did
		    she did
		    it did
		1. we did
		2. you did
		3. they did
			1. I will do
			2. you will do
			3. he will do
			    she will do
			    it will do
			1. we will do
			2. you will do
			3. they will do

38 NEPRAVIDELNÉ SLOVESO *BE - BÝT*

1. am	I am very glad to see you.	*Jsem velmi rád, že vás poznávám.*
2. are	We are very busy.	*Jsme velmi zaneprázdněni.*
3. is	Today is Friday.	*Dnes je pátek.*
4. was	He was killed in the war.	*Zahynul ve válce.*
5. were	We were there in time.	*Byli jsme tam včas.*
6. been	I've been to see my uncle.	*Byl jsem navštívit strýčka.*
7. being	He is being very helpful these days.	*V těchto dnech je velmi nápomocen.*

39 NEPRAVIDELNÁ SLOVESA

arise [əˈraiz]	arose [əˈrəuz]	arisen [əˈrizn]	vzniknout
awake [əˈweik]	awoke / awaked [əˈwəuk / əˈweikt]	awaked / awoken [əˈweikt / əˈwəukən]	probudit (se)
be [bi:]	was, were [woz, wə:]	been [bi:n]	být
bear [beə]	bore [bo:]	borne, born [bo:n, bo:n]	nést; rodit, narozen
beat [bi:t]	beat [bi:t]	beaten [bi:tn]	bít, tlouci
become [biˈkam]	became [biˈkeim]	become [biˈkam]	stát se
begin [biˈgin]	began [biˈgæn]	begun [biˈgan]	začít
bend [bend]	bent [bent]	bent [bent]	ohnout
bereave [biˈri:v]	bereft / bereaved [biˈreft / biˈri:vd]	bereft / bereaved [biˈreft / biˈri:vd]	oloupit, zbavit
bespeak [biˈspi:k]	bespoke [biˈspəuk]	bespoken [biˈspəukən]	zamluvit si
bet [bet]	bet / betted [bet / betid]	bet / betted [bet / betid]	sázet
bid [bid]	bid / bade [bid / bæd, beid]	bid / bidden [bid / bidn]	nabídnout (kolik)
bind [baind]	bound [baund]	bound [baund]	vázat
bite [bait]	bit [bit]	bitten [bitn]	kousat
bleed [bli:d]	bled [bled]	bled [bled]	krvácet
blow [bləu]	blew [blu:]	blown [bləun]	foukat
break [breik]	broke [brəuk]	broken [brəukən]	lámat
breed [bri:d]	bred [bred]	bred [bred]	plodit
bring [briŋ]	brought [bro:t]	brought [bro:t]	přinést
broadcast [ˈbro:dka:st]	broadcast [ˈbro:dka:st]	broadcast [ˈbro:dka:st]	vysílat rozhlasem
build [bild]	built [bilt]	built [bilt]	stavět
burn [bə:n]	burnt / burned [bə:nt / bə:nd]	burnt / burned [bə: nt / bə:nd]	hořet, pálit
burst [bə:st]	burst [bə:st]	burst [bə:st]	prasknout
buy [bai]	bought [bo:t]	bought [bo:t]	kupovat

40 NEPRAVIDELNÁ SLOVESA (pokrač. tabulky)

cast [ka:st]	cast [ka:st]	cast [ka:st]	házet
catch [kæč]	caught [ko:t]	caught [ko:t]	chytit
choose [ču:z]	chose [čəuz]	chosen [čəuzn]	vybrat si
cleave [kli:v]	cleft / clove / cleaved [kleft / kləuv / kli:vd]	cleft / cloven / cleaved [kleft / kləuvn / kli:vd]	rozštípnout
cling [kliŋ]	clung [klaŋ]	clung [klaŋ]	lpět
come [kam]	came [keim]	come [kam]	přijít
cost [kost]	cost [kost]	cost [kost]	stát (kolik)
creep [kri:p]	crept [krept]	crept [krept]	lézt
crow [krəu]	crowed [krəud]	crowed [krəud]	kokrhat
cut [kat]	cut [kat]	cut [kat]	řezat, krájet
deal [di:l]	dealt [delt]	dealt [delt]	jednat, zabývat se
dig [dig]	dug [dag]	dug [dag]	kopat
do [du:]	did [did]	done [dan]	dělat
draw [dro:]	drew [dru:]	drawn [dro:n]	táhnout, kreslit
dream [dri:m]	dreamt / dreamed [dremt / dri:md]	dreamt / dreamed [dremt / dri:md]	snít
drink [driŋk]	drank [dræŋk]	drunk [draŋk]	pít
drive [draiv]	drove [drəuv]	driven ['drivn]	hnát, jet, řídit
eat [i:t]	ate [et], (US) [eit]	eaten ['i:tn]	jíst
fall [fo:l]	fell [fel]	fallen [fo:ln]	padat
feed [fi:d]	fed [fed]	fed [fed]	krmit
feel [fi:l]	felt [felt]	felt [felt]	cítit
fight [fait]	fought [fo:t]	fought [fo:t]	bojovat
find [faind]	found [faund]	found [faund]	nalézt

41 NEPRAVIDELNÁ SLOVESA (pokrač.

flee [fli:]	fled [fled]	fled [fled]	prchat
fling [fliŋ]	flung [flaŋ]	flung [flaŋ]	mrštit
fly [flai]	flew [flu:]	flown [floun]	letět
forbid [fə'bid]	forbad(e) [fə'bæd]	forbidden / forbid [fə'bidn / fəbid]	zakázat
forecast [fo:'ka:st]	forecast [fo:'ka:st]	forecast [fo:'ka:st]	předpovídat
foresee [fo:'si:]	foresaw [fo:'so:]	foreseen [fo:'si:n]	předvídat
foretell [fo:'tel]	foretold [fo:'təuld]	foretold [fo:'təuld]	předpovídat
forget [fə'get]	forgot [fə'got]	forgotten [fə'gotn]	zapomenout
forsake [fə'seik]	forsook [fə'suk]	forsaken [fə'seikn]	opustit
freeze [fri:z]	froze [frəuz]	frozen [frəuzn]	mrznout
get [get]	got [got]	got / (US) gotten [got / gotn]	dostat, obdržet
give [giv]	gave [geiv]	given [givn]	dát
go [gəu]	went [went]	gone [gon]	jít, jet
grind [graind]	ground [graund]	ground [graund]	mlít
grow [grəu]	grew [gru:]	grown [grəun]	růst
hang [hæŋ]	hung [haŋ]	hung [haŋ]	viset, pověsit
	hanged [hæŋd]	hanged [hæŋd]	oběsit
have [həv, hæv]	had [həd, hæd]	had [həd, hæd]	mít, vlastnit
hear [hiə]	heard [hə:d]	heard [hə:d]	slyšet
heave [hi:v]	heaved / hove [hi:vd / həuv]	heaved / hove [hi:vd / həuv]	zvednout
hide [haid]	hid [hid]	hidden [hidn]	skrývat
hit [hit]	hit [hit]	hit [hit]	udeřit, zasáhnout
hold [həuld]	held [held]	held [held]	držet
hurt [hə:t]	hurt [hə: t]	hurt [hə: t]	zranit, bolet

42 NEPRAVIDELNÁ SLOVESA (pokrač.

inlay [ir'lei]	inlaid [in'leid]	inlaid [in'leid]	vykládat
keep [ki:p]	kept [kept]	kept [kept]	držet
kneel [ni:l]	knelt / (US) kneeled [nelt / ni:ld]	knelt / (US) kneeled [nelt / ni:ld]	pokleknout
knit [nit]	knit / knitted [nit / nitid]	knit / knitted [nit / nitid]	plést
know [nəu]	knew [nju:]	known [nəun]	znát
lay [lei]	laid [leid]	laid [leid]	položit
lead [li:d]	led [led]	led [led]	vést
lean [li:n]	leant / (US) leaned [lent / li:nd]	leant / (US) leaned [lent / li:nd]	opřít (se)
leap [li:p]	leapt / (US) leaped [lept / li:pt]	leapt / (US) leaped [lept / li:pt]	skákat
learn [lə:n]	learnt / learned [lə:nt / lə:nd]	learnt / learned [lə:nt / lə:nd]	učit se
leave [li:v]	left [left]	left [left]	opustit
lend [lend]	lent [lent]	lent [lent]	půjčit
let [let]	let [let]	let [let]	nechat
lie [lai]	lay [lei]	lain [lein]	ležet
light [lait]	lit / lighted [lit / laitid]	lit / lighted [lit / laitid]	zapálit
lose [lu:z]	lost [lost]	lost [lost]	ztratit
make [meik]	made [meid]	made [meid]	dělat
mean [mi:n]	meant [ment]	meant [ment]	mínit
meet [mi:t]	met [met]	met [met]	potkat
mow [məu]	mowed [məud] mowed (US) [məud]	mown [məun]	žnout, kosit
pay [pei]	paid [peid]	paid [peid]	platit
prove [pru:v]	proved [pru:vd]	proved / proven [pru:vd / pru:vn]	dokázat
put [put]	put [put]	put [put]	položit, dát (kam)

43 NEPRAVIDELNÁ SLOVESA (pokrač. tabulky)

read [ri:d]	read [red]	read [red]	číst
rid [rid]	rid [rid]	rid [rid]	zbavit se
ride [raid]	rode [rəud]	ridden [ridn]	jet
ring [riŋ]	rang [ræŋ]	rung [raŋ]	zvonit
rise [raiz]	rose [rəuz]	risen [rizn]	vstávat
run [ran]	ran [ræn]	run [ran]	běžet
saw [so:]	sawed [so:d]	sawn / (US) sawed [so:n / so:d]	řezat pilou
say [sei]	said [sed]	said [sed]	říkat
see [si:]	saw [so:]	seen [si:n]	vidět
seek [si:k]	sought [so:t]	sought [so:t]	hledat
sell [sel]	sold [səuld]	sold [səuld]	prodávat
send [send]	sent [sent]	sent [sent]	poslat
set [set]	set [set]	set [set]	umístit
sew [səu]	sewed [səud]	sewn / (US) sewed [səun / səud]	šít
shake [šeik]	shook [šuk]	shaken [šeikn]	třást
shear [šiə]	sheared [šiəd]	shorn / sheared [šo:n / šiəd]	stříhat
shed [šed]	shed [šed]	shed [šed]	shodit
shine [šain]	shone [šon], (US) [šəun]	shone [šon], (US) [šəun]	svítit
shoe [šu:]	shod [šod]	shod [šod]	obout, okovat
shoot [šu:t]	shot [šot]	shot [šot]	střílet
show [šəu]	showed [šəud]	shown / showed [šəun / šəud]	ukazovat
shrink [šriŋk]	shrank / shrunk [šræŋk / šraŋk]	shrunk / shrunken [šraŋk / šraŋkn]	srazit (se)
shut [šat]	shut [šat]	shut [šat]	zavřít
sing [siŋ]	sang [sæŋ]	sung [saŋ]	zpívat

44 NEPRAVIDELNÁ SLOVESA (pokrač. tabulky)

sink [siŋk]	sank / (US) sunk [sæŋk / saŋk]	sunk / (US) sunken [saŋk / saŋkn]	klesat
sit [sit]	sat [sæt]	sat [sæt]	sedět
sleep [sli:p]	slept [slept]	slept [slept]	spát
slide [slaid]	slid [slid]	slid [slid]	klouzat
sling [sliŋ]	slung [slaŋ]	slung [slaŋ]	mrštit
slit [slit]	slit [slit]	slit [slit]	rozpárat
smell [smel]	smelt / (US) smelled [smelt]	smelt / (US) smelled [smelt]	čichat
sow [səu]	sowed [səud]	sown / sowed [səun / səud]	sít
speak [spi:k]	spoke [spəuk]	spoken [spəukn]	mluvit
speed [spi:d]	sped /(US) speeded [sped / spi:did]	sped / (US) speeded [sped / spi:did]	spěchat; urychlit
spell [spel]	spelt / (US) spelled [spelt / speld]	spelt / (US) spelled [spelt / speld]	hláskovat
spend [spend]	spent [spent]	spent [spent]	strávit
spill [spil]	spilt / spilled [spilt / spild]	spilt / spilled [spilt / spild]	rozlít
spit [spit]	spat / (US) spit [spæt, spit]	spat / (US) spit [spæt, spit]	plivat
split [split]	split [split]	split [split]	rozštípnout
spoil [spoil]	spoilt / spoiled [spoilt / spoild]	spoilt / spoiled [spoilt / spoild]	zkazit
spread [spred]	spread [spred]	spread [spred]	rozprostřít
spring [spriŋ]	sprang [spræŋ]	sprung [spraŋ]	skákat
stand [stænd]	stood [stud]	stood [stud]	stát
steal [sti:l]	stole [stəul]	stolen [stəuln]	krást
stick [stik]	stuck [stak]	stuck [stak]	strčit
sting [stiŋ]	stung [staŋ]	stung [staŋ]	píchnout
stink [stiŋk]	stank / stunk [stæŋk / staŋk]	stunk [staŋk]	páchnout
strew [stru:]	strewed [stru:d]	strewn / strewed [stru:n, stru:d]	posypat

45 NEPRAVIDELNÁ SLOVESA (pokrač. tabulky)

stride [straid]	strode [strəud]	stridden [stridn]	kráčet
strike [straik]	struck [strak]	struck [strak]	udeřit
strive [straiv]	strove [strəuv]	striven [strivn]	usilovat
swear [sweə]	swore [swo:]	sworn [swo:n]	přísahat
sweep [swi:p]	swept [swept]	swept [swept]	mést
swell [swel]	swelled [sweld]	swollen / swelled [swəuln / sweld]	nadout
swim [swim]	swam [swæm]	swum [swam]	plavat
swing [swiŋ]	swung [swaŋ]	swung [swaŋ]	mávat
take [teik]	took [tuk]	taken [teikn]	brát
teach [ti:č]	taught [to:t]	taught [to:t]	vyučovat
tear [teə]	tore [to:]	torn [to:n]	trhat
tell [tel]	told [təuld]	told [təuld]	říci
think [θiŋk]	hought [θo:t]	thought [θo:t]	myslit
thrive [θraiv]	throve / thrived [θrəuv / θraivd]	thriven / thrived [θrivn / θraivd]	dařit se
throw [θrəu]	threw [θru:]	thrown [θrəun]	házet
thrust [θrast]	thrust [θrast]	thrust [θrast]	vrazit
understand [ˌandə'stænd]	understood [ˌandə'stud]	understood [ˌandə'stud]	rozumět
wake [weik]	woke [wəuk]	woken [wəukn]	vzbudit (se)
wear [weə]	wore [wo:]	worn [wo:n]	nosit na sobě
weep [wi:p]	wept [wept]	wept [wept]	plakat
win [win]	won [wan]	won [wan]	získat, vyhrát
wind [waind]	wound / winded [waund / waindid]	wound / winded [waund, waindid]	točit (se)
write [rait]	wrote [rəut]	written [ritn]	psát

poznámka: (US) - převážně nebo zcela americký výraz

46 TÁZACÍ DOVĚTKY

Kladné tvrzení	Záporný dovětek
I'm controlling it,	**aren't** I? (výjimka)
This house is theirs,	**isn't** it?
These people are happy,	**aren't** they?
John was ill,	**wasn't** he?
You were at home,	**weren't** you?
Susan has been there,	**hasn't** she?
You have done it,	**haven't** you?
Mary will come here,	**won't** she?
There will be a meeting,	**won't** there?
You can do it alone,	**can't** you?
They could do it alone,	**couldn't** they?
He must be here,	**musn't** he?
Students work hard,	**don't** they?
Helen feels better,	**doesn't** she?
Jack found the key,	**didn't** he?

Záporné tvrzení	Kladný dovětek
I'm not controlling it,	**am** I?
This house isn't theirs,	**is** it?
These people aren't happy,	**are** they?
John wasn't ill,	**was** he?
You weren't at home,	**were** you?
Susan hasn't been there,	**has** she?
You haven't done it,	**have** you?
Mary won't come here,	**will** she?
There won't be a meeting,	**will** there?
You can't do it alone,	**can** you?
They couldn't do it alone,	**could** they?
He mustn't be here,	**must** he?
Students don't work hard,	**do** they?
Helen doesn't feel better,	**does** she?
Jack didn't find the key,	**did** he?

47 PŘEDLOŽKY

about - o
They are talking about nature.
    Hovoří o přírodě.

about - kolem (časově), přibližně
I'll come about 7 o'clock.
    Přijdu asi v 7 hodin.

about - kolem (místně)
She likes to have people about her.
    Má ráda kolem sebe lidi.

above - nad, výše než
The temperature has been above average recently.
    Poslední dobou se teplota pohybovala nad průměrem.

across - přes, napříč
I helped the blind man across the street.
    Pomohl jsem slepci přes cestu.

across - na opačné straně
My house is just across the square.
    Mám auto na opačné straně náměstí.

after - po (časově); opak "before"
She returned after a few minutes.
    Vrátila se po několika minutách.

against - proti, před
We discussed the arguments for and against.
    Prodiskutovali jsme argumenty pro a proti.

along - podél, po, kolem
I love driving along narrow country lanes.
    Miluji jízdu po úzkých polních cestách.

among - mezi (více než dvěma)
He was never particularly popular among his colleagues.
    Nebyl nikdy zvlášť oblíben mezi svými kolegy.

around (round) - kolem, po
The satellite has passed once more around the earth.
    Družice znovu minula zemi.

at - u, na, v (místně)
He was standing at the window.
    Stál u okna.

at - po, na, k (směr, cíl, účel)
He picked up a stone and threw it at me.
    Zvedl kámen a hodil ním po mně.

48 PŘEDLOŽKY (pokračování tabulky)

 at - v, o, na (časově)
He is having breakfast at this moment.
V tomto okamžiku snídá.

before - před (časově); opak "after"
I'll get home an hour before the time.
Dostanu se domů o hodinu dříve.

 before - před (místně); opak "behind"
His name comes before mine on the list.
Jeho jméno je na seznamu před mým.

behind - za; opak "before" a "in front of"
The garden behind your house is beautiful.
Ta zahrada za tvým domem je nádherná.

below - pod, níže než; opak "above"
The water in the river reaches to just below the knees.
Voda v řece sahá přesně pod kolena.

beside - po boku / straně, podél, blízko, těsně u
She suddenly got up from beside me and hurried out.
Náhle vstala z místa vedle mě a spěchala ven.

between - mezi (dvěma stranami)
There is something between you and me.
Něco je mezi tebou a mnou.

beyond - na druhé straně / stranu, za
Beyond our house we have a long sandy beach.
Za naším domem máme dlouhou písečnou pláž.

 by - u (blízko, těsně), při, vedle, kolem
During summer holidays they spent three days by the sea.
Během letních prázdnin strávili tři dny u moře.

 down - dolů s / z, po
Steve was running down the hill, crying silently.
Steve běžel z kopce dolů a tiše plakal.

 during - během, po dobu trvání (čeho)
During the night one woman was shot dead in the hotel.
Během noci byla v tom hotelu zastřelena jedna žena.

 for - pro (prospěch, souhlas, důvod, schopnost)
Children couldn't speak for laughing.
Děti pro smích ani nemohly mluvit.

 for - na (účel, záměr, délka času, rozloha)
A poor man brought his old watch for the sale.
Chudý muž přinesl své staré hodinky na prodej.

49 PŘEDLOŽKY (pokračování tabulky)

for - do, u
  Before you take a train for Glasgow, you must change.
    Než pojedete vlakem do Glasgowa, musíte přesedat.

for - k (směr, příležitost, vztah)
  Her hatred for her husband was obvious.
    Její nenávist k manželovi byla zřejmá.

for - za (směna, funkce, odměna, trest)
  I paid two pounds for the new textbook.
    Zaplatil jsem za tu novou učebnici 2 libry.

from - od (vzdálenost, původ), podle, před
  Our cottage stands ten miles from the coast.
    Naše chata se nachází 10 mil od pobřeží.

in - v, ve, do (místně)
  In the evening I lost my way in the dark.
    Večer jsme ve tmě zabloudili.

in front of - před
  The car in front of me stopped suddenly and I had to brake.
    Auto přede mnou náhle zastavilo a já musel brzdit.

into - do (místně, časově), na (účel)
  The two rivers flow into the Baltic Sea.
    Tyto dvě řeky se vlévají do Baltského moře.

of - od, po, o, na, z, vyjádření 2. pádu
  People who stay abroad often dream of home.
    Lidé pobývající v zahraničí často sní o domově.

on - na (ploše, linii), nad, kolem
  Their clothes hung on a couple of nails.
    Šaty jim visely na několika hřebících.

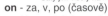
on - za, v, po (časově)
  A long period of peace followed on this war.
    Po této válce následovalo dlouhé období míru.

out of - mimo
  With your passport you can't travel out of Europe.
    Se svým pasem nemůžete cestovat mimo Evropu.

out of - z (pohyb, zdroj, příčina, výběr)
  I especially liked the second scene out of this play.
    Zvlášť se mi líbí druhá scéna z této hry.

over - po, na, v
  Many singers are famous all over the world.
    Mnoho zpěváků je slavných po celém světě.

50 PŘEDLOŽKY (pokračování tabulky)

over - nad, přes
Garry strumbled and he fell over the edge of the road.
  Garry zakopl a pak spadl přes okraj silnice.

past - přes, po
She went to sleep past sunset.
  Šla spát po západu slunce.

past - mimo, kolem, podle, vedle, u
The bus runs past the house every day.
  Autobus projíždí kolem toho domu každý den.

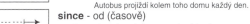
since - od (časově)
I've worked abroad since my school-leaving exams.
  Od maturity pracuji v zahraničí.

through - skrz, skrze
I searched through the whole house.
  Prohledal jsem celý dům skrz naskrz.

throughout - po celém, v celém (místně)
You can find these flowers throughout the country.
  Tyto květiny můžete najít po celé zemi.

throughout - během celého, v celém, přes celý
Throughout his life he was always interested in nature.
  Během celého života se zajímal o přírodu.

till (until) - až do (časově)
I was cooking from morning till night.
  Od rána do večera jsem vařila.

to - k, ke, do, za, na, směrem
The old man was sitting with his feet to the fire.
  Starý muž seděl s nohama směrem k ohni.

under - pod (vertikálně), nižší než
Stella studied piano under a pianist.
  Stella studovala hru na klavír pod vedením pianisty.

up - nahoře, na, vzhůru, po, do
Go up the stairs and then turn to the left.
  Vyjdi nahoru po schodech a potom zaboč doleva.

with - s, se
With your help I will be able to do it.
  S tvou pomocí budu schopen to udělat.

without - bez, aniž
There is no milk, so we have to be without it.
  Není tu žádné mléko, tak musíme být bez něj.

51 ZÁKLADNÍ ROZDĚLENÍ SPOJEK

SPOJKY SOUŘADICÍ (Coordinating Conjunctions)
- spojují souřadné slovní nebo větné celky

hlavní věta	spojka	hlavní věta
It was raining	**and**	everyone was at home.
Pršelo	a	každý byl doma.

SPOJKY PODŘADICÍ (Subcoordinating Conjunctions)
- podřazují větu vedlejší větě hlavní

hlavní věta	spojka	vedlejší věta
I will buy it	**if**	I have money.
Koupím to,	jestliže	budu mít peníze.

52 SPOJKY SOUŘADICÍ

- **and**	a
- **as well as**	také, jakož i
- **both ... and**	i ... i, jak ... tak, ... a také
- **but**	ale
- **either ... or**	buď ... anebo
- **for**	neboť
- **however**	avšak
- **neither ... nor**	ani ... ani
- **nevertheless**	nicméně, přesto, přece
- **or**	nebo
- **so**	a tak, proto
- **still**	ale, avšak, přesto, přece však, přece jenom
- **therefore**	proto
- **thus**	a tak
- **yet**	ale, avšak, přesto, přece

53 SPOJKY PODŘADICÍ

- after	(potom) když
- as	když, tak jak, (tak) jak, (tak) jako, jak tak, protože, poněvadž, ježto
- as ... as	tak ... jako
- as if (as though)	jako by, jako kdyby
- as long as	pokud
- as soon as	jakmile
- because	protože, poněvadž, ježto
- before	(dříve) než
- if	zdali, -li; jestliže, kdyby
- in order that	aby
- in spite of the fact that	přesto, že ...
- lest *(knižní)*	aby ne
- no sooner ... than	sotvaže
- not as (not so) ... as	ne tak ... jako
- provided (that)	pod podmínkou, že; jestliže ovšem
- since	od té doby, co; protože, poněvadž, ježto
- so that	aby
- so ... that	tak, že ...
- such ... that	taková, že ...
- supposing (that)	za předpokladu, že; dejme tomu, že; jestliže
- till, until	až, dokud ne
- than	než
- that	že; aby
- though, although	ačkoli, třebas i, i když
- unless	jestliže (ovšem) ne, ledaže
- when	až, když
- where	kde, kam
- wherever	všude kde, všude kam, kdekoli, kamkoli
- whether	zda, zdali, jestli
- while	dokud, zatímco

54 VĚTY JEDNODUCHÉ

OZNAMOVACÍ:

| - It is snowing and raining. | Sněží a prší. |
| - Fire! | Hoří! |

TÁZACÍ:

- **otázky zjišťovací**
  Tvoří se: - obrácení slovosledu u pomocných a modálních sloves,
  - u významových sloves pomocí "do, does, did".

- Has he broken the record?	Překonal rekord?
- Will you help me?	Pomůžeš mi?
- Are you at home?	Jsi doma?
- Did you break the journey?	Přerušil jste cestu?

- **otázky doplňovací**
  Začínají výrazy "who?, how?, where?, when? ...".

| - What did you lose? | Co jsi z ztratil? |
| - Whose house is that? | Čí je to dům? |

- **tázací dovětky**

| - He can ski well, can't he? | Lyžuje dobře, že ano? |

- **otázky rozlučovací**
  Jsou to dvě otázky spojené částicí "or".

| - Did you buy it | Koupil jsi to ty |
| or did your sister? | nebo sestra? |

ROZKAZOVACÍ:

- **2. osoba jedn. č. a množ. č.** - infinitiv bez "to"

| - Go home. | Jdi (jděte) domů! |
| - Do not (don't) go home. | Nechoď(te) domů! |

- **ostatní osoby** - let + předmět + infinitiv bez "to"

- Let him go home.	Ať jde domů!
- Do not (don't) let him go home.	Ať nechodí domů!
- Let us (let's) go home.	Pojďme domů!
- Don't let's go home.	Nechoďme domů!

ZVOLACÍ:

| - Fancy her dressed like this! | Představ si ji v tomto oblečení! |
| - What a lovely day! | Jaký to krásný den! |

55 SOUVĚTÍ

SOUŘADNÁ - skládají se min. ze 2 vět hlavních. Poměry:

slučovací	- **and, both - and, as well as** *He was reading newspapers and she was preparing dinner.* On četl noviny a ona připravovala večeři.
odporovací	- **but, however, nevertheless, yet, still** *I can't come myself, but I'll send my deputy instead.* Sám nemohu přijít, ale pošlu za sebe zástupce.
vylučovací	- **or, either - or, neither - nor** *You can phone him or leave a message.* Můžete mu zatelefonovat, nebo nechte vzkaz.
účinkové	- **so, therefore, that's why, thus** *I had a headache, so I went to bed.* Bolela mně hlava, takže jsem šel spát.

PODŘADNÁ - skládají se min. z 1 věty hlavní a 1 věty vedlejší.
Druhy vedlejších vět:

podmětné	- vyjadřují podmět věty řídící
	- **it is important, necessary, surprising**
	   - *It is necessary that he should be replaced.*
	   Je nutné, aby byl nahrazen.

předmětné	- vyjadřují předmět věty řídící - **that, whether** - *I think that she is lazy.* Myslím si, že je líná.

přívlastkové
(vztažné)
	- vyjadřují přívlastek k podst. jm. věty řídící
	- **who, which, that, whose, what, of which**
	   - *I don't know what you are thinking about.*
	   Nevím, o čem přemýšlíte.

příslovečné	- vyjadřují příslovečná určení, která rozvíjí přísudek hlavní věty
	
	Rozdělení: - místní - přací
	   - časové - způsobové
	   - podmínkové - příčinné
	   - přípustkové - účelové

56 VĚTY PŘÍSLOVEČNÉ

místní	- vyjadřují místní vztahy
	- **where** (kde), **wherever** (kdekoli)
	- I'll go wherever you go. Půjdu, kamkoli půjdeš ty.
časové	- vyjadřují časové relace
	- **when** (když), **after** (potom co), **before** (dříve než), **till / until** (do té doby, než, až), **while** (zatímco), **since** (od té doby, co), **as long as** (pokud), **as soon as** (jakmile), **by the time** (do té doby, co), **no sooner - than** (ne dříve, než)
	- I will tell him when I meet him. Řeknu mu, až ho potkám.
podmínkové	- vyjadřují podmínku skutečnou nebo neskutečnou
	- **if** (jestliže kdyby), **unless** (jestliže ne, kdyby ne), **provided, on condition that** (pod podmínkou, za předpokladu), **in case** (v případě), **suppose** (dejme tomu, že)
	- If I have time, I go. Když mám čas, jdu.
	- If I have time, I'll go. Když budu mít čas, půjdu.
	- If I had time, I would go. Kdybych měl čas, šel bych.
	- If I had had time, I would have gone. Kdybych býval měl čas, byl bych šel.
přípustkové	- vyjadřují přípustku
	- **although, though, in spite of the fact that**
	- Though we were late, nobody took any notice of it. I když jsme přišli pozdě, nikdo si toho nepovšiml.
přací	- vyjadřují přání, neskutečný děj
	- **if only** (kéž by), **I wish** (kéž by)
	- If only I knew. Kéž bych věděl.
	- If only I had known. Kéž bych býval věděl.
způsobové	- vyjadřují způsob, míru, příp. kvalitu děje ve větě řídící
	a) srovnávací věty
	- **as - as** (stejně tak, jak), **more that** (více než), **less than** (méně než)
	- She writes as quickly as you do. Píše tak rychle, jako vy.
	b) účinkové / výsledkové věty
	- **such - that** (takový, že), **that is why** (a proto)
	- He was so kind as to help us. Byl tak laskavý, že nám pomohl.
příčinné	- vyjadřují příčinu nebo důvod
	- **because** (protože), **as** (poněvadž), **since** (protože)
	- He sold the flat, because it was too small. Prodal ten byt, protože byl příliš malý.
účelové	- odpovídají na otázku proč?, za jakým účelem?
	- **so that** (aby), **in order that** (aby)
	- I'll wash this dress so that you can wear it. Vyperu ty šaty, abys je mohla nosit.

Anglicko-český slovník
English-Czech Dictionary

A

a [ə] *neurčitý člen*
abandon [ə'bændən] opustit, zanechat, vzdát se čeho
abbreviation [ə'bri:vi'eišn] zkratka
abdomen [æ'bdəmen] med. břicho
ability [ə'biliti] schopnost, nadání
able ['eibl] schopný, nadaný, dovedný **be ~ to do st.** moci, umět
abnormal [æb'no:ml] nezvyklý, abnormální, vyjímečný
aboard [ə'bo:d] na palubě/-u
abode [ə'bəud] bydliště
abolish [ə'boliš] zrušit zákonem
abominable [ə'bominəbl] ohavný
abort [ə'bo:t] med. potratit, selhat, nezdařit se
about [ə'baut] asi, přibližně
above [ə'bav] nad, nahoře
abroad [ə'bro:d] v cizině
absence ['æbsəns] nepřítomnost, nedostatek, neexistence
absolute ['æbsəlu:t] úplný, absolutní, neomezený
absurd [əb'sə:d] nesmyslný, absurdní
accent ['æksent] přízvuk
accept [ək'sept] přijmout
access ['ækses] přístup
accident ['æksidənt] náhoda, nehoda, neštěstí
accommodation [ə,komə'deišn] ubytování
accompany [ə'kampəni] doprovázet
accord [ə'ko:d] shoda, souhlas
account [ə'kaunt] účet, konto
accurate ['ækjərət] přesný, správný
accuse [ə'kju:z] (ob)vinit, obžalovat
ache [eik] bolest, bolet
achieve [e'či:v] dosáhnout čeho
acid ['æsid] kyselý; kyselina
acknowledge [ək'nolidž] vzít na vědomí; přiznat, uznat
acquaint [ə'kweint] seznámit
acquire [ə'kwaiə] získat, nabýt čeho, osvojit si
across [ə'kros] napříč, křížem, přes, na druhou stranu
actual ['ækčuəl] skutečný, současný
adapt [ə'dæpt] přizpůsobit (se)
add [æd] přidat, sčítat
adder ['ædə] zmije
address [ə'dres] adresa
adjust [ə'džast] přizpůsobit
admire [əd'maiə] obdivovat co
admission [əd'mišn] vstup; vstupné; přiznání, doznání

admit [əd'mit] vpustit; připustit, uznat; přijmout
adore [ə'do:] uctívat, zbožňovat
adult ['ædalt, ə'dalt] dospělý
advance [əd'va:ns] postupovat
  in ~ napřed, předem
advantage [əd'va:ntidž] výhoda
adventure [əd'venčə] dobrodružství
advertisement [əd'və:tismənt] inzerát, reklama
advise [əd'vaiz] poradit komu
aerobics [eə'rəubiks] aerobik
aeroplane ['eərəplein] letadlo
affair [ə'feə] záležitost, věc
affirm [ə'fə:m] potvrdit
afford [ə'fo:d] dopřát (si), dovolit si
afraid [ə'freid] v obavách
  I'm ~ of ... Mám strach z ...
after ['a:ftə] po, za; později
afternoon [,a:ftə'nu:n] odpoledne
again [ə'gen, ə'gein] znovu, opět
against [ə'genst, ə'geinst] proti
age [eidž] věk, stáří; doba
agency ['eidžənsi] agentura
agent ['eidžənt] zástupce
aggressive [ə'gresiv] agresivní
ago [ə'gəu] před
  two days ~ před 2 dny
agree [ə'gri:] souhlasit (*to* s)
agriculture ['ægrikalčə] zemědělství
ahead [ə'hed] vpřed(u), dopředu
aid [eid] pomoc **first ~** první pomoc
AIDS [eidz] AIDS
aim [eim] (za)mířit, (za)cílit; usilovat; záměr
air [eə] vzduch; ovzduší
  ~ - conditioning ['eəkən,dišəniŋ] klimatizace
  ~ - hostess ['eəhəustis] letuška
  -line ['eəlain] letecká linka
  ~ - mail ['eəmeil] letecká pošta
  -port ['eəpo:t] letiště

alarm [ə'la:m] poplach
  ~ clock [ə'la:mklok] budík
album ['ælbəm] album
alcohol ['ælkəhol] alkohol
alien ['eiliən] cizí; cizinec, cizí státní příslušník; vetřelec
alive [ə'laiv] živý, naživu
all [o:l] celý; všechno, všichni
  ~ of us my všichni
  ~ right dobře, souhlasím
allergic to [ə'lə:džik] alergický na
all-night [,o:l'nait] celonoční, otevřený celou noc
allow [ə'lau] dovolit; připustit
  ~ sb. to do st. dovolit někomu něco udělat
almost ['o:lməust] skoro, téměř
alone [ə'ləun] sám, osamělý
along [ə'loŋ] podél, podle, spolu
aloud [ə'laud] nahlas
alphabet ['ælfəbet] abeceda
already [o:l'redi] již, už
also ['o:lsəu] také, též, rovněž
although [o:l'ðəu] ačkoli, třebaže
always ['o:lweiz] vždy, stále
a.m. [,ei'em] ráno, dopoledne
  at 5 ~ v 5 hodin ráno
amaze [ə'meiz] ohromit
ambassador [æm'bæsədə] velvyslanec
ambition [æm'bišn] ctižádost; úsilí, touha
ambulance ['æmbjuləns] sanitka
American [ə'merikən] americký
among [ə'maŋ] mezi vice než dvěma
amount [ə'maunt] částka, obnos; množství
amuse [ə'mju:z] bavit
anchor ['æŋkə] kotva; (za)kotvit
ancient ['einšənt] starodávný
and [ænd, ənd, ən] a, i
angel ['eindžəl] anděl
anger ['æŋgə] zlost

angina [æn'džainə] angína
angry ['æŋgri] rozzlobený
animal ['æniml] zvíře, živočich
ankle ['æŋkl] kotník
anniversary [,æni'və:səri] výročí
announce [ə'nauns] oznámit, ohlásit
annoy [ə'noi] obtěžovat
anorak ['ænəræk] větrovka
another [ə'naðə] jiný; ještě jeden
answer ['a:nsə] odpo(věď)(vědět)
ant ['ænt] mravenec
anthem ['ænθəm] hymna
antibiotic [,æntibai'otik] antibiotikum
anticipate [æn'tisipeit] předvídat, očekávat
antique [æn'ti:k] starožitnost
  ~ **shop** [šop] starožitnictví
anxious ['æŋkšəs] znepokojený, plný obav
any ['eni] v otázce nějaký; v záporu žádný **in ~ case** v každém případě **~ time** kdykoliv
apart [ə'pa:t] stranou, od sebe; odděleně
apartment [ə'pa:tmənt] hotel. pokoj
aperitif [ə,peri'ti:f] aperitiv
apologize [ə'polədžaiz] omlouvat se **-y** [-i] omluva
appeal [ə'pi:l] naléhavá žádost, prosba; odvolání; přitažlivost, půvab; apelovat; odvolat se
appear [ə'piə] objevit se, jevit se
appendicitis [ə,pendi'saitis] zánět slepého střeva
appetite [æpitait] chuť (*for* na)
applaud [ə'plo:d] tleskat čemu
applause [ə'plo:z] potlesk
apple ['æpl] jablko
applica/nt ['æplikənt] žadatel
  -tion [,æpli'keišn] žádost (*for* oč)
apply [ə'plai] obrátit se (*to* na)

appointment [ə'pointmənt] jmenování; schůzka, úmluva
appreciate [ə'pri:šieit] ocenit, hodnotit; stoupnout v ceně; uznávat, vážit si čeho
approach [ə'prəuč] přiblížit se (k); obrátit se (na koho); přiblížení
approve [ə'pru:v] schválit (*of* co), souhlasit, potvrdit
approximately [ə'proksimətli] přibližně
apricot ['eiprikot] meruňka
April ['eipril] duben
architect ['a:kitekt] architekt
area ['eəriə] plocha; oblast
argue ['a:gju:] hádat se
argument ['a:gjumənt] důvod, argument; hádka, spor, pře
arise [ə'raiz] vzniknout, stát se; vyskytnout se
arm [a:m] paže, ruka; zbraň
army ['a:mi] vojsko, armáda
aroma [ə'rəumə] vůně, aroma
around [ə'raund] kolem dokola
arrange [ə'reindž] (us)pořádat, dát do pořádku; zařídit; stanovit
arrest [ə'rest] zatknout, zatčení
arrival [ə'raivl] příjezd, příchod
arrive [ə'raiv] přijet, přijít
arrogant ['ærəgənt] arogantní
arrow ['ærəu] šíp; šipka, značka
art [a:t] výtvarné umění; dovednost
article ['a:tikl] článek, stať; předmět, kus
artificial [,a:ti'fišl] umělý, strojený
artist ['a:tist] umělec, zvl. malíř
as [æz] jak(o); protože, zatímco, když **~ soon ~** jakmile
ascertain [,æsə'tein] zjistit
ashamed [ə'šeimd] zahanbený
ashore [ə'šo:] na břeh(u)
ash-tray ['æštrei] popelník
aside [ə'said] stranou

ask [a:sk] ptát se, zeptat se; žádat, prosit (*for* oč)
asleep [əˈsli:p] spící
  to fall ~ usnout **to be ~** spát
aspirin [ˈæsprin] aspirin
assist [əˈsist] napomáhat, pomáhat, přispět (*with* při čem)
assume [əˈsju:m] předpokládat, mít za to; přijmout, osvojit si
assure [əˈšə:] zajistit, zaručit; ujistit (*sb. of* koho o čem)
asthma [ˈæsmə] astma
astonish [əˈstoniš] udivit
at [æt] místo, směr v, na, u
atlas [ˈætləs] atlas
attack [əˈtæk] (za)útočit, napadnout; útok, záchvat
attempt [əˈtempt] pokusit se oč
attend [əˈtend] navštěvovat, účastnit se čeho, chodit (do, na)
attention [əˈtenšn] pozornost; ošetření, péče
attractive [əˈtræktiv] atraktivní
auction [ˈo:kšn] dražba, aukce
audience [ˈo:diəns] publikum
August [ˈo:gəst] srpen
aunt [a:nt] teta
au pair (girl) [ˌəu ˈpeə] mladá cizinka přijatá do rodiny k drobné posluze (obvykle se studiem jazyka)
author [ˈo:θə] autor(ka)
autobiography [ˌo:təbaiˈogrəfi] autobiografie, vlastní životopis
autumn [ˈo:təm] podzim
avalanche [ˈævəla:nč] lavina
avenue [ˈævənju:] stromořadí; třída, široká ulice
average [ˈævəridž] průměr, průměrný, zjistit průměr
avoid [əˈvoid] vyhnout se
await [əˈweit] čekat, očekávat
awake [əˈweik] vzbudit (se)
award [əˈwo:d] udělit (*prize* cenu)

aware [əˈweə] vědom si (*of* čeho)
away [əˈwei] pryč, venku; daleko
awful [ˈo:fl] hrozný, strašný
axe [æks] sekera; osekávat

baby [ˈbeibi] dítě, nemluvně
back [bæk] záda, zadní strana; jet pozpátku, couvat; podpořit
bacon [ˈbeikən] slanina
bad [bæd] špatný; zlý
badminton [ˈbædmintən] badminton
bag [bæg] pytel; taška, kabelka
  -gage [ˈbægidž] zavazadla
bake [beik] péci
bakery [ˈbeikəri] pekařství
balcony [ˈbælkəni] balkón
bald [bo:ld] holohlavý, plešatý
ball [bo:l] míč; koule; ples
ballet [ˈbælei] balet
balloon [bəˈlu:n] balón(ek)
balm [ba:m] balzám
ban [bæn] zakázat, zákaz
banana [bəˈna:nə] banán
band [bænd] tlupa; kapela; stuha, pásek
bandage [ˈbændidž] obvaz, obinadlo; obvázat, zavázat
bang [bæŋ] udeřit, tlouci; bouchnout, prásknout; rána, třesknutí; bum!, prásk!
banister [ˈbænistə] zábradlí
bank [bæŋk] banka; břeh řeky
bankruptcy [bæŋkrəptsi] bankrot
banner [ˈbænə] transparent
banquet [ˈbæŋkwit] recepce, banket

bar [ba:] bar; tyč, závora, mříž
 -man ['ba:mən] barman
barber ['ba:bə] holič
bargain ['ba:gin] obchodní dohoda; výhodná, nahodilá koupě; smlouvat
bark [ba:k] kůra stromu; štěkot, štěkání, štěkat
barley ['ba:li] ječmen
barometer [bə'romitə] tlakoměr
basic ['beisik] základní
basin [beisn] umývadlo; nádrž
basis ['beisis] základ
bask [ba:sk] slunit se
basket ['ba:skit] koš(ík)
bass [beis] basa
bat [bæt] netopýr; pálka
bath [ba:θ] koupel, lázeň; vana
 -room ['ba:θrum] koupelna
battery ['bætəri] baterie
battle ['bætl] bitva; bojovat
bazzar [bə'za:] bazar
be [bi:] být; znamenat; stát se
beach [bi:č] pláž, mořský břeh
bead [bi:d] korálek; krůpěj
bean [bi:n] fazole, bob; zm(k)o
bear [beə] medvěd
beard [biəd] vous(y), brad(k)a
beast [bi:st] zvíře
beat [bi:t] bít (se), bušit, tlouci; úder, rána; porazit; tlukot srdce
beautiful ['bju:təfəl] krásný
because [bi'koz] protože
 ~ of kvůli čemu, pro co
become [bi'kam] stát se čím
bed [bed] postel, lůžko; záhon
 go to ~ jít spát
 -room [bed'rum] ložnice
bee [bi:] včela
beef [bi:f] hovězí maso
beer [biə] pivo
beetle ['bi:tl] brouk
before [bi'fo:] (již) dřív, předtím, před o místě, pořadí, čase, (dříve) než

beg [beg] žebrat; prosit naléhavě
begin [bi'gin] začí(na)t
 -ner [bi'ginə] začátečník
 -ning [bi'giniŋ] začátek
behave [bi'heiv] chovat se
behind [bi'haind] za; vzadu
beige [beiž] béžový
being ['bi:iŋ] existence; bytost
belief [bi'li:f] víra; domněnka
believe [bi'li:v] věřit; mít za to
bell [bel] zvon(ek)
belly ['beli] břicho
belong [bi'loŋ] náležet, patřit
below [bi'ləu] pod; dolů, níže
belt [belt] pásek, opasek, řemen
bench [benč] lavice, lavička; pracovní stůl
bend [bend] ohýbat; zatáčka
beneath [bi'ni:θ] pod čím, vespod, dole; přen. pod
beneficial [,beni'fišl] prospěšný, užitečný
benefit ['benifit] prospěch, užitek; podpora, příspěvek; dobročinný
bequeath [bi'kwi:ð] odkázat v závěti
berry ['beri] bobule; zrnko
beside [bi'said] vedle, u
besides [bi'saidz] mimo to, kromě toho, nadto, kromě čeho
best [best] nejlepší, nejlépe
bestseller ['best'selə] bestseller
bet [bet] vsadit se; vsadit (*on* na)
betray [bi'trei] zradit, prozradit
better ['betə] lepší
between [bi'twi:n] mezi dvěma
beverage ['bevəridž] nápoj
beware [be'weə] dát si pozor
bewilder [bi'wildə] zmást
beyond [bi'jond] za dále než; mimo; nad, přes
Bible ['baibl] bible
bicycle ['baisikl] jízdní kolo
big [big] vel(i)ký

bike [baik] hovor. kolo; jezdit na kole
bikini [bi'ki:ni] bikini dvojdílné plavky
bilberry ['bilbəri] borůvka
bill [bil] účet; plakát
billiards ['biljədz] kulečník
billion ['biljən] miliarda, bilión
bind [baind] (při)vázat; (s)vázat
binge [bindž] slang. flám, mejdan
biography [bai'ogrəfə] životopis
bird [bə:d] pták
birth [bə:θ] narození
birthday ['bə:θdei] narozeniny
biscuit ['biskit] sušenka, keks
bit [bit] hovor. kousek
bite [bait] štípat; kousat
bitter ['bitə] hořký; trpký
black [blæk] černý; tmavý
blade [bleid] žiletka
blame [bleim] obviňovat (for z)
blank [blæŋk] prázdný, netečný,
 nevyplněný; vynechané místo,
blanket ['blæŋkit] přikrývka, deka
blaze [bleiz] plameny; zář(e), jas;
 výbuch; planout, plápolat
bleach [bli:č] bílit; odbarvit vlasy
bleed [bli:d] krvácet
bless [bles] (po)žehnat; velebit
blind [blaind] slepý; roleta
blink [bliŋk] mrkat (at na); blikat
bliss [blis] blaho
blister ['blistə] puchýř(ek)
blond [blond] blond, světlovlasý
blood [blad] krev
bloom [blu:m] květ, kvést
blouse [blauz] halenka
blow [bləu] foukat, fučet; závan
blue [blu:] modrý
blush [blaš] (za)červenat se
board [bo:d] prkno; deska; paluba
boast [bəust] vychloubat se
boat [bəut] loď(ka), člun
body ['bodi] tělo; trup
Bohemia [bəu'hi:mjə] Čechy

boil [boil] (pře)(u)(vy)vařit
bold [bəuld] smělý, nebojácný;
 drzý, výrazný
bomb [bom] puma, granát,
 bomba; bombardovat
bone [bəun] kost; vykostit
bonus ['bəunəs] prémie
book [buk] kniha; rezervovat si
 -shop ['-šop] knihkupectví
boot [bu:t] bota
booth [bu:ð] prodejní stánek;
 budka se specifickým účelem
border ['bo:də] hranice
bore [bo:] nudit, otravovat; nuda
born [bo:n] narozen
borrow ['borəu] vypůjčit si
boss [bos] šéf, mistr; poroučet
both [bəuθ] oba
bother ['boðə] obtěžovat; trápit se
bottle ['botl] láhev, sklenice
bottom ['botəm] dno, spodek
bowling ['bəuliŋ] kuželkový sport
box [boks] krabice; tel. budka
 ~ - office ['-,ofis] div. pokladna
boy [boi] chlapec, hoch
 -friend ['-frend] přítel chlapec
bra [bra:] podprsenka
bracelet ['breislit] náramek
braid [breid] cop; stužka
brain [brein] mozek; rozum
brake [breik] brzda; brzdit
branch [bra:nč] větev, obor vědní;
 pobočka
brandy ['brændi] brandy
brave [breiv] statečný, odvážný
bread [bred] chléb
break [breik] zlomit, porušit
 ~ down porouchat se
breakfast ['brekfəst] snídaně
breast [brest] prs(a); hruď
breathe [bri:ð] dýchat
breeze [bri:z] vánek, větřík
bribe [braib] úplatek; podplácet

brick [brik] cihla
bridge [bridž] most; lávka
brief [bri:f] krátký; stručný
 -case ['-keis] aktovka
bright [brait] jasný, světlý; chytrý
bring [briŋ] přinést
Britain [britən] Británie
broad [bro:d] široký; obsáhlý
brochure [bro'šuə] odborně brožura
broke ['brəuk] úplně bez peněz
broker ['brəukə] zprostředkovatel; makléř
bronze [bronz] bronz(ový)
brooch [brəuč] brož
brook [bruk] potok
broom [brum] koště
brother ['braðə] bratr
 ~ -in-law ['-inlo:] švagr
brow [brau] obvykle obočí; čelo
brown [braun] hnědý; opálený
bruise [bru:z] modřina
brunette [bru:'net] bruneta
brush [braš] kartáč(ek); štětec
Brussels sprout [,brasl'spraut] růžičková kapusta
brute [bru:t] hrubý, surový; bestie
bubble ['babl] bublin(k)a; bublat
bucket ['bakit] kbelík
budget ['badžit] rozpočet
buffet ['bafei] bufet
build [bild] stavět, budovat
 -ing [bildiŋ] budova, stavba
bulb [balb] žárovka; cibulka rostliny
bull [bul] býk
bumble-bee ['bambəlbi:] čmelák
bungalow ['baŋgələu] bungalov, přízemní dům
burgle ['bə:gl] vloupat se, (vy)loupit
burial ['beriəl] pohřeb
burn [bə:n] hořet; (s)pálit; svítit
burst [bə:st] puknout, prasknout; protrhnout, roztrhnout; vrazit

bus [bas] autobus
 ~ - stop ['bastop] autobusová zastávka
bush [buš] keř; austr. buš
business ['biznis] zaměstnání, obchod; záležitost, věc; firma
 -man ['biznismæn] obchodník
busy ['bizi] zaneprázdněný; rušný ulice
but [bat] ale, avšak; kromě
butcher ['bučə] řezník
butter ['batə] máslo; (na)mazat
 -fly ['batəflai] motýl
buttocks ['batəks] zadek, hýždě
button ['batn] knoflík; tlačítko
buy [bai] koupit, kupovat
buzz [baz] bzučet; bzukot; šum
by [bai] u, při, okolo místně, do časově

cab [kæb] taxi, drožka
cabbage ['kæbidž] zelí; kapusta
cabin ['kæbin] kabina, kajuta; srub, chata, bouda ze dřeva
cable ['keibl] lano; kabel
 ~ car ['keiblka:] lanovka
cactus ['kæktəs] kaktus
café ['kæfei] kavárna
cafeteria [,kæfi'tiəriə] jídelna zvl. podniková n. školní; restaurace se samoobsluhou
cage [keidž] klec; zavřít do klece
cake [keik] dort, koláč; kousek
calamity [kə'læmiti] pohroma
calculator ['kælkjuleitə] kalkulačka
calendar ['kælində] kalendář
calf [ka:f] lýtko

call [ko:l] (za)volat; telefonovat; nazývat; zastavit se (u)
calm [ka:m] klidný, tichý; klid
calorie ['kæləri] kalorie
camel ['kæml] velbloud
camera ['kæmrə] fotoaparát; kamera
camomile ['kæməumail] heřmánek
camp [kæmp] tábor; kemp; tábořit
  ~ - bed [,-'bed] skládací lehátko
campsite ['kæmpsait] kempink
can[1] [kæn] moci; umět
can[2] [kæn] plechovka, konzerva
Canada ['kænədə] Kanada
canal [kə'næl] průplav, kanál
canary [kə'neəri] kanár(ek)
cancel ['kænsl] zrušit; odvolat
cancer ['kænsə] rakovina
candle ['kændl] svíčka
canoe [kə'nu:] kánoe
canyon ['kænjən] kaňon
cap [kæp] čepice; uzávěr; víčko
cape [keip] zeměpisné mys; pláštěnka
capital ['kæpitl] hlavní město
captain ['kæptin] kapitán
captive ['kæptiv] zajatec, zajatý
car [ka:] vůz auto
  ~ - park ['-pa:k] parkoviště
caravan [,kærə'væn] obytný přívěs
carburettor [ka:bərətə] karburátor
card [ka:d] hrací karta; pohlednice; lístek; navštívenka; legitimace
cardigan ['ka:digən] zapínací svetr
care [keə] péče, starost; dbát
  take ~ of starat se, pečovat o
  -ful ['-fəl] pečlivý; opatrný
career [kə'riə] povolání; kariéra
cargo ['ka:gəu] náklad lodi, letadla
caries ['keəriz] zubní kaz; zánět kosti
carnation [ka:'neišn] karafiát
carnival ['ka:nivl] karneval; masopust

carol ['kærəl] koleda
carp [ka:p] kapr
carpet ['ka:pit] koberec
carrot ['kærət] mrkev
carry ['kæri] nést; vézt
cart [ka:t] kára, dvoukolák; vozit
carve [ka:v] vyřezat, vytesat; krájet, porcovat maso
case [keis] případ; kufr
cash [kæš] peněžní hotovost
  pay in ~ [pei'in-] platit hotově
casino [kə'si:nəu] kasino
cassette [kə'set] kazeta
castle ['ka:sl] hrad; zámek
casual ['kæžuəl] příležitostný; náhodný; nenucený, nedbalý
cat [kæt] kočka
catalogue ['kætəlog] katalog
catastrophe [kə'tæstrəfi] katastrofa
catch [kæč] chytit; zastihnout; stihnout vlak; dostat, chytit nemoc
category ['kætigəri] kategorie, skupina, třída
cathedral [kə'θi:drəl] katedrála
cauliflower ['koli,flauə] květák
cause [ko:z] příčina; důvod; způsobit, být příčinou
caution ['ko:šn] opatrnost, obezřetnost; výstraha, varování
cave [keiv] jeskyně
caviar(e) ['kævia:] kaviár
ceiling [si:liŋ] strop
celebrate ['selibreit] oslavovat
cellar ['selə] sklep
cement [si'ment] cementovat, cement; přen. stmelit, zpevnit
cemetery ['semitri] hřbitov
censor ['sensə] cenzor, cenzurovat
census ['sensəs] sčítání lidu
cent [sent] měna cent setina dolaru
centenary [sen'ti:nəri] sté výročí

central ['sentrəl] ústřední; hlavní; centrální, nejdůležitější
centre ['sentə] střed; centrum
century ['senčuri] století
ceramic [si'ræmik] keramický
  -s [-s] keramika
cereal ['siəriəl] obilovina, obilnina; potravina z obilovin
ceremony ['serimə̀ni] obřad
certain ['sə:tn] jistý; zaručený
  -ly ['sə:tnli] jistě, určitě; ovšem
certificate [sə:'tifikit] osvědčení
chain [čein] řetěz; řetízek
chair [čeə] židle; křeslo
chalk [čo:k] křída
challenge ['čælindž] výzva (*to* k); složitý problém, úkol; vyzvat; stimulovat, podnítit, provokovat
chambermaid ['čeimbəmeid] pokojská
champagne [ˌšæm'pein] šampaňské víno
champion ['čæmpjən] šampión, sport. přeborník, mistr
chance [ča:ns] náhoda, šance; naděje; riziko, risknout
chandelier [ˌšændi'liə] lustr
change [čeindž] změna, výměna, přestup v dopravě, drobné peníze, změnit (se), převléknout se
channel ['čænl] průliv; kanál
chaos [keios] chaos
chapel [čæpl] kaple; modlitebna
chapter ['čæptə] kapitola
character ['kærətə] povaha
charge ['ča:dž] poplatek; účtovat
charm [ča:m] půvab, kouzlo
chase [čeis] hnát, honit, lovit, stíhat, pronásledovat; hon
chat [čæt] povídat si, vykládat, klábosit; kus řeči
cheap [či:p] levný, laciný
cheat [či:t] podvádět, šidit

check [ček] (pře)(z)kontrolovat
  ~ in [-in] ubytovat se, nastěhovat se do pokoje hotelu; odbavení na letišti
cheek [či:k] tvář, líce; hovor. drzost
cheers [čiəz] na zdraví při přípitku
cheese [či:z] sýr
chef [šef] vrchní kuchař
chemical ['kemikl] chemický, chemikálie
chemist's ['kemists] lékárna
cheque [ček] šek
  -book šeková knížka
  ~ card bankovní karta
cherish ['čeriš] s láskou opatrovat, chránit; uchovávat mít v srdci
cherry ['čeri] třešně; třešeň; višeň
chess [čes] šachy hra
chest [čest] hruď, prsa
chestnut ['česnat] kaštan
chew [ču:] žvýkat
  -ing gum ['ču:iŋgam] žvýkací guma
chic [šik] vkusný, elegantní; vkus, elegance
chicken ['čikin] kuře
chief [či:f] šéf, vedoucí, ředitel
chilblain ['čilblein] omrzlina
child [čaild] dítě
  -hood ['-hud] dětství
chill [čil] chlad, zima; nachlazení
chilli ['čili] čili
chimney ['čimni] komín
chin [čin] brada
china ['čainə] porcelán
chip [čip] tříska, úlomek, střep
chips [čips] lupínky, hranolky
chocolate ['čokəlǝt] čokoláda
choice [čois] volba, výběr
choke [čəuk] (u)dusit (se)
choose [ču:z] vybrat; zvolit (si)
chop [čop] sekat, štípat; kotleta, řízek; seknutí, sečná rána
christen ['krisn] (po)křtít

Christmas ['krisməs] vánoce
chronicle ['kronikl] kronika
church [čə:č] kostel
cigarette [,sigə'ret] cigareta
cinema ['sinimə] kino, biograf
circle ['sə:kl] kruh; kroužek
circumstance ['sə:kəmstəns] okolnost
circus ['sə:kəs] cirkus
citizen ['sitizn] očan
 -ship [-šip] občanství
citrus ['sitrəs] citrus
city ['siti] velké nebo významné město
civic ['sivik] občanský; městský
civilization [,sivilai'zeišn] civilizace
claim [kleim] požadovat, domáhat se čeho; nárok, požadavek
clarify ['klærifai] objasnit, vysvětlit; pročistit (se); vyjasnit (se)
class [kla:s] třída
classical [klæsikəl] klasický, tradiční, typický
clean [kli:n] čistý; (vy)(o)čistit
clear [kliə] jasný; zřetelný
clerk [kla:k] úředník
clever ['klevə] chytrý, bystrý
client ['klaiənt] klient; zákazník
cliff [klif] útes
climate ['klaimit] podnebí
climb [klaim] stoupat, šplhat; vystoupit, vylézt, vyšplhat
cloak [kləuk] plášť, pláštěnka
cloakroom ['kləukrum] šatna
clock [klok] hodiny
close [kləus] blízký (*to* čemu), důvěrný; těsně, blízko, skoro; (u)zavřít (se); (u)(s)(za)končit
cloth [kloθ] látka; tkanina; ubrus
clothes [kləuðz] šaty, oblečení
cloud [klaud] mrak, oblak
 -y ['-i] zamračený, oblačný
clown [klaun] šašek, klaun
club [klab] klub; klacek, hůl

clumsy ['klamzi] nešikovný
coach [kəuč] dálkový autobus
coal [kəul] uhlí
coast [kəust] mořské pobřeží
coat [kəut] kabát; kabátek, sako
cobweb ['kobweb] pavučina
cocaine [kəu'kein] kokain
cock [kok] kohout; sameček
cockpit ['kokpit] kabina pilota letadla nebo kosmické lodi
cockroach ['kokrəuč] šváb
cocktail ['kokteil] koktejl směs
cocoa ['kəukəu] kakao
coconut ['kəukənat] kokosový ořech, kokos
cod [kod] treska
code [kəud] kód, kódovat
coffee ['kofi] káva
cognac ['konjæk] koňak
coin [koin] mince, peníz(e)
cold [kəuld] studený, chladný
 I'm ~ je mi zima
collapse [kə'læps] zřítit se; přen. zhroutit se; zřícení, zhroucení
collar ['kolə] límec; psí obojek
colleague ['koli:g] kolega
collect [kə'lekt] sbírat; vybírat peníze
 -ion [kə'lekšn] sbírka
college [kə'lidž] vyšší střední škola; vysoká škola, univerzita; kolej součást univerzity
collide [kə'laid] srazit se (*with* s); střetnout se
colloquial [kə'ləukwiəl] hovorový
colour ['kalə] barva; barvit
comb [kəum] hřeben; česat
combine [kəm'bain] spojovat (se), slučovat (se); kombinovat
come [kam] přijít, přijet; ujít, ujet
 ~ - back ['-bæk] vrátit se
comedy ['komidi] veselohra, komedie
comet ['komit] kometa

comfort ['kamfət] pohodlí; útěcha; uspokojení; utěšit
-able [-əbl] pohodlný

comic ['komik] směšný, komický

command [kə'ma:nd] rozkaz, příkaz, nařízení; velení; rozkázat, přikázat, nařídit

commemorate [kə'meməreit] připomínat památku čeho

comment ['koment] poznámka, komentář; komentovat

commerc/e ['komə:s] obchod
-ial [kə'mə:šl] komerční, obchodní; reklama v televizi n. rozhlase

common ['komən] společný; obvyklý, běžný

communicate [kə'mju:nikeit] sdělit, oznámit (*to* komu); dorozumívat se (*by* čím)

commute [kə'mju:t] pravidelně dojíždět do zaměstnání

compact ['kompækt] dohoda, smlouva; pudřenka; pevný, hustý **~ disc** ['kompæktdisk] kompaktní disk

companion [kəm'pænjən] druh, společník; průvodce příručka

company ['kampəni] podnik, firma, společnost

compare [kəm'peə] přirovnat

compartment [kəm'pa:tmənt] oddělení; část; žel. kupé

compass ['kampəs] kompas

compassion [kəm'pæšn] slitování, soucit (*for* s)

compel [kəm'pel] přinutit, donutit; vynutit si co

compete [kəm'pi:t] konkurovat; soutěžit, soupeřit (*with* s kým, *in* v čem, *for* oč)

competence ['kompitəns] schopnost, způsobilost, kvalifikace; kompetence, pravomoc

competition [,kompi'tišn] soutěž, závod; konkurence; konkurs

complain [kəm'plein] stěžovat si (*about, at* na)

complement ['komplimənt] doplněk

complete [kəm'pli:t] úplný, celý, hotový, dokončený; dokončit

complexion [kəm'plekšn] pleť, barva pleti; ráz, charakter

complicate ['komplikeit] komplikovat **-ed** [-id] komplikovaný, složitý **-ion** [,kompli'keišn] komplikace

compliment ['komplimənt] pocta, poklona; obdivovat (*on* co)

comply [kəm'plei] vyhovět (*with* komu, čemu)

comprehend [,kompri'hend] pochopit; zahrnovat

compromise ['komprəmaiz] (udělat) kompromis, dohodnout se na kompromisu, udělat ústupek, slevit

compulsion [kəm'palšn] nátlak, donucení

compute [kəm'pju:t] pracovat s počítačem; vypočítat

computer [kəm'pju:tə] počítač

conceal [kən'si:l] zatajit, utajit, skrýt (*from* před)

conceited [kən'si:tid] domýšlivý, ješitný

concentrate ['konsəntreit] soustředit (se) (*on* na)

concert ['konsət] koncert; soulad

concession [kən'sešn] ústupek (*to* komu, čemu); úleva (*for* pro); koncese, povolení, oprávnění

concise [kən'sais] stručný

concur [kən'kə:] souhlasit, být zajedno (*with* s); vyskytovat se současně

concussion [kənˈkašn] otřes mozku
condition [kənˈdišn] podmínka; stav
condom [ˈkondəm] kondom
confection [kənˈfekšn] cukroví
confess [kənˈfes] přiznat (se) (*to* k); (vy)zpovídat (se)
confide [kənˈfaid] svěřit se (*to* komu); důvěřovat (*in* komu)
confirm [kənˈfəːm] potvrdit; schválit
conflict [ˈkonflikt] spor, konflikt
conform [kənˈfoːm] přizpůsobit (se); vyhovovat (*to* čemu); řídit se čím
confuse [kənˈfjuːz] zmást, poplést
congratulate [kənˈgræčuleit] blahopřát, gratulovat (*on* k)
conjure [ˈkandžuə] čarovat
connect [kəˈnəkt] připojit (se)
connive [kəˈnaiv] přimhouřit oko (*at* nad), mlčky schvalovat
conquer [ˈkonkə] dobýt; porazit
conscience [ˈkonšəns] svědomí
-tious [ˌkonšiˈenšəs] svědomitý
consider [kənˈsidə] rozmyslit si, uvážit, vzít v úvahu; považovat, pokládat; mít v úmyslu
consist [kənˈsist] spočívat (*in* v); skládat se, sestávat (*of* z)
console [kənˈsəul] utěšit
conspire [kənˈspaiə] spiknout se, tajně se dohodnout
constant [ˈkonstənt] neměnný, stálý; nepřetržitý, ustavičný
constellation [ˌkonstəˈleišn] souhvězdí
consternation [ˌkonstəˈneišn] ohromení, úžas, zděšení
constipation [ˌkonstiˈpeišn] zácpa
construct [kənˈstrakt] stavět, postavit, vybudovat, sestrojit

consulate [ˈkonsjulit] konzulát
consult [kənˈsalt] konzultovat, poradit se, zeptat se na radu, názor
consumption [kənˈsampšn] spotřeba
contact [ˈkontækt] styk; kontakt; navázat spojení; spojit se (s)
contagious [kənˈteidžəs] nakažlivý
contemporary [kənˈtempərəri] současný, soudobý
contest [ˈkontest] soutěž, zápas
continue [kənˈtinjuː] pokračovat
contraception [ˌkontrəˈsepšn] antikoncepce
contract [ˈkontrækt] smlouva
contrary [ˈkontrəri] opak; paličatý
contrast [kənˈtraːst] kontrastovat, nápadně se lišit; porovnat
contribute [kənˈtribjuːt] přispět
control [kənˈtrəul] kontrola; ovládat
convenience [kənˈviːnjəns] výhoda; pohodlí, potřeba
convince [kənˈvins] přesvědčit
cook [kuk] kuchař(ka); vařit (se)
-er [-ə] sporák; vařič
cool [kuːl] chlad(ný); klidný
co-operate [kəuˈopəreit] spolupracovat
copier [ˈkopiə] kopírovací přístroj
copy [ˈkopi] opis, kopie; výtisk; opsat, udělat kopii, okopírovat
cork [koːk] korek; zátka
-screw [ˈ-skruː] vývrtka
corner [ˈkoːnə] roh, kout
correct [kəˈrekt] správný; opravit
correspond [ˌkoriˈspond] odpovídat (*with* čemu), shodovat se (*s* čím); dopisovat si, psát si
corridor [ˈkoridoː] chodba
cost [kost] cena; stát koho, kolik, co
costume [ˈkostjuːm] kroj, kostým
cosy [ˈkəuzi] útulný, pohodlný, příjemný

cot [kot] dětská postýlka
cottage ['kotidž] chalupa, chata
 ~ cheese [-či:z] tvaroh
cotton ['kotn] bavlna
 ~ wool [,-'wul] vata
couch [kauč] divan, pohovka, lehátko, kanape **-ette** [ku:'šet] lehátko v lehátkovém voze
cough [kof] kašel; kašlat
could [kud] podmiňovací způsob mohl by
council ['kaunsl] (městská) rada
count [kaunt] počítat, počítání
counter ['kauntə] pult, přepážka
counterfeit ['kauntəfit] padělaný, falešný; padělek
country ['kantri] země, kraj
 the ~ venkov
couple ['kapl] pár, dvojice; spojovat po dvou
coupon ['ku:pon] ústřižek, kupon, poukázka
courage ['karidž] odvaha
 -ous [kə'reidžəs] statečný
courier ['kuriə] posel, kurýr; průvodce zahraniční turistické skupiny
course [ko:s] běh, průběh; kurs směr; chod jídla; kurs soubor přednášek; med. léčba, kůra; golfové hřiště
court [ko:t] dvůr domu, nádvoří; soudní dvůr; hřiště
cousin ['kazn] bratranec; sestřenice
cover ['kavə] (po)krýt (si), zakrýt; obsahovat, zahrnovat; úkryt, skrýše; uzávěr, ví(č)ko, poklice; pokrývka; vazba knihy, obálka
cow [kau] kráva **-boy** ['kauboi] kovboj
coward ['kauəd] zbabělec
crab [kræb] krab
crack [kræk] prásknutí, třesknutí, šlehnutí; praskot; prasklina, trhlina; vtipná poznámka
cracker ['krækə] suchar, keks, sušenka; prskavka
craftsman ['kra:ftsmən] řemeslník
cramp [kræmp] křeč
crash [kræš] havárie; havarovat
crayfish ['kreifiš] rak
crayon ['kreion] pastelová tužka, pastel, barevná křída
crazy ['kreizi] bláznivý, šílený; blázen (*about* do), posedlý čím
cream [kri:m] krém; smetana
create [kri'eit] vytvořit, stvořit; udělat, vyvolat, způsobit
credit ['kredit] obch. úvěr, kredit
 ~ card [-ka:d] kreditní karta
crew [kru:] posádka; pracovní četa, parta
cricket ['krikit] kriket hra; cvrček
crime [kraim] zločin
crisis ['kraisis] krize
crisp [krisp] křehký, křupavý, chroupavý
critic ['kritik] kritik
 -al [-kl] kritický **-ism** [-sizm] kritika **-ize** [-saiz] kritizovat
crochet ['krəušei] háčkování
crocodile ['krokədail] krokodýl
crop [krop] úroda, sklizeň
croquette [kro'ket] kroketa, smaženka
cross [kros] přejít, přejet; kříž
 -road ['-rəud] křižovatka
crowd [kraud] zástup, dav
 -ed [-id] nabitý, přeplněný
crown [kraun] koruna; věnec
cruel [kruəl] krutý, surový
cry [krai] plakat; křičet, volat
crystal ['kristl] křišťál(ové sklo)
cuckoo ['kuku:] kukačka
cucumber ['kju:kəmbə] okurka
culture ['kalčə] kultura
cunning ['kaniŋ] prohnaný, mazaný; vychytralý

cup [kap] šálek; pohár
cupboard ['kabəd] kredenc, skříň s policemi
cure [kjuə] lék; léčba; (vy)léčit
curious [,kjuariəs] zvědavý
curly ['kə:li] kudrnatý, vlnitý
currency ['karənsi] měna, peníze
curriculum vitae [kə'rikjuləm'vi:tai] životopis
curtain ['kə:tn] záclona; opona
cushion ['kušn] polštář na sezení
custom ['kastəm] zvyk, obyčej
 -s [-z] clo, **the -s** [-z] celnice
cut [kat] řezat, krájet; sekat
cutlery ['katləri] jídelní příbor
cutlet ['katlit] řízek, kotleta
cycle ['saikl] cyklus; jízdní kolo; motocykl; jezdit na kole
cyclist ['saiklist] cyklista
Czech [ček] český; čeština; Čech

D

daddy ['dædi] hovor. tatínek
daily ['deili] denní, každodenní; denně; deník
daisy ['deizi] sedmikráska
dam [dæm] hráz; přehrada
damage ['dæmidž] škoda, poškození; poškodit (se)
damn [dæm] proklít, proklínat, poslat k čertu; odsoudit
damp [dæmp] vlho(st), vlhký
dance [da:ns] tančit; tanec
dandelion ['dændilaiən] pampeliška
dandruff ['dændraf] lupy ve vlasech
danger ['deindžə] nebezpečí
 -ous [-rəs] nebezpečný

dare [deə] odvážit se, troufat si
dark [da:k] tma; tmavý, šerý
darling ['da:liŋ] miláček; drahý
darts [da:ts] šipky hra
date [deit] datum; schůzka
daughter ['do:tə] dcera
 ~ -in-law ['do:təinlo:] snacha
dawn [do:n] svítání, úsvit
day [dei] den
 the ~ after tomorrow pozítří
 the ~ before yesterday předevčírem **~ by ~** denně
daze [deiz] omámit, omráčit
dead [ded] mrtvý; smrtelně
deaf [def] hluchý
deal [di:l] dohoda, domluva
dear [diə] drahý, milý; drahoušek
 ~ me! bože! proboha!
death [deθ] smrt
debate [di'beit] diskuse, debata; diskutovat, debatovat
debt [det] dluh **-or** ['-ə] dlužník
decaffeinated [di:'kæfineitid] bez kofeinu
deceit [di'si:t] podvod
deceive [di'si:v] podvádět, klamat
December [di'sembə] prosinec
decency ['di:snsi] slušnost, slušné vystupování
decide [di'said] rozhodnout (se)
decipher [di'saifə] dešifrovat
decision [di'sižn] rozhodnutí
deck [dek] paluba lodi
decorate ['dekəreit] (vy)zdobit
decrease ['di:kri:s] zmenšení, úbytek; zmenšovat, ubývat
dedicate ['dedikeit] zasvětit; věnovat
deep [di:p] hluboký, hluboko
defend [di'fend] obhajovat; bránit
defrost [,di:'frost] (roz)(od)mrazit
degree [di'gri:] stupeň
delay [di'lei] zpoždění; odložit

deliberately [di'libərətli] záměrně, schválně, úmyslně
delicious [di'lišəs] lahodný
delight [di'lait] potěšení, radost, požitek, rozkoš; radovat se
deliver [di'livə] dodat, doručit
demand [di'ma:nd] požadavek; poptávka; žádat, požadovat
democracy [di'mokrəsi] demokracie
demonstration [,demən'streišn] demonstrace
density ['densəti] hustota
dentist ['dentist] zubní lékař
deny [di'nai] (po)(za)(ode)přít
depart [di'pa:t] odjet, odcestovat
-ure [di'pa:čə] odjezd; odbočení
department [di'pa:tmənt] oddělení
~ store obchodní dům
depend [di'pend] být závislý
depress [di'pres] deprimovat
depth [depθ] hloubka
describe [di'skraib] popsat, vylíčit
desert ['dezə:t] poušť
deserve [di'zə:v] zasloužit si, být hoden čeho
desk [desk] psací stůl, školní lavice; pult, přepážka
desperate ['despərit] zoufalý
despise [di'spaiz] opovrhovat, pohrdat kým, čím
despite [di'spait] přes, navzdory
dessert [di'zə:t] dezert, zákusek
destiny ['destini] osud
destroy [di'stroi] zničit
detach [di'tæč] oddělit, odpojit
detergent [di'tə:džənt] čisticí, prací nebo mycí prostředek
develop [di'veləp] vyvinout (se), rozvinout (se)
devil ['devl] ďábel, čert
dew [dju:] rosa
diabetes [,daiə'bi:ti:z] cukrovka

dialect ['daiəlekt] nářečí, dialekt
dialling code ['daiəliŋkəud] předčíslí
diamond ['daiəmənd] diamant
diarrhoea [,daiə'riə] průjem
diary ['daiəri] deník; diář, kapesní kalendář
dictionary ['dikšənri] slovník
die [dai] zemřít
diesel ['di:zl] motorová nafta
diet ['daiət] dieta; držet dietu
different ['difrənt] odlišný
difficult ['difikəlt] obtížný, těžký
dig [dig] kopat, vykopat
diligent ['dilidžənt] pilný
dine [dain] obědvat, večeřet
dinner ['dinə] hl. jídlo dne oběd nebo večeře
direct [di'rekt] přímý; přímo; vést
-ory [-təri] telefonní seznam
dirt [də:t] špína, nečistota, bláto
-y ['-i] špinavý; sprostý
disability [,disə'biliti] tělesná nebo duševní nezpůsobilost, vada
disadvantage [,disəd'va:ntidž] nevýhoda
disagree [,disə'gri:] nesouhlasit
disappear [,disə'piə] zmizet
disappoint [,disə'point] zklamat
disaster [di'za:stə] neštěstí
disco ['diskəu] diskotéka
discomfort [dis'kamfət] nepohodlí
discount ['diskaunt] srážka, sleva
discover [di'skavə] objevit
disease [di'zi:z] nemoc, choroba
dish [diš] mísa; jídlo; chod
dishwasher ['diš,wošə] myčka nádobí
dislike [dis'laik] nemít rád
disobedient [,disə'bi:djənt] neposlušný
disorder [dis'o:də] nepořádek
distance ['distəns] vzdálenost

district ['distrikt] obvod, okres; oblast; městská čtvrť
distrust [dis'trast] nedůvěra
disturb [dis'tə:b] (po)(vy)rušit
dive [daiv] potápět se
divide [di'vaid] (roz)dělit; oddělit
divorce [di'vo:s] rozvod, rozvést manželství; odtrhnout, oddělit
do [du:] dělat, činit, konat
doctor ['dɔktə] doktor titul; lékař
dog [dɔg] pes
doll [dɔl] panenka, loutka
dollar ['dɔlə] dolar
domestic [dəu'mestik] domácí
door [do:] dveře; brána
dose [dəuz] dávka, dávkovat
double ['dabl] dvojnásobek
doubt [daut] pochybnost
dove [dav] holub(ice)
down [daun] dole, dolů
doze [dəuz] dřímota, dřímat
draw [dro:] kreslit, líčit co
dream [dri:m] sen; snít, zdát se
dress [dres] šaty; oblečení; obléci (se); upravit vlasy, jídlo apod.
drink [driŋk] nápoj; pít
drip [drip] kapka; kapání; kapat
drive [draiv] jízda; vyjížďka; řídit auto; jet nebo vézt,
 -r ['draivə] řidič, **-ing licence** ['-iŋ,laisns] řidičský průkaz
drown [draun] utopit (se), potopit
drug [drag] droga; lék; otrávit
 -store ['-sto:] am. lékárna
drunk [draŋk] opilý
dry [drai] suchý; sušit, uschnout
duck [dak] kachna
dumpling ['dampliŋ] knedlík
during ['djuriŋ] během; za o čase
dust [dast] prach, utřít prach
 -bin ['-bin] popelnice
duty-free [,dju:ti'fri:] beze cla
duvet ['duvei] peřina

each [i:č] každý zvl. z určitého počtu
 ~ other navzájem
eager ['i:gə] dychtivý
eagle ['i:gl] orel
ear [iə] ucho; sluch
early ['ə:li] časný; časně, brzy
earn [ə:n] vydělat (si)
earring ['iəriŋ] náušnice
earth [ə:θ] země(koule)
 -quake ['-kweik] zemětřesení
ease [i:z] pohoda, klid; lehkost, snadnost, uvolněnost
east [i:st] východ; východní
Easter ['i:stə] velikonoce
easy ['i:zi] snadný; samozřejmý; pohodlný, klidný, neuspěchaný
eat [i:t] jíst; žrát
ebb [eb] odliv; ubývat
eccentric [ik'sentrik] výstřední
echo ['ekəu] ozvěna; ozývat se
eclipse [i'klips] zatmění
ecology [i:'kɔlədži] ekologie
economics [,i:kə'nɔmiks] ekonomika
edge [edž] hrana; (o)kraj; ostří
edible ['edibl] jedlý
education [,edju'keišn] vzdělání
effect [i'fekt] účinek; efekt
efficiency [i'fišnsi] výkonnost, schopnost; účinnost
effort ['əfət] úsilí, námaha; pokus
egg [eg] vejce
egoistic ['egəuistik] sobecký
eight [eit] osm **-een** [,ei'ti:n] osmnáct **-ty** ['eiti] osmdesát
either ['aiðə] kterýkoli ze dvou; oba **~ ... or** buď ... (a) nebo
elapse [i'læps] čas uplynout

elastic [i'læstik] pružný; gumový
elbow ['elbəu] loket
elder ['eldə] starší z osob
eldest ['eldist] nejstarší
elect [i'lekt] (z)volit **-ion** [-šn] volba
electricity [i,lek'trisiti] elektřina
electronic [,ilek'tronik] elektronický
elegant ['eligənt] vkusný, upravený, elegantní
element ['elimənt] prvek, základní složka; živel
elephant ['elifənt] slon
elevator ['eliveitə] výtah
eleven [i'levn] jedenáct
eligible ['elidžəbl] přicházející v úvahu; způsobilý; vhodný
eliminate [i'limineit] odstranit, vyloučit; opominout
elongate ['i:loŋgeit] prodloužit
eloquent ['eləkwənt] výmluvný
else [els] jiný; jinde; jinak; ještě **what ~** co je ještě
embargo [em'ba:gəu] embargo, obchodní blokáda
embark [im'ba:k] naložit na loď, nalodit (se)
embarrass [im'bærəs] uvést do rozpaků **-ing** trapný
embassy ['embəsi] velvyslanectví
embers ['embəs] žhavý popel
embezzle [im'bezl] zpronevěřit
embody [im'bodi] ztělesňovat
embrace [im'breis] objetí, obejmout (se); zahrnovat
embroidery [im'broidəri] vyšívání
emergency [i'mə:džənsi] naléhavý případ, stav nouze **~ exit** nouzový východ
emigrant ['emigrənt] emigrant
emotion [i'məušn] dojetí; cit
emphasize ['emfəsaiz] zdůraznit

employ [im'ploi] zaměstnávat koho **-ee** [,emploi'i:] zaměstnanec **-er** [-ə] zaměstnavatel **-ment** [-mənt] zaměstnání
empty ['empti] prázdný; pustý
enable [i'neibl] umožnit
enclose [in'kləuz] přiložit, vložit např. do dopisu; obehnat, uzavřít
encourage [in'karidž] povzbuzovat, podporovat
end [end] konec; závěr; (s)končit **-less** [-lis] nekonečný
endure [in'djuə] trpět, snášet co
enemy ['enəmi] nepřítel
energy ['enədži] energie, síla
engage [in'geidž] zaměstnat; zasnoubit; zavázat slibem
engine ['endžin] motor; stroj
enjoy [in'džoi] těšit se čemu
England [iŋglənd] Anglie
English [iŋgliš] anglický; angličtina; anglicky **-man** Angličan
enlarge [in'la:dž] zvětšit; rozšířit
enmity ['enməti] nepřátelství
enormous [i'no:məs] ohromný
enough [i'naf] dost
enrich [in'rič] obohatit
ensure [in'šuə] zabezpečit, zajistit; opatřit, postarat se (o)
enter ['entə] vejít, vstoupit
enterprise ['entəpraiz] podnik; projekt, akce; podnikavost
entertain [,entə'tein] hostit; (po)bavit **-ment** zábava
enthusiasm [en'θju:ziæzəm] nadšení **-tic** [in,θju:zi'æstik] nadšený
entice [in'tais] vylákat, zlákat
entrance ['entrəns] vchod, vstup **~ examination** přijímací zkouška **~ fee** vstupné
entrepreneur [,ontrəprə'nə:] podnikatel

entrust [in'trʌst] svěřit komu co; pověřit koho čím
envelope ['envələup] dopisní obálka
environment [in'vaiərənmənt] okolí, prostředí
envy ['envi] závist, závidět
epidemic [,epi'demik] epidemie; nakažlivý
error ['erə] chyba, omyl
escalator ['eskəleitə] pojízdné schody, eskalátor
escape [i'skeip] únik, útěk; uniknout, uprchnout
especially [i'speʃəli] zvláště
essential [i'senʃl] podstatný; nezbytný
establish [i'stæbliʃ] zřídit, založit
estate [i'steit] majetek; nemovitosti; (velko)statek
esteem [i'sti:m] vážit si; považovat za
estimate ['estimeit] odhadnout, ocenit
etc. [it'setərə] = latinsky *et cetera* a tak dále
Europe ['juərəp] Evropa
-an [,juərə'piən] Evropan
evacuate [i'vækjueit] evakuovat
evasion [i'veiʒn] výmluva, vytáčka; vyhnutí se
eve [i:v] předvečer
Christmas Eve Štědrý večer
even ['i:vn] dokonce; ještě; ani v záporné větě
evening ['i:vniŋ] večer
event ['i:vent] událost; akce
ever ['evə] kdy; někdy; vždy, stále
for ~ navždy
every ['evri] každý
~ day [-dei] každodenní
-body [-,bodi] každý
-thing [-θiŋ] všechno
-where [-weə] všude

exact [ig'zækt] přesný
-ly [-li] přesně; zcela správně
exaggerate [ig'zædʒəreit] přehánět, nadsazovat
examination [ig,zæmi'neiʃn] zkouška; vyšetření; prohlídka
example [ig'za:mpl] příklad
for ~ například
excel [ik'sel] předčit, vynikat
-lent ['eksələnt] výborný
except [ik'sept] kromě; vyloučit
-ion výjimka **-ional** výjimečný
excess [ik'ses] přebytek
exchange [iks'tʃeindʒ] výměna
~ rate směnárenský kurs
exciting [ik'saitiŋ] vzrušující
excursion [ik'skə:ʃn] výlet, exkurze
excuse [ik'skju:z] omluva, omluvit; prominout **~ me!** promiňte!
exercise ['eksəsaiz] cvičení
~ book učebnice
exhausted [ig'zo:stid] vyčerpaný
exhibition [,eksi'biʃn] výstava
exist [ig'zist] být, existovat
exit ['eksit] východ
expand [ik'spænd] rozšířit (se)
expect [ik'spekt] očekávat
expensive [ik'spensiv] drahý, nákladný
experience [ik'spiəriəns] zážitek; zažít, zakusit; zkušenost(i)
expiry [ik'spaiəri] uplynutí, vypršení lhůty, platnosti
explain [ik'splein] vysvětlit
explore [ik'splo:] (pro)zkoumat, (pro)bádat
explosion [ik'spləuʒn] výbuch, exploze
export [ik'spo:t] vyvážet
express [ik'spres] rychlík, vyjádřit
extinguish [ik'stiŋgwiʃ] uhasit
eye [ai] oko; zrak

F

fabulous [ˈfæbjuləs] báječný, skvělý; bájný
face [feis] obličej; výraz obličeje
facilitate [fəˈsiliteit] usnadnit
facsimile [fækˈsiməli] (tele)fax
fact [fækt] skutečnost, fakt; pravda **in ~** ve skutečnosti
factory [ˈfæktəri] továrna
fail [feil] selhat, neuspět
faint [feint] omdlít; mdloba
fair [feə] (vele)trh, výstava; čestný; světlý, blond
fairy-tale [ˈfeəriteil] pohádka
faith [feiθ] důvěra, víra; věrnost
fake [feik] padělek; imitace; podvod, výmysl; falšovat, padělat
fall [fo:] pád; padat, spadnout
false [fo:ls] nepravdivý, falešný
fame [feim] sláva, věhlas
family [ˈfæməli] rodina
famous [ˈfeiməs] proslulý, slavný
fan [fæn] fanoušek; vějíř; větrák
fantastic [fænˈtæstik] fantastický
far [fa:] daleký; daleko
fare [feə] jízdné
farming [ˈfa:miŋ] zemědělství
fashion [ˈfæʃn] móda; střih
 -able [ˈfæʃnəbl] módní
fast [fa:st] rychlý, pevný; rychle
 ~ train rychlík
fasten [ˈfa:sn] připevnit, zapnout
fat [fæt] tuk; tučný; tlustý
father [ˈfa:ðə] otec
 ~ -in-law [-inlo:] tchán
fault [fo:lt] vada; chyba, vina
favour [ˈfeivə] přízeň; náklonnost
 -ite [ˈfeivərit] oblíbenec, oblíbený
fear [fiə] strach (*of* z); bát se

feast [fi:st] svátek; hostina, hody
feathers [ˈfeðəz] peří
February [ˈfebruəri] únor
fee [fi:] poplatek, vstupné
feed [fi:d] krmit, živit (se)
feel [fi:l] cit (*for* pro); cítit (se)
female [ˈfi:meil] ženský; samičí; ženského pohlaví
fence [fens] plot, ohrada
ferry [ˈferi] trajekt, převoz
fever [ˈfi:və] horečka
few [fju:] málo; **a ~** několik málo
fiancé [fiˈansei] snoubenec
 -e [-] snoubenka
fiddle [ˈfidl] housle
field [fi:ld] pole; hřiště; oblast
fifteen [ˌfifˈti:n] patnáct
fifty [ˈfifti] padesát
fig [fig] fík
fight [fait] zápasit, bojovat; boj
fill [fil] (na)plnit, naplnění, plnost
fillet [ˈfilit] řízek; plátek
film [film] film; filmovat
filter [ˈfiltə] filtr; filtrovat
finance [faiˈnæns] finance, financovat
find [faind] najít, nalézt; objevit
fine [fain] pokuta; pěkný, pěkně
finger [ˈfiŋgə] prst; dotknout se
finish [ˈfiniʃ] skončit; konec
fire [ˈfaiə] oheň; požár; zapálit
 -place [-pleis] krb
 -works [-wə:ks] ohňostroj
firm [fə:m] pevný; upevnit; firma
first [fə:st] první; nejprve
 at ~ zpočátku
 ~ of all především
 ~ aid první pomoc
 ~ name křestní jméno
fish [fiʃ] ryba; chytat ryby
fist [fist] pěst
fit [fit] záchvat; střih; vhodný; v kondici; hodit se; padnout

five [faiv] pět
fizz [fiz] šumění, syčení; šumět
flag [flæg] vlajka
flake [fleik] vločka
flame [fleim] plamen; plápolat
flat [flæt] byt; plochý, rovný
flatter ['flætə] lichotit
flavour ['fleivə] chuť a vůně
flea [fli:] blecha
flight [flait] let; létání
flirt [flə:t] flirtovat, koketovat
floe [fləu] kra
flood [flad] záplava, povodeň
floor [flo:] podlaha; poschodí
  ground ~ přízemí
florist's ['florists] květinářství
flour ['flauə] mouka
flow [fləu] tok, proud; přítok; téci, proudit, plynout
flower ['flauə] květina; kvést
flu [flu:] chřipka
fluency ['flu:ənsi] plynulost
fluid ['flu:id] tekutina, tekutý
flute [flu:t] flétna
fly [flai] létat; moucha
foam [fəum] pěna, pěnit
focus ['fəukəs] ohnisko; střed pozornosti, zájmu; zaměřit, soustředit
fog [fog] mlha; **-gy** ['fogi] mlhavý
foil [foil] fólie; alobal; překazit, zabránit
follow ['foləu] (ná)sledovat, jít za
food [fu:d] jídlo, potrava
  ~ stuffs ['fu:dstafs] potraviny
fool [fu:l] blázen, hlupák
foot [fut] noha chodidlo; stopa míra
  -ball ['futbo:l] kopaná; kopací míč
for [fo:] na, pro účel, záměr; na, do, k směr; o žádat, prosit; za směna
forbid [fə'bid] zakázat
force [fo:s] síla;vliv, tlak; přinutit, přimět; vynutit
foreboding [fo:'bəudiŋ] předtucha

forecast ['fo:ka:st] předpověď
forehead ['forid, 'fo:hed] čelo část hlavy
foreign ['forən] cizí, zahraniční
  -er ['forinə] cizinec
foresee [fo:'si:] předvídat
forest ['forist] (pra)les
forever ['fərevə] navždy; pořád
forget [fə'get] zapomenout
forgive [fə'giv] odpustit
fork [fo:k] vidlička
form [fo:m] tvar, forma; formulář
former ['fo:mə] dřívější; dříve jmenovaný
forsake [fə'seik] opustit; vzdát se
forth [fo:θ] dále, vpřed
fortunate ['fo:čənət] šťastný, mající štěstí
fortune ['fo:ču:n] štěstí; osud
forty ['fo:ti] čtyřicet
fountain ['fauntin] vodotrysk
four [fo:] čtyři **-teen** [,fo:'ti:n] čtrnáct
fox [foks] liška
foyer ['foiei] vstupní hala; společenská místnost
fracture ['frækčə] zlomenina
fragile ['frædžail] křehký
frank [fræŋk] upřímný, otevřený
frankfurter ['fræŋkfə:tə] párek
freckle ['frekl] piha **-d** [-d] pihovatý
free [fri:] svobodný; bezplatný
freeze [fri:z] zmrazit; (z)mrznout
freight [freit] náklad
French [frenč] francouzština; Francouz; francouzský
fresh [freš] čerstvý, svěží; čilý
Friday ['fraidi] pátek
fridge [fridž] lednička
fried [fraid] smažený
friend [frend] přítel(kyně); známý
fright [frait] zděšení, leknutí
frog [frog] žába
from [from; frəm] od; z
  ~ time to time občas

front [frant] přední strana/část
  in ~ of před čím
frost [frost] mráz
frown [fraun] mračit se
fruit [fru:t] ovoce; plod
fry [frai] smažit
fuel ['fjuəl] palivo, pohonná látka
fugitive ['fju:džitiv] uprchlík
full [ful] (ú)plný
fumes [fju:mz] výfukové plyny
fun [fan] zábava; žert, legrace
  -ny [fani] legrační; podivný
funeral ['fju:nərəl] pohřeb(ní)
fur [fə:] kožešina, kožešinový
furious ['fjuəriəs] zuřivý, rozzuřený
furniture ['fə:ničə] nábytek
further ['fə:ðə] další ve výčtu; dále
fury ['fjuəri] zlost, vztek; nával vzteku, záchvat zuřivosti
fuse [fju:z] el. pojistka
future ['fju:čə] budoucnost

G

gain [gein] zisk; příjem; získat
gale [geil] vichřice; bouře na moři
gallbladder ['go:l,blædə] žlučník
gallery ['gæləri] galerie
gamble ['gæmbl] hrát hazardní hry
game [geim] hra, utkání
gap [gæp] otvor; mezera
garage ['gæra:ž] garáž
garbage ['ga:bidž] odpadky
garden ['ga:dn] zahrada
gargle ['ga:gl] kloktat
garlic ['ga:lik] česnek
gas [gæs] plyn; am. benzín
gasp [ga:sp] těžce dýchat

gate [geit] vrata; brána
gather ['gæðə] shromáždit (se)
gay [gei] homosexuál(ní)
gaze [geiz] upřený pohled, upřeně se dívat
gear [giə] výstroj, výzbroj sport.; nářadí, příslušenství
general ['dženərəl] všeobecný
generous [,dženə'rəs] štědrý; hojný; velkomyslný
genius ['dži:njəs] genialita; génius
genre [ža:ŋrə] žánr
gentle ['džentl] jemný, něžný
  -man [-mən] pán; džentlmen
genuine ['dženjuin] pravý; ryzí
geography [dži'ogrəfi] zeměpis
German [džə:mən] Němec; němčina; německý
gesture ['džesčə] gesto
get [get] dostat; obdržet
  ~ back vrátit se **~ in** nastoupit
  ~ off vystoupit
ghost [gəust] duch, strašidlo
giant ['džaiənt] obr; obrovský, obří
gift [gift] dar; talent
gipsy ['džipsi] cikán(ka)
giraffe [dži'ra:f] žirafa
girl [gə:l] dívka, děvče
  -friend [-frend] přítelkyně
give [giv] dát; darovat, věnovat
glad [glæd]: **to be ~ about** být rád proč
glamour ['glæmə] půvab, zvláštní kouzlo
glance [gla:ns] letmý pohled; zběžně pohlédnout
glass [gla:s] sklo; sklenice
  -es [-iz] brýle
glitter ['glitə] třpyt, třpytit se
globe [gləub] koule; glóbus
  the ~ zeměkoule
gloom [glu:m] skličenost; šero
glory ['glo:ri] sláva; nádhera

gloss [glos] lesk
gloves [glavz] rukavice
glue [glu:] lepidlo; lepit
gnat [næt] komár
go [gəu] jít; jet
~ **back** vrátit se
~ **on** pokračovat
~ **to see** jít navštívit
goal [gəul] cíl; branka, gól
goat [gəut] koza
god [god] Bůh
goggles ['goglz] ochranné brýle
_{potápěčské, lyžařské, motoristické}
gold [gəuld] zlato; zlatý
golf [golf] golf
good [gud] dobrý; hodný; dobro
~ **luck** [-lak] hodně štěstí
~ **-bye** [,gud'bai] na shledanou, sbohem!
goose [gu:s] husa
-berry ['guzbəri] angrešt
gorilla [gə'rilə] gorila
gossip ['gosip] klevetit, šířit klepy
government ['gavənmənt] vláda
grade [greid] stupeň; (od)stupňovat, třídit, klasifikovat
graduate ['grædžuət] absolvent univerzity [-eit] promovat
grain [grein] obilí; zrno
gram(me) [græm] gram
grammar ['græmə] mluvnice
~ **school** [-sku:l] střední škola
grand [grænd] veliký; velkolepý
-child ['-čaild] vnouče
-father ['-,fa:ðə] dědeček
-mother ['-,maðə] babička
granny ['græni] hovor. babička
grant [gra:nt] podpora, dotace
grapefruit ['greipfru:t] grapefruit
grapes [greips] hrozny
grass [gra:s] tráva
grate [greit] rošt; strouhat; skřípat, vrzat

grateful ['greitfəl] vděčný
gratuity [grə'tju:iti] spropitné
gravel ['grævl] štěrk
gravy ['greivi] šťáva _{z masa}, omáčka
graze [greiz] pást (se); škrábnout se; zavadit (o); lehce odřít
grease [gri:s] sádlo, mastnota; namazat **-y** ['gri:zi] mastný
great [greit] velký; hovor. skvělý
greedy [gri:di] nenasytný, chtivý
green [gri:n] zelený
-grocer's ['gri:n,grəusəs] zelenina _{obchod}
greet [gri:t] (po)zdravit
-ing [-iŋ] pozdrav, uvítání
grey [grei] šedý, šeď
grief [gri:f] zármutek, hoře
grill [gril] rošt, rožeň; grilovat
grocery ['grəusəri] obchod potravinami / smíš. zbožím
ground [graund] půda, země; hřiště ~ **-floor** [,-'flo:] přízemí
group [gru:p] skupina
grow [grəu] růst; stát se; pěstovat
grown-up [,grəun'ap] dospělý _{člověk}
grumble ['grambl] bručet, reptat
guarantee [,gærən'ti:] záruka
guard [ga:d] stráž, hlídka; střežit, chránit
guess [ges] hádat; odhadovat; tušit; domnívat se
guest [gest] host
guide [gaid] průvodce _{osoba}
-book ['-buk] průvodce _{kniha}
guilt [gilt] vina **-y** [-i] vinný
guitar [gi'ta:] kytara
gulf [galf] záliv; propast
gull [gal] racek
gulp [galp] doušek, lok
gum [gam] dáseň; lepidlo
gun [gan] _{jakákoliv} střelná zbraň
gymnasium [džim'neizjəm] tělocvična

haberdashery [ˈhæbədæšəri] galantérie
habit [ˈhæbit] zvyk
haddock [ˈhædək] treska
haggard [ˈhægəd] přepadlý obličej
hail [heil] krupobití
hair [heə] vlas(y), chlup(y), srst
 -brush [ˈ-braš] kartáč na vlasy
 -dresser [ˈ-,dresə] kadeřník
 ~ - dryer [ˈ-,draiə] fén
half [ha:f] polovina; poloviční
hall [ho:l] hala, sál; (před)síň
hallmark [ˈho:lma:k] punc(ovat)
hallo [həˈlou] ahoj, nazdar; haló
hallucination [hə,lu:siˈneišn] halucinace
halve [ha:v] (roz)půlit, dělit
ham [hæm] šunka; kýta
hamburger [ˈhæmbə:gə] karbanátek
hammer [ˈhæmə] kladivo
hamster [ˈhæmstə] křeček
hand [hænd] ruka; ručička hodin
 ~ - bag [ˈ-bæg] kabelka
handicap [ˈhændikæp] těles. vada
handkerchief [ˈhæŋkəčif] kapesník
handle [ˈhændl] držet v ruce; ovládat, manipulovat; držadlo
handsome [ˈhænsəm] hezký člověk
hang [hæŋ] viset; (za)(po)věsit
 -er [ˈhæŋə] věšák
hangover [ˈhæŋouvə] kocovina
happen [ˈhæpən] stát se, přihodit se **-ing** [-iŋ] událost
happ/y [ˈhæpi] šťastný
 -iness [-nis] štěstí
hard [ha:d] tvrdý; nesnadný; drsný
 -ly [ha:dli] stěží, sotva

hardy [ˈha:di] otužilý, odolný
hare [heə] zajíc
harm [ha:m] poškození, škoda; poškodit, ublížit **-ful** škodlivý
 -less [ˈ-lis] neškodný
harvest [ˈha:vist] žně; sklízet
haste [heist] spěch, chvat
hat [hæt] klobouk
hatchet [ˈhæčit] sekyrka
hate [heit] nenávidět; mít hrozně nerad **-ful** [ˈ-fəl] protivný
haunt [ho:nt] strašit
have [hæv] mít; vlastnit; muset (*to do st.* co udělat)
 ~ on mít na sobě
hay [hei] seno
 ~ - fever [ˈ-,fi:və] senná rýma
hazard [ˈhæzəd] riziko, odvážný kousek; riskovat, odvážit se
hazy [ˈheizi] mlhavý, nejasný
hazelnut [ˈheizlnat] lískový ořech
he [hi:] on
head [hed] hlava
 -ache [ˈhedeik] bolení hlavy
heal [hi:l] (za)hojit, léčit (se)
health [helθ] zdraví
 -y [helθi] zdravý mající dobré zdraví
heap [hi:p] hromada
hear [hiə] slyšet; zaslechnout
heart [ha:t] srdce
 by ~ zpaměti
 ~ attack [-əˈtæk] infarkt
hearth [ha:θ] krb
heat [hi:t] horko, vedro; žár
 -ing [-iŋ] topení
heaven [ˈhevn] nebe, nebesa
heavy [ˈhevi] těžký; hustý mlha
hectare [ˈhekteə] hektar
hedgehog [ˈhedžhog] ježek
heel [hi:l] pata; podpatek
height [hait] výška; výšina
heir [eə] dědic **-ess** [ˈeəris] dědička

helicopter ['helikoptə] vrtulník
hell [hel] peklo
heller ['helə] haléř
hello = hallo [hə'ləu] nazdar, ahoj
helm [helm] kormidlo **-et** ['-it] přilba **-sman** ['-zmən] kormidelník
help [help] pomoc; pomoci
~ **yourself** poslužte si, vezměte si **-ful** užitečný
hem [hem] lem, obruba
hemisphere ['hemisfiə] polokoule
hen [hen] slepice; ptačí samička
her [hə:] ji, jí; její
herb [hə:b] bylina
herd [hə:d] stádo
here [hiə] zde, tu; sem
heritage ['heritidž] dědictví
hermit ['hə:mit] poustevník
hero ['hiərəu] hrdina
hesitate ['heziteit] váhat
hi [hai] ahoj
hiccup ['hikap] škytavka, škytat
hide [haid] skrýt (se); zatajit
high [hai] vysoký; silný vítr, vysoko; velmi, ve velké míře
-way ['-wei] hlavní silnice
hijack ['haidžæk] unést letadlo
hike [haik] pěší výlet, túra
hill [hil] vrch, kopec
him [him] jemu, jej, ho
hindrance ['hindrəns] překážka
hip [hip] bok, kyčel; šípek plod
hire ['haiə] najmout (si), nájemné
for ~ k pronajmutí
his [hiz] jeho
hiss [his] syčet, sykot
history ['histəri] historie, dějiny
hit [hit] udeřit; zasáhnout; rána
hitch/hike ['hičhaik] stopovat
-hiking ['-haikiŋ] (auto)stop
hive [haiv] úl
hives [haivz] kopřivka, vyrážka
hoax [həuks] kanadský žertík

hobble ['hobl] kulhat, belhat se
hobby ['hobi] koníček, záliba
hockey ['hoki] (pozemní) hokej
hoe [həu] motyka; okopávat motykou
hold [həuld] držet **-er** držitel
hole [həul] díra, jáma; brloh
holiday ['holədi, holidei] svátek, volno, dovolená **-s** prázdniny
hollow ['holəu] dutý; neupřímný
holy ['həuli] svatý
home [həum] domov, příbytek; domácí, domů
at ~ doma
-less ['-lis] bez domova
-sick ['-sik] tesknící po domově
-work ['-wə:k] domácí úkol
homosexual [,homəu'sekšuəl] homosexuál(ní)
honest ['onist] čestný, poctivý
honey ['hani] med; miláček
-moon [-mu:n] líbánky
honour ['onə] čest; pocta; ctít
hood [hud] kapuce
hook [huk] hák, háček; ulovit rybu
hooligan ['hu:ligən] chuligán
hoot [hu:t] troubit, houkat
hoover ['hu:və] vysavač; luxovat
hop [hop] poskakovat; chmel
hope [həup] doufat (*in* v); mít naději (*for* v) **-ful** nadějný
-less ['-lis] beznadějný
horoscope ['horəskəup] horoskop
horrible ['horəbl] hrozný, strašný
hors-d'oeuvre [o:'də:və] předkrm
horse [ho:s] kůň
hospitable [ho'spitəbl] pohostinný
hospital ['hospitl] nemocnice
host [həust] hostitel **-ess** ['-is] hostitelka
hostage ['hostidž] rukojmí
hostel ['hostl] ubytovna
hostile ['hostail] nepřátelský

hot [hot] horký; pálivý ostře kořeněný
hotel [həu'tel] hotel
hound [haund] lovecký pes, ohař
hour ['auə] hodina 60 minut
  -ly [-li] každou hodinu
house [haus] dům; ubytovat (se)
  -hold ['-həuld] domácnost
hover ['hovə] vznášet se *(over, about)* nad)
how [hau] jak?
  ~ **are you?** jak se máte?
  -ever [hau'evə] jakkoli, nicméně, leč, ale
howl [haul] výt; naříkat; vytí
hue [hju:] barva, odstín
hug [hag] obejmout sevřít rukama; objetí
huge [hju:dž] ohromný
hull [hal] trup lodi
hum [ham] bzučet
human ['hju:mən] lidský; lidská bytost
humid ['hju:mid] vlhký
humiliate [hju:'milieit] ponížit, pokořit
humour ['hju:mə] humor; nálada
  sense of ~ smysl pro humor
hundred ['handrəd] sto
hungry ['hangri] hladový
hunt [hant] hon, lov; lovit
  -er ['-ə] lovec
hurl [hə:l] mrštit, metat, hodit
hurray [hu'rei] hurá
hurricane ['harikən] vichřice, uragán
hurry ['hari] spěchat, pospíchat
hurt [hə:t] zranit; ublížit; bolet
husband ['hazbənd] manžel
hush [haš] utišit (se); ticho
husk [hask] slupka, lusk
hutch [hač] králíkárna
hygiene ['haidži:n] hygiena
hysteria [hi'stiəriə] hysterie

I [ai] já
ice [ais] led; zmrzlina; vychladit
  ~ **- cream** [,-'kri:m] zmrzlina
  ~ **hockey** ['aishoki] lední hokej
  ~ **lolly** [,-'loli] nanuk
idea [ai'diə] idea, myšlenka; nápad **-l** [ai'diəl] ideální, ideál
identify [ai'dentifai] zjistit, potvrdit totožnost
idiot ['idiət] idiot, blbec
idle [aidl] zahálející, nečinný
if [if] jestli(že); kdyby; zda(li)
ignite [ig'nait] vznítit se; zapálit; roznítit
ignore [ig'no:] nevšímat si, nedbat čeho, ignorovat
ill [il] nemocný; zlý, špatný
  -ness ['ilnis] nemoc
illegal [i'li:gl] ilegální
illegible [i'ledžəbl] nečitelný
illuminate [i'lju:mineit] osvětlit; objasnit
image ['imidž] představa
imagine [i'mædžin] představit si; domnívat se
imitate ['imiteit] napodobit
immediately [i'mi:djətli] ihned, okamžitě
immune [i'mju:n] imunní
impatient [im'peišnt] netrpělivý
impel [im'pel] (do)nutit; popohnat
impolite [,impə'lait] nezdvořilý
important [im'po:tnt] důležitý
impossible [im'posəbl] nemožný
impress [im'pres] učinit dojem
  -ive [im'presiv] působivý
imprison [im'prizn] uvěznit
improve [im'pru:v] zlepšit (se)

in [in] v(e), u, při, na; do, z; za, od; pro, podle ~ **time** včas **come ~ !** vstupte!
includ/e [in'klu:d] zahmovat -**ing** [-iŋ] včetně čeho
income ['inkəm] příjem
increase [in'kri:s] růst velikost, ceny, vzrůstat; přírůstek, přibývání
incredible [in'kredəbl] neuvěřitelný
incur [in'kə:] vydat se v nebezpečí, vystavit se čemu
indeed [in'di:d] vskutku, opravdu, ovšem, jistě
independent [,indi'pendənt] nezávislý
indoor ['indo:] vhodný pro doma, sport. halový
industry ['indəstri] průmysl
infant ['infənt] malé dítě, kojenec
infection [in'fekšn] infekce
inflammation [,inflə'meišn] zánět, zápal
influence ['influəns] vliv, účinek (*on* na); ovlivňovat, mít vliv
influenza [,influ'enzə] chřipka
information [,info:'meišn] zpráva, informace
inhabitant [in'hæbitənt] obyvatel
inherit [in'herit] zdědit (*from* po)
injection [in'džekšn] injekce
injury ['indžəri] zranění, úraz
ink [iŋk] inkoust
inn [in] hospoda, zájezdní hostinec
inner ['inə] vnitřní; skrytý
innocent ['inəsənt] nevinný
insanity [in'sæniti] šílenství
insect ['insekt] hmyz
insert [in'sə:t] vložit (*into* do)
inshore [,in'šo:] pobřežní
inside [,in'said] uvnitř, dovnitř
insist [in'sist] trvat (*on* na); naléhat

insomnia [in'somniə] nespavost
instance ['instəns] případ, situace **for ~** například
instead [in'sted] místo čeho
instrument [in'strumənt] nástroj
insulin ['insjulin] inzulín
insult [in'salt] urazit, urážka
insurance [in'šuərəns] pojištění
intelligent [in'telidžənt] inteligentní, bystrý
intend [in'tend] zamýšlet, mít úmysl
interact [,intər'ækt] vzájemně na sebe působit, ovlivňovat se
interest ['intrist] zájem; zajímat -**ing** zajímavý, poutavý
intermediate [,intə'mi:djət] (pro)střední; středně pokročilý
international [,intə'næšnl] mezinárodní
interpreter [in'tə:pritə] tlumočník
into ['intu] do zvl. dovnitř; do časově; na účel; v, na změna
intrigue [in'tri:g] kout pikle, intrikovat; intrika, pleticha
introduce [,intrə'dju:s] představit (*to* komu); uvést
invalid [in'vælid] neplatný
invent [in'vent] vynalézt
invest [in'vest] investovat
investigate [in'vestigeit] zkoumat, vyšetřovat, prověřovat
invisible [in'vizəbl] neviditelný
invitation [,invi'teišn] pozvání
invite [in'vait] pozvat; vyzvat
invoice ['invois] účet, faktura
iron ['aiən] železo; žehlička; žehlit **-monger's** ['aiən,maŋgəs] železářství
irregular [i'regju'lə] nepravidelný
island ['ailənd] ostrov
it [it] to, ono
itch [ič] svědění; svědit

jack [džæk] zvedák, hever
jacket ['džækit] sako, kabát
jail [džeil] vězení; uvěznit
jam [džæm] džem; dopravní zácpa
janitor ['džænitə] správce domu, domovník
January ['džænjuəri] leden
jaundice ['džo:ndis] žloutenka
javelin ['džævlin] oštěp
jaw [džo:] čelist
jazz [džæz] džez; hrát džez
jealous ['dželəs] žárlivý (*of* na)
jeans [dži:nz] džínsy
jeep [dži:p] džíp
jelly ['dželi] rosol, želé
 -fish [-fiš] medúza
jersey ['džə:zi] pletený kabátek, svetr
jet [džet] proud tekutiny, plynu; tryska; tryskové letadlo
jettison ['džetisn] hodit přes palubu, zbavit se přítěže
Jew [džu:] Žid **-ess** ['džu:is] Židovka **-ish** ['džu:iš] židovský
jewel ['džu:əl] šperk, klenot
 -lery [-ri] klenotnictví
jingle ['džiŋgl] cinkání; cinkat
job [džob] práce; zaměstnání
 -less ['-lis] nezaměstnaný
jockey ['džoki] žokej
join [džoin] spojit; připojit se (ke komu), jít (s kým); přidat se
joke [džəuk] vtip, žert, žertovat
jolly ['džoli] veselý, rozjařený
journal ['džə:nl] deník, časopis
journey ['džə:ni] cesta
joy [džoi] radost
jubilee ['džu:bili:] výročí

judge [džadž] soudce, znalec; (roz)soudit, posuzovat
 -ment ['-mənt] soud; rozsudek; mínění, názor
judo ['džu:dəu] džudo
jug [džag] džbán
juic/e [džu:s] šťáva
 -y ['-i] šťavnatý
July [džu'lai] červenec
jump [džamp] (pře)(vy)skočit
June [džu:n] červen
jungle ['džaŋgl] džungle
junk [džaŋk] haraburdí, veteš, krámy; nesmysl(y), hloupostí
jury ['džuəri] porota
just [džast] právě, přesně; jenom; prostě, vlastně, zkrátka
justice ['džastis] spravedlnost
juvenile ['džu:vənail] mladý člověk, mladistvý, dospívající

kangaroo [,kæŋgə'ru:] klokan
kayak ['kaiæk] kajak
keen [ki:n] nadšený, horlivý, (dy)chtivý, posedlý
keep [ki:p] dodržet, zachovat; držet slovo; ponechat si
 ~ back zadržet **~ on** pokračovat **~ out** zůstat venku
 -er ['-ə] majitel, držitel
kennel ['kenl] psí bouda
kerb [kə:b] obruba chodníku
kernel ['kə:nl] jádro v pecce, ořechu
ketchup ['kečəp] kečup
kettle ['ketl] konvice na vaření vody
key [ki:] klíč; klávesa, klapka
 -hole ['ki:həul] klíčová dírka

khaki ['ka:ki] (látka barvy) khaki
kick [kik] (pro)(od)kopnout; kopnutí, kopanec
kid [kid] děcko; kůzle; dělat si legraci, vodit za nos
kidnap ['kidnæp] unést dítě, osobu
kidney ['kidni] ledvina
kill [kil] zabít; zničit
 -er [-ə] zabiják, vrah
kilo ['ki:ləu] kilo
 -metre ['kiləu,mi:tə] kilometr
kilt [kilt] skotská sukně
kin [kin] příbuzenstvo
kind [kaind] druh; třída, typ, značka; laskavý, milý
 -ly [-li] laskavě
kindergarten ['kində,ga:tən] mateřská škola
king [kiŋ] král **-dom** ['kiŋdəm] království; říše, oblast
kiosk ['ki:osk] kiosk, stánek
kipper ['kipə] uzený sleď, uzenáč
kiss [kis] polibek, políbit, líbat (se)
kit [kit] nářadí, výstroj; stavebnice, souprava dílů
kitchen ['kičin] kuchyně
 ~ sink kuchyňský dřez
kite [kait] papírový drak
kitten ['kitn] kotě
kitty ['kiti] při hře bank; společná pokladna, fond
knack [næk] zručnost, dovednost; trik, fortel; cvik, praxe
knapsack ['næpsæk] batoh
knead [ni:d] hníst, válet těsto, hlínu; masírovat
knee [ni:] koleno
kneel [ni:l] klečet
knife [naif] nůž; bodnout nožem
knight [nait] rytíř; šachový kůň
knit [nit] plést jehlicemi; stmelit
knob [nob] knoflík vypínače, zásuvky; klika, knoflík na dveřích

knock [nok] rána; zaklepání; klepat, bušit, tlouci (*at the door* na dveře); udeřit se, uhodit se
knot [not] uzel, klička; suk, zavázat na uzel; zasukovat (se)
know [nəu] vědět; znát

label ['leibl] nálepka, štítek, visačka; opatřit nálepkou
laboratory ['læbərətəri] laboratoř
labour ['leibə] práce; pracující, dělnictvo; pracovat, lopotit se
lace [leis] krajka; tkanice do bot; (za)šněrovat
lack [læk] (mít) nedostatek
lacquer ['lækə] lak(ovat)
ladder ['lædə] žebřík; puštěné oko na punčoše
laden ['leidn] obtížený, naložený
ladle ['leidl] sběračka
lady ['leidi] dáma, paní
 -bird ['-bə:d] slunečko sedmitečné
lager ['la:gə] ležák, světlé pivo
lagoon [lə'gu:n] laguna
lake [leik] jezero
lamb [læm] jehně; jehněčí maso
lament [lə'ment] bědovat, naříkat
lamp [læmp] lampa
lance [la:ns] oštěp, kopí, bodec
land [lænd] země; půda
 -ing přistání
 -scape ['lænskeip] krajina
lane [lein] ulička; pruh vozovky
language ['læŋgwidž] jazyk, řeč
lantern ['læntən] lucerna
lapel [lə'pel] klopa

lapse [læps] chyba, zaváhání; poklesek; upadnout (*into* do)
larch [la:č] modřín
lard [la:d] vepřové sádlo
larder ['la:də] spižírna
large [la:dž] velký; rozsáhlý
lark [la:k] skřivan; žert
laser [leizə] laser
last [la:st] poslední; minulý; trvat
  at ~ konečně, nakonec
late [leit] pozdě; pozdní
  -ly v poslední době, nedávno
  the -st [-ist] nejnovější
later [leitə] později
lateral ['lætərəl] postranní, boční
lath [la:θ] lať
lathe [leið] soustruh
lather ['la:ðə] mýdlová pěna; pěnit; namydlit
Latin ['lætin] latina, latinský
latitude ['lætitju:d] zeměpisná šířka
lattice ['lætis] mříž
laugh [la:f] smát se, smích
launderette [,lo:ndəret] automatická prádelna pro veřejnost
laundry ['lo:ndri] prádelna; špinavé nebo vyprané prádlo
laurel ['lorəl] vavřín; vavřínový věnec
lava ['la:və] láva
lavatory ['lævətəri] záchod
lavish ['læviš] štědrý, nešetřící; nešetřit, zahrnovat
law [lo:] zákon; právo; pravidla
  -court [-ko:t] soud budova, místnost
  -yer ['-jə] právník, advokát
lawn [lo:n] trávník
  ~ - mower ['-,məuə] sekačka
laxative ['læksətiv] projímadlo
lay [lei] umístit; položit, klást
layer ['leiə] vrstva
layman ['leimən] laik, neodborník

laze [leiz] lenošit, nic nedělat, odpočívat
laziness ['leizinis] lenost
lazy ['leizi] líný
  ~ - bones [-,bəunz] lenoch
lead [li:d] vést, řídit; být v čele
leaf [li:f] list **-let** ['-lit] leták
leak [li:k] díra, štěrbina; únik; propouštět, netěsnit; pronikat
lean [li:n] naklonit se; opřít se
leap [li:p] (vy)skočit, přeskočit
  ~ year ['-,jə:] přestupný rok
learn [lə:n] (na)učit se (*from* od)
  -er [-ə] žák, student; začátečník
  -ing vědomosti; znalosti
lease [li:s] pronajmout; nájem, pronájem
least [li:st] nejmenší, nejméně
  at ~ alespoň
leather ['leðə] kůže
leave [li:v] opustit; odejít, odjet; nechat **~ out** vynechat
lecture ['lekčə] přednáška (*on* o)
ledger ['ledžə] účetní kniha
leech [li:č] pijavice
leek [li:k] pórek
left [left] levý, (na)v/levo, doleva
  ~ luggage office úschovna zavazadel **~ - handed** levák
  ~ - overs zbytky zvl. jídla
leg [leg] noha; úsek cesty
legal ['li:gl] zákonný, právní
  -ly [-əli] legálně, zákonně
legible ['ledžəbl] čitelný
leisure ['ležə] volný čas, volno
  be at ~ mít volno, mít čas
lemon ['lemən] citrón
  -ade [,lemə'neid] limonáda
lend [lend] půjčit
length [lenθ] délka
lenient ['li:njənt] shovívavý, mírný
lens [lenz] čočka; objektiv
Lent [lent] půst před velikonocemi

lentil ['lentil] čočka luštěnina
lesbian ['lezbiən] lesbický; lesbička
less [les] (stále) méně; menší
 ~ and ~ stále menší, stále méně
lessen ['lesn] zmenšit, snížit (se)
lesser [lesə] menší méně důležitý
lesson ['lesn] lekce, úkol; ponaučení; vyučovací hodina
 -s [-z] vyučování, škola
let [let] dovolit, nechat
 ~ alone nechat na pokoji
 ~ in vpustit dovnitř
 to ~ k pronajmutí
letter ['letə] dopis; písmeno
 ~ - box [-boks] schránka na dopisy
lettuce ['letis] hlávkový salát
leukaemia [lu:'ki:miə] leukémie
level ['levl] rovný, plochý; úroveň, hladina; na stejné úrovni
lever ['li:və] páka
levy ['levi] uložit, vymáhat poplatek, daň (**on** na kom); zabavit v rámci exekuce
liabilit/y [,laiə'biliti] zodpovědnost, závazek; nevýhoda, přítěž
 -ies [-iz] finanční závazky, dluhy
liar ['laiə] lhář(ka)
liberate ['libəreit] osvobodit
liberty ['libəti] svoboda, volnost
library ['laibrəri] knihovna
licence ['laisəns] povolení, licence
 driving ~ řidičský průkaz
lick [lik] lízat, olizovat, lízání
lid [lid] víčko, poklička
lie [lai] lhát; lež; ležet; nacházet se, prostírat se
 ~ down [-daun] lehnout (si)
life [laif] život
 ~ assurance ['-,əšuərəns] životní pojištění; **~ belt** [-belt] záchranný pás **-boat** ['-bəut] záchranný člun **-guard** ['-ga:d] plavčík
 -like ['-laik] jako živý, realistický
 -long ['-loŋ] celoživotní

lift [lift] výtah; zvednout (se); svezení
light [lait] světlo, světlý; lehký; zapálit (se); oheň zápalky
 the ~ is on je rozsvíceno
 -house ['-haus] maják
 -en ['laitn] ulehčit, odlehčit
lighter [laitə] zapalovač
lightning ['laitniŋ] blesk
 ~ rod [-rod] hromosvod
like[1] [laik] mít rád; líbit se
 I would ~ rád bych, chtěl bych
like[2] [laik] jako; podobný
 what is he ~ ? jak vypadá?
liking ['laikiŋ] záliba (**for** v)
lilac ['lailək] šeřík
lily ['lili] lilie
lime [laim] lípa; vápno
limelight ['laimlait] střed veřejného zájmu, střed pozomosti
limit ['limit] hranice, mez; omezit
limousine ['liməzi:n] limuzína
limp [limp] kulhat, kulhání; měkký
line [lain] čára; telefonní linka; provaz; řada; dopravní trať, linka
linen ['linin] lněná tkanina; plátno
linger ['liŋgə] otálet, váhat
lining ['lainiŋ] podšívka
lion ['laiən] lev
lip [lip] ret; okraj nádoby
 -stick [lipstik] rtěnka
liqueur [li'kjuə] likér
liquid ['likwid] tekutý, kapalný; tekutina, kapalina
 -izer [-aizə] mixér
lisp [lisp] šišlat
list [list] seznam, zapsat do seznamu
listen ['lisn] poslouchat, naslouchat (**to** čemu, komu)
 -er ['lisnə] posluchač
listless ['listlis] netečný
literature ['litrəčə] literatura
litre ['li:tə] litr

litter ['litə] odpadky, smetí
~ - bin nádoba na odpadky
little ['litl] málo; malý
a ~ trochu
live [liv] bydlet; žít; prožít
-ly ['laivli] živý, plný života
livelihood ['laivlihud] živobytí
liver ['livə] játra
livestock ['laivstok] dobytek
living ['liviŋ] živobytí; žijící
~ -room obývací pokoj
lizard ['lizəd] ještěrka
load [ləud] náklad; naložit
loaf [ləuf] bochník; potloukat se, flákat se
loan [ləun] půjčka; půjčit
lobster ['lobstə] mořský rak, humr
local ['ləukl] místní (občan)
lock [lok] zámek; zamknout
-smith zámečník
locust ['ləukəst] kobylka, saranče
logic ['lodžik] logika
- al [-l] logický
lollipop ['lolipop] lízátko
London ['landən] Londýn
lone [ləun] osamělý; jediný
long[1] [loŋ] dlouhý; dlouho
as ~ as pokud
long[2] [loŋ] toužit (*for* po)
loo [lu:] záchod hovorové
look [luk] dívat se (*at* na); vypadat; pohled, vzhled
~ after starat se o, pečovat
~ back ohlédnout se (*to* na)
~ down shlížet (*up on*) na)
~ for hledat
~ forward to těšit se na
~ over prohlédnout
~ out dávat pozor (*for* na)
lord [lo:d] pán
L~ lord šlechtický titul; Pán Kristus, Bůh
lorry ['lori] nákladní auto
lose [lu:z] ztratit; prohrát
~ one's way zabloudit
loss [los] ztráta; prohra
lost [lost] ztracený, prohraný
lot [lot] los(ování); osud, úděl
a ~ (of) spousta čeho
lottery ['lotəri] loterie
loud [laud] hlasitý; hlasitě
lounge [laundž] hala na letišti, v hotelu
love [lav] láska; milovat, mít rád
be in ~ with být zamilován do
fall in ~ with zamilovat se do
-r ['lavə] milenec, milenka
-ly ['lavli] rozkošný, roztomilý
low [ləu] nízký; hluboký; nízko
-land [ləulænd] nížina
lower [ləuə] snížit (se)
loyal ['loiəl] věrný, oddaný
lucid ['lu:sid] přehledný, jasný
luck [lak] náhoda
bad/good ~ smůla/štěstí
-ily ['lakili] naštěstí
-y ['laki] šťastný
lug [lag] vléci, táhnout
luggage ['lagidž] zavazadlo/-dla
lunacy ['lu:nəsi] šílenství
lunch [lanč] lehký oběd; obědvat
-time [-taim] čas oběda
lustre ['lastə] třpyt, lesk
luxurious [lag'žuəriəs] luxusní

macaroni [,mækə'rəuni] makaróny
machine [mə'ši:n] stroj
mackerel ['mækrəl] makrela
mad [mæd] bláznivý; šílený
-man ['-mən] blázen
-ness ['-nis] šílenství
madam ['mædəm] dáma, paní

magazine [,mægə'zi:n] časopis
magic ['mædžik] kouzlo; skvělý
  -al [-l] kouzelný
magnet ['mægnit] magnet
  -ic [mæg'netik] magnetický
maid [meid] služebná, služka
maiden ['meidn]: **maiden name** [neim] dívčí jméno
mail [meil] pošta; poslat poštou
  -box veřejná poštovní schránka
main [mein] hlavní
  -land [-lənd] pevnina
  -ly [-li] hlavně, především
maintain [mein'tein] podporovat
maize [meiz] kukuřice
major ['meidžə] důležitější; hlavní
  -ity [mə'džorəti] většina
make [meik] (u)dělat
  ~ friends spřátelit se
  ~ out poradit si; pochopit
  ~ up (vy)tvořit; nalíčit (se)
  ~ up one's mind rozhodnout se
male [meil] mužský; muž, samec
malice ['mælis] zloba, nepřátelství
mammal ['mæməl] savec
man [mæn] člověk, osoba; muž
  -kind [-'kaind] lidstvo
  ~ -made ['-meid] umělý
  -hood ['mænhud] mužství; mužská populace
manage ['mænidž] řídit, vést; zvládnout, dokázat co
  -ment [-mənt] řízení; vedení
  -r [-ə] ředitel
mandate ['mændeit] nařízení; mandát
manifest ['mænifest] zřejmý, patrný; projevit, dokázat
manipulate ['məni'pjuleit] zacházet
manner ['mænə] způsob; chování
manor ['mænə] velkostatek, panství

manual ['mænjuəl] ruční; manuál
manufacture [,mænju'fækčə] výroba; vyrábět
manuscript ['mænjuskript] rukopis
many ['meni] mnoho, mnozí
  how ~ kolik
map [mæp] mapa, plán
march [ma:č] kráčet, pochodovat; pochod, krok
marine [mə'ri:n] mořský; námořní
mark [ma:k] známka; značka; označit; poznamenat (si)
market ['ma:kit] trh, tržiště
marmalade ['ma:məleid] marmeláda pomerančová
marriage ['mæridž] manželství; sňatek
married ['mærid] ženatý, vdaná
  get ~ oženit se, vdát se
marrow ['mærəu] dřeň, jádro; tykev
marry ['mæri] oženit se, vdát se
marvel ['ma:vl] div; divit se
  -lous ['ma:vələs] zázračný
mascara [mæ'ska:rə] řasenka
mash [mæš] kaše; všehochuť
mask [ma:sk] maska; maskovat (se)
mass [mæs] mše; hmota, masa
  ~ media masové sdělovací prostředky
massacre ['mæsəkə] masakr, krveprolití; povraždit
massage ['mæsa:ž] masáž
massive ['mæsiv] masivní, pevný
mast [ma:st] stožár
match [mæč] zápalka; utkání; hodit se, jít (k čemu); porovnat
mate [meit] kamarád; partner(ka)
material [mə'tiəriəl] hmotný; hmota; látka na šaty
matern/al [mə'tə:nl] mateřský
  -ity [-iti] mateřství
  ~ hospital porodnice

mathematics [ˌmæθəˈmætiks] matematika

matter [ˈmætə] záležitost, otázka
  it doesn't ~ to nevadí
  what's the ~ co se děje?

matur/e [ˈmətjuəri] zralý, dospělý; uzrát, dospět
  -ity [məˈtjuəriti] zralost, dospělost

may [mei] moci, smět
  -be [ˈmeibi:] možná, snad, asi

mayday [ˈmeidei] SOS volání pomoci

mayonnaise [ˌmeiəˈneiz] majonéza

mayor [meə] starosta

me [mi:] mne, mě, mně, mnou

meadow [ˈmedəu] louka

meal [mi:l] denní jídlo
  enjoy your ~ ! dobrou chuť!

mean [mi:n] znamenat; mít na mysli; zamýšlet, mínit
  by no ~ s v žádném případě

meaning [ˈmi:niŋ] význam, smysl

measure [ˈmeʒə] míra, měřit

meat [mi:t] maso

mediate [ˈmi:dieit] zprostředkovat

medical [ˈmedikl] lékařský

medicine [ˈmedsin] medicína; lék

medieval [ˌmediˈi:vl] středověký

meditate [ˈmediteit] rozjímat

medium [ˈmi:diəm] střední; průměrný

meek [mi:k] mírný, poddajný;
  -ness [-nis] pokora

meet [mi:t] potkat; sejít se (s); seznámit se; uhradit
  -ing [-iŋ] setkání; schůze

mellow [ˈmeləu] zralý ovoce, věk

melody [ˈmelədi] melodie

melon [ˈmelən] meloun

melt [melt] tát; rozpustit (se)

member [ˈmembə] člen

memo [ˈmeməu] poznámka, zápis

memorial [miˈmo:riəl] památník

memory [ˈmeməri] paměť

menace [ˈmenəs] vyhrožovat

mend [mend] opravit; oprava

menial [ˈmi:njəl] podřadný; sluha

meningitis [ˌmeninˈdʒaitis] zánět mozkových blan

mental [ˈmentl] duševní

mention [ˈmenšn] zmínit se; zmínka
  don't ~ it! to nestojí za řeč!

menu [ˈmenju:] jídelní lístek

merchant [ˈmə:čənt] obchodník

mercury [ˈmə:kjuri] rtuť

mercy [ˈmə:si] soucit; slitování

merge [mə:dž] fúzovat, splynout (in s)

merry [ˈmeri] veselý
  ~ -go-round [- gəu, raund] kolotoč

mess [mes] nepořádek
  -y [ˈ-i] nepořádný, špinavý

message [ˈmesidž] zpráva; vzkaz; poslání, poselství

messenger [ˈmesindžə] posel

metal [ˈmetl] kov

meter [ˈmi:tə] měřidlo, počitadlo

method [ˈmeθəd] metoda

metre [ˈmi:tə] metr

metropolis [miˈtropəlis] metropole, hlavní město

micro [ˈmaikrə] mikro
  -phone [ˈ-fəun] mikrofon
  -scope [-skəup] mikroskop
  -wave [ˈ-weiv] mikrovlnná trouba

mid [mid] (pro)střední
  -day [ˈ-dei] poledne
  -night [ˈ-nait] půlnoc
  -summer [ˈ-,samə] letní slunovrat
  -winter [ˌ-ˈwintə] zimní slunovrat

middle [ˈmidl] pro(střed)ní
  The M~ Ages středověk
  in the ~ of uprostřed čeho
  ~ -aged [ˌ-ˈeidžd] středního věku

might [mait] moc, síla

migraine ['migrein] migréna
migrate [mai'greit] stěhovat se
mike [maik] mikrofon
mild [maild] mírný **-ly** [-li] mírně
mile [mail] míle = 1609 m
militant ['militənt] bojovný
milk [milk] mléko; dojit
  -y ['-i] mléčný vyráběný z mléka
millennium [mi'leniəm] tisíciletí
million ['miljən] milión
  -aire [,miljə'neə] milionář
mimic ['mimik] imitátor; hraný; napodobit, imitovat
mind [maind] mysl, myšlení, paměť, rozum; dbát, dát pozor
  keep in ~ mít na paměti, mysli
  would you ~ nebude vám vadit **never ~** nevadí
mine[1] [main] můj užívá se samostatně
mine[2] [main] důl; mina; těžit, dolovat **-r** [-ə] horník
mineral ['minərəl] nerost
  ~ water minerálka
mining ['mainiŋ] těžba; hornický
minor ['mainə] menší, méně významný **-ity** [mai'noriti] menšina; nezletilost
minute[1] [mai'nju:t] nepatrný, drobný; přesný, podrobný
minute[2] ['minit] minuta; okamžik
miracle ['mirəkl] zázrak
mirage ['mira:ž] fata morgána
mirror ['mirə] zrcadlo
misadventure ['misəd'venčə] nehoda, nešťastná náhoda
misbehave [,misbi'heiv] špatně (neslušně) se chovat
miser ['maizə] lakomec
  -able ['mizərəbl] ubohý, bídný
  -y ['mizəri] bída, utrpení
misfortune [mis'fo:čn] neštěstí
misgivings [mis'giviŋz] obavy, pochybnosti

miss [mis] zmeškat; minout; postrádat, pociťovat stesk
  ~ a train [-trein] zmeškat vlak
Miss [mis] titul u jména slečna
mission ['mišn] poselství; poslání
mist [mist] mlha **-y** ['-i] mlhavý
mistake [mi'steik] chyba; omyl
  by ~ omylem **be -n** mýlit se
mistrust [,mis'trast] nedůvěra; nedůvěřovat
misunderstanding [,misandə'stændiŋ] nedorozumění
mix [miks] (s)míchat (se)
mobile ['məubail] pohyblivý
mode [məud] způsob; móda
modern ['modən] moderní
modest ['modist] skromný
modify ['modifai] upravit, pozměnit
moment ['məumənt] okamžik
  at the ~ teď, právě
money ['mani] peníze
monk [maŋk] mnich
monkey ['maŋki] opice
month [manθ] kalendářní měsíc
monument ['monjumənt] památník, pomník, stavitelská památka
mood [mu:d] nálada
  -y ['-i] náladový
moon [mu:n] měsíc
moped ['məuped] moped
morass [mə'ræs] bažina, bahnisko
Moravia [mə'reivjə] Morava
  -n [-n] moravský; Moravan
more [mo:] víc(e); ještě
  no ~ už ne
  once ~ ještě jednou
  two ~ ještě dva
morning ['mo:niŋ] ráno, dopoledne
morsel ['mo:sl] sousto
mortgage ['mo:gidž] hypotéka
mortuary ['mo:čuəri] márnice
mosque [mosk] mešita
mosquito [məs'ki:təu] komár

most [məust] nejvíce; největší
 -ly [-li] většinou, hlavně
mother ['mʌðə] matka
 ~ tongue mateřština
 ~ - in-law ['mʌðəinlo:] tchýně
 ~ - to-be ['mʌðətubi:] nastávající matka
motion ['məušn] pohyb, chod
motivate ['məutiveit] motivovat
motor ['məutə] motor
 -bike [-baik] motocykl
 -boat [-bəut] motorový člun
 -way [-wei] dálnice
mound [maund] hromada; kopec, pahorek
mountain [mauntin] hora
mourn [mo:n] truchlit (*for* pro)
mouse [maus] myš(ka)
moustache [mə'sta:š] knír, knírek
mouth [mauθ] ústa
move [mu:v] pohyb; pohybovat (se); stěhovat (se)
 ~ away odejít, odstěhovat se
 ~ in nastěhovat se
 ~ out vystěhovat se
movie ['mu:vi] am. film
 the ~ -s kino
mow [məu] kosit, sekat trávu
 -er [-ə] žnec; sekačka na trávu
Mr. ['mistə] (= Mister) pán
Mrs. ['misiz] (= Mistress) paní
Ms. ['miz, məz] (= Miss) paní nebo slečna
much [mač] mnoho, hodně
mug [mag] džbánek, hrneček
mummy ['mami] máma; mumie
municipial [mju:'nisipl] městský, obecní
murder ['mə:də] vražda, zavraždit
muscle ['masl] sval
museum [mju:'ziəm] muzeum
mushroom ['mašru:m] houba
music ['mju:zik] hudba; noty

must [mast] muset
mustard ['mastəd] hořčice
mute [mju:t] němý
mutiny [mju:tini] vzpoura; vzbouřit se
mutton [matn] skopové maso
my [mai] můj
myself [mai'self] já sám, se, sebe; já, mně, mě, zdůrazňovací osobně
mysterious [mi'stiəriəs] tajemný, záhadný
mystify ['mistifai] zmást, oklamat
myth [miθ] mýtus; báje

nail [neil] hřebík; nehet; přibít
 ~ scissors ['-,sizəz] nůžky na nehty
naive [na:'i:v] naivní
naked ['neikid] nahý; holý
name [neim] jméno, pojmenovat, uvést jménem **-ly** [-li] totiž
nanny ['næni] chůva
nap [næp] zdřímnout si
nape [neip] týl
napkin ['næpkin] ubrousek
nappy ['næpi] plena hovorově
narrow ['nærəu] úzký; omezený
nascent [næsnt] rodící se, vznikající **~ state** stav zrodu
nasty ['na:sti] ošklivý; protivný
nationality [,næšə'næliti] národnost; národ
native ['neitiv] rodný; rodilý; domorodec; rodák
nativity [nə'tiviti] narození
natural ['næčrəl] přirozený; přírodní

nature ['neičə] příroda
naughty ['no:ti] nezbedný, rozpustilý; neslušný, sprostý
  be ~ zlobit
nausea ['no:siə] zvedání žaludku
naval ['neivl] námořní, námořnický
navel ['neivl] pupek
navy ['neivi] (válečné) loďstvo
near [niə] blízký vzdálenost, čas; u; blízko **-ly** [-li] skoro, téměř
neat [ni:t] úpravený, uspořádaný
necessary ['nesəsəri] nutný
neck [nek] krk
  -lace ['-lis] náhrdelník
  -line ['-lain] výstřih
need [ni:d] potřebovat; muset
  -less ['-lis] zbytečný
  -less to say pochopitelně; netřeba říkat, samo sebou
needle ['ni:dl] jehla; jehlice; háček na háčkování; ručička; dopálit, popíchnout
  -work [-wə:k] vyšívání; šití
negative ['negətiv] negativní
negotiate [ni,gəušieit] jednat
negotiation [ni,gəuši'eišn] vyjednávání; jednání
Negro ['ni:grəu] černoch; černošský
neighbour ['neibə] soused
  -hood [-hud] sousedství
neither ['naiðə] žádný z obou, ani jeden **~ do I** já také ne
nephew ['nevju:] synovec
nervous ['nə:vəs] nervózní
nest [nest] hnízdo
net [net] síť; čistý; lovit
  -work ['-wə:k] síť systém
nettle ['netl] kopřiva
never ['nevə] nikdy
  ~ mind nevadí
  ~ more víckrát už ne
  ~ the better o nic lepší
nevertheless [,nevəðə'les] přesto

new [nju:] nový
  -ly [-li] nedávno
  -lyweds novomanželé
  New Year's Eve Silvestr
news [nju:z] zpráva/y, novinka/y
  -paper ['nju:s,peipə] noviny
next [nekst] příští; další; nejbližší; sousední; příště; dál(e)
  ~ to vedle, u
  ~ time příště (až)
nice [nais] hezký, milý; chutný
nickname ['nikneim] přezdívka
nicotine ['nikəti:n] nikotin
niece [ni:s] neteř
night [nait] noc; večer
  at ~, by ~ v noci
  first ~ premiéra
  - club ['-klab] bar, noční podnik
  - dress ['-dres] noční košile
  -mare ['-meə] noční můra, děs
nine [nain] devět
  -teen ['-ti:n] devatenáct
  -ty ['-ti] devadesát
nitrogen ['naitrədžən] dusík
no [nəu] ne, nikoliv; žádný
nobility [nəu'biləti] šlechta
noble ['nəubl] urozený; ušlechtilý
  -man ['-mən] šlechtic
nobody ['nəubədi] nikdo
noise [noiz] hluk, rámus
nominate ['nomineit] navrhnout
nomination ['nomineišn] nominace, jmenování
none [nan] žádný; nikdo
nonsense ['nonsəns] nesmysl
noon [nu:n] poledne
  at ~ v poledne
noose [nu:s] smyčka; oko
nor [no:] ani; ale také ne
normal ['no:ml] normální
  -ly [-li] normálně, obyčejně
north [no:θ] sever; severní
  -wards ['no:θwədz] na sever

nose [nəuz] nos; čenich; čich
not [not] ne, nikoliv
 ~ at all vůbec ne; rádo se stalo, není zač podĕkování
 ~ too well jakž takž
 ~ yet ještě ne
note [nəut] bankovka; poznámka, poznamenat (si); všimnout si
 -paper ['-,peipə] dopisní papír
nothing ['naθiŋ] nic
 for ~ zadarmo; pro nic za nic
notice ['nəutis] oznámení; výpověď; všimnout si
notify ['nəutifai] oznámit, informovat (*of* o čem), sdělit (*of* co)
notion ['nəušn] pojem; představa
noun [naun] podstatné jméno
nourish ['nariš] živit; dodávat živiny **-ing** [-iŋ] výživný
 -ment [-mənt] potrava; výživa
novel ['novl] román
now [nau] nyní; (hned) teď
 just ~ hned teď
 up to ~ doposud
nowhere ['nəuweə] nikde; nikam
nuclear ['nju:kliə] jaderný
nude [nju:d] nahý
number ['nambə] číslo; počet, množství; (o)číslovat; počítat
numeral ['nju:mərl] číslovka
nun [nan] jeptiška
nurse [nə:s] zdravotní sestra
nut [nat] ořech
nutritious [nju:'trišəs] výživný

obedience [əu'bi:djəns] poslušnost

obese [əu'bi:s] otylý, obézní
object ['obdžikt] předmět, věc; mít námitky, namítat
obligation [,obli'geišn] závazek, povinnost
obstacle ['obstəkl] překážka
obtain [əb'tein] získat, obdržet
obvious ['obviəs] zřejmý, jasný
occasion [ə'keižn] příležitost
occupy ['okjupai] zabrat, obsadit
ocean ['əušn] oceán
octopus ['oktəpəs] chobotnice
ocular ['okjulə] oční, vizuální
of [ov; əv] od, z vyjadřuje místní určení, čas, vzdálenost, materiál, charakteristiku (předložka 4. pádu)
off [of] pryč (z, od, mimo); vypnutý, zavřený světlo, kohoutek
 day ~ volný den
offence [ə'fens] urážka; přestupek
offend [ə'fend] urazit; provinit se
offer ['ofə] nabídnout; nabídka
office ['ofis] kancelář, úřad
offset ['ofset] vyrovnat, vyvážit
often ['ofn, oftn] často
oil [oil] olej; ropa, nafta; namazat
ointment ['oinmənt] mast na pleť
old [əuld] starý
 how ~ are you? kolik je ti let?
olive ['oliv] oliva
omelette ['omlit] omeleta
omit [ə'mit] vynechat, opominout
on [on] na, ve; za, při; podle
 ~ the right vpravo; doprava
 ~ Sunday v neděli
 ~ February 18th 18. února
once [wans] jednou; kdysi
 ~ more ještě jednou
 ~ upon a time onoho času, kdysi na začátku pohádky
oncoming ['on,kamiŋ] blížící se
one [wan] jeden; týž, stejný; sám
 which ~ který?
 ~ another navzájem

onion ['anjən] cibule
only ['əunli] jen(om); pouze, až
  the ~ jediný, jediný možný
onset ['onset] začátek, počátek
open ['əupen] otevřený; veřejný;
  otevřít (se); zahájit, začít
  in the ~ air pod širým nebem
  -ly [-li] otevřeně, veřejně
opener ['əupnə] otvírák
opera ['opərə] opera
operate [,opə'reit] fungovat,
  pracovat; operovat (*on* koho)
operation [,opə'reišn] operace
opinion [ə'pinjən] názor, mínění
  in my ~ podle mého názoru
opponent [ə'pəunənt] odpůrce,
  protivník
opportunity [,opə'tju:niti] příležitost
opposite ['opəzit] naproti; opačný
opposition [,opə'zišn] odpor,
  opozice; protiklad
optic ['optik] zrakový, oční, optický
optimist [,optimist] optimista
option ['opšn] volba
  -al ['opšənl] volitelný, nepovinný
or [o:] nebo, či
oral ['o:rəl] ústní; ústní zkouška
orange ['orindž] pomeranč;
  oranžový
orchestra ['o:kistrə] orchestr
order ['o:də] pořádek; klid; objednávka; rozkaz, nařídit; objednat
  out of ~ mimo provoz
ordinary ['o:dnri] obyčejný
organ ['o:gən] ústrojí, orgán;
  varhany
organize ['o:gənaiz] organizovat,
  pořádat **-r** [-ə] organizátor
oriental [,o:rientl] východní,
  orientální
origin ['oridžin] zdroj; původ
ornament ['o:nəmənt] ozdoba

orphan ['o:fn] sirotek
ostrich ['ostrič] pštros
other ['aðə] jiný **-s** [-z] jiní
  each ~ navzájem
  -wise ['aðəwaiz] jinak
ought [o:t] pomocné sloveso **I ~ to do it**
  měl bych to udělat
our ['auə] náš, naše **-s** [-z] samostatně
out [aut] ven(ku); pryč; zhasnutý;
  vypnutý **he is ~** není doma
outcome ['autkam] výsledek
outdated ['autdeitid] zastaralý
outdoor ['autdo:] venku; venkovní
outline ['autlain] obrys; náčrt
outlook ['autluk] výhled; náhled
outside ['autsaid] vnější strana
outstanding [,aut'stændiŋ]
  vynikající; nedodělaný
oven ['avn] pec, trouba
over ['əuvə] poloha nad; pohyb přes
  ~ there tamhle, tam
  it is ~ je po všem
overall [,əuvəro:l] celkový
overcast ['əuvəka:st] zatažený;
  zamračit se, zatáhnout se
overcoat ['əuvəkəut] svrchník
overfill ['əuvəfil] přeplnit
overland ['əuvəlænd] pozemní
overlook ['əuvəluk] přehlédnout
overnight [,əuvə'nait] přes noc
oversea [,əuvə'si:] zámořský
oversleep [,əuvə'sli:p] zaspat
overtake [,əuvə'teik] předhonit
overtime ['əuvətaim] přesčas
overweight [,əuvə'weit] nadváha;
  převaha; otylý, tlustý
overwork [,əuvə'wə:k] přepracovat
  se; přepracování
owe [əu] dlužit; vděčit (*to* čemu)
own [əun] vlastnit; vlastní
  -er [-ə] majitel, vlastník
ox [oks] vůl
oxygen ['oksidžən] kyslík

P

pace [peis] krok, chůze; kráčet
pack [pæk] balík; (za)balit
  -et [-it] balíček
pact [pækt] pakt, smlouva
pagan ['peigən] pohan; neznaboh
page [peidž] strana, stránka
pail [peil] vědro, kbelík
pain [pein] bolest; nepříjemnost
  -ful ['-fəl] bolestivý, bolavý
  -less ['-lis] bezbolestný
paint [peint] barva; nátěr; natírat; malovat kreslit; líčit se
  -brush ['-braš] štětec malířský, natěračský
  -ing [-iŋ] malba, obraz
pair [peə] pár, dvojice
palace ['pælis] palác
pale [peil] bledý; barva světlý
palm [pa:m] dlaň; palma
pan [pæn] pánev, pekáč, kastrol
  -cake [-keik] palačinka, lívanec
panel [pænl] výplň, tabule
panic ['pænik] panika(řit)
panorama [,pænə'ra:mə] panoráma
panties ['pæntiz] dámské kalhotky
pantry ['pæntri] spižírna
pants [pænts] pánské trenýrky
paper ['peipə] papír; tapety
  -work [-wə:k] kancelářská práce
paprika ['pæprikə] paprika
parachute ['pærəšu:t] padák; skočit padákem
paradise ['pærədais] ráj
paramount ['pærəmaunt] prvořadý
parasite ['pærəsait] cizopasník
parasol ['pærəsɔl] slunečník
parcel ['pa:sl] balí(če)k; rozdělit
pardon ['pa:dn] prominout, omluvit **P ~ me?** prosím? nerozuměl jsem

pare [peə] ostříhat; oloupat
parents ['peərənts] rodiče
parish [pæriš] farnost
park [pa:k] park; (za)parkovat
  -ing parkování, parkoviště
  no ~ zákaz parkování
parliament ['pa:ləmənt] parlament
parrot ['pærət] papoušek
parsley ['pa:sli] petržel
parson ['pa:sn] farář, duchovní
part [pa:t] část; díl; rozdělit
  -ly ['-li] částečně, zčásti
  ~ - time na poloviční úvazek
  take ~ in účastnit se čeho
participate [pa:'tisipeit] (z)účastnit se (*in* čeho)
particle [pa:'tikl] částečka; trocha
partner ['pa:tnə] společník; druh, partner v manželství
partridge ['pa:tridž] koroptev
party ['pa:ti] večírek; společnost
pass [pa:s] minout, jet okolo
passage ['pæsidž] průchod, průjezd; pasáž v textu
passenger ['pæsindžə] pasažér
passion ['pæšn] vztek; vášeň
passive ['pæsiv] trpný jaz.; pasívní
passport ['pa:spo:t] cestovní pas
password ['pa:swə:d] heslo
past [pa:st] minulý, bývalý; minulost; mimo; kolem
pasta ['pa:stə] těstoviny
paste ['peist] těsto; lepidlo
pastime ['pa:staim] zábava
pastry ['peistri] pečivo sladké
paté ['pætei] paštika
paternity [pə'tə:niti] otcovství
path [pa:θ] cest(ič)a, pěšina
patient ['peišnt] trpělivý (*with* s)
patriot ['peitriət] vlastenec
patrol [pə'trəul] hlídka, hlídkovat
patron ['peitrən] ochránce; patron
pattern ['pætən] vzor; model

pause [po:z] přestávka; ustat
pavement ['peivmənt] chodník
pavilion [pə'viljən] pavilón, besídka
paw [po:] tlapa, packa
pay [pei] (za)platit; plat, mzda
~ **attention to** věnovat pozornost čemu ~ **off** vyplatit (se)
pea [pi:] hrách, hrášek
peace [pi:s] mír; pokoj, klid
-**ful** ['-fəl] klidný; mírový
peach [pi:č] broskev
peak [pi:k] vrchol hory; špička
peanuts ['pi:nats] burské oříšky
pear [peə] hruška
pearl [pə:l] perla
pedestrian [pi'destriən] chodec
pedigree ['pedigri:] rodokmen
peel [pi:l] slupka; (o)loupat (se)
pen[1] [pen] ohrada
pen[2] [pen] pero ~ **- friend** přítel při dopisování
penal ['pi:nl] trestní
-**ty** ['pe:nlti] trest; pokuta
pencil ['pensl] tužka
penguin ['peŋgwin] tučňák
penicillin [,peni'silin] penicilín
peninsula [pi'nisjulə] poloostrov
penknife ['pennaif] kapesní nůž
penniless ['penilis] na mizině
pension ['penšn] důchod, penze
people ['pi:pl] lidé; národ
pepper ['pepə] pepř, paprika
per [pə:] rozdělení v, za, na, podle
~ **day, person** na den, osobu
~ **cent** [pə'sent] procento
percentage [pə'sentidž] procento
perception [pə'sepšn] vnímavost; představa, pojem
perfect ['pə:fikt] dokonalý; ideální
perfom [pə'fo:m] vykonat; předvádět -**ance** [-əns] provedení; představení divadelní
perfume ['pə:fju:m] parfém

perhaps [pə'hæps] snad, asi
period ['piəriəd] období, doba; menstruace
permanent ['pə:mənənt] stálý
permission [pə'mišn] povolení
permit [pə'mit] povolit, dovolit
persecute ['pə:sikju:t] pronásledovat; obtěžovat
perseverance [,pə:si'viərəns] vytrvalost
person ['pə:sn] osoba
in ~ osobně -**al** [-l] osobní
perspire [pə'spaiə] potit se -**ation** ['pə:spə'reišn] pot, pocení
persuade [pə'sweid] přemluvit, přesvědčit (**of** o)
pert [pə:t] drzý, troufalý
pertain [pə'tein] týkat se (**to** čeho), patřit, příslušet, hodit se
perva/de [pə'veid] proniknout, prostoupit -**sive** [-siv] pronikavý
perverse [pə'və:s] zatvrzelý, úchylný
pest [pest] otrava člověk, škůdce
pet [pet] miláček, mazlíček, domácí zvíře, hýčkat, laskat, mazlit se (s)
petition [pi'tišn] petice, návrh
petrifi ['petrify] ztuhnout, stmout
petrol ['petrəl] benzín ~ **station** [-'steišn] benzínová stanice
petty ['peti] drobný, bezvýznamný
petulant ['petjulənt] netrpělivý
phantom ['fæntəm] fantóm, duch
pharmacy ['fa:məsi] lékárna
pheasant ['feznt] bažant
phone [fəun] telefon(ovat)
photo ['fəutəu] fotografie; fotografovat -**grapher** [fə'togrəfə] fotograf
phrase [freiz] úsloví; fráze
piano ['pjænəu] piano, klavír

pick [pik] trhat, sbírat květiny, ovoce ap.
picnic ['piknik] piknik
pictorial [pik'to:riəl] obraz(k)ový, ilustrovaný
picture ['pikčə] obraz, portrét
pie [pai] pečivo plněné ovocem
piece [pi:s] kus, kousek; díl
pierce [piəs] propíchnout, probodnout
pig [pig] prase, vepř
pigeon ['pidžin] holub
pike[1] [paik] štika
pike[2] [paik] kopí
pill [pil] pilulka, tabletka
pillar ['pilə] sloup, pilíř ~ **-box** [-boks] poštovní schránka
pillow ['piləu] polštář, poduška
pilot ['pailət] pilot, lodivod
pin [pin] špendlík; přišpendlit
pincers ['pinsəz] kleště, klepeta
pineapple ['pain,æpl] ananas
ping-pong ['piŋpoŋ] stolní tenis
pink [piŋk] karafiát; růžový
pip [pip] jádro, pecička
pipe [paip] trubice, dýmka, roura
pirate ['paiərit] pirát
pit [pit] jáma, díra; propast; důl
pitch [pič] smůla
pitfall ['pitfo:l] chyták, past
pity ['piti] lítost, soucit (s); škoda
  it's a ~ to je škoda
placard ['plæka:d] plakát, poutač
placate [plə'keit] usmířit, uklidnit
place [pleis] místo; umístit
  take ~ konat se
placid ['plæsid] klidný, nerušený
plague [pleig] mor, epidemie
plain [plein] jasný, srozumitelný
plait [plæt] pletenec, cop
plan [plæn] plán úmysl; plánovat
plane [plein] rovina; letadlo
planet ['plænit] planeta, oběžnice
plant [pla:nt] rostlina; zasadit

plaster ['pla:stə] omítka
plastic ['plæstik] umělá hmota
plate [pleit] talíř; deska
platform ['plætfo:m] nástupiště
platinum ['plætinəm] platina
platitude ['plætitju:d] fráze, všednost
plausible ['plo:zəbl] přijatelný, možný
play [plei] hra; hrát (si)
  -ground ['-graund] hřiště
plea [pli:] prosba, obhajoba
plead [pli:d] prosit, žádat
pleasant ['pleznt] příjemný
please [pli:z] (po)těšit, udělat radost; zdvořile žádat prosím
pleasure ['pležə] potěšení, radost; požitek **with ~** s radostí
pledge [pledž] zástava, záruka
plenty ['plenti] spousta, hojnost
pliable ['plaiəbl] ohebný, pružný
plimsolls ['plimsəlz] PL tenisky
plot [plot] osnova, zápletka
ploy [ploi] podvod, trik
pluck [plak] odvaha, kuráž
plug [plag] zátka; el. zástrčka
  ~ in zastrčit do zásuvky
plum [plam] švestka, slíva
plumber [plamə] instalatér
plump[1] [plamp] spadnout, žuchnout
plump[2] [plamp] kyprý, buclatý
plunder ['plandə] loupit, kořist
plunge [plandž] ponořit, vrhnout
plural ['pluərəl] množné číslo
plus [plas] plus
p.m. [,pi:'em] odpoledne v určení času
pneumonia [nju:'məunjə] zápal plic
poach[1] [pəuč] vařit bodem varu
poach[2] [pəuč] pytlačit, krást
pocket ['pokit] kapsa
pod [pod] lusk

podgy ['podži] zavalitý
poem ['pəuim] báseň
poet ['pəuit] básník
point [point] bod; tečka; špička
 ~ **of view** hledisko
poise [poiz] držení těla, rovnováha
poison ['poizn] jed; otrávit
poke [pəuk] šťouchnout, rýpnout
polar ['pəulə] polární
pole [pəul] tyč, kůl, sloup, pól
polecat ['pəulkæt] tchoř
police [pə'li:s] policie; chránit
 -man [-mən] policista, strážník
 ~ **station** policejní stanice
polish ['poliš] (vy)leštit, lesk
polite [pə'lait] zdvořilý
politics ['politiks] politika
poll [pəul] volby, hlasování
pollen ['polən] pyl
pollute [pə'lu:t] znečistit
pomp [pomp] nádhera, okázalost
 -ous ['-əs] sebevědomí, nafoukaný, důležitý
pond [pond] rybník, vodní nádrž
ponder ['pondə] uvažovat, přemítat
pony ['pəuni] pony, poník
poodle ['pu:dl] pudl
pool [pu:l] louže, kaluž, tůň
poor [puə] chudý; ubohý; chudák
pop [pop] populární hudba
pope [pəup] papež
poplar ['poplə] topol
poppy ['popi] mák
populace ['popjuləs] obyvatelstvo
popular ['popjulə] populární
porcelain ['po:səlin] porcelán
porch [po:č] přístřešek
porcupine ['po:kjupain] dikobraz
pore [po:] pór
pork [po:k] vepřové maso
porridge ['poridž] ovesná kaše
port [po:t] přístav

portable ['po:təbl] přenosný
porter ['po:tə] vrátný; nosič
portion ['po:šn] porce jídla; část
portly ['po:tli] tělnatý, statný
portrait ['po:trit] podobizna, portrét
pose [pəuz] postoj, pozice
posh [poš] luxusní, bohatý
position [pə'zišn] poloha, postavení, zaměstnání
positive ['pozətiv] kladný, pozitivní
possess [pə'zes] mít, vlastnit
possibility [,posə'biliti] možnost
possible ['posəbl] možný
post [pəust] pošta; poslat
 -card ['-ka:d] pohlednice
 -code ['-kəud] PSČ
 -man ['-mən] listonoš
poster ['pəustə] plakát
posterior [po'stiəriə] pozdější, následující
postpone [,pəust'pəun] odložit
pot [pot] hrnec; čaj. n. kávová konvice
potassium [pə'tæsiəm] draslík
potato [pə'teitəu] brambor
potent ['pəutənt] silný
potential [pə'tenšl] možný, potencionální
pottery ['potəri] keramika
potty ['poti] bláznivý, pitomý
pouch [pauč] vak, pytlík
poultry ['pəultri] drůbež
pounce [pauns] vrhnout se
pound [paund] libra jednotka váhy, měny
pour [po:] (na)lít; téci, proudit
poverty ['povəti] chudoba, bída
powder ['paudə] prach; prášek
power ['pauə] moc; síla
 ~ **cut** výpadek el. proudu
practicable ['præktikəbl] proveditelný, možný
practical ['præktikl] praktický

practice ['præktis] praxe; trénink
Prague [pra:g] Praha; pražský
prairie ['preəri] prérie, step
praise [preiz] chválit; pochvala
pram [præm] dětský kočárek
prank [præŋk] žert, šprým
prattle ['prætl] žvatlat, žvanit
prawn [pro:n] granát
pray [prei] modlit se (*for* za)
preach [pri:č] dělat kázání
precaution [pri'ko:šn] opatření
precede [ˌpri'si:d] předcházet
precinct ['pri:siŋkt] místo, oblast
precious ['prešəs] drahocenný
precipice ['presipis] sráz, spád
precipitate [pri'sipiteit] srazit, shodit, urychlit
precise [pri'sais] přesný **-ly** [-li] právě, přesně
preclude [pri'klu:d] zabránit
precocious [pri'koušəs] předčasně vyspělý *dítě*
predict [pri'dikt] předpovědět
predominant [pri'dominənt] převládající
prefab ['pri:fæb] panelák
prefer [pri'fə:] dávat přednost (*to* před), mít raději (než)
pregnant ['pregnənt] těhotná
prehistoric [ˌpri:hi'storik] pravěký, prehistorický
prejudice ['predžudis] předsudek
prelude ['prelju:d] předehra, úvod
premier ['premjə] první, vedoucí
premonition [ˌpremə'nišn] tušení, předtucha
prepaid [ˌpri:'peid] předplacený
prepare [pri'peə] připravit (se)
preposition [ˌprepə'zišn] předložka
prerequisite [ˌpri:'rekwizit] předpoklad, podmínka
prerogative [pri'rogətiv] výsadní právo
prescribe [pri'skraib] předepsat
prescription [pri'skripšn] lékařský recept
present[1] ['preznt] současný, dnešní; přítomný; dar(ování)
present[2] [pri'zent] představit
preside [pri'zaid] předepsat
press [pres] stisk(nutí), zmáčknutí, stisknout, stlačit
pressure ['prešə] (ná)tlak
pretend [pri'tend] předstírat, dělat si nárok
pretext ['pri:tekst] záminka
pretty ['priti] pěkný, hezký
prevail [pri'veil] převládat
prevent [ˌpri'vent] zabránit
preview [ˌpri'vju:] předpremiéra
previous ['pri:vjəs] předchozí
price [prais] cena *zboží*
prick [prik] (pro)píchnout
pride [praid] pýcha; chlubit se
priest [pri:st] kněz
prim [prim] upjatý
prime [praim] první, prvotní
primitive ['primitiv] primitivní
prince [prins] princ, kníže
principal ['prinsəpl] hlavní, základní
print [print] tisk, otisk
prison ['prizn] vězení
private ['praivit] soukromý
prize [praiz] cena; výhra *v soutěži*
probably ['probəbli] pravděpodobně
probation [prə'beišn] zkouška, zkušební doba
probe [proub] sonda
problem ['probləm] problém
procedure [prə'si:džə] postup, způsob práce
produce [prə'dju:s] vyrábět
product ['prodəkt] výrobek

profit ['profit] zisk; prospěch
profound [prə'faund] hluboký, opravdový, skutečný
profusion [prə'fju:žn] hojnost, nadbytek
programme ['prəugræm] program pořad; program, plán, záměr, cíl
progress ['prəugres] pokrok, vývoj
prohibit [prə'hibit] zakázat co
project ['prodžekt] projekt, návrh, projektovat, navrhnout
promenade [,promi'na:d] promenáda, korzo
promise ['promis] slib; slíbit
promote [prə'məut] povýšit, podporovat, prosazovat
prompt [prompt] okamžitý
pronoun ['prənaun] zájmeno
pronounce [prə'nauns] vyslovit
proof [pru:f] důkaz, procento
proper ['propə] vhodný
property ['propəti] vlastnictví, majetek
proposal [prə'pəuzl] návrh
prosper ['prospə] prosperovat
prostitute ['prostitju:t] prostitutka
protect [prə'tekt] chránit
protein ['prəuti:n] bílkovina
proud [praud] pyšný, hrdý (of na)
prove [pru:v] dokázat, projevit se
proverb ['provə:b] přísloví
provide [prə'vaid] zajistit, opatřit
provoke [prə'vəuk] provokovat
prowl [praul] plížit se, krást se
proximity [prok'simiti] těsná blízkost
pseudo- ['psju:dəu] lživý, nepravý
pseudonym ['psju:dənim] pseudonym
psychology [sai'kolədži] psychologie
pub [pab] hovor. hospoda, výčep
puberty ['pju:bəti] pohlavní dospívání, puberta

public ['pablik] veřejný
publish ['pabliš] uveřejnit, vydat
puddle ['padl] louže, kaluž
pull [pul] zatáhnutí, přitažlivost
pullover ['pul,əuvə] svetr přes hlavu
pulse [pals] luštěnina, tep, rytmus
pump [pamp] pumpa, pumpovat
pumpkin ['pampkin] dýně, tykev
pun [pan] slovní hříčka
punctual ['pankču:l] přesný, dochvilný
pungent ['pandžənt] ostrý, pronikavý
punish ['paniš] (po)trestat
pupil ['pju:pil] žák(yně)
puppet ['papit] loutka
puppy ['papi] štěně
pure [pjuə] čistý, ryzí
purity ['pjuəriti] čistota
purpose ['pə:pəs] účel; cíl; záměr
purse [pə:s] peněženka
push [puš] strčení, náraz, úder, útok
put [put] položit, dát; říci; vyjádřit
puzzle ['pazl] hádanka, hlavolam
pyjamas [pə'dža:məs] pl pyžamo(a)
pyramid ['pirəmid] pyramida, jehlan

quail [kweil] křepelka
quaint [kweint] přitažlivý, poutavý, malebný
quake [kweik] chvět se, třást se
qualification [,kwolifi'keišn] způsobilost, kvalifikace

quality ['kwoliti] kvalita; vlastnost
qualm [kwa:m] pochybnost, nejistota
quantity ['kwontiti] kvantita; počet
quarrel ['kworəl] spor, hádka; (po)hádat se (*with* s; *about* o)
quarry ['kwori] kořist, úlovek, lom
quarter ['kwo:tə] čtvrt(ina); čtvrthodina; čtvrtletí, městská čtvrť
quartet [kwo:'tet] kvartet, kvarteto
quash [kwoš] zrušit, anulovat
quay [ki:] přístavní hráz
queen [kwi:n] královna
queer [kwiə] divný, zvláštní
question ['kwesčən] otázka; ptát se, položit otázku
queue [kju:] fronta; stát ve frontě
quibble ['kwibl] chytat za slovo, haštěřit se malicherně
quick [kwik] rychlý; živý, čilý
 be ~ ! pospěš!
quiet [kwaiət] tichý; ticho; klid
 -en ['-n] utišit (se)
quilt [kwilt] prošívaná deka
quip [kwip] vtipná, zejména ironická poznámka
quit [kwit] opustit, odejít (z)
quite [kwait] úplně, naprosto; poměrně, dost; docela
 ~ ! zcela správně!; ovšem!
quiz [kwiz] kviz; vyslýchat
quot/e [kwəut] citovat
 -ation [kwəu'teišn] citát; citace

R

rabbit ['ræbit] králík
rabble ['ræbl] chátra, lůza
rabies ['reibi:z] vzteklina
race[1] [reis] běh, běžet o (závod)
race[2] [reis] rasa
raci/al ['reišl] rasový **-sm** [resizəm] rasismus
rack [ræk] stojan, police, přihrádka
racket ['rækit] sport. raketa, pálka
racy ['reisi] svérázný, jadrný
radiator ['reidieitə] radiátor
radical ['rædikl] zásadní, radikální
radio ['reidiəu] rádio, rozhlas
radish ['rædiš] ředkvička
radius [reidiəs] paprsek, poloměr
raffle ['ræfl] tombola
raft [ra:ft] prám, vor
rage [reidž] hněv, vztek
railway ['reilwei] železnice
rain [rein] déšť; pršet
raise [reiz] (po)zvednout, zvýšit
rape [reip] znásilnění, znásilnit
rapid ['ræpid] rychlý, prudký
rare [reə] vzácný, vyjímečný
rarity ['reəriti] vzásnost
raspberry ['ra:zbəri] malina
rate [reit] poměr, podíl, sazba
rather ['ra:ðə] spíše, raději; dost
raven ['reivən] havran
raw [ro:] syrový, nezpracovaný
ray [rei] paprsek
razor ['reizə] břitva; holící strojek
 ~ - blade [-bleid] žiletka
react [ri'ækt] reagovat
read [ri:d] číst (se); předčítat
ready ['redi] hotový; připravený
really ['riəli] opravdu, skutečně
reason ['ri:zn] důvod, příčina
rebate ['ri:beit] sleva, rabat
rebel [ri'bel] vzbouřit se
recant [ri'kænt] veřejně odvolat
receipt [ri'si:t] stvrzenka, účet
receive [ri'si:v] obdržet, dostat
recent ['ri:snt] nedávný, nový

reception [ri'sepšn] recepce v hotelu
 -ist [ri'sepšənist] recepční
recess [ri'seis] přerušení, přestávka
recharge [,ri'ča:dž] znovu nabít
recipe ['resəpi] recept; návod
recipient [ri'sipiənt] příjemce
reckless ['reklis] bezstarostný, lehkomyslný
reckon ['rekən] považovat
reclaim [ri'kleim] znovu nabít, získat
recognize ['rekəgnaiz] poznat
recommend [,rekə'mend] doporučit (*as*, *for* pro, na, jako)
 -ation [,-'deišn] doporučení
recompense ['rekənsail] odměnit, odškodnit
reconstruct [,ri:kən'strakt] rekonstruovat
record ['reko:d] nahrávka; rekord
recover [ri'kavə] uzdravit se
recreation [,rekri'eišn] zábava, odpočinek
rector ['rektər] rektor, farář
recycle [,ri:'saikl] znovu zpracovat
red [red] červený, rudý, ryšavý
reduce [ri'dju:s] zmenšit, snížit
reef [ri:f] útes, skalnatý břeh
reek [ri:k] zápach, páchnout
reflect [ri'flekt] odrážet, přemýšlet
refresh [ri'freš] osvěžit, občerstvit
 -ments [-mənts] občerstvení
refund [ri:'fand] splatit, proplatit
refuse [ri'fju:z] odmítnout
region [ri:džən] oblast, kraj
register ['redžistə] seznam, rejstřík
regret [ri'gret] lítost; litovat
regular ['regjulə] pravidelný, obvyklý
reign [rein] vládnout, panovat
reject [ri'džekt] (od)za/mítnout

relax [ri'læks] uvolnit (se)
release [ri'li:s] propustit, uvolnit
relevant ['reləvənt] týkající se
relief [ri'li:f] úleva, odlehčení
rely [ri'lai] spoléhat se (*on* na)
remark [ri'ma:k] poznamenat, zmínit
remain [ri'mein] zůstat, zbýt
remember [ri'membə] (za)pamatovat (si), vzpomenout si
remind [ri'maind] připomenout
remove [ri'mu:v] odstranit, odklidit
renovate ['renəuveit] obnovit, renovovat
rent [rent] nájemné; najmout (si)
repair [ri'peə] oprava; opravit
repay [,ri:'pei] splatit, vrátit peníze
repeat [ri'pi:t] opakovat
replace [ri'pleis] dát zpět; nahradit (*with* kým, čím)
reply [ri'plai] odpovědět; odpověď
reproach [ri'prəuč] vyčítat, vytýkat
reproduce [,ri:prə'dju:s] reprodukovat
reputation [repju'teišn] pověst, reputace
request [ri'kwest] žádost (*for* o), žádat, požadovat (*from* od)
rescue ['reskju:] zachránit
research [ri'sə:č] zkoumat
reserve [ri'zə:v] rezervovat (si)
residence ['rezidəns] bydliště
respect [ri'spekt] respektovat
responsible [ri,spons əbl] odpovědný (*for* za)
rest [rest] odpočinek; zbytek
 take a ~ odpočinout si
restaurant ['restəro:nt] restaurace
restrict [ri'strikt] omezit
result [ri'zalt] výsledek, následek
return [ri'tə:n] vrátit (se); oplatit
 ~ ticket [-'tikit] zpáteční lístek
revise [ri'vaiz] (z)opakovat

reward [ri'wo:d] odměna, odměnit
rhyme [raim] verše, rýmovačka
rib [rib] žebro, dobírat si někoho
ribbon [ribən] stuha, páska
rice [rais] rýže
rich [rič] bohatý, oplývající (*in* čím)
rid [rid]: **get ~ of** zbavit se čeho
ridge [ridž] hřeben, hřbet
ridicule ['ridikju:l] (po)vý/směch
ride [raid] jízda, projížďka, jezdit
right [rait] pravý; správný, vpravo
 all ~ dobře, dobrá
rigid ['ridžid] pevný, stmulý
rigorous ['rigərəs] přísný, přesný
ring [riŋ] prsten; zvonit, znít
riot [raiət] výtržnost, nepokoj
ripe [raip] zralý **-n** ['raipən] zrát
rise [raiz] stoupání, zvýšení
risk [risk] nebezpečí, riziko
rival ['raivl] sok(yně), soupeř(ka)
river ['rivə] řeka
road [rəud] silnice, cesta
roam [rəum] potulovat se
roast [rəust] péci, pražit (se)
robust [rəu'bast] silný, statný
rock [rok] skála; kámen, balvan
rocket ['rokit] raketa
role [rəul] úloha, role, funkce
roof [ru:f] střecha; zastřešit
room [ru:m] místnost, pokoj
rope [rəup] provaz, lano
rose [rəuz] růže; růžová barva
rotten ['rotn] shnilý; zkažený
rouge [ru:ž] růž, rtěnka
rough [raf] drsný, hrubý
round [raund] kulatý, oblý; okolo
 ~ the corner za rohem
rouse [rauz] vyburcovat, vzbudit
route [ru:t] trasa
routine [ru:'ti:n] rutina, běžná
 praxe
row [rəu] řada; veslovat
royal ['roiəl] královský, člen
 královské rodiny
rubbish ['rabiš] smetí, odpadky
ruby ['ru:bi] rubín
rucksack ['ruksæk] batoh
rude [ru:d] hrubý, neurvalý
ruin ['ruin] zkáza, zánik, zničení
rule [ru:l] pravidlo; předpis
rum [ram] rum
rumour ['ru:mə] zvěsti, řeči
run [ran] běžet, utíkat
runway ['ranwei] rozjezdová
 dráha
rusty ['rasti] rezavý, zrezavělý

sabotage ['sæbəta:ž] sabotáž,
 sabotovat
sack [sæk] pytel
sad [sæd] smutný
sadness [sædnəs] smutek
safe [seif] bezpečný (*from* před)
safety ['seifti] bezpeč(nost)í
 ~ -belt ['-belt] bezpečnostní pás
 ~ pin ['-pin] zavírací špendlík
sag [sæg] prohíbat se, klesat
sail [seil] plavba; plavit se
 -ing boat plachetnice
saint [seint] svatý, světec
sake [seik]**: for the ~ of** kvůli
 komu, čemu; v zájmu koho, čeho
salad ['sæləd] salát
salami [sə'la:mi] salám
salary ['sæləri] stálý plat
sale [seil] prodej **for ~** na prodej
salmon ['sæmən] losos
saloon [sə'lu:n] společenská
 místnost, sál, hala, salónek

salt [so:lt] sůl; osolit **-less** [-lis] neslaný **-y** ['so:lti] slaný
salute [sə'lu:t] (za)salutovat
salvage ['sælvidž] záchrana, zachráněný majetek
salver ['sælvə] tác, podnos
same [seim] stejný; týž, tentýž
sample ['sa:mpl] vzorek, ukázka
sanatorium [,sænə'to:riəm] pl sanatórium
sanction ['sænkšn] schválení, sankce, potvrdit, schválit
sand [sænd] písek
sandal ['sændl] sandál
sandwich ['sænwidž] sendvič
sanitary ['sænitəri] zdravotnický, hygienický
sap [sæp] míza, šťáva
sardine [sa:'di:n] sardinka
satchel ['sæčəl] školní brašna
satisfy ['sætisfai] uspokojit, vyhovět
saturate ['sæčəreit] nasáknout
Saturday ['sætədei] sobota
sauce [so:s] omáčka; poleva
saucy ['so:si] drzý, nestydatý
sauerkraut ['sauəkraut] kyselé zelí
sauna ['so:nə] sauna
sausage ['sosidž] klobása
savage ['sævidž] divoký, krutý, surový, divoch
save [seiv] zachránit; (u)šetřit
savings ['seivings] peněžní úspory
saviour ['seivjə] zachránce, spasitel
saw [so:] pila
say [sei] říci
scald [sko:ld] opařit (se)
scalp [skælp] pokožka hlavy, skalp
scamp [skæmp] rošťák, uličník
scandal ['skændl] ostuda, skandál

scar [ska:] jizva
scare [skeə] postrašit, mít strach
scarf [ska:f] šátek, šála
scatter ['skætə] rozptýlit, rozhážet
scent [sent] vůně, voňavka
schedule ['šedju:l] plán, program
scheme [ski:m] plán, projekt
school [sku:l] škola
scissors ['sizəz] nůžky
scold [skəuld] nadávat, hubovat
scooter ['sku:tə] skútr
scratch [skræč] poškrabat, podrápat
scream [skri:m] křičet; ječet
screw [skru:] šroub; závit **-driver** ['-,draivə] šroubovák
script [skript] rukopis, scénář
scruple ['skru:pl] pochybnost, zábrana
sculpture ['skalpčə] socha
sea [si:] moře **-man** ['-mən] námořník
search [sə:č] hledat (*for* co)
season ['si:zn] roční období **~ - ticket** [-,tikit] předplatní vstupenka nebo jízdenka
seat [si:t] sedadlo; místo k sezení; posadit, umístit
second ['sekənd] vteřina; druhý **-ary school** ['-əri] střední škola
secret ['si:krət] tajný; tajemství **-ary** ['sekrətri] sekretářka
section ['sekšn] úsek, část, oddíl
secure [si'kjuə] bezpečný, jistý
security [si'kjuəriti] bezpečí
seduce [si'dju:s] svádět
see [si:] vidět **~ you soon!** brzy na shledanou **~ sb. to** doprovodit koho kam
seem [si:m] zdát se
seldom ['seldəm] málokdy, zřídka
select [si'lekt] vybrat, zvolit

self [self] sám, sama, samo; vlastní já ~ **- service** [,self'sə:vis] samoobsluha
sell [sel] prodávat; jít na odbyt
seminar ['semina:] seminář, školení
semolina [,semə'li:nə] krupice
senate ['senit] senát
send [send] poslat
senile ['si:nail] senilní
senior ['si:niə] starší, nadřízený
sensation [sen'seišn] rozruch, senzace
sense [sens] smysl (*of* pro); zdravý rozum; vědomí (*of* čeho) **make ~** dávat smysl; tušit **-less** ['-lis] v bezvědomí
sensitive ['sensitiv] citlivý (*to* na)
sensual ['sensjuəl] smyslový, smyslný
sentence ['sentəns] věta; rozsudek, odsoudit (*to* k)
sentiment ['sentimənt] přecitlivělost
sentry ['sentri] stráž, hlídka
separate ['sepəreit] oddělený; oddělit (se), odloučit (se)
September [sep'tembə] září
septic ['septik] septický
serene [si'ri:n] jasný, klidný
serf [sə:f] nevolník, otrok
sergeant ['sa:džənt] seržant, rotmistr
serial ['siəriəl] řadový, mnohonásobný, seriál
serious ['siəriəs] vážný **-ly** [-li] vážně
sermon ['sə:mən] kázání
servant ['sə:vənt] sluha, služka
serve [sə:v] sloužit; obsluhovat u stolu, v obchodě; odpykávat trest
service ['sə:vis] služba; obsluha; servis; podání ve sportu; služební

serviette ['sə:vi'et] ubrousek
session ['sešn] schůze, zasedání
set [set] sada, souprava; umístit; uspořádat; určit
settee [se'ti:] pohovka
settle ['setl] usadit (se), osídlit, urovnat, uklidnit
seven [sevn] sedm **-teen** [,sevn'ti:n] sedmnáct **-ty** ['sevnti] sedmdesát
sever ['sevə] oddělit, odtrhnout, ukončit, přerušit
several ['sevrəl] několik **~ times** několikrát
severe [si'viə] přísný; silný; strohý
sew [səu] šít
sewer ['sjuə] stoka, kanál
sex [seks] pohlaví; sex
shabby ['šæbi] ošumělý, otrhaný
shade [šeid] (od)stín, stínit
shadow ['šædəu] vržený stín
shady ['šeidi] stinný, podezřelý
shaft [ša:ft] oštěp, kopí, šíp
shake [šeik] (o)třást se
shallow ['šæləu] mělký, povrchní
sham [šæm] falešný, předstíraný
shambles ['šæmbls] zmatek, binec, bordel
shame [šeim] hanba, ostuda
shampoo [šæm'pu:] šampon
shape [šeip] tvar; stav
share [šeə] podíl; dělit se o co
shark [ša:k] žralok
sharp [ša:p] ostrý, špičatý; rázný
shave [šeiv] (o)holit (se), holení
shawl [šo:l] šátek, šál
sheet [ši:t] prostěradlo
shelf [šelf] police
shine [šain] lesk, třpyt; svítit, zářit
ship [šip] loď; posílat lodí
shirt [šə:t] košile
shiver ['šivə] třást se, chvět se
shock [šok] náraz; šok(ovat)

shoe [šu:] střevíc; bota
~ **maker** ['-,meikə] švec, obuvník
shoot [šu:t] střílet (*at* na)
shop [šop] obchod; nakupovat
~ - **assistant** [-'ə,sistənt] prodavač(ka)
-**ping centre** ['-iŋsentə] nákupní středisko
~ - **window** [,-'windəu] výloha
shore [šoə] břeh, pobřeží
short [šo:t] krátký; malý
-**s** [-s] šortky
shot [šot] výstřel, rána; zásah
shoulder ['šəuldə] rameno
shout [šaut] křičet (*at* na)
shove [šav] strkat (se), strčit
shovel ['šavl] lopata
show [šəu] ukazovat; vystavovat
shower ['šauə] sprcha; liják
shred [šred] cár, had, ústřižek, úlomek, trocha
shrewd [šru:d] chytrý, bystrý
shriek [šri:k] ječet, křičet, vřískat
shrill [šril] pronikavý, ostrý
shrivel ['šrivl] scvrknout se, svraštit se, zkroutit se
shrub [šrab] keř, křoví
shuffle ['šafl] šourat se, vléci se
shun [šan] vyhýbat se
shut [šat] zavřít
shy [šai] ostýchavý, plachý
sick [sik] nemocný
be ~ zvracet
sickle ['sikl] srp
side [said] strana, bok; hledisko
siege [si:dž] obléhání, obklíčení
sieve [si:v] síto, řešeto
sigh [sai] vzdychat, toužit
sight [sait] zrak; pohled
~ - **seeing** [-',si:iŋ] prohlídka pamětihodností
sign [sain] znak; podepsat
signal ['signl] znamení, signál, znamenitý
signature ['signəčə] podpis
signif/icance [sig'nifikən/s] význam -**icant** [-t] významný -**y** ['signifai] znamenat, mít význam, projevit, dát najevo
silence ['sailəns] ticho; mlčet
silhouette [,silu:'et] silueta
silent ['sailənt] mlčící; tichý
silk [silk] hedvábí; hedvábný
silly ['sili] hloupý
silt [silt] naplavenina
silver ['silvə] stříbro; stříbrný
similar ['similə] podobný
simmer ['simə] slabě vřít
simple ['simpl] jednoduchý
simplify ['simplifai] zjednodušit
simulate ['simjuleit] předstírat, vyzkoušet, imitovat
sin [sin] hřích
since [sins] od té doby (co)
sincere [sin'siə] upřímný
sinew ['sinju:] šlacha, svaly
sing [siŋ] zpívat -**er** ['siŋə] zpěvák
single ['siŋgl] jediný; jednotlivý; svobodný/á *nezženatý, nevdaná*
singular ['siŋgjulə] singulárový, vynikající
sinister ['sinistə] neblahý, zlověstný
sink [siŋk] klesat; potopit (se)
sip [sip] srkat, usrkávat
sir [sə:] pane *zdvořilé oslovení*
siren [sairən] mořská panna, siréna
sirloin ['sə:loin] svíčková *pečeně*
sister ['sistə] sestra
~ - **in-law** ['-inlo:] švagrová
sit [sit] sedět; zasedat
~ **down** sednout si
site [sait] místo, poloha, dějiště, položit, umístit
situate ['sitjueit] umístit

six [siks] šest **-teen** [ˌsiksˈtiːn] šestnáct **-ty** [ˈsiksti] šedesát
size [saiz] velikost; rozměr, míra
sizzle [ˈsizl] syčet, prskat
skate [skeit] brusle; bruslit
skein [skein] přadeno
skeleton [ˈskelitn] kostra
sketch [skeč] náčrt, skica, načrtnout, nastínit
skewer [skjuə] jehla, špejle
ski [skiː] lyžovat; lyže
  -ing [-iŋ] lyžování
  ~ - lift [ˈ-lift] lyžařský vlek
skid [skid] smyk; dostat smyk
skilful [ˈskilful] obratný, zručný
skill [skil] obratnost, zručnost, dovednost
skim [skim] sbírat, odstřeďovat
skin [skin] kůže, pleť; slupka
skip [skip] skákat, proskakovat
skirt [skəːt] sukně
skittle [ˈskitl] kuželka
skull [skal] lebka
sky [skai] obloha, nebe
  -scraper [ˈ-ˌskreipə] mrakodrap
slab [slæb] deska, tabulka
slack [slæk] ochablý, povolení, volný, nedbalý
slalom [ˈslaːləm] slalom
slander [ˈslaːndə] pomluva, pomlouvat
slang [slæŋ] slang, hantýrka
slap [slæp] plesknout, plácnout, fackovat
slave [sleiv] otrok, otročit
sledge [sledž] sáně
sleek [sliːk] uhlazený, urovnaný, úlisný
sleep [sliːp] spát; spánek
  go to ~ usnout
  -ing-bag [ˈ-iŋbæg] spací pytel
  -y [ˈ-i] ospalý
sleeve [sliːv] rukáv, obal

slender [ˈslendə] štíhlý, útlý
slice [slais] krájíc; plátek *o jídle*
slick [slik] hladký, bez problémů
slide [slaid] klouzat (se), sklouznout
slight [slait] nepatrný, drobný, nezávažný
slim [slim] štíhlý; nepatrný
slime [slaim] bahno, bláto
slip [slip] (u)s/klouznout, proklouznout, zasunout, vsunout
slippers [ˈslipəs] pantofle
slogan [ˈsləugən] heslo *reklamní*
slope [sləup] sklon, svah
sloppy [ˈslopi] nedbalý, nepořádný, lajdácký
Slovak [sləuvæk] Slovák; slovenský **-ia** [sləuˈvækjə] Slovensko
slow [sləu] pomalý; pomalu
  ~ down zpomalit
sludge [sladž] bláto, bahno
slump [slamp] klesnout, zhroutit se
sly [slai] mazaný, prohnaný
smack [smæk] chutnat (*of* po)
small [smoːl] malý
  ~ change [ˈ-čeindž] drobné *peníze*
smart [smaːt] hezký, elegantní
smell [smel] čichat; vonět, páchnout; čich, zápach; vůně
smile [smail] úsměv; usmívat se (*at* na)
smog [smog] smog
smok/e [sməuk] kouř; kouřit; udit **-ed** [-t] uzený **-er** [-ə] kuřák; kuřácký vůz **-ing** [-iŋ] kouření
smooth [smuːð] hladký, rovný; bez obtíží; urovnat, uhladit
smoulder [ˈsməuldə] doutnat
smudge [ˈsmadž] šmouha, skvma

smutty [smati] oplzlý, obscénní, sprostý
snack [snæk] lehké jídlo, přesnídávka
snail [sneil] hlemýžď
snake [sneik] had
snarl [sna:l] vrčet, bručet, vztekat se
snatch [snæč] popadnout, chytnout
sneak [sni:k] plížit (se). krást (se)
sneeze [sni:z] kýchat, kýchnutí
snooze [snu:z] zdřímnout si
snore [sno:] chrápat
snout [snaut] čenich, rypák
snow [snəu] sníh; sněžit
  ~ - drift ['-drift] závěj snéhová
  ~ -flakes ['-fleiks] vločky snéhové
  ~ - man ['-mən] sněhulák
snub [snab] ignorovat, opomíjet
so [səu] tak, a tak, takto, tedy
  and ~ on a tak dále
soak [səuk] nasáknout, vsáknout
soap [səup] mýdlo; mydlit
sober ['səubə] střízlivý
so-called [,səu'ko:ld] takzvaný
society [sə'saiəti] společnost
sock [sok] ponožka
socket ['sokit] elektrická zásuvka
soda ['səudə] soda; sodovka
sofa ['səufə] pohovka
soft [soft] měkký, hebký; mírný
  ~ drink nealkoholický nápoj
soil[1] [soil] půda, zem
soil[2] [soil] umazat, ušpinit
solar ['səulə] sluneční
soldier ['səuldžə] voják
solemn ['soləm] vážný, závažný
solid ['solid] pevný, masívní
solitary ['solitəri] osamělý, samotářský
soluble ['soljubl] rozpustný, řešitelný, rozluštitelný

solution [sə'lu:šn] řešení
solve [solv] (vy)(roz)řešit
solvent [solvənt] solventní
sombre ['sombə] temný, pochmurný
some [sam; səm] nějaký; několik
  -body, -one ['-bədi, '-wan] někdo, kdosi
  -how ['-hau] nějak, jaksi
  -thing ['-θiŋ] něco, cosi
  -times ['-taimz] někdy, občas
  -where ['-weə] někde, někam
somersault ['saməso:lt] kotrmelec, přemet
son [san] syn
  ~ - in-law ['saninlo:] zeť
sonata [sə'na:tə] sonáta
song [soŋ] píseň
sonic [sonik] zvukový
sonnet ['sonit] sonet, znělka
sonorous ['sonərəs] zvučný, bohatý
soon [su:n] brzy **as ~ as** jakmile
soot [saut] saze
soothe [su:ð] uklidnit, utišit
sophisticated [sə'fistikeitid] zkušený, znalý světa, složitý, komplikovaný
sorcerer ['so:sərə] čaroděj
sore [so:] citlivý, rozladěný, urážlivý, bolák
sorrow ['sorəu] žal, smutek, lítost
sorry ['sori] litující (*for* čeho)
  I am ~ je mi líto
sort [so:t] druh, typ; (roz)třídit
soufflé ['su:flei] nákyp
soul [səul] duše
sound [saund] zvuk; (za)znít
soup [su:p] polévka
sour ['sauə] kyselý; zatrpklý
source [so:s] zdroj, pramen
south [sauθ] jih, jižní, na jih
souvenir [,su:və'niə] suvenýr

sovereign ['sovrin] panovník, vladař, suverénní, nejvyšší, hlavní orgán moci v zemi
Soviet ['sǝuviǝt] sovětský
sow [sau] svině, prasnice
soya ['soiǝ] sója
spa [spa:] lázně
space [speis] prostor, místo
spacious ['speišǝs] prostorný
spade [speid] rýč
span [spæn] rozpětí, oblouk, rozsah
spank [spæŋk] naplácat
spanner ['spænǝ] matkový klíč
spare [speǝ] náhradní díl
spark [spa:k] jiskra, jiskřit
sparrow ['spærǝu] vrabec
sparse [spa:s] řídký
speak [spi:k] mluvit; řečnit
spear [spiǝ] oštěp
special ['spešl] speciální, zvláštní
specific [spi'sifik] specifický, přesný, určitý
specify ['spesifai] přesně vymezit, specifikovat
specimen ['spesimin] ukázka, vzorek
spectacles ['spektǝklz] brýle
spectatular [spek'tæktjulǝ] velkolepý, okázalý, nápadný
spectator [spek'tækjulǝ] divák
speculate ['spekjuleit] přemýšlet, spekulovat
speech [spi:č] řeč; promluva
speed [spi:d] rychlost
  at full ~ plnou rychlostí
spell [spel] hláskovat
spend [spend] (s)trávit čas; utratit, vydat peníze; vyčerpat (se)
spew [spju:] zvracet
sphere [sfiǝ] koule, sféra, oblast
spice [spais] koření; okořenit
  -y [-i] kořeněný, pikantní

spider ['spaidǝ] pavouk
spike [spaik] bodec, jehla, hrot
spinach ['spinič] špenát
spine [spain] páteř, trn, osten
spiral ['spaiǝrǝl] spirálový, točitý
spirit ['spirit] duch, přízrak
spite [spait] zlost, zloba, zášť
splinter ['splintǝ] tříska, štěpina
sponsor ['sponsǝ] sponzor
spontaneous [spon'teiniǝs] samovolný, spontánní
spoon [spu:n] lžíce
sport [spo:t] sport; dovádět
spot [spot] skvrna, uher, vřídek
sprain [sprein] podvrtnout si
sprawl [spro:l] roztahovat se
spree [spri:] dovádění, řádění
sprig [sprig] větvička
spring [spriŋ] jaro; pramen vody
sprite [sprait] skřítek, víla
spruce [spru:s] smrk
spur [spǝ:] podnět, vzpruha, pobídnout, puvzbudit
spurious ['spjuǝriǝs] padělaný, podvržený, nepravý
spy [spai] špeh, špehovat
square [skweǝ] náměstí
squeak [skwi:k] kvičet, pištět
squeeze [skwi:z] vymačkat, stisknout, zmáčknout
squirrel ['skwirǝl] veverka
stab [stæb] bodnout, bodnutí
stability [stǝ'bilǝti] stabilita
stag [stæg] jelen
stage [steidž] jeviště, fáze, etapa
stairs [steǝz] schody
stalk [sto:k] lodyha, konec
stamp [stæmp] známka; razítko
stand [stænd] stát; postavit
standard ['stændǝ] měřítko, norma, požadavky
star [sta:] hvězda
start [sta:t] začít; zahájit; vyrazit

state [steit] stát; stav; vyjádřit
station ['steišn] nádraží; stanice
stationer's ['steišnəz] papírnictví
statue ['stæču:] socha
stature ['stæčə] výška, úroveň
status ['steitəs] společenské postavení
stay [stei] pobyt; zůstat, pobýt
steadfast ['stedfa:st] pevný, vytrvalý, věrný, spolehlivý
steak [steik] řízek masa
steal [sti:l] krást; plížit se
steep [sti:p] příkrý, strmý
stench [stenč] zápach, smrad
step ['step] chodit, kráčet
sterile ['sterail] neúrodný, neplodný
stew [stju:] dušené maso n. zelenina
stewardess [stju:ədis] letuška
stick [stik] (při)(na)lepit
  -ing-plaster [-iŋplastə] náplast
sticky ['stiki] lepkavý, vlhký
stiff [stif] tuhý, tvrdý, hustý
still [stil] ještě, stále; tichý, klidný
stimulate ['stimjuleit] povzbudit, podnítit, posilnit
sting [stiŋ] píchnout; štípnout
stingy ['stindži] skoupý, lakomý
stock [stok] sklad; zásoba; akcie, zásobovat zbožím **in ~** na skladě
stocking ['stokiŋ] punčocha
stolid ['stolid] tupý, netečný
stomach ['staməkh] žaludek
stone [stəun] kámen, kamenný
stool [stu:l] stolička, sedátko
stop [stop] zastavit; zastávka
storage ['sto:ridž] uskladnění, skladiště, skladné
store [sto:] obchodní dům
storey ['sto:ri] podlaží, patro
stork [sto:k] čáp
storm [sto:m] bouře

story ['sto:ri] příběh; povídka
stove [stəuv] kamna; sporák
straight [streit] rovný, přímý; rovnou, přímo, rovně; slušně
strain [strein] napnout, natáhnout
strait [streit] úžina, průliv
strange [streindž] cizí; podivný
  -r [-ə] cizinec; cizí člověk
strangle ['stræŋgl] uškrtit, zardousit
straw [stro:] sláma, stéblo slámy
strawberry ['stro:bəri] jahoda
streak ['stri:k] pruh, proužek
stream [stri:m] potok, proud, tok
street [stri:t] ulice
strength [streŋθ] síla
strenuous ['strenjuəs] snaživý, aktivní, energický, usilovný
stress [stres] stres, napětí
stretch [streč] natáhnout, roztáhnout, vytáhnout (se)
strict [strikt] přísný; přesný
strident ['straidnt] pronikavý, ostrý
strife [straif] svár, spor
strike [straik] udeřit, uhodit, vrazit
string [striŋ] provázek, šňůra
stroke [strəuk] úder, rána; hladit
strong [stroŋ] silný
structure ['strakčə] složení, struktura, konstrukce, stavba
struggle ['stragl] bojovat, zápasit
stubborn ['stabən] tvrdohlavý
student ['stju:dnt] student
studio ['stju:diəu] ateliér, studio
study ['stadi] (pro)studovat
stuff [staf] látka, materiál, kus
stupefy ['stju:pifai] otupit, ohromit
stupid ['stju:pid] hloupý
style [stail] sloh, styl, způsob
subdue [səb'dju:] podmanit
subject ['sabdžikt] předmět, věc
sublet [,sab'let] pronajmout

subtle [ˈsatl] jemný, křehký
suburb [ˈsabə:b] předměstí
subway [ˈsabwei] podchod
success [səkˈses] úspěch, zdar
  -ful [-fəl] úspěšný, zdárný
succinct [səkˈsinkt] krátký, stručný
succulent [ˈsakjulənt] šťavnatý
such [sač] takový
suddenly [ˈsadnli] náhle
suffer [ˈsafə] trpět, utrpět
sugar [ˈšugə] cukr
suggest [səˈdžest] navrhnout
suit [su:t] oblek; hodit se; slušet
  -case [ˈ-keis] kufr
sulk [salk] být rozmrzelý, mít špatnou náladu
sultry [ˈsaltri] parný, dusný
summer [ˈsamə] léto
summit [ˈsamit] vrchol, vyvrcholení
sun [san] slunce
  -bathe [ˈ-beið] opalovat se
  -burn [ˈ-bə:n] spálení sluncem
  -set [ˈ-set] západ slunce
sunday [ˈsandei] neděle
sundry [ˈsandri] různý, rozmanitý
super [ˈsu:pə] senzační, báječný
superb [su:ˈpə:b] nádherný, skvostný
superior [su:ˈpiəriə] vynikající
supermarket [ˈsu:pə,ma:kit] obchodní dům se samoobsluhou
supervise [ˈsu:pəvaiz] dozírat, dohlížet
supper [ˈsapə] večeře
supple [ˈsapl] pružný, ohebný
supplement [ˈsapliment] doplněk, dodatek, příloha
support [səˈpo:t] podporovat
suppose [səˈpəuz] předpokládat; domnívat se
sure [šuə] jistý; zaručený
  -ly [ˈšuəli] jistě, určitě
surf [sə:f] příboj; jezdit na surfu
surface [ˈsə:fis] povrch
surgery [ˈsə:džəri] chirurgie
surname [ˈsə:neim] příjmení
surprise [səˈpraiz] překvapení, úžas; překvapit
surround [səˈraund] obklopit, obklíčit
survey [ˈsə:vei] prohlédnout, prozkoumat
survive [səˈvaiv] přežít
suspense [səˈspens] napětí
suspicion [səˈspišn] podezření
swallow¹ [ˈswoləu] polykat
swallow² [ˈswoləu] vlaštovka
swamp [swomp] bažina, močál
swan [swon] labuť
swear [sweə] přísahat; nadávat
sweat [swet] pot; potit se
sweater [swetə] sportovní svetr
sweep [swi:p] (za)mést; odstranit
sweet [swi:t] bonbóny; sladký
swift [swift] rychlý, hbitý
swim [swim] plavat
  -suit [ˈ-su:t] plavky
  -ming pool [ˈ-iŋpu:l] bazén
swindle [swindl] podvést, ošidit
switch [swič] vypínač, přepínač
  ~ off zhasnout; vypnout
  ~ on rozsvítit; zapnout
swoon [swu:n] omdlít, mdloba
syllabus [ˈsiləbəs] výtah, přehled
symbol [ˈsimbl] symbol, znak
sympathetic [ˌsimpəˈθetik] soucitný, účastný, chápavý
symphon/ic [simˈfonik] symfonický **-y** [ˈsimfəni] symfonie
symptom [ˈsimptəm] příznak
syrup [ˈsirəp] sirup
system [ˈsistəm] soustava, systém

table ['teibl] stůl; deska; tabulka
~ - **tennis** [-,tenis] stolní tenis
tablet ['tæblət] tabletka, pilulka
tacit ['tæsit] nevýslovný, srozuměný
tacky ['tæki] lepkavý
tactful [tækt'ful] taktní
tailor ['teilə] krejčí
take [teik] vzít (s sebou); brát, dostávat; užívat lék; trvat o čase
~ **part in** (z)účastnit se čeho
tale [teil] vyprávění, příběh, povídka
talent ['tælənt] nadání, talent
talk [to:k] mluvit, hovořit; hovor
tall [to:l] vysoký
tally ['tæli] seznam, záznam
tangerine [,tændžə'ri:n] mandarinka
tangle ['tæŋgl] zaplést (se)
tank [tæŋk] nádrž, cisterna
tantrum ['tæntrəm] špatná nálada
tape [teip] magnetofonová páska
~ - **recorder** magnetofon
tariff ['tærif] clo; sazba; ceník
task [ta:sk] úloha, úkol
taste [teist] (o)chutnat; chuť
tattoo [tə'tu:] tetování, tetovat
tax ['tæks] daň; zdanit
taxi ['tæksi] taxi
tea [ti:] čaj; svačina
-**cup** [-kap] šálek na čaj
-**spoon** ['-spu:n] lžička čajová
teach [ti:č] učit, vyučovat
-**er** ['ti:čə] učitel(ka)
team [ti:m] družstvo, mužstvo

tear [tiə] slza
tedious ['ti:diəs] nudný, unavený
telegram ['teligræm] telegram
telegraph ['teligra:f] telegraf, telegrafovat
telephone ['telifəun] telefon, telefonovat ~ **call** tel. hovor
~ **directory** tel. seznam
telescope ['teliskəup] dalekohled
television ['teli,vižn] televize
telex ['teleks] dálnopis
tell [tel] říci, povědět komu
temper ['tempə] povaha; nálada
-**ature** ['tempritčə] teplota
temple[1] ['templ] chrám
temple[2] ['templ] spánek
tempt [tempt] pokoušet, svádět
ten [ten] deset
tenant ['tenənt] nájemník
tend [tend] mít sklon, tendenci
tender[1] ['tendə] nabídka, nabízet
tender[2] ['tendə] jemný, něžný, citlivý
tennis ['tenis] tenis
~ - **ball** [-bo:l] tenisový míček
~ - **court** [-ko:t] tenisový kurt
tense[1] [tens] čas
tense[2] [tens] napjatý, stmulý
tent [tent] stan
term [tə:m] doba, lhůta; termín
terrace ['terəs] terasa
terrible ['terəbl] strašný, hrozný
terrify ['terifai] poděsit, vystrašit
test [test] zkouška, test
testament ['testəmənt] závěť, doklad, svědectví
testify ['testifai] (do)svědčit
than [ðæn, ðən, ðn] než, nežli
thank [θæŋk] (po)děkovat (*for* za) -**ful** ['θæŋkful] vděčný
that [ðæt] ten, ta, to; tamten
~ **way** tímto způsobem, tak
the [ðə, ði] určitý člen; ten, ta, to

theatre [ˈθiətə] divadlo
theft [θeft] krádež
theme [θi:m] téma, námět
then [ðen] pak, potom; tehdy
theory [ˈθiəri] teorie
there [ðeə] tam
thermometer [θəˈmomitə] teploměr
thermos [ˈθə:məs] termoska
thesis [ˈθi:sis] tvrzení, téze
thick [θik] tlustý; hustý; tupý
thief [θi:f] zloděj(ka)
thigh [θai] stehno
thimble [ˈθimbl] náprstek
thin [θin] tenký; hubený; řídký
thing [θiŋ] věc; záležitost
think [θiŋk] myslet; přemýšlet
 ~ **over** promyslet
 ~ **up** vymyslet
third [θə:d] třetí; třetina; za třetí
thirsty [ˈθə:sti] žíznivý
thirt/een [ˈθə:ti:n] třináct **-y** [ˈθə:ti] třicet
this [ðis] tento, tato, toto
 ~ **way** tudy
thistle [ˈθisl] bodlák
thorn [θo:n] trn, osten
thorough [ˈθarə] důkladný, naprostý, úplný
though [ðəu] ač, ačkoli
thought [θo:t] myšlenka, myšlení, názor
thousand [ˈθauznd] tisíc
thrash [θræš] mlátit, bít, tlouci
thread [θred] nit, vlákno, závit
threat [θret] hrozba
three [θri:] tři
thrifty [ˈθrifti] šetrný
throat [θrəut] hrdlo, krk, jícen
throne [θrəun] trůn
through [θru:] skrz; přes
throw [θrəu] házet, hodit
 ~ **away** [-əˈwei] zahodit

thrush [θraš] drozd
thrust [θrast] vrazit, bodnout
thug [θag] rváč, chuligán
thumb [θam] palec
thunder [ˈθandə] hrom; hřmít
 -storm [-sto:m] bouře
Thursday [ˈθə:zdei] čtvrtek
tick [tik] klíště
ticket [ˈtikit] lístek, vstupenka; jízdenka; los
 ~ **office** pokladna
tickle [ˈtikl] lechtat, dráždit
tide [taid] příliv a odliv
tidy [ˈtaidi] uklizený, upravený, uklidit, upravit
tie [tai] kravata; (za)vázat
tiger [ˈtaigə] tygr
tight [tait] těsný, přiléhavý
till [til] (až) do; dokud ne; až
tilt [tilt] naklonit (se)
time [taim] čas, doba
 in/on ~ včas
 -table [-,teibl] jízdní řád
 what is the ~? kolik je hodin?
timid [ˈtimid] bázlivý, plachý
tin [tin] plechovka, konzerva
tinkle [ˈtiŋkl] cinkat, zvonit
tiny [ˈtaini] drobný, maličký
tip [tip] (dát) sprotiné; tip, rada
tipsy [ˈtipsi] podnapilý
tired [ˈtaiəd] unavený
tit [tit] sýkora
title [ˈtaitl] titul; název
to [to:, tu, tə] místní do, k, na; nahrazuje český 3. pád (~ **you** tobě); časově do
toad [təud] ropucha
toast [təust] topinka; přípitek
tobacco [təˈbækəu] tabák **-nist's** [təˈbækənists] trafika
today [təˈdei] dnes, dnešek
toddler [ˈtodlə] batole
toe [təu] prst
toffee [ˈtofi] karamela**

together [tə'geðə] společně, dohromady; současně
toil [toil] dřina
toilet ['toilət] toaleta; záchod
 ~ **- paper** [-,peipə] toaletní papír
token ['təukən] znamení, symbol, žeton, poukázka, kupón
tolerable ['tolərəbl] snesitelný, slušný, přijatelný
tolerant ['tolərənt] tolerantní
toll[1] [təul] vyzvánět, zvonit
toll[2] [təul] poplatek, mýtné, oběti, ztráty
tomato [tə'ma:təu] rajče
tomb [tu:m] hrob, hrobka
tomorrow [tə'morəu] zítra, zítřek
ton [tan] tuna
tongue [taŋ] jazyk; řeč
tonight [tə'nait] dnes večer
tonn/e [tan] tuna, 1000 kg **-age** [-idž] tonáž, nosnost
tonsil ['tonsil] krční mandle
too [tu:] příliš; také; velice
tool [tu:l] nástroj, nářadí
tooth [tu:θ] zub
 -ache ['-eik] bolení zubů
 -brush ['-braš] kartáček na zuby
 -paste ['-peist] zubní pasta
 -pick ['-pik] zubní párátko
top [top] vrchol; víko, uzávěr
topic ['topik] téma, námět
topple ['topl] převrhnout (se), svalit (se), skácet (se)
torch [to:č] baterka; pochodeň
torment ['to:mənt] trápení, muka
torpedo [to:'pi:dəu] torpédo
torrent ['torənt] bystřina, proud
tortoise ['to:təs] želva
tot [tot] malé dítě, prcek, panák
total ['təutl] celkový, úhrnný, celek
touch [tač] dotknout se; dotyk
tough [taf] pevný; tvrdý; odolný
tour [tuə] cestování; cestovat
 -ist ['tuərist] turista
tournament ['to:nəmənt] turnaj
tow [təu] vléci, vlečení, vlek
toward(s) [tu'wo:d(z)] (směrem) k, vůči, pro, na
towel ['tauəl] ručník, utěrka
tower ['tauə] věž
town [taun] město ~ **hall** radnice
toy [toi] hračka; pohrávat si
trace [treis] stopa, (vy)stopovat, najít, objevit
track [træk] stopa, kolej, brázda
tractor ['træktə] traktor
trade [treid] obchod, obchodovat
tradition [trə'dišn] tradice
traffic ['træfik] doprava; provoz
 ~ **jam** [-džæm] dopravní zácpa
trag/edy ['trædžədi] tragédie **-ic** ['trædžidik] tragický
train [trein] vlak; trénovat
 -ing [-iŋ] trénink; výcvik
trait [trei] rys, vlastnost
traitor ['treitə] zrádce
tram [træm] tramvaj
tramp [træmp] vandrovat; tulák
tranquil ['træŋkwil] klidný
transcription [træn'skripšn] přepis
transform [træns'fo:m] přetvořit, přeměnit (se)
transit ['trænzit] přeprava, přechod, tranzit
translate [træns'leit] přeložit z do
translucent [trænz'lu:snt] průsvitný
transplant [træns'pla:nt] přesadit, transplantovat
transport ['trænspo:t] dopravit; doprava
trash [træš] odpadky, brak
travel ['trævl] (pro)cestovat; cesta
tray [trei] podnos, tác
treason ['tri:zn] velezrada,

vlastizrada
treasure ['trežə] poklad; cenit si
treatment [tri:tmənt] léčba, zacházení, zpracování
tree [tri:] strom
tremble ['trembl] třást se, chvět se
trend [trend] směr vývoje, trend
trial ['traiəl] zkouška, soudní proces, přelíčení
triangle ['traiæŋgl] trojúhelník
tribunal [trai'bju:nl] soudní dvůr, tribunál
trim [trim] upravený, spořádaný, elegantní
trinket ['triŋkit] laciný šperk, tretka
trip [trip] výlet, cesta; zakopnout
trolley ['troli] postrkovaný vozík
tropic ['tropik] obratník **-al** [-l] tropický
trouble ['trabl] obtěžovat; trápit; znepokojovat; problém, nesnáz
trousers ['trauzəz] kalhoty
trudge [tradž] vléci se, táhnout se
true [tru:] pravdivý; opravdový
  come ~ vyplnit se
  it is ~ je to pravda
truly ['tru:li] pravdivě, skutečně
trunk [traŋk] kmen, trup
trust [trast] důvěra; důvěřovat
truth [tru:θ] pravda
try [trai] zkusit; pokusit se, pokus
T-shirt ['ti:šə:t] tričko
tube [tju:b] tuba, trubka, hadice
Tuesday ['tju:zdei] úterý
tulip ['tju:lip] tulipán
tuna [tju:nə] tuňák
tunnel ['tanl] tunel
turkey ['tə:ki] krocan, krůta
turn [tə:n] otočit se; odbočit
  ~ off vypnout, zhasnout
  ~ on zapnout, rozsvítit
turnip ['tə:nip] kedluben

twelve ['twelv] dvanáct
twenty ['twenti] dvacet
twice [twais] dvakrát
twig [twig] větvička, proutek
twins [twinz] dvojčata
two [tu:] dvě
type [taip] typ, druh; psát na ps. stroji
typical ['tipikl] typický
tyrant ['taiərənt] tyran, diktátor
tyre ['taiə] brit. pneumatika

ugly ['agli] ošklivý, škaredý
ultimate ['altimət] konečný, hlavní
umbrella [am'brelə] deštník
unable [an'eibl]: **be ~ to do st.** nemoci něco udělat
unbearable [an'beərəbl] neúnosný, nesnesitelný
uncertain [an'sə:tn] neurčitý
uncle ['aŋkl] strýc, strýček
under ['andə] pod; méně než
  -ground [-graund] metro
understand [,andə'stænd] chápat; (po)rozumět; mít za to
unemployed [,anim'ploid] nezaměstnaný
unfair [,an'feə] nečestný
unfortunately [an'fo:čnətli] naneštěstí, bohužel
unfriendly [,an'frendli] nepřátelský
unhappy [an'hæpi] nešťastný
uniform ['ju:nifo:m] stálý, jednotný, uniforma
unique [ju:'ni:k] jedinečný
unite [ju:'nait] spojit (se), sjednotit
university [,juni'və:səti] univerzita

unjust [,an'džast] nespravedlivý
unknown [,an'nəun] neznámý
unlearn [,an'lə:n] odnaučit se
unlike [,an'laik] na rozdíl od
unlimited [an'limitid] neomezený
unlock [,an'lok] odemknout
unpack [an'pæk] rozbalit
unreal [,an'riəl] neskutečný
unrest [,an'rest] nepokoj, neklid
unsafe [,an'seif] nebezpečný
unsalable [,an'seiləbl] neprodejný
unsettle [,an'setl] vyvést z klidu, míry, rozrušit
unsuitable [,an'su:təbl] nevhodný, nevyhovující
untidy [an'taidi] neuklizený, neupravený, nepořádný
untie [,an'tai] rozvázat, odvázat
until [ən'til] až do
untrue [,an'tru:] nepravdivý, nevěrný
unwise [,an'waiz] pošetilý, hloupý
up [ap] nahoru, vzhůru; nahoře
  it's ~ to you to záleží na vás
update [,ap'deit] aktualizovat
uphold [ap'həuld] podporovat, zastávat se
uproar ['aprɔ:] zmatek, rozruch
upset [ap'set] převrhnout, převrátit, zmařit, zrušit
upshot ['apšot] konec, závěr
upside-down [,apsaid'daun] vzhůru nohama, naruby
upstairs [,ap'steəz] nahoře, nahoru po schodech
upstart ['apsta:t] zbohatlík, kariérista
upstream [,ap'stri:m] proti proudu
uptight ['aptait] nervózní, napnutý, vystrašený
up-to-date [,aptə'deit] moderní, nejnovější; aktuální
urban ['ə:bən] městský

urgent ['ə:džənt] naléhavý, nutný
usage ['ju:zidž] způsob zacházení
us [as, əs] nás, nám, námi
use ['ju:z] (po)užívat; použití
  -ful ['ju:sfəl] užitečný
usual ['ju:žuəl] obvyklý
  -ly ['ju:žuəli] obvykle, obyčejně
utensil [ju:'tensl] nástroj
utter[1] ['atə] úplný, naprostý, čirý
utter[2] ['atə] vyjádřit, vyslovit

vacancy ['veikənsi] volný pokoj v hotelu; volné místo pracovní příležitost
vacat/e [və'keit] uvolnit, opustit, vyklidit **-ion** [və'keišn] prázdniny
vaccinate ['væksineit] očkovat
vague [veig] nejasný, neurčitý
vain [vein] marný; bezvýsledný
  in ~ marně, nadarmo
valiant ['væljənt] statečný, udatný
valid ['vælid] platný
valley ['væli] údolí
valuable [væljuəbl] hodnotný
value ['vælju:] hodnota; cenit si
valve [vælv] záklopka, ventil
van [væn] dodávkové auto
vanilla [və'nilə] vanilka
vanish [væniš] náhle zmizet
vanity [væniti] marnost, ješitnost
variable [veəriəbl] proměnlivý, nestálý
varnish ['va:niš] lak, lakovat
vary ['væri] měnit (se); lišit se
vase [va:z, veis] váza
vast [va:st] rozlehlý; obrovský
vat [væt] vana, nádrž, káď
veal [vi:l] telecí maso

vegetable ['vedžtəbl] zelenina
vegetarian [,vedži'teəriən] vegetarián
vehicle ['vi:ikl] dopravní prostředek, vozidlo
velvet ['velvit] samet
venison ['venizn] zvěřina
vent [vent] otvor, průduch
ventilate ['ventileit] větrat, ventilovat
venture ['venčə] riziko, riskantní čin, riskovat
verb [və:b] sloveso
verbal ['və:bl] slovní, ústní, doslovný
verse [və:s] verš, poezie
version ['və:žn] verze, znění
vertical ['və:tikl] svislý, vertikální
vertigo [və:tigəu] závrať
very ['veri] velmi, velice, moc
 ~ **well** velmi dobře
vest [vest] nátělník, vesta
veteran ['vetərən] vysloužilec, veterán
veterinary ['vetərinəri] veterinářský
vice[1] [vais] neřest, zlozvyk
vice[2] [vais] svěrák
vicious ['višəs] zlomyslný, zlý, nebezpečný, hříšný
victory ['viktəri] vítězství
video ['vidiəu] video
view [vju:] pohled (*of* na); výhled
vigour ['vigə] síla, energie, svěžest
villa ['vilə] vila
village ['vilidž] vesnice
vine [vain] vinná réva
vinegar ['vinigə] ocet
viola [vi'əulə] viola
violen/ce ['vaiələns] násilí **-t** [-ənt] prudký, násilnický
violet ['vaiəlit] fialka; fialový

violin [,vaiə'lin] housle
viper ['vaipə] zmije
virgin ['və:džin] panna, panic
virtually ['və:čuəli] ve skutečnosti, vlastně, prakticky
virus ['vairəs] vir, virus
visa ['vi:zə] vízum
vision ['vižn] zrak, představivost
visit ['vizit] navštívit; návštěva
vitamin ['vitəmin] vitamín
vivid ['vivid] živý, čilý, svěží
vocal ['vəukl] hlasový, hlasitý
vocation [vəu'keišn] poslání, profese, nadání, sklon
vogue [vəug] móda, obliba
voice [vois] hlas
volcano [vol'keinəu] sopka
volume ['voljum] svazek, díl, hlasitost, objem
vomit ['vomit] zvracet
vowel ['vauəl] samohláska
voyage ['voiidž] cesta, plavba
vulgar ['valgə] hrubý, vulgární

wad [wod] chomáč, ucpávka, (u)vy/cpat
wade [weid] brodit se
wag [wæg] vrtět (se), hrozit
wail [weil] bědovat, naříkat
waist [weist] pás *část těla*
 -coat ['weiskəut] vesta
wait [weit] čekat (*for* na)
 -er [-ə] číšník
 -ing-room ['-iŋrum] čekárna
 -ress ['weitris] číšnice
waive [weiv] zříci se, netrvat (na)

wake (up) [weik] vzbudit (se)
walk [wo:k] jít pěšky; procházka
wall [wo:l] zeď, stěna
wallet ['wolit] náprsní taška
wallow ['woləu] válet se, provalovat se
wallpaper ['wo:l,peipə] tapeta
walnut ['wo:lnat] vlašský ořech
walrus ['wo:lrəs] mrož
waltz [wo:lts] valčík
wan [won] bledý, vyčerpaný
wander ['wondə] putovat, toulat se, bloumat, loudat se
wane [wein] ubývat, slábnout
want [wont] chtít, přát si; žádat
wanton ['wontən] svévolný, bezohledný, nevázaný, divoký
war [wo:] válka
wardrobe ['wo:drəub] šatník, skříň
ware [weə] výrobky **-house** ['weəhaus] skladiště
wariness ['weərinis] obezřetnost, ostražitost
warm [wo:m] teplý, vřelý
warn [wo:n] varovat; upozornit **-ing** ['-iŋ] varování
warp [wo:p] zkroutit (se), pokřivit (se)
warrant ['worənt] oprávnění, rozkaz, zatykač
wart [wo:t] bradavice
wary ['weəri] opatrný, ostražitý
wash [woš] prát; mýt (se)
 ~ **- basin** ['-,beisn] umyvadlo
 ~ **up** mýt nádobí
wasp [wosp] vosa
waste [weist] plýtvat, mrhat; zmeškat, propást; pustý
watch [woč] hodinky; hlídka; sledovat, dívat se; hlídat
water ['wo:tə] voda; zalévat; slzet **-fall** [-fo:l] vodopád **-proof** [-pru:f] nepromokavý

wave [weiv] vlna; mávat
wavy ['weivi] vlnitý, zvlněný
wax [wæks] vosk, (na)voskovat
way [wei] cesta; způsob
 by the ~ mimochodem
 which ~ ? kudy?
we [wi:] my
weak [wi:k] slabý
wean [wi:n] odstranit, odvyknout
weapon ['wepən] zbraň
wear [weə] nosit, mít na sobě
weary ['wiəri] unavený, znuděný, otrávený
weasel ['wi:zl] lasička
weather ['weðə] počasí
 ~ **-forecast** předpověď počasí
weave [wi:v] tkát, plést, osnovat, sestavit **-r** ['-ə] tkadlec
web [web] pavučina
wedding [wediŋ] svatba
wedge [wedž] klín, zaklínovat, upevnit klínem
Wednesday ['wenzdei] středa
wee [wi:] malinký
weed [wi:d] plevel, plít
week [wi:k] týden
 -end [,wi:k'end] víkend
weep [wi:p] plakat (*for* proč)
weigh [wei] (z)vážit; mít váhu
weir [wiə] hráz, jez
weird [wiəd] tajuplný, podivný, zvláštní, výstřední
welcome ['welkəm] přivítání, (při)vítat; vítejte, vítáme vás
weld [weld] svářet, svařovat **-er** ['-ə] svářeč
welfare ['welfeə] blaho, prospěch, péče
well [wel] dobře, dobrá, tedy
 ~ **done!** [,-'dan] výborně!
 ~ **- known** [,-'nəun] známý
wellington ['weliŋtən] gumák, holínka

west [west] západ, západní
wet [wet] mokrý; deštivý
whale [weil] velryba
wharf [wo:f] přístavní hráz, molo, dok
what [wot] jaký?; jak, co; cože?
  ~ **about ...?** a co ...?
  ~ **'s up?** co se děje?
wheat [wi:t] pšenice
wheel [wi:l] kolo, volant, kormidlo, otáčet (se), kroužit, tlačit
when [wen] kdy; když, až
where [weə] kde; kam
whether ['weðə] zda, jestli
which [wič] který; jenž, což
while [wail] chvíle; zatímco, když
  in a ~ za chvíli
whim [wim] rozmar, vrtoch
whimper ['wimpə] kňučet, kňourat
whip [wip] bič, bičovat, mrskat
whirl [wə:l] vřít, vír
whiskers ['wiskəz] kotlety
whisky ['wiski] whisky
whisper ['wispə] šeptat (si); šepot
whistle ['wisl] hvízdat, pískat
white [wait] bílý; bílá barva; bílek
whittle ['witl] řezat, ořezávat
who [hu:] kdo; který, jenž
whole [həul] celý; celek
wholly ['həuli] zcela, úplně
whose [hu:z] čí; jehož, jejíž
why [wai] proč; cože?; no ne!
wicked ['wikid] zlý, špatný, zkažený, hříšný, zpustlý
wicker ['wikə] proutí, pletenina
wide [waid] široký; rozsáhlý
widow ['widəu] vdova **-er** ['widəuə] vdovec
width [widθ] šířka
wield [wi:ld] vládnout, zacházet, ovládat

wife [waif] manželka
wig [wig] paruka
wild [waild] divoký; bouřlivý
wilful ['wilful] záměrný, úmyslný
will [wil] vůle, závěť
willing ['wiliŋ] ochotný
willow ['wiləu] vrba
wily ['waili] prohnaný, lstivý
win [win] vyhrát; získat
  -ner ['winə] vítěz, výherce
wind [wind] vítr
window ['windəu] okno
wine [wain] víno
winter ['wintə] zima; přezimovat
wipe ['waip] utřít, otřít, očistit
wisdom ['wizdəm] moudrost, rozum, zdravý úsudek
wise [waiz] moudrý; rozumný
wish [wiš] přát si (*for* co); přání
with [wið, wiθ] s, se
without [wið'aut] bez
witness ['witnəs] svědek; svědčit
woman ['wumən] žena
wonder ['wandə] údiv; div, zázrak; divit se, žasnout, být překvapen
  -ful ['wandəful] podivuhodný
wood [wud] dřevo; les
wool [wul] vlna
word [wə:d] slovo
work [wə:k] práce; pracovat
  -er [-ə] dělník; pracovník
world [wə:ld] svět
worr/y ['wari] trápit se; trápení
  -ied [-d] ustaraný
worse [wə:s] horší; hůře
worst [wə:st] nejhorší; nejhůře
worth [wə:θ] cena, hodnota
wound [wu:nd] zranění, (z)ranit
wrap [ræp] (za)balit; obal
write [rait] psát, napsat
  -ing-paper dopisní papír
wrong [roŋ] nesprávný; chybně
  be ~ mýlit se

wry [rai] obličej křivý, zkřivený, kyselý, sarkastický

Xmas ['krisməs] = *Christmas*
X-rays [ˌeks'reiz] rentgen, rentgenový snímek
xylophone ['zailəfəun] xylofon

yacht [jot] jachta
yank [jæŋk] hovor. cuknout, škubnout, trhnout
yard [ja:d] yard délková míra; dvůr
yarn [ja:n] příze; historka, vymyšlený příběh
yaw [jo:] vybočení, uchylovat se
yawn [jo:n] zívat; zívání
year [jiə] rok
 -ly [jiəli] každoroční, -ročně
yearn [jə:n] toužit (*for* po); touha
yeast [ji:st] kvasnice, droždí
yell [jel] ječet, vřískat, řvát
yellow ['jeləu] žlutý
yes [jes] ano
yesterday ['jestədei] včera
yet [jet] ještě, v otázce již, už; přece (jen); přesto, avšak
 as ~ do(po)sud **not ~** ještě ne
yew [ju:] tis
yield [ji:ld] výtěžek, úroda, sklizeň, dávat, nést, vynášet
yoga [jougə] jóga
yoghurt ['jogət] jogurt
yoke [jəuk] chomout, vahadlo, volské spěžení, popruh
yokel [youkl] křupan, balík
yolk [jəuk] žloutek
you [ju:, ju] ty; vy
young [jʌŋ] mladý
 the ~ mládež
your [jo:] tvůj, váš, svůj
yours [jo:z] tvůj, váš
yourself [jo:'self] (vy, ty) sám, osobně
youth [ju:θ] mládí; mládež **-ful** ['ful] mladistvý, mladický
yuppie ['japi] mladý ctižádostivý člověk, zvl. úředník, obchodník

zany ['zeini] směšný, výstřední, podivný
zeal [zi:l] horlivost, nadšení, úsilí
zealot [zelət] fanatik
zebra ['zebrə] zebra
zero ['ziərəu] nula
zest [zest] chuť, radost, potěšení
zinc [ziŋk] zinek
zip [zip] zip, zdrhovadlo
zodiac ['zəudiæk] zvěrokruh
zombie [zombi] hadí bůžek
zonal [zounl] pásmový
zone [zəun] pásmo, zóna
zoo [zu:] zoologická zahrada
zoolog/y [zəu'olədži] zoologie
 -ical [ˌzəuəlodžikl] zoologický
zoom [zu:m] bzučet, hučet

Česko-anglický slovník
Czech-English Dictionary

a and [ænd, ənd, ən]
abeceda alphabet [ælfəbit]
absolutní absolute ['æbsəlu:t]
absolvování graduation [grædju'eišən]
abstinent teetotaller [ti:'təutlə]
absurdní absurd [əb'sə:d]
ačkoli (al)though [o:l'ðəu]
adoptovat adopt [ədopt]
adresa address [ə'dres]
adresát addressee [ædre'si:]
advokát solicitor [səlisitə]
aféra incident [insidənt]
agentura agency ['eidžənsi]
agresívní aggressive [ə'gresiv]
ahoj při setkání hello, hi [hə'ləu, hai]
akademie academy [ə'kædəmi]
akce action ['ækšn]
akcie stock [stok]
akcionář stockholder [stokhəuldə]
akt act [ækt]
aktivní active [æktiv]
aktovka briefcase ['bri:fkeis]
aktualita report [ri'po:t]
aktuální topical ['topikl]
akustický acoustic [ə'ku:stik]
album album ['ælbəm]
ale but [bat, bət] ~ **ano** oh yes

alej alley [æli]
alergie allergy [æ'lədži]
alespoň at least [ætli:st]
alimenty alimony [ælimənı]
alkohol alcohol ['ælkəhol]
alobal foil [foil]
amatér amateur [æmətə]
ambulance ambulance [æmbju:ləns]
ananas pineapple ['pain,æpl]
anděl angel [eindžəl]
anekdota vtip joke [džəuk]
angažmá engagement [in'geindžmənt]
angína tonsillitis [,tonsi'laitis]
anglický English [ingliš]
angličtina English [ingliš]
Anglie England [ingllənd]
angrešt gooseberry [guzbəri]
ani not even [not'i:vn]
anketa public inquiry [pablik in'kwaiəri]
ano yes [jes] **ale** ~ oh yes
anonymní anonymous [ə'nonıməs]
anténa aerial [eəriəl]
antikoncepce contraception [,kontrə'sepšn]
aparát apparatus [æpə'reitəs]
apatie apathy [æpəθi]
aperitiv aperitif [ə,peri'ti:f]
aplikace application [æpli'keišən]
aréna arena [ə'ri:nə]

argument argument ['a:gjumənt]
arch sheet [ši:t]
archeolog archaeologist [a:ki'olədžist]
architekt architect [a:kitekt]
archív archives [a:kaiv]
aristrokacie aristocracy [æri'stokrəsi]
armáda army [a:mi]
arogance arrogance ['ærəgəns]
arogantní arrogant ['ærəgənt]
artista artiste [a:'tist]
asfalt(ový) asphalt [æsfælt]
asi přibližně about [ə'baut]
asistent assistant [ə'sistənt]
asistovat assist [ə'sist]
aspekt aspect [æspəkt]
aspoň at least [æt li:st]
astma asthma ['æsmə]
astronaut astronaut [æstrəno:t]
astronom astronomer [əstronəmə]
ať let, may [let, mei]
atd. etc. [i:ti:si:]
ateliér studio [stju:diəu]
atentát attempt [ə'tempt]
atlas atlas [ætləs]
atlet athlete [æθli:t]
atletika athletics [æθ'letiks]
atom atom [ætəm]
atrakce attraction [ə'trækšən]
atraktivní attractive [ə'træktiv]
audience audience [o:djəns]
aukce auction [o:kšən]
aut out [aut]
autentický authentic [o:'θentik]
auto car [ka:] **nákladní ~** lorry
autobus bus [bas]
   zastávka -u bus stop
   -ové nádraží bus station
   zmeškat ~ miss the bus
autogram autograph [o:təgra:f]
autokar coach [kəuč]

autokempink caravan site [kærəvæn sait]
automat automatic machine [,o:tə'mætik mə'ši:n]
automatický automatic [,o:tə'mætik]
automatizace automation [o:tə'meišən]
automobil (motor)car [məutəka:]
autonomie autonomy [o:tonəmi]
autonomní autonomous [o:tonəməs]
autoopravna garage ['gæra:ž]
autor spisovatel author [,o:θə]
autorita authority [o:'θorəti]
autostop hitch-hiking [hič'haikiŋ]
autoškola driving school [draiviŋ,sku:l]
avšak however [hau'evə]
azbest asbestos [æzbestəs]
azyl asylum [ə'sailəm]

B

bába hag [hæg] **porodní ~** midwife
babička hovorově granny ['græni]
bačkory slippers ['slipəs]
bádání exploration ['eksplo:reišən]
bádat explore [iks'plo:]
bagr excavator [ekskəveitə]
bahnitý muddy [madi]
bahno morass [məræs]
báječný wonderful ['wandəful]
balení packing [pækiŋ]
balet ballet [bælei]
balíček packet ['pækit]

balit pack [pæk]
balkánský Balkan [boːlkən]
balkón balcony ['bælkəni]
balón balloon [bəˈluːn]
bambus bamboo [bæmbuː]
banán banana [bəˈnɑːnə]
banda gang [gæŋ]
banka bank [bæŋk]
bankéř banker [bæŋkə]
bankovka (bank)note [ˈ-nəut]
bankovní banking [bæŋkiŋ]
bar night-club [naitˈklab]
baret beret [berei]
barevný colour [ˈkaləə]
barikáda barricade [bærikeid]
baroko baroque [bəˈrəuk]
barva colour [kalə]
barvit colour [kalə]
barvoslepý colour-blind [kalə baind]
báseň poem [pəuim]
básník poet [pəuit]
bát se fear [fiə]
baterie battery [ˈbætəri]
baterka torch [toːč]
batoh rucksack [ˈruksæk]
bavit organizovaně entertain [ˌentəˈtein]
bavit se konverzovat talk [toːk]
bavlna cotton [ˈkotn]
bazar bazaar [bəˈzaː]
bazén swimming-pool [swimiŋpuːl]
bázlivý timid [ˈtimid]
bažant pheasant [ˈfeznt]
bažina swamp [swomp]
bažinatý boggy [ˈbogi]
bdělost watchfulness [ˈwočfulnis]
bdělý awake [əˈweik]
bdít be watchful [biː əˈweik]
bečet bleat [bliːt]
bedna case [keis]
běh run [ran], závod race **hladký ~** flat race **překážkový ~** hurdle-race
běhat run [ran]
během during [ˈdjuəriŋ]
benzín petrol [ˈpetrəl]
-ová stanice petrol station [ˈpetrəlˈsteišn]
beran ram [ræm]
bez without [wiðˈaut]
~ peněz penniless [ˈpenilis]
bezcitný callous [kæləs]
bezohledný ruthless [ˈruːθlis]
bezpečí safety [ˈseifti]
bezpečný mimo nebezpečí safe [seif]
bezplatný free [friː]
bezpochyby no doubt [nəuˈdaut]
bezpráví lawlessness [loːlisnis]
bezradný helpless [helplis]
bezstarostný carefree [keəfriː]
bezvadný faultless [foːltlis]
bezvědomí unconsciousness [anˈkonšəsnis]
bezvětrný calm [kaːm]
běžet ran [ran]
běžný usual [ˈjuːžuəl]
béžový beige [beiž]
biftek beefsteak [ˌbiːfˈsteik]
bílý white [wait]
biologie biology [baiˈolədži]
bít tlouci beat [biːt]
bitva battle [bætl]
blahopřát congratulate [kənˈgræčuleit]
blázen madman [mædmən]
bláznivý potřeštěný crazy [kreizi]
blbec idiot [aidiət]
bledý pale [peil]
blesk flash [flæš]
blízko near [niə]
blízký přítel close [kləus]
bloudit lose one's way [luːs ˈwans wei]
bodnout jab [džæb]
bohatý rich [rič]

bohužel unfortunately [an'fo:čn̩tli]
bojovat fight [fait]
bolavý sore [so:]
bolest pain [pein]
bolestivý painful [pein'ful]
bolet hurt [hət]
bonbón sweet [swi:t]
borovice pine [pain]
borůvka bilberry ['bilbəri]
bota boot; shoe [bu:t; šu:]
botanika botany ['botəni]
boule bump [bamp]
bouře storm [sto:m]
brada chin [čin]
brambor potato [pə'teitəu]
brána gate [geit]
bránit defend [di'fend]
brašna bag [bæg]
brát take [teik]
bratr brother ['braðə]
bratranec cousin ['kazn]
brigáda brigade [bri'geid]
briliant brilliant ['briljənt]
britský British [britiš]
brnět tingle ['tingl]
brodit se wade [weid]
broskev peach [pi:č]
brousit sharpen [ša:pən]
broušené sklo cut glass [kat'gla:s]
brož brooch [brəuč]
brožura brochure [bro'šuə]
bručet growl [graul]
brunet brunette [bru:'net]
bruslař(ka) skater [skeitə]
brusle skate [skeit]
bruslit skate [skeit]
brutalita brutality [bru:'tæləti]
brýle glasses [gla:siz]
brzda brake [breik]
brzdit brake [breik]
brzy zakrátko soon [su:n]

břečťan ivy [aivi]
břeh řeky bank [bæŋk]
břemeno burden ['bə:dn]
břidlice slate [sleit]
břicho belly ['beli]
břitva razor ['reizə]
bříza birch [bə:č]
buben drum [dram]
buclatý plump [plamp]
bublat bubble [babl]
bučet moo [mu:]
buď anebo either-or ['aiðəo:]
budík alarm clock [ə'la:mklok]
budit ze spánku wake up [weik'ap]
budka box [boks] **telefonní ~** telephone box ['telifəun box]
budoucí future ['fju:čə]
budoucnost future ['fju:čə]
budova building [bildiŋ]
budovat build [bild]
bufet snack bar [snæk'ba:]
bůh God [god]
buchta cake [keik]
bujný rank [ræŋk]
bujón stock [stok]
buk beech [bi:č]
bunda jacket ['džækit]
burské oříšky peanuts [pi:nats]
burza exchange [iks'čeindž]
busola compass ['kampəs]
bydlet live [liv] (*u* with)
bydliště abode [ə'bəud]
býk bull [bul]
bylina herb [hə:b]
bystrý inteligentní clever ['klevə]
bystřina torrent ['torənt]
byt flat [fæt]
být be [bi:] **co je to?** what is it? **~ pro/proti** be for/against
bytost creature ['kri:čə]
bytový housing ['hausiŋ]
bývalý former ['fo:mə]
bzučet buzz [baz]

C

celer celery [ˈselǝri]
celkem altogether [ˌoːltǝˈgeðǝ]
celkový total [ˈtǝutl]
celní customs [ˈkastǝmz]
celnice customs [ˈkastǝmz]
celodenní all-day [oːldei]
celostátní national [næšǝnl]
celý whole [hǝul]
cement cement [siˈment]
cena kupní, prodejní price [prais]
ceník price-list [praislist]
cenný valuable [ˈvæljuǝbl]
cenovka tag [tæg]
centrum centre [ˈsentǝ]
cenzura censorship [ˈsensǝšip]
ceremonie ceremony [ˈserimǝni]
cesta podniknutá journey [ˈdžǝːni], pro dopravu road [rǝud]
cestopis travel book [ˈtrævlbuk]
cestování travelling [ˈtrævliŋ]
cestovat travel [ˈtrævl]
cestovatel traveller [ˈtrævlǝ]
cestovní travel(ling) [ˈtrævliŋ]
 ~ **kancelář** travel agency [ˈtrævlˈeidžǝnsi]
 ~ **pas** passport [ˈpaːspoːt]
cestující pasažér passenger [ˈpæsindžǝ]
cibule onion [ˈanjǝn]
ciferník dial [ˈdaiǝl]
cigareta cigarette [ˌsigǝˈret]
cihla brick [brik]
cikán gipsy [ˈdžipsy]
cikánský gipsy [ˈdžipsy]
cíl též snaha aim [eim]
cílevědomý purposeful [ˈpǝːpǝsful]
cín tin [tin]
cín tin [tin]
cinkat jingle [ˈdžiŋgl]
církev(ní) church [čǝːč]
cirkus circus [ˈsǝːkǝs]
císař emperor [empǝrǝ]
cit pocit feeling [ˈfiːliŋ]
citát quotation [kwǝuˈteišn]
cítit mít pocit feel; čichem smell [fiːl; smel]
citlivý sensitive [ˈsensitiv]
citoslovce interjection [ˈintǝˈdzekšn]
citovat quote [kwǝut]
citrón(ový) lemon [ˈlemǝn—]
civilizace civilization [sivilaiˈzeišn]
civilní civilian [siˈviljǝn]
cizí neznámý strange [streindž]
cizina: do -y, v -ě abroad [ǝˈbroːd]
cizinec foreigner [ˈforǝnǝ]
cizinecký ruch tourism [tuǝrizm]
cizojazyčný in a foreign language [in ǝ ˈforǝn ˈlæŋgwidž]
clo duty [ˈdjuːti] (*na* on)
clona screen [skriːn]
co what, which [wot, wič]
 ~ **ještě?** what else?
cokoli(v) whatever [wotˈevǝ]
cop plait [plæt]
ctitel admirer [ǝdmaiǝ]
ctižádostivý ambitious [æmˈbišǝs]
cukr sugar [ˈšugǝ]
cukrárna candy store [ˈkændi stoː]
cukrová řepa sugar-beet [ˈšugǝbiːt]
cukroví sweets [swiːts]
cvičebnice textbook [ˈtekstbuk]
cvičení tělesné, též školní úloha exercise [ˈeksǝsaiz]
cvičit provádět tělesné cvičení do gymnastics [duːˈdžimˈnæstiks]
cyklista cyclist [ˈsaiklist]

čaj tea [tiː]
čajov/ý tea [tiː] **~á konvice** teapot **~á lžička** teaspoon **~á souprava** teaservice
čalouněný upholstered [apˈhəulstərid]
čáp stork [stoːk]
čá/ra line [lain] **vítězství na celé -ře** a sweeping victory **udělat komu -ru přes rozpočet** queer sb's. pitch
čárka stroke [strəuk], interpunkčně comma, ležatá dash
čaroděj magician [məˈdzišn], wizard [ˈwizəd]
čarodějnice witch [wič]
čarovat conjure [ˈkandžuə]
čas time [taim] **dát si na ~** take one's time **jednou za ~** once in a while **během -u** in the course of time **mařit ~** waste time **mít ~** be free **v pravý ~** in good time
časně early [ˈəːli]
časopis magazine [ˌmægəˈziːn]
časování conjugation [ˈkondžukeišn]
časovat conjugate [ˈkondžukeit]
časový temporal [ˈtempərəl], týkající se času (... of) time, aktuální topical
část part [paːt]
  z velké -i largely [laːdžli]
  největší ~ the best part
  z největší -i for the most part
  z velké -i largely **~ oděvu** an article of clothing; přidělená portion, share; skupina section
částečně partly [paːtli]

částečný partial [paːšl]
částka sum [sam]
často often [ˈofn, oftn]
častý frequent [ˈfriːkwent]
Čech Czech [ček]
Čechy Bohemia [bəuˈhiːmjə]
čekárna waiting room [ˈweitiŋrum]
čekat wait [weit] (**na** for); očekávat expect [ikˈspekt]
čelist jaw [džoː]
čelní světlo headlight [ˈhedlait]
čelo forehead [ˈforid; ˈfoːhed]
čenich snout [snaut]
čenichat sniff [snif]
čep pin [pin]
čepec bonnet [ˈbonit]
čepelka blade [bleid]
čepice cap [kæp]
černobílý black-and-white [blæk ænd wait]
černoch black [blæk]
černý black [blæk] **~ pasažér** stowaway [ˈstəuəwei]
čerpadlo pump [pamp]
čerpat pump [pamp]
čerstvý fresh [freš]
čert devil [ˈdevl]
červ worm [wəːm]
červen June [džuːn]
červenat se ve tváři blush [blaš]
červený red [red]
červivý worm-eaten [wəːmiːtn]
čeřit ruffle [ˈrafl]
česat vlasy comb [ˈkəum], plody pick [pik]
český Bohemian, Czech [bəuˈhiːmjən, ček]
česnek garlic [ˈgaːlik]
čest honour [ˈonə] **všechna ~ komu** full marks to sb.
čestn/ý honest [ˈonist]
  -é slovo! honestly! [ˈonistli]

čeština Czech [ček]
četa platoon [pləˈtu:n]
četba reading [ri:diŋ]
četný numerous [ˈnju:mərəs]
čí whose [hu:z]
číhat lurk [lə:k]
čich smell [smel]
čichat smell [smel]
čilý živý lively [ˈlaivli]
čím - tím the - the [ð - ð]
čin act [ækt]
čnnost activity [ækˈtivəti]
čnný active [æktiv]
činže rent [rent]
číslo number [ˈnambə]
číslovat number [ˈnambə]
číslovka numeral [ˈnju:mərəl]
číst read [ri:d]
čistící cleaning [kli:niŋ]
 ~ **prostředek** detergent
čistírna dry-cleaner's [draiˈkli:nəz]
čistit clean [kli:n]
čistokrevný thoroughbred [ˈθarəbred]
čistopis fair copy [feə ˈkopi]
čistota cleanness [kli:nis]
čistotný cleanly [kli:nli]
čistý clean [kli:n]
číše bowl [bəul]
číšnice waitress [ˈweitris]
číšník waiter [weitə]
čítanka reader [ˈri:də]
čítárna reading-room [ri:diŋru:m]
čitelný legible [ˈledžəbl]
článek article [ˈa:tikl]
člen member [membə]
člověk obecně man [mæn]
člun boat [bəut]
čmárat scribble [ˈskribl]
čmelák bumble-bee [ˈbamblə bi:]
čočka luštěnina lentils [ˈlentilz]

 ~ **polévka** lentil soup
čokoláda chocolate [ˈčokələt]
čpavek ammonia [əˈməuniə]
črta sketch [skeč]
čtenář(ka) reader [ri:də]
čtvere/c(ční) square [skweə]
čtvrt(ina) quarter [ˈkwo:tə]
čtvrť district [ˈdistrikt]
čtvrtletí quarter [ˈkwo:tə]
čtyřhra double [ˈdabl]
čtyřka four [fo:]
čtyřúhelník quadrangle [ˈkwodræŋgl]
čumák snout [snaut]
čumět gape [geip]

dabovat dub [dab]
dál(e) further [ˈfə:ðə]
 Vstupte! come in! **co ~ ?** what next? **a tak ~** and so on
daleko far (away) [ˈfa:rəwei]
dalekohled binoculars [biˈnokjuləz]
dalekozraký long-sighted [loŋsaitid]
dáleký distant [ˈdistənt]
dálka distance [ˈdistəns]
dálnice motorway [ˈməutəwei]
dálnopis teleprinter [ˈteliˌprintə]
další v řadě next [nekst]
dáma lady [ˈleidi]
daň tax [tæks]
dar(ovat) present [preznt]
dáseň gum [gam]
dát komu give [giv]
datel woodpecker [ˈwudˌpekə]
datum date [deit]

dav crowd [kraud]
dávat komu give [giv]
dávka dose [dəuz]
dávno long ago [loŋə'gəu]
dávný old [əuld]
dbát take care [teik keə]
dcera daughter ['do:tə]
debata debate [di'beit]
decentní decent [di'sent]
dědeček grandfather [grænfa:ðə]
dědic heir [eə]
dědictví inheritance [in'heritəns]
dědičnost heredity [hi'rediti]
dědičný hereditary [hi'reditəli]
dědit inherit [in'herit]
defekt defect [di'fekt]
dech breath [breθ]
děj action ['ækšn]
dějepis history [hi'stəri]
dějiště scene [si:n]
deka blanket ['blæŋkit]
dekorace decoration [dekə'reišn]
děkovat thank [θæŋk]
 děkuji Vám thank you [-ju:]
dekret decree [di'kri:]
dělat make, do [meik, du:]
déle longer [loŋgə]
delegace delegation [deli'geišn]
delikátní delicate ['delikət]
dělit na části divide [di'vaid]
délka length [leŋθ]
dělník workman ['wə:kmən]
dělo gun [gan]
demokracie democracy [di'mokrəsi]
den day [dei] **dobrý ~** good morning [gud'mo:niŋ]
denně daily ['deili]
deník daily ['dæli]
deprimovaný depressed ['di:prest]
děravý full of holes [fu:l of həuls]
děs dread [dred]
deska board, plank [bo:d, plænk]
déšť rain [rein]
deštivý rainy [reini]
deštník umbrella [am'brelə]
detail detail ['di:teil]
detektiv detective [di'tektiv]
detektivka detective story [di'tektiv stori]
dětinský childish [čaildiš]
dětský child's [čailds]
 ~ kočárek pram [præm]
dětství childhood ['čaildhud]
děvče girl [gə:l]
devět nine [nain]
devizy foreign money ['forənmani]
dezert dessert [di'zə:t]
dezinfekce disinfection [,disin'fekšn]
diagnóza diagnosis [,daiəg'nəusis]
diamant diamond ['daiəmənd]
diář diary ['daiəri]
dieta diet ['daiət]
diktát dictate [dik'teit]
díky thanks [θæŋks]
dílna workshop [wə:kšop]
dílo work [wə:k]
díra hole [həul]
disketa disk [disk]
diskotéka disco ['diskəu]
dít se happen ['hæpən]
dítě child [čaild]
divadlo theatre ['θiətə]
dívat se look [luk] (*na* at)
divit se wonder ['wandə]
dívka girl [gə:l]
divný odd [od]
divoký wild [waild]

dlaň palm [pa:m]
dláto chisel ['čizl]
dlažba pavement ['peivmənt]
dlouho/dlouhý long [loŋ]
dlouhodobý long-term [loŋ tə:m]
dluh debt [det]
dlužit owe [əu]
dlužní úpis bond [bond]
dlužník debtor [debtə]
dnes today [tə'dei]
~ **večer** tonight [tə'nait]
dno bottom [botəm]
do to, into [tu:, 'intu]
doba time [taim]
doběhnout overtake [əuvə'teik]
dobrá all right [o:lrait]
dobrodruh adventurer [əd'venčə]
dobrodružství adventure [əd'venčə]
dobrota goodness [gu'd'nis]
dobrovolný voluntary ['volən̩tə̩ri]
dobrý good [gud] ~ **den** good morning ~ **večer** good evening ~ **noc** good night
dobře well [wel]
dobýt conquer ['koŋkə]
dobytek cattle ['kætl]
docela quite [kwit]
dočasný temporary [tempə̩rə̩ri]
dočkat se wait [weit]
dodání delivery [di'livə̩ri]
dodat doručit deliver [di'livə]
dodavatel supplier [sə'plaiə]
dodávka delivery [di'livə̩ri]
dodělat finish ['finiš]
dodnes up to now [ap tu: nau]
dodržovat keep [ki:p]
dohled charge ['ča:dž]
dohoda agreement [ə'gri:mənt]
dohodnout se agree [ə'gri:]
dohonit overtake [,əuvə'teik]

dochvilný punctual ['paŋkčuə̩l]
dojem impression [im'prešn]
dojemný moving [mu:viŋ]
dojít kam go, get [gə̩u, get]
dok dock [dok]
dokázat podat důkaz prove [pru:v]
doklad document ['dokjumə̩nt]
dokola round [raund]
dokonalý perfect ['pə:fikt]
dokonce even ['i:vn]
dokončit finish [finiš]
dokořán wide open [waid əupn]
doktor doctor ['doktə]
dokud as long as [æs loŋ æs]
dokument document ['dokju:mə̩nt]
dolar dollar ['dolə]
dole down [daun]
doleva to the left [to:ðəleft]
doložka clause [klo:z]
dolů down [daun]
doma at home [əthəum]
domácnost household [haus'həuld]
domáhat se claim [kleim]
domek cottage ['kotidž]
domluvit sjednat arrange [ə'reindž]
domnívat se suppose [sə̩pə̩uz]
domov home [həum]
donést bring [briŋ]
donutit compel [kə̩m'pel]
dopadnout fall down [fo:l daun]
dopis letter ['letə]
doplatek surcharge [sə:'ča:dž]
doplněk supplement ['saplimə̩nt]
doplnit complete [kə̩m'pli:t]
dopoledne morning [mo:niŋ]
doporučit recommend [,rekə̩mend]
doprava směr to the right [to:ðərait]
dopřát grant [gra:nt]
dopředu forward ['fo:wə̩d]
dort cake [keik]

dospělý adult ['ædalt,]
dospívající adolescent [ædəu'lesnt]
dost dostatek enough [i'naf]
dostat get [get] ~ **se domů** get home [get'həum]
dostatečný sufficient [sə'fišnt]
dostatek hojnost plenty ['plenti]
dostavit se appear [ə'piə]
dostavník coach [kəuč]
dostihy horse-race [ho:s reis]
dotaz inquiry [in'kwaiə]
dotazník questionnaire [,kwesčə'neə]
dotek touch [tač]
dotěrný intrusive [in'tru:siv]
dotknout se touch [tač]
doufat hope [həup]
doupě den [den]
doutník cigar [si'ga:]
dovážet import [im'po:t]
dovednost skillful ['skilful]
dovedný skilful ['skilful]
dovést take [teik]
dovnitř in, inside [in, ,in'said]
dovolávat se claim [kleim]
dovolená volno holiday ['holidei]
dovolit nezakazovat allow [ə'lau]
dovoz import [im'po:t]
dozadu back(wards) [bækwo:dz]
dozorce supervisor ['su:pəvaizə]
dráha course [ko:s]
drahý dear [diə]
drak dragon ['drægən]
dražba auction ['o:kšən]
drobné change [čeindž]
droga drug [drag]
drogerie chemist's ['kemists]
drůbež poultry ['pəultri]
druh kind [kaind]
druhý second ['sekənd]
držet hold, keep [həuld, ki:p]
dřevo wood [wud]

dřímat doze [dəuz]
dřina toil [toil]
dřít rub [rab]
dříve before [bi'fo:]
dříví wood [wu:d]
dub oak [əuk]
duha rainbow ['reinbəu]
duch ghost [gəust]
duchaplný subtle ['satl]
důchodce pensioner ['penšnə]
duchovní spiritual ['spiričuəl]
důkaz proof [pru:f]
důl mine [main]
důležitý important [im'po:tnt]
důlní mining [mainiŋ]
dům house [haus]
důraz emphasis ['emfəsis]
dusit stew [stju:]
důsledek consequence ['konsikwəns]
duše soul [səul]
dutina cavity ['kæviti]
důvěra confidence ['konfidəns]
důvěřovat trust [trast]
důvod reason ['ri:zn]
dva two [tu:]
dvakrát twice [twais]
dveře door [do:]
dvojčata twins [twinz]
dvojice couple ['kapl]
dvoulůžkový pokoj double room ['dabl'ru:m]
dvůr courtyard [ko:t'ja:d]
dýka dagger ['dægə]
dýchat breathe [bri:ð]
dým smoke [sməuk]
dýmka pipe [paip]
dýně pumpkin [pampkin]
džbán jug [džag]
džem jam [džæm]
džínsy jeans [dži:nz]
džungle jungle ['džaŋgl]
džus juice [džu:s]

E

efekt effect [i'fekt]
efektivní efficient [i'fišnt]
ekologie ecology [i:'kolədži]
ekenom economist [i'konəmist]
ekonomika economy [i'konəmi]
elán vigour [ˈvigə]
elastický elastic [i'læstik]
elegance elegance [ˈeligəns]
elegantní elegant [ˈeligənt]
elektrárna power-station
 [ˈpauə ˈsteišn]
elektrický electric [i'lektrik]
elektrikář electrician [i,lek'trišn]
elektřina electricity [i,lek'trisəti]
elipsa ellipse [i'lips]
embargo embargo [em'ba:gəu]
embryo embryo [ˈembriəu]
emigrace emigration [,emi'greišn]
emigrovat emigrate [ˈemigreit]
emoce emotion [i'məušn]
encyklopedie encyclop(a)edia
 [in,saiklə u'pi:djə]
energie energy [ˈenədži]
epidemie epidemic [,epi'demik]
epizoda episode [ˈepisəud]
epocha epoch [ˈi:pok]
erb coat of arms [kəut of a:ms]
erotický erotic [i'rotik]
estetika aesthetic [i:s'θetik]
estráda show [šou]
etapa stage [steidž]
etika ethics [ˈeθnik]
evakuace evacuation
 [i,vækju'eišn]
Evropa Europe [juərəp]
evropský European [juərə'piən]
existovat exist [ig'zist]
exkurze excursion [ik'skə:šn]

F

facka slap [slæp]
fagot bassoon [bə'su:n]
fakt fact [fækt]
faktura invoice [ˈinvois]
fakulta faculty [ˈfæklti]
falešný neupřímný **false** [fo:ls]
falšovat forge [fo:dž]
fanatik fanatic [fə'nætik]
fandit root for [ru:t fo:]
famfára flourish [ˈflariš]
fanoušek fan [fæn]
fantastický fantastic [fæn'tæstik]
fantazie fancy [ˈfænsi]
fara parsonage [ˈpa:sonidž]
farář parson [ˈpa:son]
farma farm [fa:m]
farmář farmer [ˈfa:mə]
farnost parish [ˈpæriš]
fasáda front [frant]
fascinovat fascinate [ˈfæsineit]
faul foul [faul]
favorit favourite [ˈfeivərit]
fax fax [fæks]
fáze phase [feiz]
fazole bean [bi:n]
federace federation [,fedəreišn]
fén hair-dryer [ˈheə,draiə]
fena bitch [bič]
fenomén phenomenon
 [fi'nominən]
festival festival [ˈfestəvl]
feudální feudal [fju:dl]
fialka violet [ˈvaiəlit]
fialový violet [ˈvaiəlit]
fígl trick [trik]
figura figure [ˈfigə]
fík fillet [ˈfilit]
fiktivní fictional [ˈfikšnl]

filé fillet ['filit]
filharmonický philharmonic [ˌfilaːˈmonik]
film film [film]
fizolog philosophic [filoˈsofik]
finance finance [faiˈnæns]
finta trick [trik]
firma firm [fəːm]
flákat se loaf [ləuf]
flám binge [bindž]
flanel flannel [ˈflænl]
flek patch [pæč]
flétna flute [fluːt]
flirtovat flirt [fləːt]
fňukat whimper [ˈwimpəə]
fólie foil [foil]
fontána fountain [ˈfauntin]
forma form [foːm]
formalita formality [foːˈmæləti]
formát size [saiz]
formulář form [foːm]
formule formula [ˈfoːmjulə]
fotbal football [ˈfutboːl]
fotoaparát camera [ˈkæmərə]
fotograf photographer [fəˈtogrəfə]
fotografie photo(graph) [fəˈtogrəf], zvl. amatérská snap [snæp]
fotografovat photograph fəˈtogrəf], take snaps [teikˈsnæps]
fotokopie photocopy [fəutəuˌkopi]
foukat blow [bləu]
frak tailcoat [teilˈkəut]
fraška farce [faːs]
fráze phrase [freiz]
fronta nač queue [kjuː]
froté terry [ˈteri]
funět pant [pænt]
fungovat work [wəːk]
funkce function [ˈfankšn]
fyzický physician [fiˈzišn]
fyzika physics [ˈfiziks]

galantérie haberdashery [ˈhæbədæʃəri]
galantní gallant [ˈgælənt]
galérie gallery [ˈgæləri]
garáž garage [ˈgæraːž]
garsoniéra flatlet [flætlit]
gauč couch [kauč]
gejzír geyser [ˈgiːzə]
generace generation [ˌdženəˈreišn]
generál general [ˌdženərl]
génius genius [ˈdžiːnjəs]
geolog geologist [džiˈolədžist]
geologie geology [džiˈolədži]
gepard cheetah [čiːtə]
gesto gesture [ˈdžesčə]
glazura glaze [gleiz]
glóbus globe [gləub]
gól goal [gəul]
golf golf [golf]
gorila gorilla [gəˈrilə]
gotický Gothic [goθik]
graf graph [graːf]
gram gram [græm]
gramatika grammar [ˈgræmə]
gramofon record-player [rekoːd pleiə]
granát shell [šel]
gratulovat congratulate [kənˈgræčuleit]
gravitace gravitation [græviˈteišən]
grilovat grill [gril]
groteskní grotesque [grəuˈtesk]
gumák wellington [weliŋtə]
gumový rubber [ˈrabə]
gymnastika gymnastics [džiˈmnæstiks]

háček hook [huk]
háčkovat crochet [krəušet]
had snake [sneik]
hádat guess [ges]
hádka quarrel ['kworəl]
hadr rag [ræg]
hájit protect [prə'tekt]
hajný gamekeeper ['geim,ki:pə]
hala hall [hɔ:l]
halenka blouse [blauz]
halucinace hallucination [hə,lusi:neišən]
hanba shame [šeim]
harfa harp [ha:p]
harmonika harmony [ha:məni]
harpuna harpoon [ha:'pu:n]
hasit extinguish [ik'stiŋgwiš]
havárie dopravní crash [kræš]
havran raven [reivn]
hbitý nimble [nimbl]
hebký soft [soft]
hedvábí silk [silk]
hektar hectare [hekta:]
helma helmet [helmit]
herec actor ['æktə]
heřmánek camomile [kæməmail]
heslo slogan [slɔugən]
hezký nice; pretty [nais; 'priti]
hihňat se giggle [gigl]
historie history ['histəri]
historik historian [hi'stɔ:riən]
hlad hunger ['haŋgə]
hladina surface [sə:fis]
hladit stroke [strəuk]
hladomor famine [fæmin]
hladovět starve [sta:v]
hladový hungry ['haŋgri]
hlas voice [vois]

hlasitě loud [laud]
hláskovat spell [spel]
hlasovat vote [vəut]
hlášení report [ri'pɔ:t]
hlava head [hed]
hlavní main [mein] ~ **město** capital ['kæpitl]
hlavolam puzzle [pazl]
hledat seek [si:k]
hledět look [luk]
hlemýžď snail [sneil]
hlídat watch [woč]
hlína earth [ə:θ]
hloubka depth [depθ]
hloupý stupid ['stju:pid]
hltat devour [di'vauə]
hluboký deep [di:p]
hlučný noisy [noizi]
hluchý deaf [def]
hluk noise [noiz]
hmat touch [tač]
hmotnost mass [mæs]
hmyz insect(s) [insekt(s)]
hned at once [æt'wans]
hnědý brown [braun]
hněv angry [æŋgri]
hněvat se be angry [be:'æŋgri]
hnízdo nest [nest]
hnojivo fertilizer [fə:tilaizə]
hnůj manure [mə'njuə]
hnusný disgusting [dis'gastiŋ]
hodina hour ['auə]
hodinářství watchmaker's ['wočmeikəs]
hodinky watch [woč]
hodiny clock [klok]
hodit throw [θrəu]
hodit se match [mæč]
hodně very, much ['veri, mač]
hodnost rank [ræŋk]
hodný good [gu:d]
hoch boy [boi]
hokej ice-hockey ['ais,hoki]

holicí strojek safety razor ['seifti'riezə]
holit se shave [šeiv]
holub pigeon [pidžin]
homosexuál homosexual [həuməseksjuəl]
hon hunt [hant]
honorář fee [fi:]
hora mountain ['mauntin]
horečka fever ['fi:və]
horko: je ~ it's hot [itshot]
horký hot [hot]
hormon hormone [ho:'mən]
hornatý mountainous [mauntinəs]
horník miner [mainə]
horolezec mountaineer [mauntiniə]
horoskop horoscope [horəskəup]
hořčice mustard ['mastəd]
hořet účelně burn [bə:n] **hoří!** fire!
hořký bitter ['bitə]
hořlavina combustible [kəm'bastəbl]
hospoda pub [pab]
hospodářství economy [i(:)'konəmi]
host guest [gest]
hostina feast [fi:st]
hostinec inn [in]
hostitel host [həust]
hotel hotel [həu'tel]
hotovost cash [kæš]
hotový ready ['redi]
houba mushroom ['mašrum]
houf troop [tru:p]
houkat hoot [hu:t]
houpačka swing [swiŋ]
housenka caterpillar [kætəpilə]
houska roll [rəul]
housle violin [vaiə'lin]
hovězí: maso beef [bi:f]
hra game; play [geim; plei]
hračka toy [toi]

hračkářství toyshop ['toišop]
hrad castle ['ka:sl]
hradit cover [kavə]
hrách peas [pi:s]
hranatý angular [æŋgjulə]
hranice border ['bo:də]
hranolky chips [čips]
hrášek green peas [gri:n pi:z]
hrát play [plei]
hravý playful [pleiful]
hráz dam [dæm]
hrbit se hunch [hanč]
hrdina hero [hiərəu]
hrdlo throat [θrəut]
hrdý proud [praud]
hrnec pot [pot]
hrob grave [greiv]
hroch hippopotamus [hipə'potəməs]
hrom thunder ['θandə]
hromada heap [hi:p]
hrozba threat [θret]
hrozny grapes [greips]
hrozný terrible ['terəbl]
hrst handful [hændful]
hrubý coarse [ko:s]
hrudník chest [čest]
hruška pear [peə]
hrůza horror [horə]
hřát warm [wo:m]
hřbitov cemetery [semitri]
hřeben comb ['kəum]
hřebík nail [neil]
hřiště playground [plei'graund]
hubený thin [θin]
hudba music ['mju:zik]
humor humour ['hju:mə]
hustý thick [θik]
hvězda star [sta:]
hýbat (se) move [mu:v]
hygiena hygiene [hai'dži:n]
hysterie hysteria [hi'stiəriə]

chalupa cottage [ˈkotidž]
chaos chaos [keios]
chápat understand [ˌandəˈstænd]
charakter character [kærəktə]
chata cottage [ˈkotidž]
chatrč hovel [havəl]
chemie chemistry [kemistri]
chirurg surgeon [səˈdžən]
chlad cold [kəuld]
chladnička refrigerator [riˈfridžəreitə]
chladno, -ý cold [kəuld]
chlapec boy [boi]
chlazený cooled [kuːləd]
chléb bread [bred]
chlebíček sandwich [sændvidž]
chlév cowshed [kaušed]
chlouba boast [bəust]
chlubit se pride [praid]
chobot trunk [traŋk]
chobotnice octopus [oktəpəs]
chodba corridor [koridoː]
chodec walker [woːkə]
chodit go; walk [gəu; woːk]
chodník pavement [ˈpeivmənt]
chopit se seize [siːz]
choroba disease [disˈiːz]
chorobný morbid [moːbid]
chování behaviour [biˈheivjə]
chovat se behave [biˈheiv]
chovatel breeder [briːdə]
chrám temple [templ]
chránit protect [prəˈtekt]
chrápat snore [snoː]
chromý lame [laːmei]
chrup teeth [tiːθ]
chřest asparagus [əsˈpærəgəs]
chřipka flu [fluː]
chtít want [wont]
chudoba poverty [povəti]
chudý poor [puə]
chuligán hooligan [huːligən]
chutnat taste [teist]
chutný lahodný tasty [teisti]
chůva nurse [nəːs]
chválit praise [preiz]
chvět se vibrate [vaiˈbreit]
chvíle while [wail]
chyba mistake [miˈsteik]
chybět miss [mis]
chybně wrong [roŋ]
chystat prepare [priˈpə]
chyták catch [kæč]
chytit catch [kæč]
chytrý clever [ˈklevə]
chystat prepare [priˈpeə]

idea idea [aiˈdiə]
ideální ideal [aiˈdiəl]
idol idol [aidl]
igelit plastic [ˈplæstik]
ignorovat ignore [igˈnoː]
ihned at once [ætˈvans]
ilustrace illustration [iləˈstrišən]
imitovat imitate [ˈimiteit]
import import [impoːt]
impuls impulse [impals]
imunita immunity [iˈmjuːnəti]
incident incident [ˈinsidənt]
indiskrétní indiscreet [ˌindiˈskriːt]
individuální individual [ˌindiˈvidjuəl]
infarkt heart attack [haːtəˈtæk]
infekce infection [inˈfekšn]

inflace inflation [in'fleišən]
informace information [,info:'meišn]
informační kancelář information office [,info:'meišnofis]
informovat inform [in'fo:m]
iniciativa initiative [i'nišiətiv]
iniciativní enterprising [entəpraiziŋ]
injekce injection [in'džekšn]
inkasovat collect [kolekt]
inkoust ink [iŋk]
inkubátor incubator [inkjubeitə]
inovace innovation [in'spaiə]
inscenace production [prə'dakšn]
inspekce inspection [in'spekšən]
inspektor inspector [in'spektə]
inspirovat inspire [in'spaiə]
instalatér plumber [plamə]
instalovat install [in'sto:l]
instantní instant ['instənt]
instinkt instinct [in'stiŋkt]
instinktivní instinctive [in'stiŋktiv]
institut institute [institju:t]
instrukce instruction [in'strakšən]
instruktor instructor [in'straktə]
inteligentní intelligent [in'telidžənt]
interview interview [intəvju:]
invalida invalid [invəli:d]
inventura stock-taking [stok teikiŋ]
investovat invest [in'vest]
inzerát advertisement [əd'və:tismənt]
inzulín insulin ['insjulin]
inženýr engineer [,endži'niə]
iracionální irrational [i'ræšnəl]
ironie irony [aiərəny]
ironický ironic [ai'ronik]
izolace isolation ['aisəleišn]
izolovat isolate ['aisəleit]

J

já I [ai]
jablko apple ['æpl]
jabloň apple tree ['æpl tr:]
jádro core [ko:]
jahoda strawberry ['stro:bəri]
jachta yacht [jot]
jakmile as soon as [æs su:n æs]
jak how [hau]
jako like [laik]
jakost quality ['kwoliti]
jaký what [wot]
jáma pit [pit]
jantar amber [æmbə]
jarní spring [spriŋ]
jaro spring [spriŋ]
jas blaze [bleiz]
jásat cheer [čiə]
jasmín jasmine ['džæsmin]
jasnit se clear up [kliə up]
jasno počasí bright weather [brait'weðə]
jasný clear [kliə]
jatky slaughterhouse ['slo:tə'haus]
játra liver ['livə]
javor maple ['meipl]
jazyk řeč language ['læŋgwidž]
jazykověda linguistics [liŋgwistiks]
jazykovědec linguist [liŋgwist]
jazykovědný linguistic [liŋgwistik]
ječet yell [jel]
ječmen barley ['ba:li]
jed poison ['poizn]
jeden one [wan]
jedině only [əunli]
jedinec individual [indi'vidžuəl]

jedinečný unique [ju:'nik]
jedle fir [fə:]
jedlý edible ['edibl]
jednat act [ækt]
jednoduchost simplicity [sim'plisiti]
jednoduchý simple ['simpl]
jednolůžkový pokoj single room ['singl'ru:m]
jednopatrový two-storey [tu:'sto:ri]
jednosměrný one-way [wan wei]
jednostranný one-sided [wan saidid]
jednou once [wans]
jednoznačný definite ['definit]
jehla needle ['ni:dl]
jehličnatý coniferous ['konifərəs]
jehně(čí) lamb [læm]
jeho his [hiz]
její her [hə:]
jejich their [ðeə]
jelen stag [stæg]
jemně softly [softli]
jemný soft [soft]
jen(om) just; only [džast; 'əunli]
jeptiška nun [nan]
jeskyně cave [keiv]
jesle nursery ['nə:sri]
jestli(že) if [if]
jestřáb hawk [ho:k]
ještě časově still [stil]
ještěrka lizard ['lizəd]
jet go; travel [gəu; 'trævl], řídit auto drive [draiv]
jetel clover ['kləuvə]
jeviště stage [steidž]
jevit se appear [ə'piə]
jez weir [wiə]
jezdec rider [raidə]
jezero lake [leik]

jezevec badger [bædžə]
ježek hedgehog [hedžhok]
ježit se bristle ['brisl]
jídelna dining-room [dainiŋ'ru:m]
jídelní lístek menu ['menju:]
jídelní vůz dining car [dainiŋka:]
jídlo potrava food; denně pravidelně meal; chod dish [fu:d; mi:l; diš]
jih south [sauθ]
jikry hard roe [ha:d rəu]
jíl clay [klei]
jinak otherwise ['aðəwaiz]
jinovatka hoarfrost [ho:əfrost]
jiní others ['aðəz]
jiný different ['difrənt]
jiřina dahlia ['deiljə]
jiskra spark [spa:k]
jiskřit spark(le) [spa:kl]
jíst eat [i:t]
jistě certainly ['sə:tnli]
jistota certainly ['sə:tnli]
jistý sure [šuə]
jít go, pěšky walk [gəu, wo:k]
jitrnice pudding ['pudiŋ]
jitro morning ['mo:niŋ]
jízda ride [raid]
jízdenka ticket ['tikit]
jízdné fare [feə]
jízdní řád timetable [taimteibl]
jízlivý malicious [mə'lišəs]
jizva scar [ska:]
již already [o:l'redi]
jižní south [sauθ]
jmelí mistletoe ['misltəu]
jménem koho on behalf of [on bi'ha:f of]
jmění property ['propəti]
jmeniny name-day [neimdei]
jméno name [neim]
jmenovat call [ko:l]
jogurt yoghurt ['jogət]
jód iodine ['aiədi:n]
junior(ský) junior ['džu:njə]

k, ke, ku směrem to [tu:]; účel for [fo:]; o čase about [ə'baut]
kabaret music-hall ['mju:zik ho:l]
kabát coat [kəut]
kabel cable [keibl]
kabelka handbag ['hændbæg]
kabina cabin ['kæbin]
kabinet cabinet [kæbinit]
kácet fell [fel]
káď vat [væt]
kadeřavý curly [kə:li]
kadeřnictví hairdresser's ['heə,dresəz]
kadeřník hairdresser ['heə,dresə]
kachna duck [dak]
kajak kayak ['kaiæk]
kajícný penitent [penitənt]
kajuta cabin ['kəbin]
kakao cocoa ['kəukəu]
kaktus cactus ['kæktəs]
kal mud [mad]
kalamita calamity [kəlæməti]
kalendář calendar ['kælində]
kalhotky panties ['pæntiz]
kalhoty trousers [trauzəz]
kalibr calibre [kæləbə]
kalich chalice [čæelis]
kalit temper [tempə]
kalkulovat calculate [kælkjuleit]
kalný muddy [madi]
kalorický caloric [kæ'lorik]
kalorie calorie ['kæləri]
kaluž pool [pu:l]
kam where [weə]
kamarád(ka) friend [frend]
kamarádství friendship [frendšip]
kamelot news-vendor ['nju:z,vendə]
kámen stone [stəun]
kameník mason [meisn]
kamenný stone [stəun]
kamera camera ['kæmərə]
kamínek pebble [pebl]
kamión truck [trak]
kamkoli anywhere ['eniweə]
kamna stove [stəuv]
kampaň campaign [kæmpein]
kamzík chamois [šæmva:]
kanál průliv channel ['čænl]
kanár(ek) canary [kə'neəri]
kancelář office ['ofis]
kancléř chancellor ['kæmərə]
kanec boar [bo:]
kánoe canoe [kə'nu:]
kaňón canyon [kænjən]
kapalina liquid [likwid]
kapat drip [drip]
kapela band [bænd]
kapesné pocket-money [pokit'mani]
kapesní nůž pocket-knife ['pokitnaif]
kapesník handkerchief ['hæŋkəčif]
kapr carp [ka:p]
kapradí bracken [brækən]
kapradina fern [fə:n]
kapsa pocket ['pokit]
kapsář pickpocket ['pik,pokit]
kapsle capsule [kæpsju:l]
kapusta cabbage [kæbidž]
karafiát carnation [ka:'neišən]
karamel caramel [kærəməl]
kariéra career [kə'riə]
karneval carnival [ka:nivəl]
karotka carrot [kærət]
karta card [ka:d]
kartáč brush [braš] ~ **na vlasy** hairbrush [heəbraš]
kartáček na zuby toothbrush [tu:θbraš]

kaše purée ['pjuərei]
kašel/kašlat cough [kof]
kašna fountain [fauntin]
kaštan chestnut [česnat]
katalog catalogue [kætəlog]
katastrofa disaster [di'za:stə]
katedrála cathedral [kə'θi:drəl]
kategorie category [kætigəri]
kaučuk caoutchouc [kaučuk]
káva coffee ['kofi]
kavárna café ['kæfei]
kavka jackdaw ['džækdo:]
kaz flaw [flo:]
kázeň discipline ['disiplin]
kazeta cassette [kə'set]
kazit spoil [spoil]
kazový imperfect [im'pə:fikt]
každodenní daily ['deili]
každoroční annual [ænjuəl]
každý všichni, všechny every ['evri]
kbelík pail [peil]
kde where [weə]
kdekoli anywhere [eniweə]
kdo who [hu:]
kdy when [wen]
kdyby if [if]
kdykoli (at) any time [æt eni taim]
kdysi once ['wans]
když when [wen]
kecat waffle [wofl]
kečup ketchup ['kečəp]
kedluben turnip-cabbage [tə:nip kæbidž]
kemp camp [kæmp]
keramika ceramics [si'ræmiks]
kilogram kilogram ['kiləugræm]
kilometr kilometre ['kiləu,mi:tə]
kino cinema ['sinimə]
kláda log [log]
kladivo hammer ['hæmə]
klasický classical ['klæsikəl]
klaun clown [klaun]
klenotnictví jeweller's ['džu:ələz]

klávesnice keyboard [ki:bo:d]
klečet kneel [ni:l]
klepat knock [nok]
kleště pincers [pinsəz]
kletba curse [kə:s]
klíč key [ki:]
klid(ný) quiet ['kwaiət]
klient client [klaiənt]
klika handle [hændl]
klímat drowse [drauz]
klimatizace air-conditioning [eəkən,dišəniŋ]
klinika clinic [klinik]
klisna mare [meəri]
klíště tick [tik]
klížit glue [glu:]
klobása sausage ['sosidž]
klobouk hat [hæt]
klokan kangaroo [,kæŋgə'ru:]
klouzat (se) slide [slaid]
klubko ball [bo:l]
kluzký slippery [slipəri]
kmín caraway [kærəwei]
knedlík dumpling ['dampliŋ]
kněz priest [pri:st]
kniha book [buk]
knihkupectví bookshop [bukšop]
knihovna library ['laibrəri]
knír moustache [mə'sta:š]
knoflík button ['batn]
koberec carpet ['ka:pit]
kobliha doughnut [dəunat]
kocovina hangover ['hæŋəuvə]
kočárek pram [præm]
kočka cat [kæt]
kód code [kəud]
kohout cock [kok]
kohoutek vodní, plynový tap [tæp]
kojenec suckling [sakliŋ]
kojit breast-feed [brest fi:d]
kokos coconut ['kəukənat]
koktejl cocktail ['kokteil]

kola coca-cola coke [kəuk]
koláč cake [keik]
kolébat rock [rok]
kolébka cradle [kreidl]
koleda carol [kærəl]
koleg/a(yně) colleague ['koli:g]
kolek stamp [stæmp]
kolekce collection [kə'lekšən]
kolektiv team [ti:m]
kolem (a)round [ə'raund]
kolemjdoucí passer-by [ˌpa:sə'bai]
koleno knee [ni:]
kolik how many/much [hau'meni/mač]
kolík peg [peg]
kolmý perpendicular [ˌpə:pən'dikjulə]
kolo jízdní bicycle [baisikl]
koloběžka scooter [sku:tə]
kolonie colony ['kalə ni]
komando squad [skwod]
komár mosquito [məs'ki:təu]
kombajn harvester ['ha:vistə]
kombiné slip [slip]
kombinéza overall ['əuvərɔ:l]
komedie comedy ['komidi]
komentovat comment ['koment]
kometa comet ['komit]
komín chimney ['čimni]
komiík (chimney-)sweep ['čimni swi:p]
kompaktní disk compact disc ['kompæktdisk]
kompas compass ['kampəs]
komplikovaný complicated ['komplikeitid]
konat se take place [teikpleis]
koncert concert ['konsət]
končit end; finish [end; 'finiš]
kondom condom ['kondəm]
konec end; finish [end; 'finiš]
konečně at last [ət'la:st]

konflikt conflict ['konflikt]
kongres congress ['koŋgres]
koníček hobby ['hobi]
konkrétní concrete ['koŋkri:t]
konkurovat compete [kəm'pi:t]
konkurs competition [ˌkompi'tišn]
konstrukce construction [kən'strakšn]
kontakt contact ['kontækt]
kontinent continent ['kontinənt]
konto account [ə'kaunt]
kontrast(ovat) contrast [kən'trast]
kontrola control [kən'trəul]
kontrolovat check [ček]
konvenční conventional [kən'venšənl]
konverzace conversation [ˌkonvə'seišn]
konverzovat converse [kən'və:s]
konvice pot [pot]
konzerva tin [tin]
konzervatoř conservatoire [kən'sə:vətwa:r]
konzulát consulate ['konsjulit]
kopaná football ['futbɔ:l]
kopat nohou kick [kik]
kopec hill [hil]
kopie copy ['kopi]
koruna crown [kraun]
kořen root [ru:t]
koření spice [spais]
kos blackbird [blækbə:d]
kosmetika cosmetics [koz'metiks]
kosmonaut spaceman [speis'mæn]
kost bone [bəun]
kostel church [čə:č]
kostra skeleton [skelitn]
kostým costume ['kostju:m]
koš basket ['ba:skit]
košile shirt [šə:t]
koště broom [brum]

kotleta chop [čop]
kotník ankle ['æŋkl]
kotouč disc [disk]
kotoul somersault [saməso:lt]
kotva anchor ['æŋkə]
koule ball [bo:l]
koupaliště swimming-pool ['swimiŋpu:l]
koupat se bathe ['beið]
koupě purchase ['pə:čəs]
koupel bath [ba:θ]
koupelna bathroom ['ba:θrum]
koupit buy [bai]
kouř smoke [sməuk]
kouření smoking [sməukiŋ]
kouření zakázáno no smoking [nəu'sməukiŋ]
kouřit smoke [sməuk]
kousat bite [bait]
kousavý caustic [ko:stik]
kousek bit [bit]
kousnout bite [bait]
kouzelník magician [mə'džišən]
kouzelný magic [mædžik]
kouzlit conjure [kən'džuə]
kouzlo magic [mædžik]
kov metal ['metl]
kovárna smithy [smiði]
kovat forge [fo:dž]
kovboj cowboy [kauboi]
kovový metal ['metl]
koza goat [gəut]
kožený leather ['leðə]
kožich fur coat [fə: kəut]
kra floe [fləu]
krab crab [kræb]
krabice box [boks]
kráčet walk [wo:k]
krádež theft [θeft]
krájet cut [kat]
krajíc slice [slais]
krajina landscape ['lænskeip]
král king [kiŋ]

královna queen [kwi:n]
krám shop [šop]
kráska beauty ['bju:ti]
krásný beautiful ['bju:təful]
krasobruslař(ka) figure skater [figə skeitə]
krást steal [sti:l]
krát times [taims]
krátce shortly [šo:tli]
kráter crater [kreitə]
krátkodobý short-term [šo:t tə:m]
krátkozraký short-sighted [šo:t saitid]
krátký short [šo:t]
kraul crawl [kro:l]
kráva cow [kau]
kravata tie [tai]
kravín cowshed [kaušed]
krb fireplace ['faiəpleis]
krčit (se) cringe [krindž]
kredit credit [kredit]
krejčí tailor [teilə]
krém cream [kri:m]
kresba drawing [dro:iŋ]
kreslit draw [dro:]
krev blood [blad]
kriket cricket [krikit]
kritizovat criticise ['kritisaiz]
krize crisis [kraisis]
krk neck [nek]
krmit feed [fi:d]
krmivo feed [fi:d]
krocan turkey ['tə:ki]
kroj costume [kostju:m]
krok step [step]
krokodýl crocodile [krokədail]
kromě s výjimkou except [ik'sept]
kronika chronicle [kronikl]
kropit sprinkle [spriŋkl]
krtek mole [məul]
kruh circle [sə:kl]
krumpáč pick [pik]

krupice semolina [seməˈliːnə]
krůta turkey-hen [ˈtəːkihen]
krutý cruel [kruːəl]
kružítko compass [kampəs]
krvácet bleed [bliːd]
krvinka corpuscle [koːpasl]
krychle cube [kjuːb]
krysa rat [ræt]
krýt cover [kavə]
křeč cramp [kræmp]
křeček hamster [hæmstər]
křehký fragile [frædžail]
křemen flint [flint]
křen horse-radish [hoːsˈrædiš]
křepelka quail [kweil]
křeslo armchair [ˌaːmˈčeə]
křest baptism [bæptizəm]
křestní jméno first name [fəːst neim]
křičet shout [šaut]
křída chalk [bæptizəm]
křídlo wing [bæptizəm]
křik cry [bæptizəm]
křivda injury [indžəri]
křížek cross [kros]
kříženec hybrid [haibrid]
křižovatka crossroad [ˈkrosrəud]
křížovka crossword [ˈkroswəːd]
křovy bush(es) [buš(iz)]
křtít baptize [bæpˈtaiz]
křupavý crisp [krisp]
který which; what [wič; wot]
kudrnatý curly [kəːli]
kudy which way [wičwei]
kufr suitcase [ˈsuːtkeis]
kuchař(ka) cook [kuk]
kuchyně kitchen [ˈkičin]
kukačka cuckoo [kukuː]
kukuřice maize [meiz]
kulatý round [raund]
kulečník billiards [ˈbiljədz]
kulhat hobble [hobl]
kulička marble [maːbl]

kulis/y wings [wiŋs]
kůlna shed [šed]
kultura culture [kalčə]
kůň horse [hoːs]
kupé compartment [kəmˈpaːtmənt]
kupovat buy [bai]
kurs course [koːs]
kuřák smoker [sməukə]
kuře chicken [čikin]
kus piece [piːs]
kůže pokožka skin [skin]
kvalita quality [ˈkwoliti]
kvalitní first-rate [ˌfəːstˈreit]
kvést bloom [bluːm]
květ blossom [blosəm]
květák cauliflower [ˈkoliˌflauə]
květina flower [flauə]
kvůli because of [biˈkozov]
kýchat sneeze [sniːz]
kyselý sour [ˈsauə]
kyslík oxygen [ˈoksidžən]
kytara guitar [giˈtaː]
kývnout nod [nod]

labuť swan [swon]
laciný cheap [čiːp]
ladit tune [tjuːn]
laguna lagoon [ləˈguːn]
láhev bottle [ˈbotl]
lahodný delicious [diˈlišəs]
lahůdka delicacy [delikəsi]
laik layman [ˈleimən]
lákat attract [əˈtrækt]
lakomý stingy [stindži]
lámat (se) break [breik]
lampa lamp [læmp]
lano rope [rəup]

lanovka cable railway ['keiblreilwei]
lasička weasel [wi:zl]
láska love [lav]
laskat caress [kəres]
laskavost kindness [kaindnins]
laskavý kind [kaind]
lastura shell [šel]
látka textil cloth [kloθ]
laťka lath [la:θ]
láva lava [la:və]
lavička bench [benč]
lavina avalanche [ævəla:nš]
lázeň bath [ba:θ]
lázně léčivé spa [spa:]
lebka skull [skal]
léčba treatment [tri:tmənt]
léčit treat [tri:t]
léčka trap [træp]
led ice [ais]
ledaže unless [ən'les]
lednička hovor. fridge [fridž]
lední hokej ice hockey ['ais,hoki]
ledovec glacier [glæsjə]
ledvina kidney [kidni]
legální legal ['li:gl]
legenda legend [ledžənd]
legitimace card [ka:d]
legrace fun [fan]
legrační funny ['fani]
lehátko deck-chair ['dekčeə]
lehkomyslný careless [keəlis]
lehký light [lait], snadný easy ['i:zi]
lehnout si lie down [laidaun]
lék medicine ['medsin]
lékárna chemist's ['kemists]
lékař doctor ['doktə]
lekat frighten [fraitn]
lekce lesson [lesn]
leknín water-lily [wo:tə lili]
lenošit idle ['aidl]
lepidlo glue [glu:]
lepit stick [stik]
lepší better ['betə]
les wood [wud]
lesk shine [šain]
lesklý shiny [šaini]
lesní forest [forist]
lest trick [trik]
let flight [flait]
letadlo plane [plein]
leták leaflet ['li:flit]
letec airman ['eəmæn]
letenka plane ticket [plein'tikit]
letět fly [flai]
letiště airport ['eəpo:t]
letmý momentary [məuməntəri]
letní summer [samə]
léto summer ['samə]
letopočet era [iərə]
letos this year [ðis'jiə]
letuška stewardess [stju:ədis]
leukémie leukaemia [lju(:)'ki:miə]
lev lion [laiən]
levák left-handed [,left'hændid]
levandule lavender [lævəndə]
levhart panther [pænθə]
levný cheap [či:p]
levý left [left]
lézt creep [kri:p]
lež lie [liei]
ležet lie [lai]
lhář laier [laiə]
lhát lie [lai]
lhostejný indifferent [in'difrənt]
lhůta term [tə:m]
líbánky honeymoon ['hanimu:n]
líbat kiss [kis]
líbit se like [laik]
libovolný any [eni]
libový lean [li:n]
libra pound [paund]
licence licence ['laisəns]
líčit describe [di'skraib]
lid(é) people [pi:pl]

lidový folk [fəuk]
lidský human [hju:mən]
lidstvo mankind [mæn'kaind]
líh spirit [spirit]
lichotit flatter ['flætə]
lichý odd [od]
liják downpour [daunpo:]
likér liqueur [li'kjuə]
lilie lily [lili]
limonáda lemonade [,lemə'neid]
linie line [lain]
linka line [lain]
líný lazy ['leizi]
lípa lime [laim]
lískový ořech hazelnut [heizlnat]
list leaf [li:f]
lístek ticket ['tikit], jídelní menu ['menju:]
listina document [dokjumənt]
listonoš postman [pəustmən]
lišit se differ ['difə] (*od* from)
liška fox [foks]
literatura literature [litərəčə]
lítost regret [ri'gret]
litovat regret [ri'gret]
litr litre ['li:tə]
lízat lick [tik]
lízátko lollipop ['lolipop]
loajální loyal [loiəl]
loď boat; ship [bəut, šip]
loket elbow ['elbəu]
lokomotiva engine [endžin]
lom quarry [kwori]
Londýn London ['landən]
loni last year [la:stjiə]
lopata shovel [šavl]
los zvíře elk [elk], výherní lottery-ticket [lotəritikit]
loterie lottery [lotəri]
loučit se say goodbye [sei,gud'bai]
louka meadow [medəu]

ložnice bedroom [bedrum]
luštit solve [solv]
luxovat hoover ['hu:və]
luxusní luxurious [lag'žuəriəs]
lůžko bed [bed]
lyže/lyžovat ski [ski:]
lyžování skiing [ski:iŋ]
lyžovat ski [ski:]
lžíce spoon [spu:n]
lžička teaspoon ['ti:spu:n]

maceška pansy [pænzi]
mačkat press [pres]
magický magic [mædžik]
majetek property ['propəti]
majitel(ka) owner [əunə]
major major [meidžə]
mák poppy [popi]
málem almost ['o:lməust]
maličkost trifle [traifl]
malina raspberry [ra:zbəri]
malíř painter [peintə]
málo little [litl]
malovat paint [peint]
malta mortar [mo:tə]
malý small [smo:l]
maminka mummy ['mami]
mandle almond [a:mənd]
mánie mania [meinjə]
manšestr cord(uroy) [ko:dəroi]
manžel husband ['hazbənd]
manželka wife [waif]
manželství marriage [mæridž]
mapa map [mæp]
marmeláda jam [džæm]
marný vain [vein]
máslo butter ['batə]

maso jídlo meat [miːt]
masový meat [miːt]
mast ointment [ˈoinmənt]
mastit grease [griːs]
mastný greasy [ˈgriːzi]
mašle bow [bəu]
matematika mathematics [mæθiˈmætiks]
materiál material [məˈtiəriəl]
matka mother [ˈmaðə]
matný dull [dal]
mávat wave [weiv]
mazat spread [spred]
mazlit se caress [kəˈres]
mdloba faint [feint]
mečet bleat [bliːt]
med honey [ˈhani]
medúza jellyfish [dželifiš]
medvěd bear [beə]
mech moss [mos]
mechanický mechanical [miˈkænikəl]
měkký soft [soft]
mělký shallow [šæləu]
meloun melon [melən]
měna currency [karənsi]
méně less [les]
měnit (se) change [čeindž]
menší lesser [lesə]
menšina minority [maiˈnorəti]
menu menu [ˈmenjuː]
meruňka apricot [eiprikot]
měřit measure [ˈmežə]
měsíc kalendářní month [manθ], těleso moon [muːn]
město town [taun]
metoda method [meθəd]
metr metre [ˈmiːtə]
metro tube [tjuːb]
mezi dvěma between [biˈtwiːn], více než dvěma among [əˈmaŋ]
mezitím meanwhile [ˌmiːnˈwail]
míč ball [boːl]

migréna migraine [ˈmiːgrein]
míchaný mixed [mikst]
míchat stir [stəː]
míjet pass [paːs]
miláček darling [ˈdaːliŋ]
milión million [miljən]
milost grace [greis]
milovat love [lav]
milý drahý dear [diə]
mina mine [main]
mince coin [koin]
mínění opinion [əˈpinjən]
minerálka mineral water [ˈminərəl,woːtə]
mínit mean [miːn]
minout pass [paːs]
minulý last [laːst]
mínus minus [mainəs]
minuta minute [ˈminit]
mír peace [piːs]
mírně mildly [maidli]
mírný mild [maild]
mířit aim [eim]
mís/a(ka) dish [diš]
místní local [ˈləukl]
místnost room [ruːm]
místo konkrétní place [pleis]
mistr master [maːstə]
mistrovský masterly [maːstəli]
mít have [hæv]
mixér mixer [miksə]
mizera skunk [skaŋk]
mizet disappear [ˈdisəpiə]
mládí youth [juːθ]
mladý young [jaŋ]
mlaskat click [klik]
mlčet be silent [ˈbiːsailənt]
mléčný milk [milk]
mléko milk [milk]
mlha fog [fog]
mluvit speak [spiːk]
mnoho počitatelné many [ˈmeni], nepočitatelné much [mač]

mnout rub [rab]
množit se increase [in'kri:s]
množství quantity ['kwontiti]
moc very; much ['veri; mač]
moci can [kən]
mocnost power [pauə]
mocný powerful [pauəful]
móda fashion ['fæšn]
model(ka) model [modl]
modelovat model [modl]
moderní modern ['modən]
modlit se pray [prei]
módní fashionable [fæšəneibl]
modrý blue [blu:]
modřina bruise [bru:z]
mokrý wet [wet]
mol moth [moθ]
moment moment [məumənt]
montáž assembly [əsembli]
montér fitter [fitə]
mor plague [pleig]
Morava Moravia [mə'reiviə]
morče guinea-pig [,ginipig]
moře sea [si:]
mosaz brass [bra:s]
most bridge [bridž]
mošt cider [saidə]
motat wind [waind]
motiv motive [məutiv]
motocykl motorbike ['məutəbaik]
motor engine ['endžin]
motyka hoe [həu]
motýl butterfly ['batəflai]
moučník sweet [swi:t]
motýl wisdom [wisdəm]
moudrý wise [waiz]
moucha fly [flai]
movitý movable [mu:vəbl]
mozek brain [brein]
možná maybe ['meibi:]
možný possible ['posəbl]
mračit se v obličeji frown [fraun]
mrak cloud [klaud]

mravenec ant [ænt]
mravenec ant [ænt]
mraveniště anthill [ænthil]
mráz frost [frost]
mrazivý chilly [čili]
mraznička freezer [fri:zə]
mražený frozen [frəuzn]
mrhat waste [weist]
mrholení drizzle [drizl]
mrkev carrot ['kærət]
mrknout blink [blink]
mrož walrus [wo:lrəs]
mrsknout lash [læš]
mrštný nimble [nimbl]
mrtvola corpse [ko:ps]
mrtvý dead [ded]
mrzák cripple [kripl]
mrznout freeze [fri:z]
msta revenge [ri'vendž]
mstít se revenge [ri'vendž]
mše mass [mæs]
můj my; mine [mai; main]
mumie mummy ['bætəfəl]
muset must [mast]
mušle shell [šel]
muzeum museum [mju:'ziəm]
muzikál musical ['mju:zikl]
muž man [mæn]
mužstvo crew [kru:]
my we [wi:]
mýdlo soap [səup]
mýlit se be wrong [bi:ron]
mylný wrong [ron]
mys cape [keip]
mysl mind [maind]
myslet think [θink]
myslivec huntsman [hantsmən]
myš mouse [maus]
myšlenka idea [ai'diə]
mýt wash [woš]
mýtus myth [miθ]
mzda wage [weidž]
mzdový wage [weidž]

N

na on, to, at, in, for [tu, æt, fə]
nabarvit paint [peint]
nabídka/nabídnout offer ['ofə]
nabít load [ləud]
nabodnout stick [stik]
nabrat take [teik]
nábřeží quay [ki:]
nabýt acquire [ə'kwaiə]
nábytek furniture ['fə:ničə]
nacpat cram [kræm]
nacvičovat rehearse [ri'hə:s]
nácvik drill [dril]
načerpat draw [dro:]
náčrtek sketch [skeč]
nad above; over [ə'bav; 'əuvə]
nadace foundation [faun'deišn]
nadále still [stil]
nadání talent ['tælənt]
nadávat někomu scold [skəuld]
nadávka swear-word [sweəwə:d]
nadbytečný superfluous [sju(:)'pə:fluəs]
naděje hope [həup]
nadějný hopeful [həupful]
nadepsat inscribe [in'skraib]
nádhera splendour [splendə]
nádherný wonderful ['wandəful]
nadchnout inspire [in'spaiə]
nadít stuff [staf]
nádobí jídelní dishes [dišiz]
nadpis inscription [in'skripšən]
ňadra blossom [blosəm]
nádraží station ['steišn]
nafta oil [oil]
nahlas aloud [ə'laud]
náhle suddenly ['sadnli]
náhoda chance [ča:ns]

nahoru up [ap]
náhrada compensation [kompen'seišən]
nahradit compensate [kompenseit]
náhradník substitute [sabstitju:t]
nahrát record [reko:d]
náhrdelník necklace ['neklis]
náhrobek tomb [tu:m]
nahromadit heap [hi:p]
nahý naked ['neikid]
nachlazení cold [kəuld]
náchylný liable [laiəbl]
naivní naive [na:'iv]
najednou suddenly ['sadnli]
nájemce tenant [tenənt]
nájemné rent [rent]
nájezd raid [reid]
najít find [faind]
najmout hire ['haiə]
nákaza infection [in'fekšn]
nakazit infect [in'fekt]
náklad load [ləud]
nákladní auto lorry [ləri]
nákupní: ~ **středisko** shopping centre ['šopiŋsentə]
nakupovat shop [šop]
nálada mood [mu:d]
nalákat bait [beit]
naléhat insist [in'sist]
naléhavý urgent ['ə:džənt]
nalepit stick [stik]
nálepka label [leibl]
nálet air raid [eə reid]
nalevo left [left]
nález find [faind]
nálezce finder [faində]
nalézt find [faind]
náležet belong [bi'loŋ]
nalít pour [po:]
naložit load [ləud]
námaha effort ['efət]
namalovat paint [peint]

náměstí square [skweə]
námět suggestion [sə'džesčən]
námitka objection [əb'džekšən]
namítnout object ['obdžikt]
namluvit persuade [pəs'weid]
namočit soak [səuk]
námořní marine [mə'ri:n]
námořník sailor [seilə]
namydlit soap [səup]
naneštěstí unfortunately [an'fo:čnətli]
nanuk ice lolly ['ais'loli]
nápad idea [ai'diə]
npadnout attack [ə'tæk]
napětí tension [tenšən]
nápěv tune [tju:n]
náplast plaster ['pla:stə]
naplavit deposit [di'pozit]
naplnit fill [fil]
napnutý tight [tait]
napodobit imitate [imiteit]
nápoj drink [driŋk]
nápor rush [raš]
naposled finally ['fainəli]
napovídat prompt [prompt]
náprava improvement [im'pru:vmənt]
napravo right [rait]
naprosto absolutely [æbsəlu:tli]
naproti opposite ['opəzit]
náprsní taška wallet ['wolit]
napřed ahead [ə'he:d]
napříč across [ə'kros]
například for example [fo:ig'za:mpl]
napsat write [rait]
napůl half [ha:f]
náraz blow [bləu]
narazit hit [hit]
náramek bracelet ['breislit]
narazit hit [hit]
národnost nationality [,næšə'næliti]

nárok claim [kleim] (*na* to)
narozeniny birthday ['bə:θdei]
náruč(í) arms [a:mz]
narůst grow [grəuv]
nárys design [di'zain]
nářečí dialect [dailekt]
naskytnout se occur [ə'kə]
následník subsequent [sabsikwənt]
následovat follow ['foləu]
násobek multiple [maltipl]
nastěhovat se move in [mu:v in]
nastoupit get into [get'intu]
nástraha snare [sneə]
nástupce successor [sək'sesə]
nástupiště platform ['plætfo:m]
nasvědčovat point [point]
nasytit feed [fi:d]
náš our ['auə]
naštěstí fortunately ['fo:čənətli]
natáhnout pull [pul]
nátělník vest [vest]
nátěr paint [peint]
nátlak pressure [prešə]
naučný instructive [in'straktiv]
náušnice earrings ['iəriŋs]
navést induce [in'dju:s]
navlhčit wet [wet]
návnada bait [beit]
návrat return [ri'tən]
návrh proposal [prə'pəuzl]
navrhnout propose [prə'pəuz]
návštěva/navštívit visit ['vizit]
návyk habit ['hæbit]
navzdory despite [di'spait]
naznačit indicate [indikeit]
názor opinion [ə'pinjən]
nazvat name [neim]
ne nikoli no [nəu]
nebe obloha sky [skai]
nebezpečí danger ['deindžə]
nebo or [o:]
něco something ['samθiŋ]

nečistota dirt [dəːt]
nečitelný illegible [i'ledžəbl]
nedaleko nearby ['niəbai]
nedávno lately [leitli]
nedbalost negligence [neglidžəns]
nedbalý slack [slæk]
neděle Sunday ['sandei]
nedočkavý impatient [im'peišənt]
nedopalek stub [stab]
nedorozumění misunderstanding [,misandə'stændiŋ]
nedostatek lack [læk]
nedůvěra distrust [dis'trast]
negativní negative [negətiv]
něha tenderness [tendənes]
nehet nail [neil]
nehoda accident ['æksidənt]
nechápavý dense [dens]
nechat let; leave [let; liːv]
nechuť dislike [dis'laik]
nějak somehow ['samhau]
nějaký some; any [sam; 'eni]
nejbližší next [nekst]
nejdůležitější central ['sentrəl]
nejistý uncertain [an'səːtn]
nejméně at least [ætliːst]
někam somewhere ['samweə]
někde somewhere ['samweə]
někdo somebody ['sambədi]
někdy sometimes ['samtaimz]
neklid unrest [an'rest]
neklidný restless [restlis]
několik several ['sevrəl]
nekonečný endless [endlis]
nekuřák non-smoker [nonsməukə]
nelidský inhuman [in'hjuːmən]
Německo Germany [džəːməni]
německý German [džəːmən]
nemluvně baby [beibi]
nemocnice hospital ['hospitl]
nemocný sick; ill [sik; il]

nemožný impossible [im'posəbl]
nemravný indecent [in'diːsnt]
němý dumb [dam]
nenávidět hate [heit]
nenucený informal [in'foːml]
neobvyklý unusual [an'juːžuəl]
neplatný invalid [in'vælid]
neplodný infertile [in'fəːtail]
nepokoj unrest [anrest]
nepořádek hovor. mess [mes]
nepovinný voluntary [voləntəri]
nepozorný inattentive [,inə'tentiv]
nepravdivý false [foːls]
neprávem unjustly [an'džastli]
nepromokavý waterpoof [woːtəpuːf]
nepříjemný unpleasant [an'pleznt]
nepřirozený unnatural [an'næčərl]
nepřítel enemy ['enəmi]
nepřítomnost absence [æbsəns]
nepřítomný absent ['æbsənt]
nerez stainless steel [steinlis stiːl]
nerost mineral [minərəl]
nerv nerve [nəːv]
nervózní nervous ['nəːvəs]
nerest vice [vais]
neskromný pretentious [pri'tenšəns]
neskutečný unreal [,an'riəl]
nesmělý shy [šai]
nesmysl nonsense ['nonsəns]
nesouhlasit disagree [,disə'griː]
nespokojený dissatisfied [,di'sætisfaid]
nespravedlivý unjust [,an'džast]
nést carry ['kæri]
neštovice smallpox [smoːl poks]
nešťastný unhappy [an'hæpi]
neteř niece [niːs]
neuvěřitelný incredible [in'kredəbl]

nevadí never mind ['nevəmaind]
nevděk ingratitude [in'grætitju:d]
nevědomky unawares [,anə'weəz]
nevěrný false [fo:ls]
nevěsta bride [braid]
nevinna innocent [inəsnt]
nevolnost discomfort [dis'kamfət]
nevrlý morose [mə'rəus]
nezákonný illegal [i'li:gəl]
nezávislý independent ['indi'pendənt]
nezáživný dull [dal]
nezbedný naughty ['no:ti]
nezdar failure [feiljə]
neznalost ignorance [ignərəns]
neznámý unknown [,an'nəun]
než than [ðən]
něžný tender [tendə]
nic nothing ['naθiŋ]
ničema scoundrel [skaundrəl]
ničit destroy [di'stroi]
nikam/nikde nowhere ['nəuweə]
nikde nowhere [nəuvəe]
nikdo nobody ['nəubədi]
nikdy never ['nevə]
nit thread [θred]
nízko low [ləu]
nížina lowlands [ləulənds]
nóbl posh [poš]
noc night [nait]
nocleh lodging [lodžiŋ]
noční night [nait] ~ **košile** nightdress [naitdres] ~ **můra** nightmare [naitmeə] ~ **stolek** bed table [bedteibl]
noha leg [leg]
nora den [den]
norek mink [miŋk]
norma norm [no:m]
normální normal ['no:ml]
nos nose [nəuz]
nosit carry [kæri]

notář notary [nəutəri]
notes notebook [nəutbuk]
nouzový východ emergency exit [i'mə:džənsi'eksit]
novinka novelty [novəlti]
noviny newspaper ['nju:s,peipə]
nový new [nju:]
nucený forced [fo:st]
nuda boredom ['bo:dəm]
nudle noodle [nu:dl]
nula zero [ziərəu]
nutit force [fo:s]
nutnost necessity [ni'sesəti]
nutný necessary ['nesəsəri]
nůž knife [naif]
nůžky scissors ['sizəz]
nýbrž but [bat]
nynější present [preznt]
nyní now [nau]

o about [ə'baut]
oáza oasis [əu'eisis]
oba both [bəuθ]
obal cover [kavə]
obálka envelope ['envələup]
obava concern [kən'sə:n]
občan(ka) citizen [sitizn]
občanský průkaz identity card ['aidentətika:d]
občanství citizenship [sitiznšip]
občas occasionally [ə'keižnəli]
občerstvení refreshments [ri'frešmənts]
občerstvit refresh [ri'freš]
obdělávat cultivate [kaltiveit]
obdiv admiration [ædmə'reišən]

obdivovat se admire [əd'maiə]
obdivuhodný admirable [ædmərəbl]
období period [piəriəd]
obdržet obtain [əb'tein]
obec community [kə'mju:nəti]
obecenstvo audience [o:djəns]
obecný common [komən]
oběd hlavní jídlo dne dinner ['dinə]
obehnat enclose [in'kləuz]
obejmout embrace [im'breis]
oběsit hang [hæŋ]
obhájce defender [di'fendə]
obhajovat defend [di'fend]
obchod business ['biznis], prodejna shop [šop]
obchodní dům department store [di'pa:tməntsto:]
obchůzka beat [bi:t]
obilí corn [ko:n]
obinadlo bandage [bændidž]
objednat order ['o:də]
objednávka order ['o:də]
objekt object [obdžikt]
objem volume [voljum]
objev discovery [di'skavəri]
objevit discover [di'skavə]
objížďka bypass ['baipa:s]
obklad compress [kompres]
obkreslit copy [kopi]
oblačno cloudy weather ['klaudi'wəðə]
oblak cloud [klaud]
oblast area ['eəriə]
obléci se dress [dres]
oblečení clothes [kləuðz]
oblek suit [su:t]
oblíbenec favourite [feivərit]
oblíbený popular ['popjulə]
obličej face [feis]
obloha sky [skai]
oblý round [raund]
obnos amount [ə'maunt]

obnovit renew [ri'nju:]
obor branch [bra:nč]
obr giant [džaiənt]
obrátit turn [tə:n]
obratný clever [klevə]
obraz/obrázek picture ['pikčə]
obrazovka screen [skri:n]
obrovský vast [va:st]
obřad ceremony [serimən i]
obsadit occupy [okjupai]
obsah contents [kontənts]
obsahovat contain [kən'tein]
obsloužit serve [sə:v]
obstarat (si) get [get]
obtěžovat annoy [ə'noi]
obtíž difficulty [difikəlti]
obtížný difficult ['difikəlt]
obuv footwear [futweə]
obvaz bandage ['bændidž]
obvázat tie (up) [tai ap]
obvinit accuse [ə'kju:z]
obvykle usually ['ju:žuəli]
obyčej custom [kastəm]
obyčejný ordinary ['o:dnri]
obývací pokoj living-room ['liviŋru:m]
obyvatel inhabitant [in'hæbitənt]
ocas tail [teil]
oceán ocean ['əušn]
ocel steel [sti:l]
ocenit appreciate [ə'pri:šieit]
očarovat charm [ča:m]
očekávat čekat na (a)wait [ə'weit]
očkování inoculation [i,nokju:leišən]
oční eye [ai]
od až do přítomné doby since [sins]
odbarvit bleach [bli:č]
odbíjená volleyball [volibo:l]
odbočit turn [tə:n]
odbýt scamp [skæmp]
oddaný devoted [di'vəutid]
oddech rest [rest]

odděleně apart [əˈpɑːt]
oddělit separate [seprit]
odečíst deduct [diˈdakt]
odemknout unlock [ˌanˈlok]
odepřít deny [diˈnai]
odepsat answer [ɑːnsə]
odeslat dispatch [diˈspæč]
oděv clothes [klɑuðz]
odezva response [riˈspons]
odhalit disclose [diˈsklɑuz]
odjet leave [liːv]
odjezd/odlet departure [diˈpɑːčə]
odkaz legacy [legəsi]
odlehlý remote [riˈmɑut]
odlepit unstick [anˈstik]
odlišný different [ˈdifrənt]
odloučení separation [sepəˈreišn]
odložit put off [putof]
odměna honorář fee [fiː]
odmítavý negative [negətiv]
odmítnout refuse [riˈfjuːz]
odmotat unwind [anˈwaind]
odolat resist [riˈzist]
odpad waste [weist]
odpadky rubbish [ˈrabiš]
odplata retaliation [riˌtæliˈeišən]
odpočinek rest [rest]
odpočinout si relax [riˈlæks]
odpojit detach [diˈtæč]
odpoledne afternoon [ˌɑːftəˈnuːn]
odpor resistance [riˈzistəns]
odpověď answer [ˈɑːnsə]
odpovědnost responsibility [riˌsponsəˈbilətí]
odpovědný responsible [riˌsponsəˈbl] (**za** for)
odpustit forgive [fəˈgiv]
odříci cancel [ˈkænsl]
odsoudit condemn [kənˈdem]
odtud from here [fromˈhiə]
odvážit se dare [deə]
oheň fire [ˈfaiə]
ohňostroj fireworks [ˈfaiəwəːks]

ochotný willing [ˈwiliŋ]
ochrana protection [prəˈtekšən]
ochutit season [siːzn]
ochutnat taste [teist]
okamžik moment [ˈməumənt]
okap gutter [gatə]
okenice shutter [šatə]
okno window [ˈwindəu]
oko eye [ai]
okolí environs [inˈvaiərənz]
okrasný decorative [dekəretiv]
okrást rob [rob]
okružní jízda tour [tuə]
okurka cucumber [kjuːkambə]
olej oil [oil]
oliva olive [oliv]
omáčka gravy [greivi]
omastit grease [griːs]
omdlít faint [feint]
omeleta omelet(te) [omlit]
omezit limit [ˈlimit]
omluvit se apologize [əˈpolədžaiz]
omyl mistake [miˈsteik]
on he [hiː]
ona she [šiː]
opačný contrary [kontrəri]
opakovat repeat [riˈpiːt]
opálený sunburnt [sanbəːnt]
opalovat se bask [bɑːsk]
opařit (se) scald [skoːld]
opasek belt [belt]
opatrný careful [ˈkeəful]
opera opera [opərə]
operace operation [ˌopəˈreišən]
opět again [əˈgein]
opilý drunk [draŋk]
opisovat copy [kopi]
opláchnout rinse [rins]
opona curtain [kəːtn]
opora support [səˈpoːt]
opozdit se be late [biːleit]
oprava correction [kəˈrekšən]

opravit spravit mend [mend]
opřít lean [li:n]
opravit spravit mend [mend]
oranžový orange [orindž]
orel eagle [i:gl]
ořech nut [nat]
oslavit celebrate ['selibreit]
oslovit address [əˈdres]
osoba person [ˈpə:sn]
ospalý sleepy [ˈsli:pi]
ostrov island [ˈailənd]
ostří edge [edž]
ostuda shame [šeim]
ošetření treatment [tri:tmənt]
ošidit cheat [či:t]
otázka question [ˈkwesčən]
otec father [ˈfa:ðə]
otevřený/otevřít open [ˈəupen]
otočit (se) turn [tə:n]
ovlivnit influence [ˈinfluəns]
ovoce fruit [fru:t]
ovšem of course [ovˈko:s]
oznámit announce [əˈnauns]
oženit se marry [ˈmæri]

P

pacient patient [peišənt]
padat fall [fo:]
páchnout reek [ri:k]
pak then [ðen]
palačinka pancake [ˈpænkeik]
palec thumb [θam]
palivo fuel [ˈfju:əl]
pálivý fiery [faiəri]
pálka bat [bæt]
palma palm [pa:m]
paluba deck [dek]

památka souvenir [ˌsu:vəˈniə]
památník monument [monjumənt]
pamatovat si remember [riˈmembə]
paměť memory [ˈmeməri]
pamětní memorial [miˈmo:riəl]
pán (gentle)man [ˈdžentlmən]
panenka hračka doll [dol]
pánev frying-pan [fraiŋpæn]
paní lady; woman [ˈleidi; ˈwumən]
panika(řit) panic [ˈpænik]
panna virgin [və:džin]
pantofle slippers [ˈslipəz]
papír paper [ˈpeipə]
papírnictví stationer's [ˈsteišnəz]
paprika paprika [ˈpæprikə]
paprsek ray [rei]
pár pair; couple [peə; ˈkapl]
pára steam [sti:m]
párat unpick [anˈpik]
pardon sorry [ˈsori]
párek frankfurter [ˈfræŋkfə:tə]
parfém perfume [ˈpə:fju:m]
park park [pa:k]
parkety parquet [pa:kei]
parkovat park [pa:k]
parkoviště car-park [ˈka:pa:k]
parlament parliament [pa:ləmənt]
parník steamship [sti:mšip]
parný sultry [saltri]
parta team [ti:m]
partner partner [pa:tnə]
paruka wig [wig]
pařez stump [stamp]
pas cestovní passport [ˈpa:spo:t]
pasáž passage [pæsidž]
pasažér passenger [ˈpæsindžə]
pásek opasek belt [belt]
pasivita passivity [pæsəviti]
pasivní passive [pæsiv]
past trap [træp]
pasta zubní toothpaste [ˈtu:θpeist]

pašovat smuggle [ˈsmagl]
paštika paté [ˈpætei]
pata heel [hi:l]
pátek Friday [ˈfraidi]
patent patent [ˈpeitənt]
pátrat search [sə:č]
patrný apparent [əˈpærənt]
patro podlaží floor [flo:]
patron patron [ˈpeitrən]
patřit belong [biˈloŋ]
pauza pause [po:z]
páv peacock [ˈpi:kok]
pavilón pavillon [pəˈviljən]
pavouk spider [ˈspaidə]
paže arm [a:m]
pažitka chive(s) [čaivz]
péci maso roast, z mouky bake [rəust, beik]
péče care [keə]
pečený roast [rəust]
pečivo pastry [ˈpeistri]
pečlivý careful [ˈpeəiərən]
pedikúra chiropody [kiˈropədi]
pekárna bakery [ˈbeikəri]
pekař baker [beikə]
peklo hell [hi:l]
pěkný nice [nais]
pěna foam [fəum]
peněženka purse [pə:s]
peněžní financial [faiˈnænšl]
penicilín penicillin [ˈpeniˈsiliŋ]
peníze money [ˈmani]
penze v hotelu board [bo:d]
penzista pensioner [ˈpenšnə]
pepř(it) pepper [ˈpepə]
perla pearl [pə:l]
perník gingerbread [ˈdžindžəˈbred]
pero na psaní pen [pen]
personál personnel [ˈpə:səˈnl]
perverzní perverse [pəˈvə:s]
peřeje rapids [ˈræpids]
peřina duvet [ˈdu:vei]

pes dog [dog]
pěstitel grower [grəuvə]
pěstovat rostliny grow [grəu]
pestrý gay [gei]
pěší výlet hike [haik]
pěšky on foot [onfut]
petice petition [piˈtišn]
petlice latch [læč]
petrklíč primrose [ˈprimrəuz]
petržel parsley [ˈpa:sli]
pěvecký sbor choir [ˈkwaiə]
pevnina mainland [ˈmeinlənd]
pevný firm [fə:m]
piano piano [ˈpjænəu]
piha freckle [ˈfrekl]
píchnout sting [stiŋ]
piják drinker [driŋkə]
pikantní spicy [spaisi]
piknik picnic [ˈpiknik]
pila saw [so:]
pilník file [fail]
pilný industrious [inˈdastriəs]
pilulka pill [pil]
pirát pirate [ˈpaiərit]
písař(ka) typist [ˈtaipist]
písčitý sandy [sændi]
písek sand [sænd]
písemný written [ˈritn]
píseň song [soŋ]
pískat whistle [ˈwisl]
písmo script [skript]
pistole pistol [pistl]
pít/pití nápoj drink [driŋk]
pitná voda drinking water [driŋkiŋˈwo:tə]
pitomý silly [ˈsili]
pivo beer [biə]
plachý shy [šai]
plakat cry [krai]
plakát poster [ˈpəustə]
plán(ovat) plan [plæn]
plášť coat [kəut]
pláštěnka cape [keip]

plat mzda wages [weidžiz]
platba payment [peimənt]
plátek slice [slais]
plátěný linen ['linin]
platina platinum ['plætinəm]
platit pay [pei] (*za* for)
platnost validity [və'liditi]
platný valid ['vælid]
plavat swim [swim]
plavec swimmer ['swimə]
plavit float [fləut]
plavky swimsuit ['swimsu:t]
plaz reptile ['reptail]
plazit se crawl [kro:l]
pláž beach [bi:č]
plechovka tin [tin]
plemeno breed [bri:d]
plena napkin ['næpkin]
ples ball [bo:l]
plesknout slap [slæp]
plesnivý mouldy [məuldi]
plést svetr knit [nit]
pleť complexion [kəm'plekšn]
pletivo mesh [meš]
plevel weed [wi:d]
plíce lungs [lanŋs]
plivat spit [spit]
plížit se creep [kri:p]
plná moc proxy ['proksi]
plnit fill [fil]
plnoletý of age [ov'eidž]
plný full [ful]
plodit bear [beə]
plocha area ['eəriə]
plochý flat [flæt]
plomba zubní filling [filiŋ]
plot fence [fens]
plurál plural ['pluərəl]
plus plus [plas]
plyn gas [gæs]
plynulý fluent ['flu:ənt]
plyš(ový) plush [plaš]
plýtvat waste [weist]

pneumatika tyre ['taiə]
po časové after ['a:ftə]
pobídnout invite [in'vait]
pobočka branch [bra:nč]
pobřeží coast [kəust]
pobyt/pobýt stay [stei]
pocení perspiration [pə:spə'reišn]
pocit feeling [fi:liŋ]
pocta/počest honour ['onə]
poctivost honesty ['onisty]
počasí weather ['weðə]
počáteční initial [i'nišl]
počet number ['nambə]
početí conception [kən'sepšn]
početný numerous [nju:mərəs]
počítač computer [kəm'pju:tə]
počítat count [kaunt]
počkat wait [weit] (*na* for)
pod under; below ['andə; bi'ləu]
podání pass [pa:s]
podat u stolu pass [pa:s]
podcenit underestimate ['andərestimət]
poddajný supple [sə'plai]
podél along [ə'loŋ]
podepřít prop up [prop ap]
podepsat sign [sain]
poděsit horrify ['horifai]
podezírat suspect [sə'spekt]
podfuk trick [trik]
podchod subway ['sabwei]
podíl share [šeə]
podílet se share [šeə]
pódium platform ['plætfo:m]
podívat se look [luk]
podivný strange [streindž]
podjezd underpass ['andəpa:s]
podlaha floor [flo:]
podlaží storey ['sto:ri]
podložit underlay ['andəleid]
podlý shabby ['šæbi]
podmínka condition [kən'dišn]
podnebí climate ['klaimit]

podnět impulse ['impals]
podnik company ['kampəni]
podnikání enterprise ['entəpraiz]
podnítit stimulate ['stimjuleit]
podnos tray [trei]
podobizna portrait ['po:trit]
podobný similar ['similə]
podpatek heel [hi:l]
podpaží armpit ['a:m,pit]
podpis signature ['signəčə]
podplatit bribe [braib]
podpořit support [sə'po:t]
podprsenka bra [bra:]
podrážděný irritation [,iri'teišn]
podrážka sole [səul]
podrobit subject ['sabžikt]
podrobný detailed [,di'teild]
podržet hold [həuld]
podřadný inferior [in'fiəriə]
podřídit se submit [səb'mit]
podstatný essential [i'senšl]
podstoupit undergo [andə'gəu]
podvést cheat [či:t]
podvod cheat [či:t]
podvozek chassis ['šæsi]
podvýživa malnutrition [mælnju:'trišn]
podzemní dráha tube [tju:b]
podzim(ní) autumn ['o:təm]
poezie poetry ['pəuitri]
pohádka fairy-tale ['feəriteil]
pohár cup [kap]
pohladit stroke [strəuk]
pohlaví sex [seks]
pohled look [luk]
pohlednice postcard ['pəustka:d]
pohnutí emotion [i'məušn]
pohoda ease [i:z]
pohodlí comfort ['kamfət]
pohodlný comfortable ['kamftəble]
pohostinný hospitable [ho'spitəbl]

pohotový ready ['redi]
pohovka couch [kauč]
pohovor interview [intə'vju:]
pohrdat despise [di'spaiz]
pohroma calamity [kə'læmiti]
pohromadě together [tə'geðə]
pohybovat (se) move [mu:v]
pocházet come [kam] (z from)
pochod(ovat) march [ma:č]
pochopit grasp [gra:sp]
pochoutka delicacy ['delikəsi]
pochutnat si relish ['reliš]
pochvala sheath ['ši:θ]
pochybovat doubt [daut]
pojednávat deal [di:l]
pojetí conception [kən'sepšn]
pojistit insure [in'šuə]
pojištění insurance [in'šuərəns]
pojízdný mobile ['məubail]
pojmenovat name [neim]
pojmout hold [həuld]
pokaždé every time ['evritaim]
poklad treasure ['trežə]
pokládat consider [kən'sidə]
pokladna nádražní booking-office ['bukiŋ,ofis], divadelní box-office ['boks,ofis]
pokles drop [drop]
poklice cover [kavə]
poklona compliment ['komplimənt]
pokoj místnost room [ru:m]
pokojská chambermaid ['čeimbəmeid]
pokolení generation [,dženə'reišn]
pokousat bite [bait]
pokožka skin [skin]
pokračovat go on [gəu'on]
pokrm food [fu:d]
pokročilý advanced [əd'va:nst]
pokus attempt [ə'tempt]
pokusit se attempt [ə'tempt]
pokušení temptation [temp'teišn]
pokuta fine [fain]

polární polar [ˈpəulə]
pole field [fi:ld]
poledne midday [ˈmiddei]
poledník meridian [məˈridiən]
poleno log [log]
polevit remit [riˈmit]
polévka soup [su:p]
políbit kiss [kis]
police shelf [šelf]
policejní police [pəˈli:s]
policie police [pəˈli:s]
policista policeman [pəˈli:smən]
polít pour over [po: əuvə]
politika politics [ˈpolitiks]
politování regret [riˈgret]
polknout swallow [swoləu]
polo- semi- [ˈsemi]
poločas half-time [ha:f taim]
poloha position [pəˈzišn]
polokoule hemisphere [ˈhemi,sfiə]
pololetí half-year [ha:f jiə]
poloměr radius [reidiəs]
poloostrov peninsula [piˈnisjulə]
polovina half [ha:f]
položit put [put]
položka item [ˈaitəm]
polštář jen na lůžko pillow [ˈpiləu]
pomačkat wrinkle [ˈriŋkl]
pomalu slowly [sləuli]
pomalý slow [sləu]
pomatený insane [inˈsein]
pomazánka spread [spred]
poměr rate [reit]
pomeranč orange [ˈorindž]
poměrně relatively [ˈrelətivli]
pomlčka dash [dæš]
pomněnka forget-me-not [fəˈget mi: not]
pomník memorial [miˈmo:riəl]
pomoc/pomoci help [help]
 první ~ first aid [fəːstˈeid]
pomsta revenge [riˈvendž]
pomyslný imaginary [iˈmædžinəri]

ponaučení lesson [ˈlesn]
pondělí Monday [ˈmandi]
ponechat si keep [ki:p]
ponětí idea [aiˈdiə]
poněvadž because [biˈkoz]
poník pony [ˈpəuni]
ponořit plunge [plandž]
ponožky socks [soks]
popadnout grab [græb]
popálenina burn [bə:n]
popelka Cinderella [,sindəˈrelə]
popelnice dustbin [dastbin]
popelník ashtray [ˈæštrei]
popis description [diˈskripšn]
poplach alarm [əˈla:m]
poplatek charge; fee [ˈčaːdž; fi:]
poprosit ask [a:sk]
poprsí bust [bast]
popření denial [diˈnaiəl]
popsat describe [diˈskraib]
populace population [pop'juleišən]
populární popular [ˈpopjulə]
 ~ hudba pop [pop]
poradit komu advise [ədˈvaiz]
poranit hurt [hə:t]
porážka defeat [diˈfi:t]
porce portion [ˈpoːšn]
porcelán china [ˈčainə]
porota jury [ˈdžuəri]
portrét portrait [ˈpo:trit]
porucha breakdown [ˈbreikdaun]
porušit break [breik]
pořad programme [ˈprəugræm]
pořádat konat arrange [əˈreindž]
pořadí order [o:də]
pořezat (se) cut [kat]
posadit se sit down [sitˈdaun]
posedlý obsessive [əbˈsesiv]
poschodí floor [flo:]
poslání mission [ˈmišn]
poslat send [send]
poslední last [la:st]
poslouchat listen [ˈlisn] (co to)
poslušný obedient [əˈbi:djənt]

pospíchat hurry ['hari]
postava figure ['figə]
postavení position [pə'zišn]
postel bed [bed]
postoupit advance [əd'va:ns]
postupný gradual ['grædjuəl]
posypat sprinkle ['spriŋkl]
poškodit damage ['dæmidž]
pošta post office ['pəust,ofis]
poštovné postage ['pəustidž]
pot sweat [swet]
potápět se dive [daiv]
potěšit please [pli:z]
potit se sweat [swet]
potíž trouble ['trabl]
potkat (se) meet [mi:t]
potlesk applause [ə'plo:z]
potok brook [bruk]
potom then [ðen]
potomek descendant [di'sendənt]
potratit miscarry [mis'kæri]
potrava food [fu:d]
potrestat punish ['paniš]
potřeba need [ni:d]
potřebovat need [ni:d]
potřít rub [rab]
potucha notion ['nəušn]
potvrdit správnost confirm [kən'fə:m]
potvrzení certificate [sə'tifikit]
pouhý mere [miə]
poukaz na služby voucher ['vaučə]
poupě bud [bad]
poušť desert ['dezət]
pouť fair [feə]
pouzdro case [keis]
pouze only ['əunli]
použít use [ju:z]
povaha character ['kæriktə]
povel command [kə'ma:nd]
pověra superstition [su:pə'stišn]
pověřit entrust [in'trast]
pověst tale [teil]
povídat talk; tell [to:k; tel]
povinnost duty ['dju:ti]

povolení koncese licence ['laisəns]
povolit dovolit permit [pə'mit]
povrch surface ['sə:fis]
povyk fuss [fas]
povýšit promotion [prəməušn]
pozadí background ['bækgraund]
pozdě late [leit]
pozdrav greeting [gri:tiŋ]
pozice position [pə'zišn]
pozlacený gilt [gilt]
poznámka remark [ri'ma:k]
poznat recognize ['rekəgnaiz]
pozor! look out! ['lukaut]
pozorovat sledovat watch [woč]
pozůstalý mourner [mo:nə]
pozvat invite [in'vait]
požádat ask [a:sk]
požár fire ['faiə]
prababička great-grandmother [greit'grænmaðə]
práce povolání job [džob]
pracný laborious [lə'bo:riəs]
pracovat work [wə:k]
prádlo underwear ['andəweə]
prach dust [dast]
prales forest ['forist]
pramen spring [spriŋ]
prase pig [pig]
praskat crackle [krækl]
prášek lék pill [pil]
praštit plump [plam]
prát wash [woš]
pravda truth [tru:θ]
právě just [džast]
pravidelný regular ['regjulə]
pravidlo rule [ru:l]
pravítko ruler [ru:lə]
právní legal ['li:gl]
právník lawyer ['lo:jə]
pravý vpravo right [rait]
praxe practice ['præktis]
prázdniny holidays ['holədiz]
prázdný empty ['empti]
princ prince [prins]

pro for [fo:]
problém problem [ˈprobləm]
probodnout stab [stæb]
probudit (se) wake up [weikap]
proces process [ˈprəuˈses]
proclít declare [diˈkleə]
proč why [wai]
prodavač(ka) shop assistant [šop əˈsistənt]
prodávat sell [sel]
prodej sale [seil]
prodejna shop [šop]
produkt product [ˈprodəkt]
profese vocation [vəuˈkeišn]
profesionál(ní) professional [prəˈfešənl]
program programme [ˈprəugræm]
prohlásit declare [ˈdikleə]
prohlášení statement [steitmənt]
prohlídka sightseeing [ˈsait,si:iŋ]
prohloubit deepen [di:pən]
prohrát lose [lu:z]
procházet se walk [wo:k]
procházka walk [wo:k]
projekt project [ˈprodžekt]
projížďka ride [raid]
prokázat prove [pru:v]
proklínat curse [kə:s]
promarnit waste [weist]
proměna change [čeindž]
prominout excuse [ikˈskju:z]
pronajmout rent; let [rent; let]
pronásledovat pursue [pəˈsju:]
pronést deliver [diˈlivə]
propadák flop [flop]
proplatit refund [riˈfand]
prosba request [riˈkwest]
prosinec December [diˈsembə]
prosit ask [a:sk]
protější opposite [ˈopəzit]
protiva nuisance [ˈnju:səns]
protivný nasty [ˈna:sti]
protože because [biˈkoz]
proudit stream [stri:m]

provaz rope [rəup]
provoz traffic [ˈtræfik]
prs(a) breast [brest]
prst finger [ˈfiŋə]
prsten ring [riŋ]
pršet rain [rain]
prudký severe [siˈveiə]
průkaz card [ka:d]
průmysl industry [indəstri]
průplav canal [kəˈnæl]
průvodčí conductor [kənˈdaktə]
první first [fəst]
pryč away [əˈwei]
přání/přát wish [wiš]
přát si want [wont]
přátelství friendship [frendšip]
před(tím) before [biˈfo:]
předpis prescription [priˈskripšən]
předpověď forecast [fo:ka:st]
předsevzetí resolution [rezəˈlu:šən]
představit (se) introduce [ˌintrəˈdju:s]
předstírat pretend [priˈtend]
předškolní pre-school [pri: sku:l]
předtucha premonition [ˌpri:məˈnišən]
překážka obstacle [obstəkl]
překvapení/překvapit surprise [səˈpraiz]
přelíčení trial [traiəl]
přeložit translate [trænsˈleit]
přemluvit persuade [pəˈsweid]
přemýšlet think [θiŋk]
přenosný transferable [trænsfərəbl]
přepadnout attack [əˈtæk]
přepážka counter [ˈkauntə]
přepnout switch [swič]
přeprava transit [trænsit]
přes over [əuvə]
přesčas overtime [əuvətaim]
přesný accurate [ækjurət]
přestat stop [stop]

přestupek offence [ə'fens]
přesvědčit convince [kən'vins]
převaha supremacy [sju:'preməsi]
při at [æt]
přidat se ke komu join [džoin]
příhoda incident [insidənt]
přihodit se happen ['hæpən]
přihrát pass [pa:s]
příchod arrival [ə'raivəl]
příjem receipt [ri'si:pt]
přijet arrive [ə'raiv]
přijít come [kam]
příjmení surname ['sə:neim]
přijmout co se nabízí accept [ək'sept]
příklad example [ig'za:mpl]
přikrývka blanket ['blæŋkit]
příležitost opportunity [,opə'tju:niti]
příliš too [tu:]
přímo straight [streit]
přinést bring [briŋ]
přípitek toast [təust]
připomenout remind [ri'maind]
připravený ready ['redi]
připravit prepare [pripeə]
příroda nature ['neičə]
přistát land [lænd]
přístav port [po:t]
příště next time [nekst'taim]
přítel friend [frend]
přivítat welcome ['welkəm]
přízemí ground floor [,graund'flo:]
psát write [rait]
pták bird [bə:d]
ptát se ask [a:sk]
puchýř blister ['blistə]
půjčit si borrow ['borəu]
půl half [ha:f]
půlnoc midnight [midnait]
pýcha pride [praid]
pyšný proud [praud] (*na* of)
pytel bag [bæg]
pytlák poacher [pəutθə]
pyžamo pyjamas [pə'dža:məz]

rád s radostí glad [glæd] **mít ~** like **~ bych** I would like to
rada advice [əd'vais]
raději rather ['ra:ðə]
rádio radio ['reidiəu]
radost joy [džoi]
rajče tomato [tə'ma:təu]
rameno shoulder ['šəuldə]
ranit hurt [hə:t]
ráno morning ['mo:niŋ]
recepce reception [ri'sepšn]
recept kuch. recipe ['resəpi] med. prescription [pri'skripšn]
reklamace claim [kleim]
rekreace holiday ['holədi]
rentgen X-ray [,eks'rei]
restaurace restaurant ['restəro:ŋ]
ret lip [lip]
rezervovat (si) book [buk]
režisér director [di'rektə]
riskovat risk [risk]
rodák native [neitiv]
rodiče parents [peərənts]
rodina family ['fæməli]
rodit bear [beə]
roh corner ['ko:nə]
rohlík roll [rəul]
roj swarm [swo:m]
rok year [jiə]
ropa oil [oil]
rošt grate [greit]
rovně straight [streit]
rozbít break [breik]
rozdílný different ['difrənt]
rozhodnout (se) decide [di'said]
rozhovor talk [to:k]

rozloučení farewell [ˌfeəˈwel]
rozmanitý various [ˈveəriəs]
rozsvítit switch on [swičon]
rozumět understand [ˌandəˈstænd]
rozvedený divorced [diˈvo:sd]
rozzlobený angry [ˈæŋgri]
rtěnka lipstick [lipstik]
rtuť mercury [mə:kjuri]
rubín ruby [ru:bi]
rubrika columm [koləm]
ručit guarantee [ˌgærənˈti:]
ručně manual [mænjuəl]
ručník towel [ˈtauəl]
rudý red [red]
ruch bustle [basl]
ruka hand [hænd]
rukáv sleeve [sli:v]
rukavice glove [glav]
rukojmí hostage [hostidž]
rum rum [ram]
růst growth [grəuθ]
rušit disturb [diˈstə:b]
rušný busy [bizi]
různý odlišný different [ˈdifrənt]
růž rouge [ru:dž]
růže rose [rəuz]
růžový barva pink [piŋk]
rváč bully [bul]
rvát se scramble [skræmbl]
ryba fish [fiš]
rybář fisherman [fišəmən]
rybíz currant [karənt]
rybník pond [pond]
rýč spade [speid]
rychle/rychlý fast [fa:st]
rychlík express [ikˈspres]
rychlost speed [spi:d]
rýma cold [kəuld]
rýpat dig [dig]
rys lynx [liŋks]
rýsovat draw [dro:]
rytíř knight [nait]
rýže rice [rais]

Ř

řád: jízdní ~ timetable [ˈtaimˌteibl]
řada row [rəu]
řádek line [lain]
řadit arrange [əˈreindž]
řádit rage [reidž]
řádný proper [ˈpropə]
řadov/ý ordinary [o:dnri] **-á číslovka** ordinal number **~ dům** terrace(d house)
řasa eyelash [ailæš]
řasenka mascara [mæˈska:rə]
řeč proslov speech [spi:č]
řečník speaker [spi:kə]
ředit dilute [daiˈlju:t]
ředitel director [diˈrektə]
ředitelství directorate [diˈrektərət]
ředk/ev(vička) radish [rædiš]
řeka river [ˈrivə]
řemen opasek belt [belt]
řemeslník craftsman [ˈkra:ftsmən]
řemínek strap [stræp]
řepa beet [bi:t] **cukrová ~** sugar-beet
řeřicha cress [kres]
řešení solution [səˈlu:šn]
řešit resolve [riˈzolv]
řetězový chain [čein]
řetízek chain [čein]
řev roar [ro:]
řez cut [kat]
řezat cut [kat]
řezná rána gash [gæš]
řeznictví butcher's [ˈbučəz]
řezník butcher [bučə]
říci say [sei], sdělit tell [tel]

řidič driver ['draivə]
řidičský průkaz driving licence ['draiviŋ,laisns]
řídit auto drive, podnik direct [draiv, di'rekt]
řídítka handlebars [hændlba:s]
řídký thin [θin]
říje rut [rat]
říjen October [ok'təubə]
římsa ledge [ledž]
řinčet clatter [klætə]
řítit se dash [dæš]
řízek steak [steik]
říznout (se) cut [kat]
řvát roar [ro:]

S

s, se with [wiθ]
sáček bag [bæg]
sad orchard [o:čəd]
sada set [set]
sadba seed [si:d]
sádlo fat [fæt]
sádra plaster [pla:stə]
sáhnout nač touch [tač]
sako jacket ['džækit]
sál hall [ho:l]
salám salami [sə'la:mi]
salát salad ['sæləd]
sálat radiate [reidiit]
salónek saloon [sə'lu:n]
sám o samotě alone [ə'ləun]
samec male [meil]
samet velvet ['velvit]
samice female [fi:meil]
samoobsluha self-service (shop) [,self'sə:vis'šop]
samota solitude [solitju:d]

samozřejmě! of course! [ov'ko:s]
sandály sandals ['sændls]
sáně sledge [sledž]
sanitka ambulance ['æmbjuləns]
sankce sanction [sæŋkšən]
saponát detergent [di'tə:džənt]
sardinka sardine [sa:'di:n]
sát suck [sak]
satelit satellite [sætəlait]
satén satin [sætin]
satirik satirist [sætərist]
sauna sauna ['so:nə]
savec mammal [mæməl]
saze soot [sut]
sázená vejce fried eggs [fraid egs]
sázet (se) do hry bet [bet]
sázka stake [steik]
sběr collection [kə'lekšən]
sběratel collector [kə'lektə]
sbírat collect [kə'lekt]
sbohem goodbye [,gud'bai]
sbor choir [kwaiə]
scénář script [skript]
sčítání addition [ə'dišən]
sdělit inform [in'fo:m]
sdílný communicative [kə'mju:nikətiv]
sdružení association [ə,səuši'eišən]
sebejistý confident [konfidənt]
sebevra/h(žda) suicide [sjuisaid]
sedadlo seat [si:t]
satelit satellite [kætəbəd]
sedět sit [sit]
sehnat opatřit find [faind]
sejf safe [seif]
sejít se meet [mi:t]
sekat cut [kat]
sekera axe [æks]
sekretářka secretary ['sekrətri]
selhat fail [feil]
sem here [hiə]

sen dream [dri:m]
senát senate [senit]
sendvič sandwich ['sænwidž]
seník loft [loft]
senilní senile [si:nail]
senná rýma hay-fever ['hei,fi:və]
seno hay [hei]
senzace sensation [sen'seišn]
seriál serial ['siəriəl]
série series [siəri:z]
servírovat serve [sə:v]
servis service ['sə:vis]
seřadit (se) line up [lain ap]
seřídit adjust [ə'džast]
sesadit depose [di'pəuz]
sestra sister ['sistə]
sestrojit construct [kən'strakt]
sestřenice cousin ['kazn]
sestřih vlasů hair-cut [heə'kat]
sešit notebook [nəut'buk]
set set [set]
setkání meeting [mi:tiŋ]
setrvat persist [pə'sist]
setřít wipe off [waip of]
sever north [no:θ]
sevřít grip [grip]
sexuální sexual ['sekšuəl]
seznam list [list]
seznámit acquaint [ə'kweint]
sezóna season ['si:zn]
shnilý rotten ['rotn]
shoda agreement [ə'gri:mənt]
shodnout se agree [ə'gri:]
shodný identical [ai'dentikl]
shon rush [raš]
schéma scheme [ski:m]
schody stairs [steəz]
schopný able ['eibl]
schovat (se) hide [haid]
schránka letter-box [letəboks]
schůzka hovor. date [deit]
schválit souhlasit approve [ə'pru:v]
sídlit reside [ri'zaid]
sídlo residence ['rezidəns]

síla strength [streŋθ]
silnice road [rəud]
silný strong [stroŋ]
síň hall [ho:l]
siréna siren ['saiərən]
sirotek orphan ['o:fn]
sirup syrup ['sirəp]
sjednat arrange [ə'reindž]
sjezd congress [koŋgres]
skála rock [rok]
skandál scandal ['skændl]
sklad stock [stok]
skladatel composer [kəm'pəuzə]
skládka tip [tip]
sklenice glass [gla:s]
skleník greenhause [gri:n haus]
sklep cellar [selə]
sklizeň harvest ['ha:vist]
sklo glass [gla:s]
skoba hook [huk]
skočit jump [džamp]
skopové maso mutton ['matn]
skoro almost ['o:lməust]
skromný modest ['modist]
skříň na šaty wardrobe ['wo:drəub]
skupina group [gru:p]
skutečný real [riəl]
skvělý excellent ['eksələnt]
skvostný superb [su:'pə:b]
skvrna stain [stein]
slabost weakness [wi:knis]
slabý weak [wi:k]
sladit sweeten ['swi:tn]
sladkost sweet [swi:t]
sladký sweet [swi:t]
slalom slalom ['sla:ləm]
sláma straw [stro:]
slang slang [slæŋ]
slanina bacon ['beikən]
slaný chuťově salty ['so:lti]
slavík nightingale [naitiŋgel]
slavit celebrate ['selibreit]
slavnost soukromá party ['pa:ti]
slavný famous ['feiməs]

slečna se jménem Miss [mis]
sledovat follow ['foləu]
slepecký blind [blaind]
slepice hen [hen]
slepý blind [blaind]
slepýš slow-worm [sləu wə:m]
sleva discount ['diskaunt]
slévárna foundry ['faundri]
slevit reduce [ri'dju:s]
slezina spleen [spli:n]
slíbit/slib promise ['promis]
slídit spy [spai]
slintáček bib [bib]
slintat slobber ['slobə]
slipy briefs [bri:fs]
slitování mercy ['mə:si]
slíva plum [plam]
slivovice plum brandy [plam'brændi]
slizký slimy ['slaimi]
sloh style [stail]
slon elephant ['elifənt]
sloupec column ['koləm]
sloužit serve [sə:v] (*jako* as)
Slovensko Slovakia [sləu'vækjə]
slovenský Slovak [sləuvæk]
sloveso verb [və:b]
slovník dictionary ['dikšənri]
slovo word [wə:d]
složitý complicated ['komplikeitid]
sluha servant ['sə:vənt]
sluchátko receiver [ri'si:və]
slunce sun [san]
slunečník sunshade ['sanšeid]
slunit se bask [ba:sk]
slunný sunny [sany]
slupka skin [skin]
slušet suit; fit [su:t; fit]
slušný decent ['di:snt]
služba prokázaná favour ['feivə]
slyšet hear [hiə]
slza tear [tiə]
smát se laugh; smile [la:f; smail]

smazat wipe off [waip of]
smažený fried [fraid]
smažit fry [frai]
smečka pack [pæk]
smělý bold [bəuld]
směna shift [šift]
směnárna exchange office [iks'čeindž'ofis]
směnka bill [bil]
směr direction [di'rekšn]
směrovka indicator ['indikeitə]
směs mixture ['miksčə]
směšný funny ['fani]
smeták broom [brum]
smetana cream [kri:m]
smetiště rubbish heap ['rabiš hi:p]
smích laughter [la:ftə]
smíšený mixed [mikst]
smlouva contract ['kontrækt]
smrad stench [stenč]
smrk spruce [spru:s]
smrt death [deθ]
smrtelný mortal ['mo.tl]
smůla pitch [pič]
smutek sorrow ['sorəu]
smutný sad [sæd]
smyčka loop [lu:p]
smyk skid [skid]
smysl sense [sense]
snad perhaps [pə'hæps]
snadný easy ['i:zi]
snaha effort ['efət]
snacha daughter-in-law ['do:təinlo:]
snášet endure [in'djuə]
sňatek marriage ['mæridž]
snažit se try [trai]
sněhulák snowman [snəu'mən]
sněmovna chamber ['čeimbə]
sněžit snow [snəu]
snídaně breakfast ['brekfəst]
sníh snow [snəu]
snímek snap [snæp]

sníst eat up [i:tap]
snít dream [dri:m]
snížení reduction [ri'dakšən]
snob snob [snob]
snoubenec fiancé [fi'ansei]
snoubenka fiancée [fi'ansei]
sob reindeer ['rein,diə]
sobec egoist ['egəuist]
sobota Saturday ['sætədei]
soda soda ['səudə]
socha statue ['stæču:]
sója soya ['soiə]
sokol falcon ['fo:lkən]
solidní solid ['solid]
sopka volcano [vol'keinəu]
sotva hardly [ha:dli]
soubor set [set]
soucit pity ['piti]
současný contemporary [kən'tempərəri]
součet total ['təutl]
soud court [ko:t]
soudce judge [džadž]
souhlasit agree [ə'gri:]
souhrn summary ['saməri]
souhvězdí constellation [,kənst'leišən]
soukromý private ['praivit]
soumrak dusk [dask]
soupeř competitor [kəm'petitə]
soused neighbour ['neibə]
soutěžit compete [kəm'pi:t]
sova owl [aul]
spací pytel sleeping-bag [sli:piŋbæg]
spadnout fall [fo:l]
spása salvation [sæl'veišn]
spát/spánek sleep [sli:p]
specialita speciality [,speši'æliti]
speciální special ['spešl]
spěch haste [heist]
spěchat hurry ['hari]
spěšný hasty [heisty]
spiknutí conspiracy [kən'spirəsi]

spíše rather ['ra:ðə]
spíž pantry ['pæntri]
spláchnout flush [flaš]
splašit se bolt [bəult]
splatnost maturity [mə'tjuəriti]
splatný payable [pei'əbl]
splav weir [wiə]
splnit přání grant [gra:nt]
splynout fuse [fju:z]
spodní bottom ['botəm]
spojení connection [kə'nekšn]
spojit connect [kə'nekt]
spokojený satisfied [,sætis'faid]
společně together [tə'geðə]
společn/ice(ík) companion [kəm'pænjən]
společnost company ['kampəni]
společný common ['komən]
spolehlivý reliable [ri'laiəbl]
spolehnout se na rely on [ri'laion]
spolek union ['ju:njən]
spolu together [tə'geðə]
spolubydlící room-mate [ru:mmeit]
spolupráce cooperation [kəu,opə'reišn]
spolupracovat cooperate [kəu,opə'reit]
spoluž/ačka(ák) class-mate [kla:s'meit]
spona clasp [kla:sp]
sponzor sponsor ['sponsə]
spor controversy ['kontrəvə:si]
sporák cooker [kukə]
sport sport [spo:t]
spořit save [seiv]
spotřeba consumption [kən'sampšn]
spousta plenty ['plenti]
správce manager ['mænidžə]
spravedlivý just [džast]
spravit repair [ri'peə]
správný right [rait]

sprcha shower ['šəuə]
sprint sprint [sprint]
spropitné tip [tip]
sprostý rude [ru:d]
spřátelit se make friends [meik'frendz]
sráz precipice ['presipis]
srazit knock down [nok daun]
srážka havárie crash [kræš]
srdce heart [ha:t]
srkat sip [sip]
srna roe [rəu]
srovnat arrange [ə'reindž]
srp sickle ['sikl]
srpen August ['o:gəst]
sršeň hornet ['ho:nit]
srb log cabin [log 'kæbin]
stádo herd [hə:d]
stáhnout pull down [pul daun]
stáj stable [steibl]
stále always ['o:lweiz]
stan tent [tent]
standard standard ['stændəd]
stánek stand [stænd]
stanice station; stop ['steišn; stop]
stanovat camp [kæmp]
stanovit fix [fiks]
starat se o take care of [teik'keəov]
starobylý ancient ['einšənt]
starost péče care [keə] (o of)
starosta mayor [meə]
start start [sta:t]
starý old [əuld]
stáří age [eidž], vysoký věk old age
stát nehýbat se stand [stænd], o ceně cost [kost]
stát se kým, čím become [bi'kam]
statečný brave [breiv]
statek estate [i'steit]
státní state [steit]
stav condition ['kən'dišn]
stavba building [bildiŋ]
stavebnice bricks [briks]

stavět dům build [bild]
stavitel builder [bildə]
stavitelství architecture ['a:kitekčə]
stávka strike [straik]
stéblo stalk [sto:k] slámy straw
steh stitch [stič]
stehno thigh [θai]
stěhovat (se) move [mu:v]
stejnokroj uniform ['ju:nifo:m]
stejný the same [ðə'seim]
stěna wall [wo:l]
stevardka hostess ['həustis]
stezka path [pa:θ]
stěžeň mast [ma:st]
stěží hardly [ha:dli]
stěžovat si complain [kəm'plein]
stihnout vlak catch [kæč]
stimulovat stimulate ['stimjuleit]
stín vržený shadow ['šædəu]
stínit shade [šedl]
stisk/nout claps [klæps]
stížnost complaint [kəm'pleint]
stlačit compress [kəm'pres]
stlumit rádio turn down [tə:n daun]
stodola barn [ba:n]
stoh stack [stæk]
století century ['senčuri]
stonek stalk [sto:k]
stopa nohy footprint [futprint]
stopař(ka) hitchhiker ['hičhaikə]
stopka stem [stem]
stopovat auta hitch ['hič]
stoupat climb [klaim]
stoupenec follower ['foləuə]
stoupnout rise [raiz]
stovka hundred ['hænə'rəd]
stožár mast [ma:st]
strach fear [fiə] (z čeho of st.)
straka magpie ['mægpai]
strakatý spotted ['spotid]
stráň slope [sləup]
strana side [said], v knize page [peidž], politická party ['pa:ti]

strast hardship [ha:d'šip]
strašidlo phantom ['fæntəm]
strašit frighten ['fraitn]
strašný horrible ['horəbl]
strategie strategy ['strætidži]
strava jídlo food [fu:d]
strávník boarde [bo:də]
stravování board [bo:d]
stráž guard [ga:d]
strážník policeman [pə'li:smən]
strčit push [puš]
strhnout tear down [tiə daun]
strmý steep [sti:p]
strnout stiffen ['stifn]
stroj machine [mə'ši:n]
strom tree [tri:]
strop ceiling [si:liŋ]
strouhat sýr grate [greit]
stroužek clove [kləuv]
strpět endure [in'djuə]
stručný brief [bri:f]
strup scab [skæb]
strýček uncle ['aŋkl]
strž gorge [go:dž]
střed(ní) middle ['midl]
středa Wednesday ['wenzdei]
středisko centre ['sentə]
středník semicolon ['semi'kəulən]
střecha roof [ru:f]
střelec shot [šot]
střelit shoot [šu:t]
střep shard [ša:d]
střevní intestinal [,intes'tainl]
střevo gut [gat]
stříbro silver ['silvə]
střídat change [čeindž]
střídmý frugal ['fru:gl]
stříh cut [kat]
stříhat cut [kat]
střízlivý sober ['səubə]
stud shame [šeim]
student student ['stju:dnt]
studený cold [kəuld]
studie study ['stadi]

studijní research [ri'sə:č]
studio studio ['stju:diəu]
studovat study ['stadi]
stůl table ['teibl]
stupeň step [step]
stupnice scale [skeil]
stvořit create [kri'eit]
stvrzenka receipt [ri'si:pt]
styl style [stail]
stýskat se miss [mis]
sud barrel ['bærəl]
sudý even ['i:vn]
suchý dry [drai]
sukně skirt [skə:t]
sůl salt [so:lt]
suma sum [sam]
sup vulture ['valčə]
supět pant [pænt]
surovec brute [bru:t]
sušenka biscuit ['biskit]
sušený dried [draid]
suterén basement ['beismənt]
suvenýr souvenir [,su:və'niə]
svačina odpolední tea [ti:]
svádět tempt [tempt]
svah slope [sləup]
sval muscle ['masl]
svatba wedding [wediŋ]
svatební cesta honeymoon ['hanimu:n]
svátek holiday ['holidei], jmeniny name-day [neimdei]
svázat tie [tai]
svědčit give evidence [giv 'evidəns]
svědek witness ['witnəs]
svědit itch [ič]
svěrák vice [vais]
svěřit entrust [in'trast]
svést dokázat manage ['mænidž] na scestí mislead [mis'li:d], sexuálně seduce [si'dju:s], vinit blame [bleim]
svět(ový) world [wə:ld]

světlo light [lait]
světlomet searchlight [sə:č'lait]
světlý light [lait]
svetr přes hlavu pullover ['pul,əuvə]
svěží fresh [freš]
svícen candlestick ['kændl̩stik]
svíčka candle ['kændl̩]
svíčková sirloin ['sə:loin]
svině sow [səu]
svislý vertical ['və:tikl̩]
svítání dawn [do:n]
svítit shine [šain]
svižný supple ['sapl̩]
svléci se undress [,an'dres]
svoboda freedom ['fri:dəm]
svobodný neženatý single [singl̩]
svolat summon ['samən]
svolení consent [kən'sent]
svolit consent ['konsent]
svorka clamp [klæmp]
svrbět itch [ič]
svrhnout overthrow [,əuvə'θrəu]
svršky belongings [bi'loŋiŋz]
svůdný tempting [temptiŋ]
sýček screech-owl [skri:čaul]
syče/ni(t) hiss [his]
sychravý raw [ro:]
sýkora tit [tit]
sykot hiss [his]
symbol symbol [simbəl]
symetrie symmetry [simitri]
symfonie symphony [simfəni]
sympatický likeable ['laikəbl̩]
sympatie liking [laikiŋ]
syn son [san]
synovec nephew ['nefju:]
sypat rychle dávat shower [šauwə]
sýpka granary [grænəri]
sypký loose [lu:s]
sýr cheese [či:z]
systém system [sistem]
systematický systematic [,sisti'mætik]
sytý full [ful]

šablona pattern [pætən]
šachta pit [pit]
šachy chess [čes]
šakal jackal [džækəl]
šála scarf [ska:f]
šálek cup [kap]
šampaňské champagne [,šæm'pein]
šampion champion [čæmpjən]
šampón shampoo [šæm'pu:]
šance chance [ča:ns]
šašek dvorní fool [fu:l] cirkusový clown
šátek scarf [ska:f]
šatna cloakroom ['kləukrum]
šatník wardrobe [wo:drəub]
šaty clothes [kləuðz], dámské dress [dres], vhodné outfit ['autfit]
šavle sabre [seibə]
šedivý grey [grei]
šedý grey [grei]
šéf chief [či:f]
šek(ový) cheque [ček]
šelma beast of prey [bi:st of prei]
šeptat whisper ['wispə]
šeredný nasty [na:sty]
šerm fencing [fensiŋ]
šero dusk [dask]
šeřík lilac [lailək]
šetřit peníze save [seiv]
šev seam [si:m]
šidit cheat [či:t]
šikmý oblique [ə'bli:k]
šikovný jen o lidech able ['eibl̩]
šílený crazy ['kreizi]
šimpanz chimpanzee [,čimpən'zi:]
široký wide [waid]
šít sew [səu]

škádlit tease [ti:z]
škaredý ugly [ˈagli]
škeble shellfish [ˈʃelfiʃ]
šklebit se sneer [sniːə]
škoda harm [haːm]
  to je ~ what a pity [wotəˈpiti]
škodlivý harmful [haːmful]
škodobilý malevolent [məˈlevələnt]
škola school [skuːl]
školka nursery [nəːsri]
škrabka scraper [skreipə]
škrábnout se graze [greiz]
škrob/it starch [staːč]
škrtit strangle [stræŋl]
škrt/nout scrape [skreip]
škubnutí jerk [džəːk]
škůdce pest [pest]
škvíra crack [kræsk]
škytavka hiccup [ˈhikap]
šlágr hit [hit]
šlacha sinew [sinjuː]
šle braces [breisis]
šlehačka whipped cream [wipədˈkriːm]
šlehnout lash [læʃ]
šlechta nobility [nəuˈbiləti]
šmouha smudge [smadž]
šňůra line [lain]
šok(ovat) shock [šok]
šortky shorts [šoːts]
špatně badly [bædli]
špatný bad [bæd]
špehovat spy [spai]
špenát spinach [ˈspinidž]
špendlík pin [pin]
šperk jewel [džuːəl]
špičatý pointed [pointid]
špinavý dirty [ˈdəːti]
šplhat climb [klaim]
šplouchat splash [splæš]
šroub screw [skruː]
šroubovák screwdriver [skruːˈdraivə]

šťastný happy [ˈhæpi]
šťáva juice [džuːs]
Štědrý večer Christmas Eve [ˌkrismərsˈiːv]
štěně puppy [ˈpapi]
štěnice bug [bag]
štěstí náhoda good luck [gudlak]
štětec brush [braš]
štětina bristle [brisl]
štíhlý slim [slim]
štika pike [paik]
štípnout pinch [pinč]
štít shield [šiːld]
šunka ham [hæm]
šupina scale [skeil]
šustit rustle [rasl]
švadlena dressmaker [ˈdresˌmeikə]
švagr brother-in-law [ˈbraðəinloː]
švagrová sister-in-law [ˈsistəinloː]
švestka plum [plam]

T

tabák tobacco [təˈbækəu]
tableta tablet [ˈtæblət]
tábor camp [kæmp]
tábořiště campsite [kæmpsait]
tábořit camp [kæmp]
tabule table [teibl]
tác tray [trei]
tady here [hiə]
táhnout pull [pul]
tachometr speedometer [spiˈdomitə]
tajemník secretary [ˈsekrətri]
tajemný mysterious [misˈtiəriəs]
tajemství secret [ˈsiːkrət]

tajit conceal [kənˈsiːl]
tajný secret [ˈsiːkrət]
tak(že) so [səu]
také also [ˈɔːlsəu]
takový such [sač]
takt fact [fækt]
taktický tactical [ˈtæktikl]
taktní tactful [ˈtæktˈful]
takto like this [laikˈðis]
takže so [səu]
talár gown [gaun]
talent talent [ˈtælənt]
talíř plate [pleit]
talisman charm [čaːm]
tam there [ðeə]
tamější local [ˈləukl]
tamhle over there [ˈəuvəðeə]
(tam)ten that [ðæt]
tančit dance [daːns]
tank tank [tæŋk]
tankovat tank [tæŋk]
tapeta wallpaper [wɔːlˈpeipə]
tapetovat paper [peipə]
tarif tariff; rate [ˈtærif; reit]
taška bag [bæg]
tát thaw [θɔː]
tatínek daddy [ˈdædi]
tavený sýr processed cheese [ˈprosest čiːz]
tavič smelter [smeltə]
tavit fuse [fjuːz]
taxa rate [reit]
taxi taxi [ˈtæksi]
téci flow [fləu]
tečka point [point]
teď now [nau]
těhotenství pregnancy [ˈpregnənsi]
těhotná pregnant [ˈpregnənt]
technický technical [ˈteknikl]
technik engineer [ˌendžiˈniə]
technika technology [tekˈnolədži]
tekut/ina(ý) liquid [ˈlikwid]
tele calf [kaːf]

telecí maso veal [viːl]
telefon telephone [ˈtelifəun]
telefonický (tele)phone [ˈtelifəun]
telefonní budka call box [kɔːl boks]
telefonovat phone [fəun]
telegraf telegraph [ˈteligraːf]
telegram telegram [ˈteligræm]
tělesný physical [ˈfizikl]
televize television [ˈteliˌvižn]
tělo body [ˈbodi]
tělocvična gym [džim]
tělocvik gymnastics [džimˈnæstiks]
téma topic [ˈtopik]
téměř almost [ˈɔːlməust]
temný dark [daːk]
temperament temperament [ˈtempərəment]
temperamentní lively [ˈlaivli]
tempo pace [peis]
tendence tendency [ˈtendənsi]
tenis tennis [ˈtenis]
tenisky plimsolls [ˈplimsəlz]
tenisový tennis [ˈtenis]
~ **kurt** tennis court [ˈ-kɔːt],
~ **míček** tennis ball [ˈ-bɔːl]
tenkrát at that time [æt,ðætˈtaim]
tenký thin [θin]
tenor tenor [tenə]
tento this [ðis]
tentokrát this time [ðistaim]
tentýž the same [ðə seim]
teoretický theoretical [θiəˈretikl]
teorie theory [θiəri]
tep pulse [pals]
tepelný heat [hiːt]
tepláky track-suit [træk swiːt]
teplo: je ~ it is warm [itizwɔːm]
teploměr thermometer [θəˈmomitə]
teplota temperature [ˈtempritčə]
teplý warm [wɔːm]

teprve only ['əunli]
terasa terrace ['terəs]
terč target ['ta:git]
terén ground(s) [graunds]
termín term [tə:m]
termoska vacuum flask ['vækjuəmfla:sk]
teror terror ['terə]
tesař carpenter ['ka:pintə]
těsnění seal [si:l]
těsnopis shorthand [šo:t'hænd]
těsný stahující tight [tait]
test test [test]
těsto dough [dəu]
těstoviny pasta ['pæstə]
těšit please [pli:z] **~ se** enjoy; look forward (*na* to)
teta aunt [a:nt]
tetov/at(ání) tattoo [tə'tu:]
text text [tekst]
textil textile ['tekstail]
těžba output ['autput]
těžit exploit ['eksploit]
těžkopádný clumsy ['klamzi]
těžký heavy ['hevi]
tchán father-in-law ['fa:ðəinlo:]
tchoř polecat ['pəulkæt]
tchyně mother-in-law ['maðəinlo:]
ticho silence ['sailəns]
tichý klidný quiet ['kwaiət]
tikat tick [tik]
tiket coupon ['ku:pon]
tílko vest [vest]
tip tip [tip] (*na* for)
tíseň distress ['di'stres]
tisíc thousand ['θauznd]
tisk print [print]
tiskárna press [pres]
tisknout press [pres]
tiskopis form [fo:m]
tísnit oppress [ə'pres]
tísnivý oppressive [ə'presiv]
titul title ['taitl]

tíže weight [weit]
tkáň tissue ['tišu:]
tkanička do bot shoe-lace [šu:'leis]
tkát weave [wi:v]
tlačenice crush [kraš]
tlačit press [pres]
tleskat applaud [ə'plo:d]
tlouci beat [bi:t] (*na*, *do* at, on)
tloustnout grow fat [grəu fæt]
tloušťka thickness [θiknis]
tlukot beat [bi:t]
tlumit temper ['tempə]
tlumočení interpretation [in,tə:pri'teišn]
tlumočit interpret [in'tə:prit]
tlustý o člověku fat [fæt]
tma darkness [da:knis]
tmavý dark [da:k]
tmel putty ['pati]
to it; that [it; ðæt]
toaleta toilet ['toilət]
točit turn (round) [tə:n raund]
tok flow [fləu]
tolerantní tolerant ['tolərent]
tolerovat tolerate ['toləreit]
tolik so much [səu'mač]
tombola raffle ['ræfl]
tón tone [təun]
topení heating [hi:tiŋ]
topinka toast ['təust]
topit v kamnech heat [hi:t]
topol poplar [poplə]
totální total ['təutl]
totožnost identity [ai'dentəti]
totožný identical [ai'dentikl]
touha desire [di'zaiə]
toulat se wander ['wondə]
toužit desire [di'zaiə] (*po* for)
továrna factory ['fæktəri]
tradice tradition [trə'dišn]
tradiční traditional [trə'dišnl]
tragický tragic ['trædžik]
trajekt ferry ['feri]

traktor tractor ['træktə]
tramvaj tram [træm]
transfúze transfusion [træns'fju:žn]
trápit se worry ['wari]
trapný embarrassing [im'bærəsiŋ]
trasa route [ru:t]
trať line [lain]
tráva grass [gra:s]
trávení digestion [di'džesčən]
trávit čas spend [spend]
travnatý grassy [græsi]
trávník lawn [lo:n]
trefa/trefit hit [hit]
trend trend [trend]
trenér coach [kəuč]
trénovat něco practise ['præktis]
trenýrky pants [pænts]
trest punishment ['panišmənt]
trestat punish ['paniš]
trezor safe [seif]
trh market ['ma:kit]
trhat tear [tiə]
tričko T-shirt ['ti:šə:t]
trik trick [trik]
trn thorn [θo:n]
trochu a little [əlitl]
trojúhelník triangle ['traiæŋl]
trolejbus trolley bus ['troli bas]
tropický tropical ['tropikl]
troska ruin ['ruin]
trouba na pečení oven ['avn] hlupák fool
troufat si dare [deə]
trpaslík dwarf ['dwo:f]
trpělivý patient ['peišnt]
trpět snášet endure [in'djuə]
trpký bitter ['bitə]
truhla chest [čest]
truchlit mourn [mo:n]
trumf trump [tramp]
trůn throne [θrəun]
trup trunk [traŋk]
trvanlivost durability [,djuərə'biliti]
trvat last [la:st]
tryska jet [džet]

tržiště market-place ['ma:kitpleis]
třást (se) zvl. na těle shiver ['šivə]
třepat shake [šeik]
třešně cherry ['čeri]
třída class [kla:s]
třídit sort [so:t]
třídní class [kla:s]
třpytit se glitter ['glitə]
tuba tube [tju:b]
tučný fat [fæt]
tudy this way [ðis'wei]
tuhý stiff [stif]
ťukat tap [tæp]
tuleň seal [si:l]
tulipán tulip ['tju:lip]
tuňák tuna ['tju:nə]
tunel tunnel ['tanl]
tupý blunt [blant]
túra hike [haik]
turista tourist ['tuərist]
turnaj tournament ['to:nəmənt]
turné tour [tuə]
tušit anticipate [æn'tisipeit]
tužka pencil ['pensl]
tvar form [fo:m], obrys shape [šeip]
tvář obličej face [feis]
tvor creature ['kri:čə]
tvrdit claim [kleim]
tvrdohlavý obstinate ['obstənət]
tvrdý hard; heavy [ha:d; 'hevi]
tvůj your [jo:]
ty you [ju:]
tyč pole [pəul]
týden week [wi:k]
tygr tiger ['taigə]
týkat se concern [kən'sə:n]
tykev pumpkin ['pampkin]
týl nape [neip]
tým team [ti:m]
typ type [taip]
typický typical ['tipikl]
tyran tyrant ['taiərənt]
týrat maltreat ['mæl'tri:t]
tzv. so-called [səuko:ld]

u at, near, on [ət, niə, on]
uběhnout cover ['kavə]
ublížit hurt [həːt]
ubohý poor [puə]
úbor outfit ['autfit]
ubránit se resist [ri'zist]
ubrousek napkin ['næpkin]
ubytování accommodation [ə,komə'deišn]
ubytovat se put up [putap]
ubývat decrease ['diːkriːs]
ucpat block [blok]
úcta respect [ri'spekt] (*k* for)
uctivý respectful [ri'spektful]
účastnit se take part [teik'paːt]
učebna classroom [klaːs'ruːm]
učebnice textbook [tekst'buk]
účel purpose ['pəːpəs]
učeň apprentice [ə'prentis]
účes hair-style [heə stail]
účet account [ə'kaunt], účtenka bill [bil], za zboží invoice ['invois]
účinek effect [i'fekt]
účinný effective [i'fektiv]
učit se learn [ləːn]
učitel(ka) teacher ['tiːčə]
údaj(e) data ['deitə]
údajný alleged [ə'ledžd]
událost event [i'vent]
udatný brave [breiv]
udělat make, do [meik, duː]
úder stroke [strəuk]
údiv wonder ['wandə]
udivit amaze [ə'meiz]
údolí valley ['væli]
údržba upkeep ['apkiːp]
úhel angle ['æŋgl]
úhlavní deadly [dedli]

úhledný neat [niːt]
uhlí coal [kəul]
uhodit strike [straik]
úhoř eel [iːl]
úhrada payment [pei'mənt]
uchazeč applicant ['æplikənt]
ucho ear [iə]
uchopit grasp [graːsp]
uchovat preserve [pri'zəːv]
uchýlit se resort [ri'zoːt]
ujednat arrange [ə'reindž]
ujistit assure [ə'šəː] (*o* of)
ukázat show [šəu]
uklidit clean [kliːn]
uklizený tidy ['taidi]
úkol task [taːsk]
ukolébavka lullaby ['laləˈbai]
ukončit finish ['finiš]
ukrýt hide [haid]
ukvapený hasty [heisti]
úlek dismay [dis'mei]
ulice street [striːt]
umělá hmota plastic ['plæstik]
umění art [aːt]
umět know [nəu]
umíněný obstinate ['obstənət]
umírněný modest ['modist]
úmluva agreement [ə'griːmənt]
umožnit enable [i'neibl]
umřít die [dai]
úmysl intention [in'tenšn]
umýt wash [woš]
umývadlo wash-basin ['woš,beisn]
unavený tired ['taiəd]
unifoma uniform ['juːniˈfoːm]
uniknout escape [i'skeip]
univerzita university [,juːni'vəːsəti]
únor February ['februəri]
upadnout fall down [foː'daun]
úpal sunstroke ['sanstrəuk]
uplakaný tearful ['tiəful]
úplatek bribe [braib]

uplatnit apply [ə'plai]
úplně quite [kwait]
uplynout pass [pa:s]
upomínka reminder [ri'maində]
upozornit na nebezpečí warn [wo:n]
upravit arrange [ə'reindž]
uprchlík refugee ['refju:dž]
uprostřed in the middle [in,ðə'midl]
upřímný sincere [sin'siə]
úraz injury ['indžəri]
urazit koho offend [ə'fend]
určit determine [di,tə:min]
určitě surely ['šuəli]
úroda crop [krop]
úroky interest ['intrist]
úřad office ['ofis]
úřední official [ə'fišl]
úsek section ['sekšn]
úschovna zavazadel left-luggage office [left'lagidž'ofis]
úsilí effort ['efət]
uskladnit store [sto:]
usmát se smile [smail] (na at)
úsměv smile [smail]
usmíření reconciliation [,rekənsili'eišn]
usnout fall asleep [fo:lə'sli:p]
úspěch success [sək'ses]
uspěchaný nasty ['na:sti]
úspěšný successful [sək'sesful]
ústa mouth [mauθ]
utéci run away [ranə'wei]
úterý Tuesday ['tju:zdei]
útes cliff [klif]
utratit spend [spend]
uvažovat reason ['ri:zn]
uvědomit si realize [,riəlaiz']
úvěr credit ['kredit]
uvnitř inside [,in'said]
uzdravit se recover [ri'kavə]
úzký narrow ['nærəu]
už already [o:l'redi]
užitečný useful ['ju:sfəl]

v, ve in, at, on [in, ət, on]
vábit attract [ə'trækt]
váček pouch [pauč]
vada defect [di'fekt]
vadit: to nevadí never mind ['nevəmaind]
vadnout fade [feid]
vadný defective [di'fektiv]
vafle waffle ['wofl]
vagón carriage ['kæridž]
váha hmotnost weight [weit]
váhat hesitate ['heziteit]
vaječník ovary ['əuvəri]
vak pack [pæk]
valčík waltz [wo:lts]
válka war [wo:]
vana bath [ba:θ]
vánek breeze [bri:z]
vánice snowstorm [snəu'sto:m]
vanilka vanilla [və'nilə]
vánoce Christmas ['krisməs]
vápník calcium ['kælsiəm]
vápno lime [laim]
varovat warn [wo:n]
vařený boiled [boild]
vařič cooker [kukə]
vařit jídlo cook, vodu boil [kuk, boil]
váš your(s) [jo:s]
vášeň passion ['pæšn]
vášnivý passionate ['pæšənit]
váza vase [va:z, veis]
vázanka tie [tai]
vážený respected [ri'spektid]
~ pane dear sir
vážit weigh [wei]
vážit si respect [ri'spekt]
vážně seriously ['siəriəsli]
vážný serious ['siəriəs]

vcelku altogether [ˌoːltəˈgeðə]
včas přesně on time [ontaim]
včasný timely [taimli]
včela bee [biː]
včera yesterday [ˈjestədei]
včetně including [inˈkluːdiŋ]
vdaná married [ˈmærid] (*za* to)
vdát se marry [ˈmæri]
vděčnost gratitude [ˈgrætitjuːd]
vděčný grateful [ˈgreitful]
vdova widow [ˈwidəu]
vdovec widower [ˈwidəuə]
věc thing [θiŋ]
věcný businesslike [ˈbiznis-laik]
večer evening [ˈiːvniŋ]
večeře dinner [ˈdinə]
večeřet have dinner [hævˈdinə]
večírek party [ˈpɑːti]
věčnost eternity [itəˈniti]
věčný eternal [itəˈnl]
věda science [ˈsaiəns]
vědec scientist [ˈsaiəntist]
vedení leadership [ˈliːdəšip]
vědět know [nəu]
vedle beside [biˈsaid]
vědomí consciousness [ˈkonšəsnis]
vědomosti knowledge [ˈnolidž]
vědom: být si ~ be aware [biːəˈweə] (*čeho* of st.)
vedoucí manager [mænidžə]
vedro heat [hiːt]
vegetarián vegetarian [ˌvədžiˈteəriən]
vejce egg [eg]
vějíř fan [fæn]
vejít enter [ˈentə]
věk stáří age [eidž]
veka bread roll [bred rəul]
velbloud camel [ˈkæml]
velet command [kəˈmɑːnd]
veletrh fair [feə]
velice very [veri]

velikonoce Easter [ˈiːstə]
velikost size [saiz]
velitel commander [kəˈmɑːndə]
velitelství command [kəˈmɑːnd]
velkolepý splendid [ˈsplendid]
velkoměsto city [ˈsiti]
velkoobchod wholesale [ˈhəulseil]
velký big, vysoký tall [big, toːl]
velmi very [ˈveri]
velryba whale [weil]
velvyslanectví embassy [ˈembəsi]
vemeno udder [ˈadə]
ven out [aut]
věnec wreath [riːθ]
venkov the country [ðəˈkantri]
venku outside [ˌautˈsaid]
věno dowry [ˈdauəri]
věnování dedication [dediˈkeišn]
věnovat give [giv]
ventil valve [vælv]
ventilace ventilation [ventiˈleišn]
ventilátor fan [fæn]
vepř pig [pig]
vepřové maso pork [poːk]
veranda verandah [vəˈrædə]
verbovat recruit [riˈkruːt]
věrnost loyalty [ˈloiəlty]
věrný loyal, faithful [ˈloiəl, feiθfəl]
věrohodný credible [ˈkredəbl]
verš verse [vəːs]
verze version [ˈvəːšn]
veřejný public [ˈpablik]
věřit believe; trust [biˈliːv; trast]
veselohra comedy [ˈkomidi]
veselý srdečný jolly [ˈdžoli]
veslař oarsman [oːzmən]
veslo oar [oː]
veslovat row [rəu]
vesmír space [speis]
vesnice village [ˈvilidž]
vesnický village [ˈvilidž]
vespod bellow [biˈləu]

vést lead [li:d]
vesta waistcoat ['weiskəut]
vestavěný built-in [biltin]
veš louse [laus]
věšák rail [reil]
věšet hang [hæŋ]
věta jaz. sentence ['sentəns]
větev branch [bra:nč]
větrání ventilation ['venti'leišn]
větrat air [eə]
větrný windy ['windi]
větrovka anorak ['ænəræk]
větvit se fork [fo:k]
vetšina majority [mə'džoriti]
většinou mostly [məustli]
veverka squirrel ['skwirəl]
vězeň prisoner ['priznə]
vězení prison ['prizn]
vézt carry ['kæri]
věž tower ['tauə]
vhodný suitable ['su:təbl]
vchod entrance ['entrəns]
vibrovat vibrate [vai'breit]
víc(e) more [mo:]
víčko lid [lid]
vid jazykový aspect [æspekt]
videokazeta videotape ['vidiəuteip]
vidět see [si:]
viditelnost visibility [vizi'biliti]
vidle fork [fo:k]
vidlička fork [fo:k]
vichřice gale [geil]
víkend weekend [,wi:k'end]
vila villa ['vilə]
víla fairy ['feəri]
vina guilt [gilt]
vinárna wine cellar [wain'selə]
vinice vineyard ['vinjəd]
viník culprit ['kalprit]
vinit blame [bleim]
vinný guilty [gilti]
víno wine [wain]
vinout se twist [twist]

viola viola [viə'ulə]
vír whirl [wə:l]
viset hang [hæŋ]
višně cherry ['čeri]
višňový likér cherry brandy ['čeri brændi]
vitamín vitamin ['vitəmin]
vítat welcome ['welkəm]
vítěz winner ['winə]
vítězit win [win]
vítězství victory ['viktəri]
vítr wind [wind]
vize vision ['vižn]
vízum visa ['vi:zə]
vjezd gateway [geitwei]
vklad deposit [di'pozit]
vkladní knížka bank book [bæŋk buk]
vkus taste [teist]
vkusný tasteful [teistful]
vláčet trail [treil]
vláda government ['gavənmənt]
vládce ruler [ru:lə]
vlahý tepid ['tepid]
vlajka flag [flæg]
vlak train [trein]
vlas(y) hair [heə]
vlastenec patriot ['peitriət]
vlastnit own [əun]
vlastnost quality ['kwoliti]
vlaštovka swallow ['swoləu]
vlát fly [flai]
vlek tow [təu]
vlevo left [left]
vlhký damp [dæmp]
vlídný kind [kaind]
vliv influence ['influəns]
vlk wolf [wulf]
vlna mořská wave [weiv]
vlněný woollen ['wulin]
vločka flake [fleik]
vloni last year [la:st'jiə]
vloupání burglary ['bə:gləri]
vloupat se a vykrást burgle ['bə:gl]

vložka menstruační sanitary towel ['sænitəri'tauəl]
vměšovat se interfere [,intə'fiə]
vnější outer ['autə]
vniknout penetrate ['penitreit]
vnímavý perceptive [pə'septiv]
vnitřní inner ['inə]
vnitřnosti bowels ['bauəlz]
vnouče grandchild ['grænčaild]
vnutit force [fo:s]
voda water ['wo:tə]
vodník water-sprite ['wotə'sprait]
vodopád waterfall ['wo:təfo:l]
voják soldier ['səuldžə]
vojenský military ['militəri]
vojsko army ['a:mi]
volat i telefonicky call [ko:l]
volba choice [čois]
volejbal volley-ball ['volibo:l]
volitelný optional ['opšənl]
volno free time [fri:taim]
volné místo vacancy ['veikənsi]
vonět smell good [smel'gud]
vor raft [ra:ft]
vosa wasp [wosp]
vousy moustache [mə'sta:š]
vozidlo vehicle [vi:ikl]
vozovka roadway ['rəudwei]
vpadnout invade [in'veid]
vpravo right [rait]
vpředu ahead [ə'hed]
vrabec sparrow ['spærəu]
vrah murderer [mə:dərə]
vrak wreck [rek]
vrána crow [krəu]
vráska wrinkle ['riŋkl]
vrata gate [geit]
vrátit (se) return [ri'tə:n]
vrátný porter [po:tə]
vražda murder ['mə:də]
vrba willow ['wiləu]
vrchol top [top]
vrozený inborn [,in'bo:n]

vrstva layer ['leiə]
vrtat drill [dril]
vrtulník helicopter ['helikoptə]
vrzat creak [kri:k]
vřídlo spring [spriŋ]
vsáknout soak [səuk]
vstát get up [getap]
vstoupit enter ['entə]
vstupenka ticket ['tikit]
vstupné admission [əd'mišn]
však however [hau'evə]
všední ordinary ['o:dnri]
všechno all [o:l]
všeobecný general ['dženərəl]
všimnout si notice ['nəutis]
všude everywhere ['evriweə]
vteřina second [sekənd]
vtip žert joke [džəuk]
vtom suddenly ['sadnli]
vtrhnout invade [in'veid]
vůči towards [tu'wo:dz]
vůl ox [oks]
vulgární vulgar ['valgə]
vůně smell [smel]
vy you [ju, ju:]
vybalit unpack [,an'pæk]
vybavení equipment [i'kwipment]
výběrový selective [si'lektiv]
výborně well done! [,wel'dan]
výborný excellent ['eksələnt]
vybrat (si) choose [ču:z]
výbuch explosion [ik'spləužn]
vyčerpat exhaust [ig'zo:st]
vyčítat reproach [ri'prəuč]
vyčnívat protrude [prə'tru:d]
vydatný substantial [səb'stænšl]
vydělávat earn [ə:n]
vyděsit scare [skeə]
vydra otter ['otə]
vydržet kde stay [stei]
vyhlásit declare [di'kleə]
výhled view [vju:] (*na* of)
vyhlídka outlook ['autluk]
vyhnout se avoid [ə'void]

výhoda advantage [əd'va:ntidž]
výhodný advantageous [,ædvən'teidžəs]
vyhovět comply [kəm'plei]
vyhovovat suit [su:t]
výhrada reservation [,rezə'veišn]
váhradně exclusively [ik'sklu:sivli]
vyhrát win [win]
výhružka threat [θred]
vyhubit exterminate [ik'stə:mineit]
vycházka walk [wo:k]
vychladnout cool [ku:l]
východ světová strana east [i:st], odkud exit [eksit]
výchova education [,edju'keišn]
vyjádřit express [ik'spres]
vyjasnit clear up [kliə ap]
vyjet si go [gəu]
výjimečný exceptional [ik'sepšənl]
výjimka exception [ik'sepšn]
výklad explanation [,eksplə'neišn]
vyklopit tip [tip]
vykrást rob [rob]
výkupné ransom [rænsəm]
výlet trip [trip]
vylézt vzhůru climb [klaim]
vyloučit exclude [ik'sklu:d]
vyložit expound [ik'spaund]
vymačkat squeeze [skwi:z]
vymazat erase [i'reis]
vyměnit exchange [iks'čeindž]
vymknout (si) sprain [sprein]
výmluva excuse [ik'skju:z]
vynález invention [in'venšn]
vynikající excellent ['eksələnt]
výnosný profitable ['profitəbl]
vypáčit force [fo:s]
vypadat look [luk]
vypětí strain [strein]
vypínač switch [swič]
výpis extract ['ekstrækt]
výplata wages [weidžiz]
vyplatit se pay [pei]
vyplnit formulář complete [kəm'pli:t]

vypnout switch off [swičof]
výpočet calculation [,kælkju'leišn]
výpověď statement [steitmənt]
výprava expedition [,eks'pidišn]
vyprávět tell [tel]
výprodej sale [seil]
vyprovodit see [si:]
výr owl [aul]
výrazný marked [ma:kd]
vyrážka rash [ræš]
výrobek product ['prodəkt]
vyrobit make [meik]
vyrušit disturb [di'stə:b]
vyřídit vzkázat tell [tel]
vysavač vacuum cleaner [vækjuəm,kli:nə]
vyskytnout se occur [ə'kə:]
výsledek result [ri'zalt]
vyslovit pronounce [prə'nauns]
vysoký high, o člověku tall [hai, to:l]
výstava exhibition [,eksi'bišn]
výstup na horu climb [klaim]
vysvětlit explain [ik'splein]
výška height [hait]
výtah lift [lift]
využít use [ju:z]
vyzdobit decorate ['dekəreit]
význam meaning ['mi:niŋ]
vzácný zřídka se vyskytující rare [reə]
vzadu at the back [ət,ðə'bæk]
vzbudit se wake up [weik'ap]
vzdálenost distance [distəns]
vzdát scratch [skræč]
vzduch air [eə]
vzhled appearance [ə'piərəns]
vzít take [teik]
vzlykat sob [sob]
vzkaz message ['mesidž]
vzor model ['modl]
vzpomenout si remember [ri'membə]
vzrušující exciting [ik'saitiŋ]
vztek rage ['reidž]
vždy(cky) always ['o:lweiz]

Z

z, ze from, for, of [from, fo:, ov]
za místní behind [bi'haind],
~ **prvé** firstly [fə'stli]
zabarvení tingle ['tiŋl]
zábava organizovaná entertainment
[,entə'teinmənt], večírek party ['pa:ti]
zabavit confiscate ['konfiskeit]
záběr shot [šot]
zabezpečit secure [si'kjuə]
zabít kill [kil]
zablácený muddy ['madi]
záblesk flash [flæš]
zabloudit lose one's way
[lu:z,wans'wei]
zabodnout stick [stik]
zabořit (se) sink [siŋk]
zábrana scruple ['skru:pl]
zabránit prevent [,pri'vent]
zabývat se occupy ['okjupai]
záclona curtain ['kə:tn]
zácpa dopravní traffic jam
['træfikdžæm]
začátečník beginner [bi'ginə]
začátek beginning [bi'giniŋ]
začít begin [bi'gin]
začlenit incorporate [in'ko:pəreit]
záda back [bæk]
zadarmo free of charge
[fri:ov'ča:dž]
zadat reserve [ri'zə:v]
zadek člověka bottom ['botəm]
zadlužený in debt [in'det]
zadní back [bæk]
zadostiučinění satisfaction
[,sætis'fækšn]
zadržet stop, hold [stop, həuld]
záhada mystery ['mistəri]
záhadný mysterious [mi'stiəriəs]

zahájit open ['əupen]
zahajovací opening ['əupniŋ]
zahálka idleness ['aidlnis]
zahanbený ashamed [ə'šeimd]
zahanbit shame [šeim]
zahladit obliterate [ə'blitəreit]
zahnat drive back [draiv bæk]
zahodit throw away [θrəuə'wei]
zahojit se heal [hi:l]
záhon bed [bed]
zahrabat bury ['beri]
zahrada garden ['ga:dn]
zahradní garden ['ga:dn]
zahradnictví gardening ['ga:dniŋ]
zahradník gardener ['ga:dnə]
zahraničí: do ~ abroad [ə'bro:d]
zahrávat si s flirt with [flə:t wið]
zahrnout include [in'klu:d]
záhyb fold [fəuld]
zacházení treatment [tri:tmənt]
zacházet s kým/čím jak treat [tri:t]
záchod toilet ['toilət]
zachovalý well-preserved
[welpri'zə:vd]
zachovat preserve [pri'zə:v]
záchrana saving [seiviŋ]
zachránit save [seiv]
záchranná brzda emergency
brake [i'mə:džənsi breik]
záchvat fit [fit]
zachytit catch ['kæč]
zajatec captive ['kæptiv]
zájem interest ['intrist]
zajetí captivity ['kæptiviti]
zájezd excursion [ik'skə:šn]
zajíc hare [heə]
zajímat se take interest (*o* in)
[teik'intrist]
zajímavý interesting ['intristiŋ]
zajistit secure [si'kjuə]
zájmeno pronoun ['prənaun]
zajmout capture ['kæpčə]
zakalit dim [dim]
zákaz prohibition [,prəhi'bišn]

zakázat forbid [fəˈbid]
zakázka order [ˈoːdə]
zákazník customer [ˈkastəmə]
zákeřný insidious [inˈsidiəs]
základ basis [ˈbeisis]
zakladatel founder [faundə]
základní basic [ˈbeisik]
zákon law [loː]
zakončit finish [ˈfiniš]
zákoník code [kəud]
zákonný legal [ˈliːgl]
zákop trench [trenč]
zakouřený smoky [ˈsməuki]
zakročit intervene [ˌintəˈviːn]
zakrýt cover [ˈkavə]
zákusek dessert [diˈzəːt]
záležet depend [diˈpend] (*on* na)
záležitost matter [ˈmætə]
záliba liking [ˈlaikiŋ] (*pro* for)
záliv gulf [galf]
záloha deposit [diˈpozit]
záludný insidious [inˈsidiəs]
zámek dům castle [ˈkaːsl], u dveří lock [lok]
záměr intention [inˈtenšn]
zaměstnanec employee [imˈploi]
zaměstnání job [džob]
zamilovaný in love [inˈlav]
zamítnout reject [riˈdžekt]
zamknout lock [lok]
zamluvit si book [buk]
zamlžený foggy [ˈfogi]
zámožný substantial [səbˈstænšl]
zamračeno cloudy [ˈklaudi]
zaneprázdněný busy [ˈbizi]
zánět inflammation [ˌinfləˈmeišn]
západ west [west] ~ **slunce** sunset [ˈsanset]
zápach stink [stiŋk]
zapálit light [lait]
zápalka match [mæč]

zapalovač lighter [laitə]
zapamatovat si remember [riˈmembə]
zápas sport. match [mæč]
zápasník wrestler [ˈreslə]
zápěstí wrist [rist]
zapírat deny [diˈnai]
zápisník notebook [nəutˈbuk]
záplata patch [pæč]
zaplatit pay [pei]
záplava flood [flad]
zápletka plot [plot]
zapnout uvést do chodu start [staːt]
započítat include [inˈkluːd]
zapojit connect [kəˈnekt]
zapomenout forget [fəˈget]
zapomnětlivý forgetful [fəˈgetful]
zápor negation [niˈgeišn]
záporný negative [ˈnegətiv]
zaprášený dusty [ˈdasti]
zapření denial [diˈnaiəl]
zapřít deny [diˈnai]
zapůsobit impress [imˈpres]
zarámovat frame [freim]
zarazit stop [stop]
zaražený puzzled [ˈpazld]
zármutek sorrow [ˈsorəu]
zárodek germ [džəːm]
zarostlý bearded [biədid]
zaručit se vouch [vauč]
záruka guarantee [ˌgærənˈtiː]
záře blaze [ˈbleiz]
září September [sepˈtembə]
zařídit arrange [əˈreindž]
zářit shine [šain]
zásada principle [ˈprinsəpl]
zasadit plant [plaːnt]
zase again [əˈgein]
zásluha merit [ˈmerit]
zásoba supply [səˈplai]
zaspat oversleep [ˌəuvəˈsliːp]
zastavit (se) stop [stop]
zastávka stop [stop]
zásuvka elektr. socket [ˈsokit]

zatáčka bend [bend]
zatajit conceal [kənˈsiːl]
zatčený under arrest [ˈandə əˈrest]
zatemnit darken [daːkən]
zatím meanwhile [ˌmiːnˈwail]
zatížit weight [weit]
zátka stopper [ˈstopə]
zatknout arrest [əˈrest]
zatloukl drive in [draiv in]
zatmění eclipse [iˈklips]
zato na oplátku in return [inriˈtəːn]
zatočit turn [təːn]
zátoka inlet [ˈinlet]
zatracený bloody [ˈbladi]
zatrpklý sour [sauə]
zatykač warrant [ˈworənt]
zaujatý biased [ˈbaiəst]
zaujímat occupy [ˈokjupai]
závada defect [diˈfekt]
závadný defective [diˈfektiv]
závan blow [bləu]
zavařenina preserve [priˈzəːv]
zavařit preserve [priˈzəːv]
zavazadlo luggage [ˈlagidž]
závazek commitment [kəˈmitmənt]
závazný binding [baindiŋ]
závaží weight [weit]
závažný weighty [ˈweiti]
závěs drapery [ˈdreipəri]
zavést kam take [teik]
závěť testament [ˈtestəmənt]
zavézt vlastním vozem drive [draiv]
závidět envy [ˈenvi]
zavinit cause [koːz]
záviset depend [diˈpend] (*na* on)
závislost dependence [diˈpendəns]
závislý dependent [diˈpendənt]
závist envy [ˈenvi]
závod závodění contest [kənˈtest]
závoj veil [veil]
závora bar [baː]
závrať dizziness [ˈdizinis]
zavraždiť murder [ˈməːdə]

zavřít close [kləuz]
zaznamenat record [ˈrekoːd]
zázrak miracle [ˈmirəkl]
zažít experience [ikˈspiəriəns]
zážitek experience [ikˈspiəriəns]
zbabělec coward [ˈkauəd]
zbavit se get rid [getˈrid]
zběžný casual [ˈkæžuəl]
zboží goods [gudz]
zbožňovat adore [əˈdoː]
zbraň weapon [ˈwepən]
zbýt remain [riˈmein]
zbytečný useless [ˈjuːslis]
zbytek rest [rest]
zcela quite [kwait]
zčervenat turn red [təːn red]
zdanit tax [tæks]
zdarma free [friː]
zdařilý successful [səkˈsesful]
zdát se seem [siːm], sen dream [driːm]
zde here [hiə]
zdědit inherit [inˈherit]
zdejší local [ˈləukl]
zdokonalit (se) improve [imˈpruːv]
zdraví health [helθ]
zdravit greet [griːt]
zdravotní sestra nurse [nəːs]
zdravý healthy [helθi]
zdroj source [soːs]
zdržet se abstain [əbˈstein]
zdůraznit stress [stres]
zdvořilý polite [pəˈlait]
zebra zebra [ˈziːbrə]
zeď wall [woːl]
zedník bricklayer [brikˈleiə]
zelenina vegetable [ˈvedžətəbl]
zelený green [griːn]
zelí cabbage [ˈkæbidž]
země planeta earth [əːθ]
zeměkoule globe [gləub]
zeměpis geography [džiˈogrəfi]
zemřít die [dai] (*na* of)

zeť son-in-law ['saninlo:]
zhasnout switch off [swičof]
zhltnout devour [di'vauə]
zhnusený disgusted [dis'gastid]
zhoubný pernicious [pə:'nišəs]
zhroutit se collapse [kə'læps]
zhruba roughly [rafli]
zima winter ['wintə], chlad cold [kəuld] **je mi ~** I am cold
zimnice ague ['eigju:]
zip zip [zip]
zírat stare ['steə]
zisk profit ['profit]
získat obtain [əb'tein]
zítra tomorrow [tə'morəu]
zívat yawn [jo:n]
zjednodušit simplify ['simplifai]
zjevný apparent [ə'pærənt]
zjistit find out [faind'aut]
zkapalnit liquefy ['likwifai]
zkáza destruction [di'strakšn]
zkazit spoil [spoil]
zkažený nepoživatelný rotten ['rotn]
zklamaný disappointed [disə'pointid]
zklamat disappoint [,disə'point]
zkoušet try [trai]
zkouška examination [ig,zæmi'neišn]
zkrátit shorten [šo:tn]
zkratka cesta short cut [šo:tkat]
zkroutit twist [twist]
zkřížit cross [kros]
zkumavka test-tube [test'tju:b]
zkusit try [trai]
zkušenost experience [ik'spiəriəns]
zlato/zlatý gold [gəuld]
zlehčovat depreciate [di'pri:šieijt]
zlepšit improve [im'pru:v]
zle: je mi ~ I am sick [aiemsik]
zlo evil ['i:vl]
zlobit se be angry [bi:'æŋgri]
zločin crime [kraim]

zločinec criminal ['kriminl]
zloděj thief [θi:f]
zlomenina fracture ['frækčə]
zlomit (se) break [breik]
zlomyslný malicious [mə'lišəs]
zlost anger ['æŋgə] (**na** with)
zlostný peevish ['pi:viš]
zlozvyk bad habit [bæd hæbit]
zlý špatný bad [bæd]
zmačkat se crease [kri:s]
zmačkaný crumpled ['krampl]
zmást puzzle ['pazl]
zmatek confusion [kən'fju:žn]
zmatený confused [kən'fju:sd]
změna change [čeindž]
zmenšit lessen ['lesn]
zmeškat miss [mis]
zmetek reject [ri'džekt]
zmije viper ['vaipə]
zmínit se mention ['menšn]
zmínka mention ['menšn]
zmírnit ease [i:z]
zmizet disappear [,disə'piə]
zmlknout hush [haš]
zmocnit authorize ['o:θəraiz]
zmoknout get wet [getwet]
zmrazit freeze [fri:z]
zmrzačit cripple ['kripl]
zmrzlina ice cream [,ais'kri:m]
zmrzlý frozen [frəuzn]
zmýlit mislead [,mis'li:d]
značka mark [ma:k]
značný considerable [kən'sidərəbl]
znalec expert ['ekspə:t]
znalost knowledge ['nolidž]
znamenat mean [mi:n]
známka poštovní stamp [stæmp]
známý well-known [,wel'nəun]
znásilnit rape [reip]
znát know [nəu]
znázor/nit(ňovat) represent [,repri'zent]
znečistit pollute [pə'lu:t]
znechutit frustrate [fra'streit]

znepokojit worry ['wari]
zneužít abuse [ə'bju:z]
znevýhodnit handicap ['hændikæp]
zničit destroy [di'stroi]
znít sound [saund]
znovu again [ə'gein]
zobák beak [bi:k]
zobat peck [pek]
zobrazit depict [di'pikt]
zoologická zahrada zoo [zu:]
zostřit (se) sharpen [ša:pən]
zoufalství despair [dis'peə]
zoufalý desperate ['despəreit]
zpaměti by heart [bai'ha:t]
zpátky back [bæk]
zpestřit vary ['veəri]
zpětný reverse [ri'və:s]
zpevnit reinforce [,ri:in'fo:s]
zpívat sing [siŋ]
zpocený sweating [swetiŋ]
zpomalit slow down [slou'daun]
zpopelnit cremate [kri'meit]
zpověď confession [kən'fešn]
zpozdit se be late [bi:leit]
zpoždění delay [di'lei]
zprávy news [nju:z]
zpravidla as a rule [æz ə ru:l]
zpravodaj reporter [ri'po:tə]
zpronevěřit embezzie [im'bezl]
zprostit exempt [ig'zempt]
zprostředkovat mediate ['mi:dieit]
zprotivit se disgust [dis'gast]
zpříma straight [streit]
způsob way [wei]
způsobilý competent ['kompitənt]
způsobit cause [ko:z]
zpustošit devastate ['devəsteit]
zdrádce traitor ['treitə]
zradit betray [bi'trei]
zrakový visual ['vižuəl]
zralý ripe [raip]
zranit injure ['indžə]

zrát ripen ['raipən]
zrcadlo mirror ['mirə]
zrní corn [ko:n]
zručný skilful ['skilfəl]
zrůda monster [monstə]
zrušit cancel ['kænsl]
zžejmě obviously ['obviəsli]
zřejmý obvious ['obviəs]
zřetelný distinct [di'stiŋkt]
zřícenina collapse [kə'læps]
zřídit establish [i'stæbliš]
zřídka seldom ['seldəm]
ztráta loss [los]
ztratit lose [lu:z] ~ **se** get lost
ztroskotání wreck [rek]
ztuhlý stiff [stif]
zub tooth [tu:θ]
zubař dentist ['dentist]
zubní: ~ **kartáček** toothbrush ['tu:θbraš] ~ **pasta** toothpaste ['tu:θpeist]
zúčastnit se take part [teik'pa:t]
zuřit rage [reidž]
zůstat stay [stei]
zvadlý faded [fædid]
zvaný invited [in'vaitid]
zvát invite [in'vait]
zvědavý curious [,kjuəriəs]
zvěrokruh zodiac [zəudiæk]
zveřejnit release [ri'li:s]
zvíře animal ['æniml]
zvítězit win [win]
zvládnout co manage ['mænidž]
zvláště especially [i'spešəli]
zvláštní special ['spešl]
zvolat exclaim [ik'skleim]
zvon(ek) bell [bel]
zvonit znít ring [riŋ]
zvracet vomit ['vomit]
zvrhlý vicious [višəs]
zvuk sound [saund]
zvyk návyk habit ['hæbit]
zvyklý used [ju:st]
zvýšit raise [reiz]

Ž

žába frog [frog]
žábry gills [gils]
žádat ask [a:sk] (*for* o)
žadatel applicant [æplikənt]
žádný no [nəu]
žádost request [ri'kwest]
žádoucí desirable [di'zaiərəbl]
žák(yně) pupil [pju:pil]
žalář jail, prison [džeil, prizn]
žaloba suit [su:t]
žalovat complain [kəm'plein]
žalud acorn [eiko:n]
žaludek stomach ['stamək]
žampion mushroom [mašrum]
žárlivý jealous ['dželəs]
žárovka bulb [balb]
ždímat wring [riŋ]
že that [ðæt]
žebrák beggar ['begə]
žebrat beg [beg]
žebro rib [rib]
žebřík ladder ['lædə]
žehlička/žehlit iron ['aiən]
žehnat bless [bles]
želé jelly [dželi]
železnice railway ['reilwei]
železný iron ['aiən]
železo iron ['aiən]
želva tortoise [to:təs]
žemle bun [ban]
žena woman ['wumən]
ženatý married ['mærid]
ženit se marry ['mæri]
žert(ovat) joke [džəuk]
žeton token [təukən]
žhář fire-raiser [faiə reizə]
židle chair [čeə]
žihadlo sting [stiŋ]
žíla vein [vein]
žiletka blade [bleid]
žíněnka mat [mæt]
žirafa giraffe [dži'ra:f]
žíravina corrosive [kə'rəusiv]
žíravý caustic [ko:stik]
žít live [liv]
živel element [elimənt]
živit feed [fi:d]
živobytí living ['liviŋ]
živočich animal [æniməl]
život life [laif]
životnost lifetime ['laiftaim]
životopis biography [bai'ogrəfi]
životopisný biographical ['baiəgræfikl]
živý live [laif]
žízeň thirst [θə:st]
žíznivý thirsty ['θə:sti]
žížala earthworm [ə:θwə:m]
žlab trough [trof]
žláza gland [glænd]
žloutek yolk [jəuk]
žloutenka jaundice [džo:ndis]
žluč bile [bail]
žlučník gall-bladder ['go:l,blædə]
žlutý yellow ['jeləu]
žně crop [krop]
žnout mow [məu]
žokej jockey [džoki]
žonglovat juggle [džagl]
žralok shark [ša:k]
žrát feed [fi:d]
žul/a(ový) granite ['grænit]
župan dressing gown [dresiŋ'gaun]
žurnalista journalist ['džə:nəlist]
žurnalistika journalism ['džə:nəlizəm]
žvanit drivel ['drivl]
žvýkací chewing ['ču:iŋ]
žvýkačka chewing-gum ['ču:iŋgam]
žvýkat chew [ču:]